ZINZIN MON COPAIN

DU MÊME AUTEUR :

• *Zinzin au pays des Moviets*, Reconquista Press, 2020.

TARTEMPION

ZINZIN
MON COPAIN

Reconquista Press

www.reconquistapress.com

ISBN : 978-1-912853-23-6

UN COUPLE SINGULIER FAIT DU SCANDALE SUR LA VOIE PUBLIQUE.

« *Je n'aime pas les youpins… Voulez-vous être bougnoulisés ? Voyons… Donneriez-vous votre fille à marier à un bougnoule ?* »

Une fin de matinée, rue Monge, près de la Mutualité, à Paris. À une terrasse de café, Zinzin, hilare et agressif, après avoir pris soin de se rendre sale comme un peigne, arbore un chapeau haut de forme, une veste de smoking, un immense pantalon de sport soutenu par une ficelle et d'énormes bretelles violines ; il se tient debout planté dans des bottes de vacher. S'il en avait eu le loisir, il se fût volontiers lesté d'un tiercelet à l'épaule, d'une espingole et d'une pertuisane, afin d'affronter les promeneurs destinés à se faire chanter pouilles, mais l'occasion ne lui fut pas donnée de se munir de telles armes. Il interpelle les touristes qui prennent leur petit déjeuner, et divers passants. Il est parvenu jusqu'à eux dans une espèce de petite berline à pédales, afin d'honorer sa compagne en apparence un peu éméchée, la Conscience déguisée en Sémiramis de carnaval. Lui n'est nullement incommodé, qui de ce côté s'est acheté une conduite vertueuse, ou presque. Et sa moitié de circonstance n'est nullement sa maîtresse, mais sa copine reconnaissant qu'il aide à lutter contre sa récente propension à fuir dans la débauche vinassière ses tragiques déconvenues. Il faut la comprendre : elle était une reine adulée, elle n'est plus qu'une fille consciente d'avoir été abusée par ses maîtres, qui sont les maîtres du Monde et les séides du prince de ce Monde. Depuis l'instant où se produisit cette douloureuse prise de conscience, elle sait qu'ils sont en passe de la lâcher.

Aguigui Mouna, contempteur du « caca-pipi-talisme », fut un anarchiste collectiviste et écologiste, indicateur de police et trublion peu dangereux pour le système dont il se contentait de

proclamer bien haut les effets inégalitaires en feignant de le condamner, alors qu'il le servait en oblitérant ses vraies tares par le
déploiement des critiques les plus farfelues. Il fut bien connu
pendant des décennies dans le Quartier latin. Les clochards lui
servaient de garde rapprochée, et certains jours lui présentaient
les armes, avec des balais. « Aimez-vous les uns sur les autres,
faites coter les valeurs morales en Bourse » — tels étaient ses
refrains quand il haranguait les foules juché sur une statue de la
fontaine Saint-Michel. Les étudiants et les bobos aimaient bien
Mouna, les flics le protégeaient. Ils lui faisaient même le plaisir
de le coffrer de temps en temps, pour attester l'authenticité
de sa réputation de contestataire et d'insoumis indomptable.
Zinzin n'est pas Mouna, pour le moins. Sa contestation est d'un
autre ordre, autrement plus compromettante et plus fondée. Il
n'a pas l'appui des flics et des médiats, il ne jouit pas de la bienveillance des étudiants et des bobos, ces deux espèces de syco-
phantes serviles et cruels des temps modernes, effroyablement
conventionnels, menteurs et lâches. Mais Zinzin a décidé
d'adopter la pédagogie et l'accoutrement de Mouna, histoire de
voir combien de temps l'illusion d'optique du rassemblement
« insurréactif » des extrêmes pourrait durer. Métaphysiquement,
c'est-à-dire essentiellement, il y a, en France et dans tous les
pays occidentaux, deux grands partis de gauche, dont l'un — le
mot est de Druon — s'appelle la Droite. On peut dire tout aussi
véridiquement qu'il y a, économiquement, deux grands partis
de droite, dont l'un s'appelle la Gauche destinée à donner à la
« Droite » sa caution démocratique : l'extrême gauche est cette
instance contestataire que la « Droite » suscite en son propre
sein pour donner l'illusion d'être menacée et, au nom de cette
menace, s'autoriser à étouffer toute vraie contestation du système, laquelle serait d'extrême droite si elle était habilitée à exister. D'où cette pauvre ruse à laquelle Zinzin lui-même ne croit
pas, mais dont il use de temps à autre pour se faire entendre et
sauver quelques consciences dans l'océan des aveugles et des
sourds consentants.

« Je suis v'nu prendre un jus au milieu de vous, bande de
larves, parce que vous aimez vous faire chier dessus, comme

l'aristocratie du temps de Beaumarchais. J'agis comme quelqu'un qui fait la manche pour tromper mon monde ; vous êtes tellement cons que vous êtes capables de me filer du pognon pour mon numéro. Mais c'est pas un numéro, c'est pas de l'art, les télés sont pas là, j'suis pas venu pour vous refiler la recette de la barigoule et du pain perdu. C'est une thérapie au service de ma santé d'abord, peut-être de la vôtre mais celle-là je m'en contrefous. Je fais pas la manche, j'essaie pas de vous faire rire, je m'offre un plaisir à moi tout seul. À vos dépens évidemment. Vous avez vraiment les sales gueules de l'emploi. Je viens vous insulter, vous aimez ça. Si, si, vous aimez ça, vous êtes des malades, des masochistes. Et moi ça me soulage de vous insulter. Tout ce que je dis, quelqu'un d'illustre l'a dit. Z'aurez qu'à consulter votre mémoire sélective. »

Zinzin, mine de rien, sait pas mal de choses, mais il supplée aux défaillances de sa mémoire en s'aidant, de temps à autre, de celle de son téléphone portatif. Et puis la Conscience, qui le suit, connaît ses classiques et lui sert de souffleur.

« *Évidemment, lorsque la monarchie ou l'empire réunissait à la France l'Alsace, la Lorraine, la Franche-Comté, le Roussillon, la Savoie, le pays de Gex ou le comté de Nice, on restait entre Blancs, entre Européens, entre chrétiens…*

Tous ces bicots se chamaillent… Les Arabes, ce n'est rien. Jamais on n'a vu des Arabes construire des routes, des barrages, des usines… Ce sont d'habiles politiques. Ils sont habiles comme les mendiants. »

La crainte d'être interpellés par Zinzin, suscitée par l'amour-propre qu'elle révèle en le chatouillant, invite les passants à passer leur chemin en accélérant le pas. Mais ils se retournent par curiosité, s'arrêtent un temps et se mettent à écouter. Certains même se rapprochent timidement afin de s'assurer du caractère honteux des propos qui les agressent un peu comme le fait une odeur fétide dont le désagrément s'annonce par un sentiment de surprise scandalisée. Ils ne savent pas s'il s'agit de premier ou de second degré, ils ont peur d'être ridicules en se scandalisant, ils attendent et se laissent à prêter leur intérêt.

« Les Arabes sont un peuple qui, depuis les jours de Mahomet, n'ont jamais réussi à constituer un État. Avez-vous vu une digue construite par des Arabes ? Nulle part. Cela n'existe pas. Les Arabes disent qu'ils ont inventé l'algèbre et construit d'énormes mosquées. Mais ce fut entièrement l'œuvre des esclaves chrétiens qu'ils avaient capturés…

Nous sommes quand même un peuple européen de race blanche, de culture grecque et latine, et de religion chrétienne. Essayez d'intégrer de l'huile et du vinaigre. Agitez la bouteille. Au bout d'un moment ils se séparent de nouveau…

Cela suffit comme cela avec vos Nègres… Je suis entouré de Nègres ici. Foutez-moi la paix avec vos Nègres. »

« Faces d'œuf pourri, ça vous défrise pas ? Qu'est-ce que vous pouvez avoir l'air con avec vos sourires constipés ! Vous êtes perplexes ? C'est pas un stand-up en plein air, c'est pas une agression, c'est pas un acte terroriste, c'est une séance thérapeutique de communication, histoire de "dissiper un malaise au niveau du vécu pour apprendre à assumer sa relation à l'autre"… Paraît que je suis affligé de la névrose du conspirationnisme, avec des métastases racistes et antisémites… Alors je m'en vais puiser aux sources officielles afin de me soigner… Et je trouve la même chose ! Que penser, bonnes gens ? Comment faites-vous pour être normaux, dociles, serviles ? J'exécute les ordres de mon psy… Vous lui ferez un procès, il est juif et freudien… Appelez les flics, connards ! Dépêchez-vous, vous risquez d'être contaminés ! La dernière chose dont vous ayez envie, c'est de devenir intelligents ; ça crée des devoirs et des problèmes à n'en plus finir. La connerie béate et l'ignorance cotonneuse, c'est bien plus confortable, vous êtes juste assez malins pour comprendre ça. C'est du de Gaulle, mes stances, ça vient de la grande charogne, du "nain interminable"… Il en disait des trucs, hein ? Il serait coffré aujourd'hui, le héros grandiloquent, le sauveur messianique. Se ferait pincer par Yvonne pour qu'il ferme sa grande gueule solennelle de faux-cul. Cette ordure est coupable, parce qu'il savait qu'il était une ordure. Visez un peu :

"*Le régime fasciste permet aux pouvoirs publics de tirer des ressources existantes, sans ressource ni ménagement, tout ce qu'elles peuvent donner. L'impérieuse subordination des intérêts particuliers à ceux de l'État, la discipline exigée et obtenue de tous, la coordination personnelle du Duce, enfin cette sorte d'exaltation latente, entretenue dans le peuple par le fascisme pour tout ce qui concerne la patrie, favorisent à l'extrême les mesures de Défense nationale… On a le droit d'être Hitler… Maurras avait tellement raison qu'il en est devenu fou.*"

C'était une grande salope, pas seulement pour l'Algérie française, mais dès ses débuts. Une ordure parce qu'il était intelligent, la preuve c'est qu'il disait la vérité qui le condamne ; il était lucide, savait qu'il était un imposteur, se payait le luxe du parler-vrai après avoir tout détruit, rendu tout salut impossible en se plaçant du côté des fossoyeurs par haine des vrais sauveurs qu'avaient pas besoin de lui pour faire le ménage et appliquer les remèdes de cheval. Alors, pas content d'avoir été mis sur la touche, il a essayé de faire comme si l'Histoire avait besoin de lui ; il a décidé de se débarrasser de ses rivaux — les vrais sauveurs fascistes — en épousant la subversion libéralo-communiste ; il a embouché les trompettes du jacobinisme en sachant que c'était la cause de notre décadence, et il a cru qu'une fois au pouvoir il pourrait, par la seule force de sa volonté orgueilleuse, faire le ménage lui-même et redresser la barre. Mais c'était trop tard, il a pas pu remonter la pente, il en avait pas les moyens parce qu'il se foutait des idées, il niait leur importance, il croyait que tout était affaire de personnes et de talent machiavélique ; il s'est fait balayer, après moi le déluge, du moment que j'ai été un grand homme… Pas vrai, la Conscience ? »

D'un air las, la fille en cheveux acquiesce avec un bref mouvement de ses belles paupières. C'est quand même une femme curieuse, qui hésite, selon les moments, entre la charcutière bien en chair trop sollicitée par les biens comestibles de ce monde, et la grande dame hautaine cultivée dont le corps ne serait que l'épiphanie de son âme exigeante. Ces derniers temps, elle ne donne pas le meilleur d'elle-même, elle est en quelque sorte en convalescence et, comme chacun sait, même les grandes dames ont des faiblesses quand elles se laissent aller dans l'intimité : elles rotent, se négligent, ont des flatulences. Mais cela ne doit pas faire oublier leurs charmes, ni mépriser leur désir de rédemption et leur souci de se libérer d'une congénitale propension au mensonge.

« Ça te plaît pas, mon discours, à toi la grande bique américaine à l'air pincé ? On dirait qu'elle essaie de ressembler à une Anglaise pour avoir la tronche d'un bas-bleu cultivé. Finis ton croissant tranquillement, je vais pas t'étriper… Voilà qu'elle chiale en subissant le racisme français anti-américain ; c'est la nouvelle mode chez les touristes, de jouer à la victime. Écoute-moi ça, entravez tous :

Un goy lèche-cul irrécupérable, Joe Biden, a déclaré à Washington le 21 mai 2013, alors qu'il était vice-président :

"L'héritage juif a fait ce que nous sommes, chacun d'entre nous, il a pesé plus qu'aucun autre facteur durant ces deux cent vingt-trois dernières années… L'héritage américain est en fait un héritage juif… Qu'on y songe, je vous fais le pari que 85 % des changements sociaux, que ce soit à Hollywood ou dans les médias, sont le fait des personnalités juives de cette industrie. Leur influence est colossale, réellement colossale et, ajouterai-je, dans le bon sens du terme : on se retrouve en présence de réussites et d'apports incroyables, d'une influence en profondeur dont les valeurs pétrissent toute la culture américaine et imprègnent notre constitution."

Les films actuels sont tous financés et conçus par des producteurs juifs, l'humour sépharade en France est à ce point vomitif qu'il ferait dégueuler un dragon de Komodo tellement plein de bactéries dans sa gueule qu'il y a rien pour soigner ses morsures ; c'est l'intention d'avilir, le plaisir de se venger en salissant, la volonté d'inciter les filles de bonne famille à se faire féministes, à se faire saillir par les envahisseurs, à fonder des familles métissées, à se suicider par l'avortement et les habitudes d'invertis. On féminise les mâles, on virilise les bonnes femmes ; ils savent ce qu'ils font, c'est la vengeance recuite de dix-sept siècles de ghetto qui prend sa revanche. L'Amérique, c'est le côlon prospère qui les nourrit, et la tête s'est convertie au côlon, elle est dirigée par lui, il lui tient lieu de cerveau, et les neurones c'est les cirons coprophages. »

« Êtes-vous bien sûr, Zinzin, que ces rappels à l'ordre agressifs soient seulement efficaces, lui dit la Conscience ? Les vieux débris énurétiques, les roquentins stertoreux, les pies-grièches à salpingites, les petits onanistes de bonnes familles, sont-ils dignes de subir vos leçons ?

— Ils sont probablement pas efficaces sur eux, répondit l'énergumène, mais sur moi, oui. On va se faire coffrer, on aura peut-être même le temps de se faire casser la gueule. Si seulement un sur mille se mettait à penser comme nous…

— Vous qui m'avez si souvent — et sans charité — accusée de naïveté, je crois que vous rêvez, mon aimable et doux Zinzin. Le pauvre Socrate enseignait que nul ne fait le mal volontairement. C'est vrai au sens où l'on fait le mal que l'on ne veut pas faire, en ne faisant pas le bien que l'on voudrait faire : on erre non par volition mais par défaut de volonté ; mais c'est là confesser que l'on veut encore, on veut ne pas vouloir ; on suit toujours le motif le plus fort, mais c'est la volonté qui fait que tel motif devient déterminant pour elle ; il n'y a pas de déterminisme ; on fait toujours, sous ce rapport, volontairement le mal. Et nos contemporains abrutis savent qu'ils sont abrutis, et renoncent à la lucidité par crainte d'affronter les avanies qui résulteraient pour eux du fait d'être lucide. Je vous trouve dans le fond assez optimiste, mon pauvre Zinzin, dans votre désespoir de chien galeux.

— Vous avez peut-être raison, Madame. On fout le camp ? Ils sont trop cons pour qu'on fasse les pitres devant eux. Irrécupérables, y a qu'à secouer sa sandale.

— Trop tard, Zinzin, voyez l'Américaine dont le cou se met à gonfler comme celui d'un cobra cracheur. »

« *Votre âme est un paysage choisi que vont charmant masques et bergamasques*…, déclara alors Zinzin à la rombière californienne. Ton cœur est un muscle avarié qui bat dans un corps de pouffiasse. Tu veux me mordre, salope ? Vas-y, je suis immunisé. Tu sais rien, connasse, tu crèves dans ta bonne conscience farcie d'ignorance, tu sais même pas à quel point t'es aliénée.

Dire qu'on est sous la coupe culturelle de ces grands gosses ; sont comme des gamins pervers qui jouent au justicier, sauf qu'ils ont des armes réelles, et formidables. »

La vieille peau scandalisée se mit à glapir dans son sabir du Nouveau Monde marcescent, ses tartines beurrées à la française lui restaient dans le gosier. Un attroupement hostile était en train de se former. Les téléphones portatifs se mettaient à filmer, on parlait d'appeler les argousins. C'est alors qu'une tête de nœud proprette, un quarantenaire issu de Saint-Nicolas-du-Chardonnet, membre d'un tiers-ordre et célibataire pieux, se mit à interpeller le couple singulier.

La tête de nœud :

Je suis profondément indigné par vos hurlements nauséabonds ; vous êtes des néo-païens, des provocateurs qui desservent la cause de la Réaction — je veux dire de la Renaissance — catholique. On voit bien que vous manquez d'esprit surnaturel. Vous croyez qu'on peut combattre la subversion par des moyens purement humains… Ce faisant, vous vous trompez de cause et de combat ! Il n'y a plus ni Juif, ni Grec, ni homme ni femme, ni Arabe ni Français, ni intellectuel ni manuel, mais des baptisés en Jésus-Christ. Convertissez ceux que vous nommez ignoblement « envahisseurs », vous en ferez des soldats de la France de Bayard, d'Orléans, de Beaugency, de Notre-Dame de Cléry. Le racisme est un matérialisme immonde condamné par notre sainte Mère l'Église, les Juifs sont nos Frères aînés dans la foi, ils recouvreront leur primauté quand ils se convertiront. *Corruptio optimi pessima…* Ces pauvres gens que vous accablez d'injures attendent d'être convertis, afin de s'intégrer dans la communauté nationale ; ils deviendront avant vous, après que nous les aurons assimilés, des hosties saintes de la Fille aînée de l'Église, nouvel Israël, corps mystique des vrais catholiques. Nos amis les Américains nous ont aidés à nous libérer du spectre satanique de l'hitlérisme, nous sommes spirituellement des Sémites ; et puis la race française est celle des Troyens. Ayez au moins la reconnaissance du ventre, accueillez cette pauvre femme avec courtoisie et respect au lieu de donner de la France une image si lamentable.

La Conscience :

Les races n'existent pas, les inégalités entre les hommes sont toutes d'origine culturelle, les femmes ont été intellectuellement moins prolifiques que les hommes parce qu'elles ont été réduites en esclavage par les hommes qui les confinèrent dans un rôle de pondeuses et de torcheuses pendant des siècles ; les Nègres n'ont pas évolué aussi vite que les Occidentaux parce qu'ils ont été exploités par des siècles d'esclavage… Et dire que j'ai proféré ces sottises pendant si longtemps… Mais avouez tout de même, mon cher Zinzin, qu'en fait de conneries burlesques et sédimentées à gauche dans le genre progressiste, celles du camp réactionnaire sont aussi effarantes et méritent de figurer dans un traité de crétinologie savante. J'en ai proféré des conneries consistantes, mais peut-être pas aussi denses que celles de votre tête de nœud flanquée de sa venimeuse bouffeuse de hot-dogs.

Zinzin :

Vous m'aviez, chère amie, accoutumé à un langage plus châtié. Mais je comprends votre exaspération face aux déplorations de nos dégénérés bien-pensants. Et puis vous êtes pâteuse, ayant cédé aux charmes de l'alcool pour oublier votre passé honteux, mais vous avez ma respectueuse sympathie, vous le savez bien.

Au trou du cul propret : Eh toi !, connard confit, si les Français sont d'origine troyenne, t'es sûrement pas Pâris, avec ta gueule de raie prétentieuse, mon pote. T'es sûr que tu descends des Troyens ?

La tête de nœud :

Oui Monsieur le goujat, aussi sûr que la France a bénéficié d'une translation de l'élection d'Israël pour devenir « Fille aînée de l'Église » et nouveau peuple élu. Cette expression sacrée a été tirée d'une lettre du comte de Chambord et fut reprise par le cardinal Langénieux, archevêque de Reims, lors du mille quatre centième anniversaire du baptême de Clovis. Que les Français soient des Troyens est attesté par Ronsard. Pour le chroniqueur Guillaume le Breton, au XIIᵉ siècle, Francion, fils d'Hector et petit-fils de Priam, est l'ancêtre de Pharamond, le premier de nos rois francs. Mais les Francs et les Gaulois descendent tous des mêmes Troyens, ce qui met entre nous des affinités particulières avec les Turcs seldjoukides, nos alliés naturels contre la barbarie germanique. Riez, riez, hommes de peu de foi… Mais la dynastie capétienne est encore plus noble puisque ses origines sont d'essence davidique… Nous vivons les temps de l'Église de Sardes, nous attendons le Grand Monarque et le Grand Pape ; le Christ est roi de France, Il veut régner sur la France et, par la France, sur le monde…

Zinzin :

L'oiseau nous fera la grâce d'aucune énormité ; il les collectionne, tout ce qu'il y a de plus timbré dans l'imaginaire fausse vieille France et mystique à quatre sous a trouvé refuge dans l'intestin qui lui tient lieu de cerveau… La mémère obamaniaque et le puceau refoulé ont pas compris qu'en devenant chrétienne, une païenne reste une femelle, les couilles lui poussent pas. Et elles sont pas arrachées à ceux qui se convertissent ; un nain baptisé devient pas un géant ; une femme reste une femme, un mec reste un mec en se convertissant ; et un Nègre un Nègre. Les Blancs et les Nègres doivent s'aimer autant que possible, je dis pas le contraire. Je veux bien croire même qu'ils sont tous lointainement frères, issus du même couple, puisque notre sainte religion nous l'enseigne. Mais s'aimer c'est pas s'aimer les uns sur les autres, c'est pas se mélanger. Si le surnaturel s'en foutait de la nature et la bousillait sans vergogne, il trouverait plus où se loger. L'obsession égalitariste, c'est pas la tasse de thé du Bon Dieu.

La Conscience :

Laissez-moi le crachoir un instant, mon cher Zinzin. La dive bouteille m'incline à la métaphysique, et il me plairait de réfuter doctement ce pauvre homme abusé. Laissez-moi faire pacifiquement.

Zinzin :

Faites donc, Madame, ça n'est pas mes méninges qu'excitent de tels sophismes. Faut dire franchement… Y a des cons drôles, des cons chiants, des cons à l'état pur à la fois chiants, loquaces et frénétiques, presque drôles dans leur infortune qu'appelle plus le sourire navré que les claques. Mais lui c'est le docte con qui s'écoute, le con chiant et méchant.

La Conscience :

Pourquoi Dieu serait-Il antiraciste ? La « raciation » était dans le vœu de la Providence, il n'y a qu'une espèce humaine, mais des rameaux humains divers, faits pour rester divers. La condition humaine n'est pas la condition angélique. Ce n'est quand même pas bien compliqué à saisir.

On dit certes d'un vrai con qu'il est la sottise incarnée, mais tout son être est dans sa privation d'être, et je voudrais parler d'autre chose pour le moment. Un être est d'autant plus parfait qu'il s'approprie plus adéquatement aux exigences de son essence, au point de faire s'identifier son individualité à sa nature. Ainsi dit-on d'un spéculatif puissant qu'il est *la* spéculation. On concevra qu'à l'inverse une nature soit d'un degré d'être d'autant plus élevé qu'elle est plus capable de s'investir sans reste en un seul individu. Il y a des degrés de perfection spécifique dans les êtres mondains ; un champignon est plus complexe et plus noble qu'un rocher, et un humain qu'un chou-fleur. Et plus une nature est élevée, mieux elle est capable de se réaliser tout entière en un seul individu. En revanche, plus elle est humble, plus est grand le nombre d'individus qu'elle doit requérir pour leur faire manifester sa richesse ; elle ne subsiste, comme toute chose, que comme individuelle, mais elle est moins capable qu'une nature plus élevée de faire se réaliser en un seul individu les beautés de son unité spécifique. L'homme est le plus petit des esprits, il y a donc des milliards d'hommes pour une seule nature humaine. Mais ces individus que nous sommes, habités par les exigences de l'espèce qui gît en chacun d'eux, et qui est une, tendent à se regrouper pour faire se réaliser, autant qu'il est possible, au niveau collectif à défaut de niveau individuel, cette unité sacrifiée au profit de l'acquisition de l'existence individuelle. Et telles sont les familles, les races, les nations. Mais il est bien entendu que jamais l'homme ne sera ange, et que jamais la société ne sera autre chose qu'un tout d'ordre incapable de se faire substance individuelle. Il est dans l'ordre qu'il y ait de la diversité à l'intérieur de chaque espèce mondaine, et la surnature n'abolit pas la nature mais la perfectionne.

Veuillez donc noter que l'épisode de Babel ne signifie aucunement que la diversité serait l'effet du péché ; il signifie que les hommes frappés d'orgueil ont oublié le langage spirituel par lequel ils étaient invités à s'unir par-delà leurs différences. La dispersion avait été ordonnée par Dieu à Noé, elle était dans l'« *intentio naturae* ».

Il y a des choses qu'on ne sait plus voir : l'unité entre les êtres est d'autant plus intime qu'ils sont plus complémentaires, et ils sont d'autant plus complémentaires qu'ils sont plus différents. L'identité et la différence ne s'opposent que dialectiquement, c'est-à-dire, si l'on peut ainsi parler, pour prendre leur élan en vue d'un mouvement qui les fera s'harmoniser, mais dans une nouvelle unité, plus riche et plus élevée que l'unité originaire qui est celle de l'indifférencié. Plus les êtres sont différents, plus est intime l'unité à laquelle ils sont voués, mais plus elle est intime plus elle est spirituelle. Si l'unité entre les hommes est limitée à un certain niveau biologique, où la diversité raciale doit être préservée, c'est pour rendre possible une union plus parfaite à un autre niveau, tel celui de la vie intellectuelle et de la religion. C'est un peu comme la relation entre personne et intersubjectivité ; on peut communiquer son savoir mais non sa personnalité, qui est incommunicable ; or la communication la plus intime entre deux êtres est celle qui s'établit entre des personnes : l'incommunicabilité personnelle est condition de la communication, les personnes excluent de fusionner dans leur être afin de mieux fusionner sur le mode intentionnel dans la célébration d'une vérité commune, par exemple, qui est comme le fruit commun de leurs deux esprits s'identifiant en lui sans cesser d'être deux, ainsi différents ; la communion n'est pas le métissage, elle en est même l'opposé le plus radical ; et le métissage est la négation de la communion. Et, dans le même ordre d'idée, les sous-espèces biologiques excluent la miscégénation physique afin de mieux réaliser une union intentionnelle de type culturel par exemple. J'userai d'une analogie : l'édifice est plus parfait que les matériaux dont il est formé, et tous collaborent à l'unité — qui fait sa beauté — de l'édifice ; tous s'unissent en lui en renonçant à leur indépendance, mais ils ne se mélangent pas les uns avec les autres : si les pierres et les poutres se mettaient à se métisser, des bâtards de poutres composeraient avec des bâtards de pierres, et l'édifice, formé de matériaux non complémentaires parce que trop semblables, s'écroulerait, et l'unité formelle en laquelle pierres et poutres ont vocation à se réconcilier disparaîtrait pour finir par les rendre hostiles entre elles ; toute société métissée est conflictuelle. Abel Bonnard enseignait avec raison que le monde moderne s'unifie mais ne s'unit pas.

Tel était, cher Monsieur, chère Madame, le propos innocent et fleuri de Zinzin.

Zinzin :

L'antiracisme à la sauce chrétienne, c'est comme les cathos communisants ; le chrétien devrait supprimer les classes sociales ; la couleur de la peau et les différences sociales disparaîtraient comme par enchantement si tout le monde — qu'ils disent — était charitable… Et les cons deviendraient intelligents et tous les hommes seraient égaux. L'égalité surnaturelle, c'est pas la mort des différences naturelles, au contraire ça les confirme. Les chrétiens de gauche et les cathos intégristes secoués par l'aversion pour « le naturalisme païen et raciste » — faut voir leur rictus quand ils disent ça ! —, c'est même combat, objectivement, avec les communistes et les Juifs : *solve et coagula*. Le surnaturalisme est le moyen idéal pour obscurcir les réflexes naturels de défense ; l'exigence de charité devient instrument de subversion. Va chez toi, grenouille de bénitier, t'offrir une veuve poignée en méditant sur l'eschatologie de Barthélémy Holzhauser, pour célébrer ta race élue dans tes glandes et ton sang de navet. Faut vraiment être une tête de nœud consommée pour saloper la religion comme ça, en prétendant la servir. « Les premiers seront les derniers, les derniers seront les premiers » : ouais, couille molle ; mais ça veut dire quoi ? T'as vraiment rien compris, Ducon satisfait. C'est pas la revanche des nullités, la vengeance des cancrelats, l'insurrection des tarés ; c'est l'appel à l'humilité, contre tous les pharisiens de toutes les époques, contre les tartuffes de ton espèce ; les grandeurs du Monde sont comme rien devant le Mec des mecs ; on demande pas aux forts d'être faibles, on leur demande de rapporter leur force à son Origine, et de pas oublier qu'ils sont pas l'origine de leur force ; et on demande aux faibles d'accepter leur faiblesse ; mais t'es trop enflé pour comprendre ça ; pour les zigotos de ton acabit, les brêles, les poussifs et les peine-à-jouir, la religion chrétienne, c'est le moyen, l'astuce de supplanter les meilleurs et de s'asseoir pour pas un rond à leur place, c'est la caution de la vengeance des sous-hommes. La force est complètement forte quand elle en vient à se maîtriser, à se faire esclave d'elle-même, quand elle sait renoncer à elle-même sans se perdre ; c'est comme les riches et les pauvres ; le riche en esprit, c'est le pauvre, l'abandonné de la nature qui tient à son petit talent minuscule comme à un trésor qu'il lâcherait pour rien au monde et même pas pour le paradis. C'est à cause des mecs comme toi qu'il y a des païens aujourd'hui ; ça les révulse, ta sauce chrétienne pour pédales flageolantes qu'indispose méchamment le vrai christianisme ; faut les comprendre.

La Conscience :

J'ajouterai, cher Monsieur, pour expliciter le discours fraternel de mon acolyte, que la force s'absolutise en se faisant victorieuse d'elle-même, ainsi en consentant à se faire la servante d'elle-même, de sorte qu'elle parvient à renoncer à soi sans se perdre, et qu'elle se gagne dans ce renoncement même. Mais encore faut-il qu'il y ait quelque chose à quoi l'on renonce. Et la manière, pour une force qui n'est pas son origine, de renoncer à soi sans se perdre, c'est de prendre acte de sa finitude en acceptant de n'être pas pour elle-même sa propre fin. Cela dit, il faut avoir pour donner. Le singe du chrétien, son opposé consommé, c'est celui qui prétend substituer la faiblesse à la force pour faire de sa faiblesse une force, dans un spécieux mouvement d'inversion. Il se dispense d'être fort pour n'avoir rien à donner, et il réclame l'auréole de la sainteté pour prix de sa trahison. À peine de dégénérer en démocratique tapette défigurant les saints dont vous mimez la douceur en nourrissant votre haine impuissante, vous êtes, me semble-t-il, en demeure de prendre des leçons de robuste paganisme, pour compenser vos morbides travers. J'ai eu la chance, dans mon malheur, de plonger directement dans l'enfer des Droits de l'Homme, sans passer par cette dénaturation non violente du christianisme que vous illustrez, et dont un tel enfer est le produit final, malgré vos dénégations ; aussi aurai-je quelque chance, par réaction, de me projeter dialectiquement dans le christianisme intègre, et cette voie du salut sera pour vous bien difficile à emprunter. Votre Maître vomit les tièdes, pensez-y quand même…

La tête de nœud passait par toutes les couleurs de la rage et frisait l'apoplexie. Il eut le temps d'anathématiser ses contradicteurs au nom de « saint Louis XVI », Maria Valtorta et Thérèse Neumann. Un avocat de la Licra accompagné des poulets s'approcha du groupe pour s'emparer des trublions ; les matraques étaient sorties. C'est alors que surgit Actéon Philoneikos, membre des RG acoquiné aux Services spéciaux, qui, en lui montrant sa carte, parlementa avec le capitaine des flics. Au grand étonnement scandalisé des spectateurs, on libéra Zinzin et la Conscience. Il y avait des ordres venus d'en haut : la Conscience était encore sacrée, heureusement que personne ne l'avait reconnue ce matin. Elle repartit, affalée dans le trône clochardesque de son char à pédales, conduite par Zinzin toujours rigolard.

Alors que Zinzin la ramenait chez elle au Panthéon, il lui tint le discours suivant :

« Actéon était là, il m'a protégé en même temps que vous. Mais est-il fiable ? C'est un fonctionnaire ; on ne peut pas faire confiance à un fonctionnaire zélé qui vit son règlement comme le moine vit sa règle. Sait-il vos changements intérieurs ? Qu'ont-ils décidé là-haut, pour vous ? C'est vrai que vous avez eu la chance de n'être pas reconnue ; vous eussiez mis les autorités dans de beaux draps… Il est vrai que votre déguisement de poissarde était fort réussi. Cela dit, entre nous, je vous avoue que je n'aime guère ceux pour qui j'entends me faire passer devant les crétins conventionnels. Je ne suis pas un raciste épidermique. Je ne suis pas non plus un misogyne borné ; j'ai rencontré assez d'idiots de village caucasiens pour relativiser la supériorité naturelle de la race blanche, et assez de couillus à l'âme de femelle pour prendre une mesure sereine du magistère naturel de l'homme sur la femme. Dans des circonstances normales, si nous n'étions envahis, si les défenses immunitaires de nos peuples n'étaient pas exténuées, si les autorités morales et religieuses n'étaient pas exsangues, je ne serais pas le dernier pour crier mon indignation face aux réductionnismes racistes et aux réactions pathologiques des petits Blancs. Il y a de la beauté et de la grandeur partout. Nous avons empoisonné le monde entier avec nos idées délétères, les envahisseurs se sont contentés d'être de bons élèves. Quant aux Juifs, que voulez-vous, il faut se rendre à l'évidence, même si l'obsession antijuive a quelque chose de monomaniaque et de ridiculement réducteur, qui confère involontairement à ceux qu'elle entend dénoncer une importance qu'ils n'ont pas. Être juif, ce n'est pas appartenir à une race qui fixerait biologiquement des caractères et conditionnerait des comportements et des manières de penser : la plus grande partie des Juifs actuels n'ont pas une goutte de sang sémitique. Il y a des braves gens issus de familles juives, qui n'ont rien des caractères négatifs par lesquels on a coutume de les définir, et qui n'aspirent qu'à faire oublier leurs origines. Et les plus féroces — parce que les plus lucides — dans la dénonciation des manœuvres judaïques sont des catholiques convertis du judaïsme. Être juif, c'est vouloir l'être, et vouloir être juif, c'est prétendre avoir été choisi par le Très-Haut pour dominer le monde en vue de l'instauration d'un royaume paradisiaque terrestre. Quand on se croit investi d'une telle mission, on finit par se croire tout permis, on en vient à se prendre pour Dieu, pour la médiation divine entre Dieu et l'homme, tel un Christ collectif. On peut prévoir les effets d'un tel conditionnement psychologique. Ce sont des emmerdeurs congénitaux qui n'auront de cesse de foutre le bordel partout aussi longtemps qu'ils ne seront pas parvenus à dominer sans partage. Si l'on ne les met pas dans des ghettos, ce sont eux qui mettent le monde en ghetto, et c'est bien ce qui s'est produit. Ils ne sont rien par eux-mêmes, mais ils se font systématiquement les alliés de toutes les forces polymorphes susceptibles de détruire les sociétés d'ordre ; ils ne sont pas la cause première de la subversion, mais ses amplificateurs privilégiés.

— Je sais tout cela, lui répondit la Conscience ; laissez-moi faire ma mue intérieure, on ne change pas moralement et intellectuellement son fusil d'épaule en huit jours. Ma récente lucidité a quelque chose de douloureux que vous avez peine à concevoir. Mes priorités ne sont pas les vôtres. Je vois les choses de plus haut que vous, d'une certaine façon, ou de plus bas selon les points de vue.

— Il serait bon que vous m'expliquassiez cette largeur de vue, Madame la presque néophyte. Est-ce l'évocation de Thérèse Neumann qui vous chagrine ? J'ai l'impression que les stigmatisées contemporaines ont quelque chose de louche. Il est question de la canoniser aujourd'hui. Le sinistre guignol du Vatican y consentira certainement, malgré son aversion pour le surnaturel. Pensez ! La voyante était antinazie ! C'est pain bénit, aussi bien pour les cathos modernistes que pour les surnaturalistes chimériques de la Réaction… On dit que, quand un visiteur lui présenta une carte postale du Führer, elle entra en transes en hurlant aux fumées et au feu de l'enfer… C'est sûr que Roosevelt et Staline étaient du côté du Crucifié, avec les Loges, le Kahal, la mystique jacobine et la vulgate marxiste, tous saintement ligués contre le "spectre satanique" de l'hitlérisme… En 1938, une commission d'enquête diocésaine procéda à une analyse poussée du cas Neumann ; le professeur Martini conclut : "état d'hystérie grave avec tous les phénomènes inhérents à la maladie, y compris la part habituelle de dissimulation". Jusqu'à plus ample informé, et aussi longtemps que les tentatives de récupération ne seront pas calmées, je resterai perplexe, pour le moins. Quant à Holzhauser auquel beaucoup d'allumés se réfèrent — "tout est dans Holzhauser", affirmait Jean Vaquié —, il avait prédit la naissance de l'Antéchrist en 1855, et sa mort en 1911… Léon X, au concile de Latran de 1516, a interdit, sous peine d'excommunication, de prédire en avançant une date fixe l'avènement de l'Antéchrist et la fin du monde. Alors vous comprendrez mon agacement à l'égard du trou du cul franchouillard qui vaticinait. C'est toujours le même scénario avec les timbrés pieux. D'abord, il y a des dingues qui inventent des conneries, du merveilleux à quatre sous ; ensuite il y a des bouffe-curés qui dénoncent ces conneries, avec des preuves ; enfin, sous prétexte que le travail critique a été fait par les anticléricaux, les bien-pensants en déduisent que les dingues avaient raison, au point de vouer aux gémonies les catholiques qui ne veulent pas être des allumés.

— Ce n'est pas à ces choses que je pense particulièrement, rétorqua la Conscience. Voyez-vous, j'ai été programmée pour convertir le monde à la religion de l'Homme, on m'a presque rendu un culte ; et la religion de l'Homme est le masque dont se couvre la religion de Satan, dont j'ai été très proche et dont je connais les desseins mais aussi les manies. À mesure que le temps avance, les choses sont de plus en plus claires. Il y a ceux qui sont du côté de Dieu et ceux qui sont du côté du diable, avec tous les degrés de lucidité possibles. Les Juifs font beaucoup de bruit, mais ils ne sont qu'un vecteur parmi d'autres de la promotion du mondialisme qui fera s'identifier l'État planétaire et l'Église gnostique universelle, la politique et la religion ; ils servent le mondialisme pour se le subordonner en croyant ultimement tirer leurs marrons du feu, mais il n'est pas certain qu'il leur soit donné, à terme, d'être autre chose que des instruments ; ils sont le paravent agité d'opérateurs plus malins, plus universalistes qu'eux, et plus dangereux au fond. Il y a un quelque chose de pathétiquement dérisoire dans leur frénésie politico-théologique. Vos passions ont du bon, elles vous portent dans vos investigations et vos furieuses entreprises de dévoilement de la vérité indésirable ; en même temps elles restreignent le champ de votre vision.

Bonsoir, Monsieur Zinzin. Priez pour moi, je ne pourrai pas leur donner le change longtemps, et j'ai peur.

— Mais vous n'allez pas vous ventrouiller devant ces minables !

— Vous ne les connaissez pas… »

INTRODUCTION

ÉTAT DES LIEUX ET DES PERSONNES
DRESSÉ PAR TARTEMPION

La France se veut depuis plus de deux siècles la patrie des Droits de l'Homme. Elle fut auparavant grande, admirée, imitée, enviée, et crainte ; elle est désormais un objet de risée pour le monde entier, malgré sa force économique et militaire résiduelle. Elle est bavarde, vaniteuse, exhibitionniste, envahie, pouilleuse, démagogique, appauvrie, décadente et mesquine. On peut aussi dire qu'elle est ruinée, même si la visibilité de cette ruine n'est pas encore parfaitement évidente. Telle une femme révoltée contre l'autorité de son époux, telle une fille insurgée contre l'autorité de son père, elle a fait les quatre cents coups pendant plus de deux siècles. Elle s'est roulée dans tous les lits les plus souillés ; elle a subi les étreintes les plus ignobles des corrupteurs les plus vomitifs. Elle est aujourd'hui sous la coupe de souteneurs sans scrupule : les Juifs et les francs-maçons, qui l'avilissent en sachant ce qu'ils font. Mais elle est aussi menacée par l'immense marée, organisée par les précédents, de l'envieux tiers-monde qui n'a pas fini de satisfaire son instinct de revanche d'esclave révolté ; on peut même dire qu'il commence seulement, mû par l'avidité grossière de cet immonde mélange de désir mimétique, de convoitise consumériste et de pulsion de destruction. La France a vraiment de très mauvais jours devant elle. Elle tient en Europe les tristes records de la fiscalité écrasante, et de la consommation de calmants et de drogues, des anxiolytiques à la marijuana en passant par les antidépresseurs et la cocaïne qui, dit-on, se démocratise elle aussi. En fait, la France est la première dans la marche à la décadence de l'ensemble des nations du monde blanc, lequel ne vaut pas beaucoup mieux qu'elle, étant tourmenté par les mêmes démons. Ce qui signifie que le salut de la France, s'il vient jamais, ne trouvera pas — je parle des ressources naturelles et temporelles du salut — ses racines ailleurs qu'en France.

Il existe aujourd'hui une brave fille bien française quant à ses origines ethniques, aux seins laiteux, chargée, comme ses prédécesseurs depuis 1789, par les maîtres obscurs qui gouvernent la France et le monde, d'incarner pour sa génération l'idée des Droits de l'Homme, ainsi d'hypostasier la Révolution et la promesse d'un monde radieux. On la nomme la Conscience. Elle travaillait pour Belzébuth en croyant servir la dignité de la personne humaine. Mais le diable, qui n'aime personne, pas même ceux qui le servent, lui a fait une entourloupe assez ignoble, comme il convient qu'elle le soit du fait de son auteur, et la dame s'est un peu dégrisée depuis. Elle s'est même dessalée jusqu'à un certain point, non encore suffisamment pour envisager de changer de métier, assez à tout le moins pour développer un certain scepticisme à l'égard de sa propre vocation. Elle est moins manipulable que jadis, elle s'est même mise à écouter tout le monde avec le même intérêt, afin d'être vraiment la Conscience de son temps, au lieu que naguère elle n'écoutait que ceux que ses maîtres lui intimaient d'entendre. Mais ses directeurs de conscience, c'est-à-dire les maquereaux, les pourrisseurs professionnels qui gouvernent la France, hésitent à la limoger, parce que tout le monde est habitué à elle, et que la remplacer brutalement jetterait le trouble dans les esprits : d'ici à ce que ce qui reste du peuple français se mette à penser, à se ressaisir, à douter, il n'y aurait qu'un pas qu'il faut absolument ne pas laisser franchir.

À la Conscience, il est arrivé, *mutatis mutandis*, ce qui arriva à ce dieu ivrogne évoqué par Henri Heine dans ses *Tableaux de voyage* : un dieu pris de boisson quitta le banquet des dieux pour aller cuver son vin sous un arbre ; il fit un rêve, il rêva d'un monde qui est le Monde avec son Histoire, ses grands hommes et ses petites gens, et ce Monde que nous connaissons n'est que le produit d'un tel rêve qui, emportant avec lui tout son contenu dans le néant, se dissipera quand le dieu se réveillera, sans susciter en lui le moindre scrupule. Les hommes ne seraient ainsi que le rêve d'un dieu intempérant.

La Conscience dont il est ici question a rêvé plus modestement, et même elle s'est persuadée qu'elle avait rêvé. Elle s'est représentée à elle-même dans son rêve comme une personne qui rêve et dont les rêves seraient créateurs ; elle n'a engendré qu'un microcosme, et je serais, moi Tartempion, un élément de son rêve funeste, avec quelques-uns de mes contemporains. La différence d'avec les créatures de ce dieu ivrogne, c'est que nous avons continué d'exister après que la Conscience s'est réveillée, maussade, pâteuse et inquiète, après une nuit passée avec nous d'excès gastronomiques doublés d'une coupable dilection pour le vin de qualité. Et il nous a plu de nous réduire à l'image qu'elle se faisait de nous : des produits de ses songes.

Nous avons tenté, nous ses « personnages », de la rassurer autant que possible ; elle fut quelque peu rassérénée, sans grande rancune à notre égard en dépit du fait que son rêve avait relevé de l'espèce du cauchemar, quand elle s'aperçut que nous n'envisagions pas de la trucider pour avoir eu l'outrecuidance de nous faire exister. Mais nous lui avons joué un bon tour en subsistant. Il faut désormais qu'elle nous supporte, il faut même qu'elle intègre à elle — puisque tel est son office — les discrets éléments de pensée critique et non conformiste, « réactionnaire » selon son langage, que nous sécrétons sans vergogne. Cela dit, l'effet de surprise n'a pas été suffisant pour l'inviter à se demander si ce microcosme qu'elle visite encore, fruit supposé de son imagination erratique, ne serait pas ce monde réel qu'en tant que Conscience elle s'obstine à prendre pour le produit d'un songe. Peut-être au fond, se dit-elle, a-t-elle rêvé qu'elle rêvait, mais elle reste dans l'indécision.

Elle éprouve pour moi de la circonspection et de la curiosité inavouable au regard de ses convictions. Moi, dans le fond, j'ai pitié d'elle depuis que je la connais mieux. Elle ne serait pas si mauvaise fille si elle n'avait subi d'aussi mauvaises fréquentations, si elle n'avait été aussi faible. Comme toutes les révoltées, elle a pris ses appétits de basse jouissance pour l'expression fidèle des pulsations de la vie qui transit les vivants en les élevant ; elle a voulu croire que la vitesse enivrante de sa chute était une montée libératrice. Elle a pris ses colères pour des actes de volonté, ses caprices tyranniques pour les manifestations d'un caractère fort. Elle a aujourd'hui la gueule de bois, mais elle est loin d'être guérie de son éthylisme. Elle se prépare maintes déconvenues douloureuses, et elle le sait. Une certaine grandeur distinguée se dessine sur son visage quand, silencieuse, elle médite sur les avanies qui l'attendent. Et nous sommes là pour le lui rappeler. Évidemment, cela ne la rend pas vraiment bienveillante à notre endroit, mais nous n'en avons cure. C'est elle ou nous. Si elle se dégrise, elle prendra conscience de sa déchéance, et elle sera bien obligée de prendre acte, de manière irréversible, de notre existence réelle. Elle est donc en permanence tentée de se s'enivrer à nouveau, avec ses idées funestes, pour rêver que nous ne sommes que le produit d'un mauvais rêve. En même temps, elle aspire sincèrement à la vérité, elle plébiscite le dégrisement, elle se déconditionne à une vitesse qui appelle le respect.

Et puis que voulez-vous, comme l'enseigne Machiavel, quand on se met à se livrer au crime, il faut aller jusqu'au bout. Elle a été façonnée par le diable, mais ce dernier, par convoitise, n'a pas pu s'empêcher de fricoter avec elle ; les fins qu'il poursuivait étaient évidemment diaboliques, mais cette faiblesse le rendit un moment distrait, par là un peu moins fondamentalement mauvais — non en lui-même mais dans ses effets —, au point de ne pas maîtriser la nature du cauchemar qu'il suscitait.

J'ai, désabusé et triste, depuis ma supposée onirique naissance qui m'avait vu naître déjà mûr, quitté cet appartement vétuste dans lequel le songe de la Conscience m'avait campé. Je me suis fait libraire à Paris près des quais de Seine, au fond d'une impasse obscure délaissée par les touristes, non loin de la rue de Pontoise. C'est vraiment un quartier séduisant pour les gens comme moi. Je suis installé au rez-de-chaussée et, par chance, j'ai fort peu de clients. L'argent ne m'intéresse pas beaucoup. En vérité il n'y a pas grand-chose qui m'intéresse en ce monde, au sens propre du mot « être intéressé : aspirer à faire partie de » ; je ne me supporte en ce dernier que par la création d'atmosphères qui donnent le sentiment — que je sais illusoire, mais peu importe : quand on est le fruit réel d'une illusion, on est porté à tenir pour réelles les illusions qu'on met en scène et auxquelles on succombe — que le temps s'est arrêté, qu'il existe des havres de tranquillité au milieu de la Sodome qui nous tient lieu de capitale, et qu'il est encore permis de penser librement, à sa guise, avec des interlocuteurs choisis, inactuels, burlesques, farfelus, tantôt grinçants tantôt iréniques. Et, de fait, j'ai des visites, même si j'ai peu d'acheteurs : des fous, des ratés, quelques universitaires curieux parvenus à assagir leur arrivisme, des retraités et des rentiers nostalgiques, des neurasthéniques en attente de s'offrir, thérapeutiquement, une pinte de bon sang salvatrice. Mon quartier évoque encore, avec un peu d'imagination et en cultivant l'art de ne pas voir ce qui révulse, quelque chose de ce que fut Paris il y a soixante ans, à l'époque des Halles et de la Halle aux vins, avant l'existence du périphérique, des voies sur berge et de la pyramide de Pei, avant le départ de la grande invasion. Mon impasse est un peu comme un repli opéré dans l'espace-temps ; nous voyons tout de là où nous sommes, et personne ne nous voit, en ce sens que personne ne fait attention à nous ; nous sommes des oubliés. Et c'est bien délectable. Nous sommes un peu comme ces enfants sournois qui savent faire oublier leur présence en se cachant sous la table afin de ne pas perdre une miette des conversations entre grandes personnes croyant que les enfants sont couchés. Sauf que nous ne sommes pas sournois, mais candides. Au vrai, nous sommes candides et méchants à la fois, parce que nous sommes pour l'essentiel innocents, sans cesser d'être amers. Nous n'avons toujours pas exactement compris ce qui nous est arrivé. On nous a foutus à la porte de notre enfance, de notre pays, de nos racines, de notre race, de notre Église, de notre époque, de nos réseaux naturels de solidarité, et même de nos métiers. On ne nous en a pas donné la raison.

Comme beaucoup de ces écrivains sans audience dont je suis au moins en partie — ce qui ne m'empêche pas de persévérer dans l'effort, ou plutôt dans l'habitude de produire du discours écrit —, je me suis révélé incapable d'abandonner la sphère des livres, et j'ai découvert dans ce métier de substitution une manière de leur rester fidèle en rêvant ma vie plutôt qu'en la vivant, ce qui est une façon douce et modeste de ne pas la rater complètement. N'attendant pas grand-chose de la vie prosaïque, je ne risque guère d'être déçu par elle, pour autant qu'il me soit donné de la vivre en dilettante, ou plutôt en observateur. Je passe ma vie à observer la vie, même la mienne, et je parviens à la remplir par cette activité même. Je couche dans un lit de camp inconfortable entre deux rangées de vieux livres poussiéreux, je dispose dans un coin sombre d'un robinet d'eau et d'une espèce de tinette, je prends mes repas dans un minuscule bistrot à deux pas de ma boutique, qui reçoit presque aussi peu de clients que moi. Nous formons en quelque sorte un club d'inactuels. Je dors peu, et cela me suffit.

Aussi loin qu'il m'en souvienne, je n'ai jamais été marié ; mais en fait, dans une autre vie, né d'un autre rêve, peut-être ai-je connu les joies et les réconforts de la vie conjugale. Il est certain que j'en éprouve une certaine nostalgie. Pas de femme, pas d'enfants, pas de parents ; je partirai sans rien laisser, fors le souvenir de mes interventions dans les interminables conversations dont j'aurai peuplé ma vie. Je suis un homme réservé, méditatif, pacifique. J'aime les originaux, mais j'abhorre le scandale et la violence, la vulgarité et la grossièreté. Zinzin est mon double, ou mon envers, ma moitié honteuse. Il est bavard, tout en passion, agressif, porté au désespoir grinçant, violent et cynique, mais c'est un sentimental. Peut-être est-il ce que je n'ose pas être. Il me révulse et me fascine un peu, quand bien même j'aurais de bonnes raisons de le mépriser si l'envie me prenait de me complaire dans l'évocation de ses frasques. Sa lucidité le rend très malheureux. Mais il est plus fréquentable que jadis. Il boit moins, il se lave un peu, il lit beaucoup, tout et n'importe quoi. Il me rend quelques services ici, me remplace même de temps à autre quand l'envie me prend de partir à l'aventure. Il couche dans l'arrière-salle du caboulot où nous avons nos habitudes.

CHAPITRE I
ACTÉON PHILONEIKOS INTERPELLÉ PAR ZINZIN

Actéon Philoneikos travaille pour les Renseignements géné-raux, cette police politique fichant tout le monde afin de conte-nir les dérives de la démocratie, laquelle est une chose trop sérieuse et trop précieuse pour être confiée au peuple ; en épin-glant les misères et compromissions de chacun, on le fait se tenir tranquille, on prévient la constitution de groupes soudés par autre chose que l'idéal démocratique, ainsi par un idéal au nom duquel ils pourraient remettre en cause la dictature totalitaire de la religion jacobine. S'il est fort au courant des turpitudes variées — au demeurant très communes et passablement ennuyeuses — de maints de ses contemporains, il n'est guère déniaisé dans les domaines historique et philosophique. Lui aussi est un homme malheureux, un velléitaire, un personnage lucide et mal informé, en dépit de son métier, qui subodore qu'on lui ment. Il a compris que tous — en particulier ses supé-rieurs les plus haut placés — avaient intérêt à laisser subsister et se développer les Grands Mensonges, les valeurs sacrées, les variations de cette dogmatique de la tolérance qui fait l'arrière-fond intangible de toute conscience conformée aux critères con-temporains de la normalité. Par les procédés dont usent de manière systématique les services dans lesquels il évolue, il a mis la main sur des extraits de la prose de Zinzin, des pages de son journal dont l'auteur entend tirer un *Mémoire en défense contre ceux qui m'accusent de falsifier le sens de la destinée humaine et le fondement des valeurs morales.* Ses chefs lui ont fait com-prendre qu'un tel mémoire ne devrait jamais accéder à quelque diffusion que ce fût, et que la meilleure façon d'obtenir un tel résultat serait qu'il ne fût jamais achevé, ainsi que son auteur eût la bonté de casser sa pipe dans un avenir point trop éloigné. Insidieusement, à mesure qu'il progresse dans la lecture de ces pages, il se laisse dangereusement convertir au zinzinisme, ce qui n'est pas sans le plonger dans le plus grand effroi. Il sait que sa loyauté lui enjoindra de se mettre au service de celui qu'il reconnaîtra comme dépositaire de la vérité, et que de ce fait il deviendra bientôt ennemi juré de ses employeurs actuels. Certains hommes ont des faiblesses inavouables par lesquelles on peut les manipuler, soit par la convoitise soit par l'intimidation. D'autres ont des faiblesses nobles : la loyauté, la foi, le sens du devoir, la fidélité, la haine du mensonge et du recours au mensonge, qui rendent leurs réactions prévisibles. Il est vrai que la noblesse de ces faiblesses leur confère une force d'un autre ordre qui déjoue les calculs des méchants, mais il faut pour faire éclore cette force un courage peu commun qu'Actéon n'est pas sûr de posséder ; ce courage consiste à exercer les vertus de loyauté et de sens du devoir, qui font de leur possesseur la cible des rusés, avec une radicalité telle qu'on vise par elles un bien que les rusés ne sont même pas capables de concevoir, de sorte que les candides déjouent, par leur candeur même, les ruses des habiles.

Et puis il y a la Conscience, qui devient pour lui un terrible cas de conscience. Ah cette Conscience ! Que dois-je penser, se dit Actéon ? Qui est-elle véritablement ? Ses fiches lui indiquent qu'elle est issue d'un milieu honorable et qu'elle eût pu devenir une grande dame vertueuse si elle n'avait été corrompue dans sa prime jeunesse par des alliciences qui lui firent tourner la tête en même temps qu'elles lui firent commettre des bassesses dont le souvenir est si humiliant qu'elle fut mise en demeure de s'enfermer dans le mensonge à soi afin de se rendre supportable à elle-même. Elle est officiellement une espèce de prêtresse de la Gueuse, une grande Dame des faux principes ronflants, une vestale luxurieuse que l'on exhibe devant les caméras lors des messes républicaines, flanquée de Marianne, une autre femelle symbolique actuellement incarnée par une Négresse adéquatement expressive de ce que la France est devenue. D'aucuns prétendent que la Conscience est fille incestueuse du Malin et qu'elle émane de l'aspect ésotérique de la mystique républicaine célébrée dans les loges maçonniques par les plus hauts initiés.

Elle ne sait même plus elle-même ce qu'elle est, une femme déchue piégée par l'ambition et le vice, le porte-voix de Marianne la maquerelle, ou un succube. Mais ses informations apprennent à Actéon qu'elle file actuellement un mauvais coton. Les Français sont habitués à son visage, on ne peut la remplacer du jour au lendemain. Mais on ne peut la laisser déblatérer si l'envie lui prend de se ressaisir, d'aspirer à redevenir la femme intelligente et de bonne volonté qu'elle eût peut-être aspiré à être. Faut-il la faire disparaître elle aussi ? Le diable est d'autant plus efficace qu'on ne croit pas en lui, aussi a-t-il intérêt à se cacher autant que possible pour asseoir son règne supposé n'avoir pas de fin. En même temps, il est orgueilleux et incapable de ne pas aspirer à être adoré, ce qui l'oblige à se dévoiler, par là à se rendre moins efficace. Cela n'a rien d'étonnant puisqu'il est le diable, divisé contre lui-même. Sa faille constitutive rejaillit sur ses disciples humains, mais ces derniers jouissent d'un privilège effarant : eux ne sont pas encore jugés, ils peuvent toujours venir à résipiscence et se soustraire à ses rets. Et c'est précisément une telle mutation qu'Actéon sent s'opérer en lui.

Jusqu'à nouvel ordre, il faut protéger la Conscience, tenter de la faire rentrer dans le rang de la légalité républicaine, mais elle est de plus en plus imprévisible. Cela dit, que faudrait-il faire si la Conscience était réellement un produit préternaturel de la magie ésotériste liée à l'initiation gnostique ? Si le diable est rationnel, ces pratiques n'existent pas et relèvent de l'imaginaire complotiste. Mais le diable est orgueilleux et de ce fait irrationnel, il est capable de se dévoiler en conférant des pouvoirs monstrueux à ceux qui le servent, et dans l'hypothèse la Conscience serait comme un Golem en jupons, qui finit par échapper à ses maîtres. Et alors là, la République serait dans de beaux draps...

Actéon, homme mûr, est extrêmement las. Il s'apprête à divorcer. Sa femme le trompe avec un Juif. C'est à cause de cela qu'il se refuse à l'antisémitisme qu'il serait pourtant bien placé pour embrasser en connaissance de cause. Il suppose, à tort, que des sentiments honteux, ou supposés tels — comme l'envie, la jalousie, l'instinct de vengeance — ne sauraient se faire l'instrument des conversions intellectuelles salvatrices : c'est un sentimental, sous des dehors de cynique blasé. Il a passé sa vie à évoluer dans la merde des autres. Il en est resté quelque chose. Nul ne peut, s'il est un tant soit peu clairvoyant mais dépourvu du don tout surnaturel de la charité, continuer à estimer son prochain et lui-même — autant d'images de Dieu défigurées — dès qu'il est parvenu à l'âge de raison. Une bienheureuse méconnaissance des secrets intimes d'autrui aide tout un chacun à respecter son semblable, tout au moins à lui accorder au bénéfice du doute une estime et une honorabilité de surface. Mais quand on s'exerce, par une nécessité professionnelle non dénuée de voyeurisme et — plus sordide encore — non immune de cette volonté de puissance minable qui donnait des ailes à l'immonde Fouché, à observer ses semblables depuis trente ans par le trou de leurs chiottes ; quand, qui plus est, on en vient pour des raisons diverses à ne même plus croire à la Raison d'État supposée avaliser cet épinglage systématique de chiasseuses misères, il est inévitable qu'on s'en trouve abattu à la longue, au point d'en devenir neurasthénique : l'envers du miroir est presque aussi vomitif que l'endroit. Les flics goûtent à leur manière à l'arbre de la connaissance du bien et du mal — ceux d'autrui — et ils deviennent, selon le mot terrible proféré par l'ironie divine, « comme l'un de Nous », comme des Personnes divines et des Juges divins que les pauvres petits juges humains et pécheurs ne sont pas, eux qui n'ont pas la force de continuer à aimer en regardant le mal en face.

Que les stars se fassent sauter, sodomiser, battre ; qu'elles se droguent et s'enivrent, s'avilissent, se prostituent au propre et au figuré, s'épuisent à se jalouser et à paraître, et se mentent et mentent, cela ne l'indispose pas trop. Leur pauvre rôle, aujourd'hui semblable à celui des hommes politiques — ils ne servent strictement à rien d'autre, privés de toute efficience, qu'à prêter leur image à la souveraineté du peuple, et l'on en pourrait dire autant de la plus grande partie des hommes publics : voilà ce que les saint-simoniens n'ont pas compris, à savoir que les oisifs ont un rôle central en démocratie —, est de se livrer, au titre de catharsis sociale et d'expiation salvatrice, à toutes les misères qui font fantasmer le commun des mortels qui, grâce aux vedettes à eux livrées en pâture publique, ne pèchent que par procuration ; les ludions de la renommée leur rendent un fier service. Mais que des anonymes, dans des proportions toujours plus étendues, supposés protégés par le monde public qui les assume à leur place, aspirent et réussissent à vivre de telles turpitudes, voilà qui l'emplit d'un malaise toujours plus oppressant. « Artiste cherche homme noir, Afrique noire uniquement. » « Homme cherche Beur actif pour relation suivie. » « Homme 43 ans, cherche mec 18-35 ans, bi, beur, black. » « Mec 37, cool, cherche lascar 18-20 ans, look racaille, pour relation hot dominante. » « Passif, 26 ans, blond aux yeux bleus, reçoit jeune mec pour bon plan. » « Jeune homme, 32 ans, mignon, cherche jeune homme 18-25 ans beur, black, actif, look jogging-baskets, pour plan chaud. » « Homme, 33 ans, cherche Arabe actif dominant. » Voilà ce qu'on pouvait trouver, tout à fait authentique, dans la revue *Paris Paname* de juin 2001. Actéon est bien placé pour savoir que ce genre de sollicitations peut fort bien être exercé par son épouse, ses enfants, son supérieur hiérarchique, ses anciens professeurs de droit, son curé ou son évêque, ou tel ou tel de ces professeurs patentés de morale publique.

Ses enfants le déçoivent, comme sa femme. L'un de ses rejetons est déjà pédé, l'autre est socialo écolo ; ils sont foutus, ils ont déjà tout avalé. Il n'est pas un mensonge dont ils ne se soient nourris. L'Éducation nationale a bien fait son boulot, et les curés modernistes. Le commissaire sait que ses collègues de la PJ n'arrêtent les voyous et criminels que pour les relâcher sur ordre du Parquet. Tout part à vau-l'eau, en lui, dans son intelligence et dans son cœur, dans son foyer, dans son métier, dans la société, dans le monde. Qu'ils soient légaux ou clandestins, nés sur le sol français ou « invités », ils sont quatorze millions d'immigrés à avoir investi le pays depuis 1945. Exigeants et rancuniers, ayant commencé naguère par désirer s'intégrer dans la discrétion et la douceur, ils revendiquent aujourd'hui une identité appelée à devenir majoritaire en qualité et en quantité, par suite de leur fécondité biologique conquérante. Ils ont perdu leur identité d'origine et, forts d'une personnalité atypique et atopique, négative et subversive, ils nourrissent une haine envieuse à l'égard de ce qu'ils entendent subroger, et dont ils n'ont retenu que les aspects les plus déliquescents. Les banlieues sont au bord de l'explosion, la paix relative y est achetée à grands frais par l'argent des contribuables, les autochtones asexués se replient dans leurs quartiers convertis en bunkers. Les Blancs sont devenus, par la complicité d'un gouvernement dont Actéon se sait solidaire et qui soutient la cause des envahisseurs, étrangers dans leur propre pays. Ils baissent les yeux devant les conquérants bronzés.

Par un réflexe de dignité qu'il ne comprend même pas, Actéon a refusé la promotion de divisionnaire qui lui était promise pour la flaccidité de sa conscience morale : il a, comme dans l'affaire de Carpentras (le vrai Juif faussement empalé avec un vrai parasol, les « Services » qui avaient monté le coup ont même dégoté à l'époque un « responsable » skin), consenti à mouiller des minables à demi inoffensifs dans un règlement de comptes maquillé en crime raciste. Concomitamment, il a refusé d'entrer en loge, et il sait par là qu'il est désormais condamné à végéter jusqu'à la retraite. Actéon a bien envie de prendre la tangente. Il est comme fasciné par la perspective — le démon de la perversité de Poe... — de la connerie de sa vie à ne surtout pas faire si l'on veut continuer à vivre tranquille, l'acte rédhibitoire, la catastrophe pas rattrapable. Il y en a qui croient rompre le cercle de la dépendance et de l'absurdité en trompant leur femme, ou en claquant leurs économies en huit jours, ou en se mettant à écrire un journal avec le secret désir de se découvrir du génie, ou en allant livrer leurs faiblesses à un psychanalyste, ou en ayant recours à des petites annonces analogues à celles qui ont été évoquées plus haut, ou en faisant le tour du monde, dans un collapsus qu'ils croient libérateur et qui s'ajoute à leurs dépendances : tout cheminement dans le vice ou dans l'espace traîne avec lui toutes les pesanteurs et tous les problèmes dont on veut se dégager, parce que ces derniers sont inhérents au Moi qui est précisément le suppôt des voyages et des vices. Seules les activités dans lesquelles le Moi s'oublie pour de bon sont émancipatrices. Les autres, toutes les autres, ne sont que les modalités indéfiniment variées par lesquelles le Moi consent à lui-même, au vide du Moi pur, à la subjectivité glauque, à la tache aveugle. Philoneikos sait qu'il ne sera pas comblé par ce genre d'anodine et impuissante révolte. Il lui faut du solide, du tragique, du vraiment contestataire. Il a toujours obéi. Il a cédé à toutes les magouilles et iniquités féroces qu'au nom de la morale des « Droits de l'Homme » la République lui a imposées pour sa survie. Il a voulu croire à la République :

« Elle est imparfaite mais c'est la France, un autre régime serait pire qu'elle encore, l'Histoire l'a prouvé ; ça n'est pas le moment de l'affaiblir quand elle est déjà si malmenée, et puis c'est tout de même ce que nous ont légué nos grands Anciens ; le jacobinisme fait partie de notre identité qu'on le veuille ou non ; la perfection n'est pas de ce monde, il existe une fatalité historique en faveur de la démocratie et du mondialisme, il faut épouser le mouvement — en l'aménageant — à peine de disparaître ; la France n'a jamais été une nation ethnique, le racisme ne repose — la science l'a prouvé et le confirme toujours mieux de jour en jour à mesure qu'elle décrypte mieux le génome humain — sur aucun fondement sérieux ; un Français sur deux au moins est d'origine étrangère ; les bouleversements ethniques sont irréversibles, il faut assimiler les assimilables, notre économie ne pourrait pas se passer d'eux ; il faut faire bonne figure aux nations du Sud dont l'appui nous est stratégiquement nécessaire pour limiter l'impérialisme américain, etc. »

Mais c'est fini, ça ne prend plus, la coupe est pleine. Il vient un temps où le dégoût de soi-même, corrélatif du consentement à la lucidité, atteint un degré tel que l'on en arrive à plébisciter les conduites les plus suicidaires, comme autant d'attitudes rédemptrices. Mais cela suppose qu'elles ne soient pas totalement vaines. Actéon Philoneikos est mûr pour le Grand Saut. Depuis quelque temps, au reste, il a commencé à s'entraîner. Il a fait tabasser à mort, lui qui n'a rien d'un tortionnaire, tous les Nègres et tous les Arabes — même les rares suspects innocents : ils sont coupables d'être là, et ça suffit — arrêtés dans son district. Il a été sourd aux injonctions de ses supérieurs qui le sommaient d'étouffer certains cas délicats. Il a feint d'avoir été doublé par mieux informé que lui : un fils de grand patron socialiste, dealer, a été découvert tout nu et camé dans un fossé du Bois de Boulogne, une véritable meute de « grunges » drogués l'avaient passé à tabac ; un député a été arrêté passablement bourré qui déambulait en plein Paris, après avoir assassiné sa maîtresse et abandonné son véhicule qu'il avait conduit à plus de 150 à l'heure ; un rabbin de grande ville s'est fait surprendre alors qu'il se faisait offrir une gâterie par ses élèves ; un professeur des universités, bien en vue à l'Élysée et pourfendeur de fachos, s'est vu contraint d'avouer qu'il avait distribué des titres de docteur au gré de ses préférences ethniques et politico-maçonniques ; des gros bras du Bîtard entraînés par le Maussade — les services secrets de la Génialie, courageux petit peuple d'élite sûr de lui et dominateur (même les mongoliens de ce pays sont géniaux) — ont buté un père de famille catholique, violenté sa femme et détroussé les deux victimes dont le seul tort avait été de déclarer publiquement qu'ils ne reconnaissaient pas aux membres de la Communauté Chose le statut, qu'elle revendique, de « peuple élu », etc. Actéon s'est débrouillé pour faire savoir tout cela aux quelques rares feuilles de chou non inféodées au Système qui n'est pas encore parvenu à avoir leur peau. Lors d'une perquisition chez un éditeur chosiste, il a fait semblant de ne rien dénicher. De telles incartades ne pourront pas durer longtemps. Il se sait lui-même surveillé, et il envisage de passer à la phase supérieure de son insurrection contre lui-même et contre le monde. Le commissaire poursuit sa lecture des extraits de la prose de Zinzin qui s'est payé le luxe dérisoire de lui écrire.

Zinzin
Passage des Emmerdeurs,
Quartier des Hommes libres,
Paris XXVe.

Monsieur le commissaire
Actéon Philoneikos
Rue des Pigeons,
Paris XXVIe.

Paris, le trente-deux septembre 2033.

Monsieur,

Ayant appris, par l'indiscrète vigilance de mon petit doigt, que vous projetiez de faire buter la Conscience, je me permets de vous faire parvenir ces quelques apophtegmes de ma composition, accompagnés d'informations diverses et citations d'auteurs souvent prestigieux, afin de nourrir votre mauvaise conscience, de précipiter votre déchéance, d'élargir le champ de vos réflexions (après tout, pourquoi ne pas vous avouer mon arrière-pensée, mon espoir de vous convertir à ma cause ?), de passer le temps en m'amusant à vos dépens, et de vous faire du chantage.

a) Si vous faites assassiner la Conscience qui m'honore de son amitié de néophyte, il vous faudra envisager de me faire buter moi aussi, et vous aurez de fortes chances d'aller en enfer. Ce qui risque de vous lamenter beaucoup plus, et plus encore vos supérieurs, c'est que vous prendrez le risque de m'envoyer au paradis. Vous feriez de moi un martyr, vous serviriez ma cause du Ciel et ma cause de la Terre ; ce serait un bien mauvais calcul.

b) Si vous ne me supprimez pas, vous pensez bien que je parlerai, de vous et de vos méthodes ; croyez bien que je ne vous raterai pas, vous et eux, à moins que vous ne consentiez à entendre raison (la mienne), et que vous collaboriez à la cause de la Chose, et plus géné-ralement à celle de la vérité. Notez que je vous rends un fieffé service en vous faisant des propositions déshonnêtes : je vous offre magnani-mement une occasion de rédemption.

À l'occasion, veuillez transmettre mes sentiments les plus hai-neux au sale gosse luciférien qui occupe l'Élysée, et dont les airs d'en-fant de chœur, de gendre idéal et de premier de classe innocent ne trompent pas les gens avertis en fait de perversité manipulée.

En union de prière avec vous, j'ai l'honneur, Monsieur le Com-missaire, de vous signifier que, jusqu'à nouvel ordre, je vous pisse à la raie.

Zinzin

C'est à Arolsen, en Allemagne, que se trouve le service inter-national de recherches sur la Seconde Guerre mondiale le plus riche au monde. On y trouve, dans d'immenses rayonnages, les preuves et confirmations de preuves les plus irréfutables des thèses des partisans de la Chose. Les bâtiments sont gardés par une équipe de soldats de diverses nationalités, dont l'israélienne, évidemment. Votre fonction devrait vous permettre, à partir de motifs controuvés que votre imagination professionnelle saura forger, de vous y introduire et, accompagné d'Ernest Hérisson — déguisez-le pour cette opération en rabbin, il aimera beau-coup… —, de procéder aux ampliations nécessaires pour faire éclater la Vérité. Au lieu de vous morfondre en songeant aux couilles casher qu'est en train de vider votre tendre épouse, vous auriez ainsi l'occasion de faire payer le vrai prix de votre cocu-fiage, et même, peut-être, d'entrer dans l'Histoire — voire même, suprême honneur et chance insigne pour un vendu de votre triste espèce, de faire votre salut en mourant martyr.

Dans la revue *Shofar* (p. 38-39) d'avril 1999, j'ai trouvé cet aveu candide du rabbin David Meyer : « (…) il faut parfois dis-tordre l'original et le vrai pour garantir la transmission. Même si cela sonne faux, même si cela fait mal. Sans doute en sera-t-il de même pour la transmission de la Shoah. » Dans le registre des aveux de la même farine, voici la déclaration d'Eugène Malot, ancien déporté au Struthof et auteur d'une brochure sur le camp qui l'accueillit : « Respectons les légendes, quand elles symbolisent la Liberté… »

Passons à un registre un peu différent.

Le Docteur Skoerecki, un chercheur canadien qui, dans l'ADN des descendants d'Aaron, frère de Moïse, était en quête d'un « gène des Cohen » (caste sacerdotale juive la plus élevée), finit à la fin du XXe siècle par le trouver dans la tribu des Lambas. Si les Juifs sont des Nègres, c'est que les Nègres sont des Juifs. Il faut au plus vite avertir Louis Farrakhan et Mike Tyson : il est urgent de les nobéliser (tout ressortissant de Génialie est génial), et d'étendre les limites d'Israël à celles de l'Afrique noire et de tous les États du Sud de la Carthage américaine. Peut-être consentiront-ils en retour à redonner à Jérusalem, capitale de la Palestine, son vrai nom d'Ælia Capitolina. L'idée même de déterminations biologiques transmissibles susceptibles de favoriser le développement de telle ou telle aptitude intellectuelle et de telle ou telle forme de culture est une horreur épouvantable et infâme démentie par la science, sauf pour la Génialie, laquelle est par définition hors norme morale et scientifique, puisqu'elle est, comme chacun sait — Big Brother nous l'enseigne avec une attentive bienveillance au moins mille fois par jour, question de « vigilance » —, principe de toute morale et de toute norme : un principe ne saurait être principié. Et pourquoi en est-il ainsi ? Mais parce que les autorités autorisées vous l'ont dit, tout simplement. Tout incroyant est plus qu'un suspect. Le génial ressortissant de Génialie Serge Gainsbourg chantait naguère, avec sa simplicité de surhomme, que « Dieu est juif, juif et Dieu » — comprenez, cela va de soi : la condition de Juif est divine. Et l'entendement génial des Génialeux s'émancipe même du principe, trivial et goy, de contradiction :

D'une part, nous dit la science, les races n'existent pas. Il y a plus de différences natives entre deux individus de même couleur qu'entre deux personnes d'ethnies différentes. Toutes les ethnies sont autant de sous-ensembles des variations génétiques de l'homme africain. Les variations génétiques ne sauraient servir de support moléculaire au racisme, puisque chaque humain est porteur de seulement 26 000 gènes qui s'expriment, différemment, dans 300 types distincts de cellules dont le nombre total est de 100 000 milliards, de telle sorte qu'il est impossible, en vertu du caractère quasiment infini de leurs combinaisons, d'établir des différences génétiques caractéristiques des « races » (il est question d'imposer une réforme grammaticale importante concernant l'usage des guillemets : il sera tenu pour une faute d'orthographe d'écrire sans guillemets les mots et expressions « race », « Dieu », « surnaturel », « essence », « philosophie » thomiste, « avortement », « complot », « inverti », « contre nature », « vérité », « dogme », « âme », « péché » ; la liste est extensible indéfiniment).

D'autre part, comme l'enseigne Giorgio Israël (*Global Village*, Éditions des Arènes, Paris, 2001, p. 34), le « tout-est-dans-les-gènes » plébiscité par la communauté scientifique doit être battu en brèche. Le génome n'est pas seul — on le sait depuis l'avènement du clonage (développement d'un organisme complet à partir d'un noyau transféré) — à déterminer le développement de l'embryon. Le programme du développement n'est pas tout entier dans le noyau (les gènes), mais aussi dans le cytoplasme. Les facteurs épigénétiques, les interactions entre gènes, et autres facteurs d'ordre protéique, jouent un rôle déterminant. En fait on connaît très mal ces facteurs non strictement génétiques quoique biologiques ; on sait que 95 % de l'ADN est actuellement dénué de signification ; on sait aussi que la similarité entre les séquences d'ADN du chimpanzé et de l'homme est de l'ordre de 99 %.

Soit :

Ce ne sont pas les gènes, mais les interactions entre gènes, doublées d'autres phénomènes mal connus, qui conditionnent le développement et les caractéristiques biologiques d'un vivant et d'un groupe de vivants. On voudrait bien aller jusqu'à dire, dans la ligne d'un nominalisme radical, que chaque individu est à soi-même non seulement sa propre espèce (comme les anges) mais encore, par voie de conséquence obligée, sa propre race, qu'ainsi tous sont de même race et qu'il n'y a pas de race, mais alors le 1 %, quantitativement négligeable, qui nous sépare du chimpanzé, devrait nous inviter à le traiter comme un homme, ce à quoi nul ne se résout encore. La cellule de riz possède plus de gènes que celle de l'homme. On n'en est pas encore à prévoir une déclaration des Droits du Riz et du Chimpanzé, mais cela viendra peut-être, avec le développement du véganisme. Or les racistes se fondent sur le « tout génétique ». Donc les racistes ont tort. Toutes les « ethnies » ont vocation à se mélanger définitivement, afin d'instaurer la Démocratie et la Paix universelles. Le paradis terrestre est pour bientôt.

Mais l'assimilation est le danger n° 1 qui menace les dispensateurs théologiquement mandatés du bonheur universel. Ils doivent se préserver de toute contamination impure. Ce n'est nullement du racisme, puisque ce n'est pas du « tout génétique ». Ce n'est pas plus compliqué que cela. Je fais pour moi, et en vue de votre bien, ce que je vous interdis de faire pour vous à mon détriment et que vous croyez être votre bien. On ne mélange pas les torchons et les serviettes, les dieux et la plèbe. C'est-y pas satisfaisant pour tout le monde ?

Hitler accorda le bâton de maréchal à deux Allemands d'origine juive qui se sentaient à bon droit de sang germanique : le feld-maréchal Erich von Lewinski, devenu von Manstein, et le maréchal Erhard Milch qui sera en plus ministre du Reich chargé de l'Aéronautique. Le général d'aviation Helmut Wilberg, un des concepteurs du Blitzkrieg, était aussi d'origine juive. Hitler, peut-être d'origine juive par les œuvres de sa grand-mère Fraulein Schickelgruber (elle aurait tenté de faire chanter son patron juif auquel elle aurait accordé ses faveurs), était resté terriblement philosémite… Hitler n'était qu'un con, tout le monde sait ça, le diable incarné, l'irrationnel fait homme. Ce n'était même pas un homme. C'est normal puisque le diable est un ange. Mais un ange peut-il être con ?

Le peuple mongolo-asiate des Khazars, ayant fondé un empire entre Caucase, Volga, mer Noire et mer Caspienne, se convertit brusquement au judaïsme entre le VIIe et le IXe siècles. Les Ashkénazim, qui en sont issus, constituent 82 % des Juifs du monde et ils ne sont pas des Sémites, ainsi que l'avait annoncé Arthur Koestler dans *La Treizième Tribu : L'Empire khazar et son héritage* (1976, Calmann-Lévy, Paris). Ce qui revient à dire que les Juifs n'existent pas, ou presque pas. Comment alors l'antisémitisme peut-il exister ? Les antisémites sont encore plus stupides qu'on ne le pensait : ils combattent un ennemi imaginaire. Mais la Shoah, elle, est bien réelle : les Juifs existent parce qu'il existe des chambres à gaz homicides qui ont fait disparaître 6 (?), 60 (?), 600 (?) millions de Juifs (voir la loi Cunctator-Godillot qui dit ce que la Recherche doit trouver).

« Beaucoup viendront du levant et du couchant prendre place au festin avec Abraham, Isaac et Jacob, tandis que les sujets du Royaume seront jetés dehors » : Notre Seigneur Jésus-Christ (Math. 8, 11-12). « Aussi, je vous le dis : le Royaume de Dieu vous sera retiré pour être confié à un peuple qui lui fera produire ses fruits » (*id.* 21, 43). Il reste un gros travail d'aggiornamento à faire avec les Évangiles, beaucoup plus corrupteurs que les écrits d'Ernest Hérisson… C'est, depuis les contributions de Mallet-Isaac, bien parti avec la T.O.B. ; mais un effort supplémentaire est requis. L'Évangile est antisémite, le christianisme est antisémite, il est même la racine de tout véritable antisémitisme.

Baruch Lévy, ami des Rothschild qui financèrent le lancement de *L'Humanité*, adressa une lettre à Karl Marx qui fut plus tard publiée dans la *Revue des Deux Mondes* en 1928, et dont voici quelques extraits :

« Le peuple juif pris collectivement sera lui-même son propre Messie. Il obtiendra la domination sur le monde par la réunion des autres races humaines, la suppression des frontières et des monarchies, qui sont les remparts du particularisme, et par l'instauration d'une République mondiale qui accordera partout aux Juifs le droit de citoyen. Dans cette nouvelle organisation de l'humanité, les fils d'Israël se répandront sur toute la surface de la Terre : tous de même race et de formation traditionnelle, et pourtant sans constituer une nationalité définie, ils deviendront sans opposition l'élément dirigeant. Ce sera particulièrement le cas s'ils réussissent à placer les masses ouvrières sous leur ferme direction. Le pouvoir politique des nations qui constitueront la République mondiale tombera sans efforts entre les mains des Juifs, et cela, grâce à la victoire du prolétariat. La propriété privée pourra alors être supprimée par la race juive qui administrera partout la fortune publique. Ainsi seront accomplies les promesses du Talmud. Lorsque les temps du Messie seront venus, les Juifs posséderont alors la clé qui leur donnera accès aux richesses de tous les peuples de la Terre. »

Petite précision qu'il n'est pas inopportun de rappeler : « Antisémitisme : doctrine de ceux qui sont opposés à l'influence des Juifs » (*Nouveau Petit Larousse illustré*, Paris, 1954, p. 49). On n'en veut à personne de ne pas aimer les chauffeurs de taxi et les patrons de bistrots auvergnats, les concierges poivrotes et les tickets-restaurant. On peut toujours distinguer entre un homme et ses idées, et même entre un homme et son tempérament. Heureusement… On peut respecter l'homme sans respecter ses idées, et c'est encore heureux parce qu'il existe maints hommes loyaux et sincères dont la tête est farcie d'idées fausses. Mais à partir du moment où un homme s'identifie à son idée, que faire ? Peut-on repousser l'idée sans repousser l'homme ? La judéité consiste dans le fait d'une adhésion à un corpus d'idées, autrement il suffirait de naître juif pour avoir des croyances de Juif, comme si les idées passaient dans le sang, ce qui n'a pas lieu, d'autant que la plupart des membres de la communauté juive sont des autochtones convertis au judaïsme après la grande diaspora consécutive à l'entreprise de Titus. Mais il est contenu dans les idées constitutives de ce corpus que la judéité devrait être définie comme raciale : tout individu se définissant comme juif prétend descendre physiquement des Hébreux de l'Ancien Testament. Et cela revient à dire que la judéité comprise par ceux qui s'en revendiquent n'est pas une idée mais un donné naturel et non culturel. L'idée du judaïsme dit qu'elle n'est pas idée. Ment-elle ? Est-ce alors une fausse idée ? Mais il faut bien qu'elle existe, pour mentir, parce qu'une fausse idée ça n'est pas une idée mais un « *flatus vocis* », et ça n'est pas une idée parce qu'une vraie idée ça se pense, et que ce qui est contradictoire est impensable, alors qu'une idée est une pensée, une vraie pensée, même si c'est une pensée fausse. Reste que la judéité est une fausse idée, une illusion, mais une illusion qui sait mentir et, comme un menteur sait qu'il ment, ainsi pense son mensonge, c'est une pensée mensongère, à la manière du petit jeu d'Euclide de Mégare : « Cette phrase est fausse. » Voilà une vraie prolation dont le contenu signifie qu'elle est fausse, c'est la diction d'un sens insurgé contre l'acte de le proférer, une existence qui consiste dans l'opération de se nier. Et comme, pour continuer à être une existence, elle se refuse à se nier, alors nécessairement elle se trahit, et pour cacher qu'elle se trahit elle s'exerce comme négation de tout ce qui a un vrai contenu : la judéité, en dernier ressort, se veut, dans l'optique du Juif, indéfinissable, ineffable ; elle est comme le Dieu de la théologie apophatique des Pères : il n'est rien de ce que l'on en peut dire. La judéité est devenue indéfinissable pour conquérir son droit à l'existence et prévenir toute critique, laquelle suppose un contenu défini à contester. Mais alors peut-on encore seulement déclarer que le Juif est juif ? En rigueur, si la non-falsifiabilité du judaïsme le condamne à s'évaporer, c'est en se niant elle-même que la judéité eût été vraiment juive, de sorte que les Juifs ne sont plus possesseurs de leur identité que pour la voir se contester elle-même, et ainsi les Juifs ne sont plus juifs. En respectant l'homme dans son idée, on respecte l'idée qui le dévore… Est-ce la meilleure manière de le respecter ? Oui, mais cela revient à confesser que l'antisémitisme est la seule manière de respecter le judaïsme. Et peut-être est-ce bien là ce que le Juif, au fond de lui-même et de manière aussi inavouée qu'inavouable, attend des goyim. Comme le dit Cocteau, « à force d'aller au fond des choses, on risque d'y rester »…

Continuons :

« Jérusalem n'est pas seulement la capitale d'Israël et du judaïsme international. Elle aspire à devenir le centre spirituel du monde comme cela a été envisagé par les prophètes. » Telle était la conviction de David Ben Gourion, exprimée dans le journal *Jewish Chronicle* du 16 décembre 1949. Évidemment, entre Rome et Jérusalem, il faut choisir… Ce qui n'a rien d'étonnant si l'on comprend que Rome, en son identité catholique, ainsi prise comme l'Église, est le résultat, en même temps que le principe, de l'autonégation du judaïsme qu'elle consomme. Mais évidemment, tel n'est pas l'avis des Juifs : « Sans la Loi, sans Israël pour la pratiquer, le monde ne serait pas, Dieu le ferait entrer dans le néant ; et le monde ne connaîtra le bonheur que lorsqu'il sera soumis à l'empire universel de cette Loi, c'est-à-dire à l'empire des Juifs » nous dit Bernard Lazare dans *L'Antisémitisme, son histoire et ses causes*. Il est vrai que ce même Lazare confessait : « On peut dire que le véritable mosaïsme, épuré et grandi par Isaïe, Jérémie et Ézéchiel, élargi, universalisé encore par les judéo-hellénistes, aurait amené Israël au christianisme, si l'esraïsme, le pharisaïsme et le talmudisme n'avaient été là pour retenir la masse des juifs dans les liens des strictes observances et des pratiques rituelles étroites. » De sorte qu'il faut donner raison à un André Paul qui, dans ses *Leçons paradoxales sur les juifs et sur les chrétiens*, établit que le christianisme est antérieur au judaïsme, lequel est né comme religion rabbinique, ainsi talmudique : sans temple, sans sacerdoce, sans sacrifices ; le Talmud remplaça les prophètes, la prédication des rabbins remplaça les prêtres. Même un Finkielkraut le reconnaît aujourd'hui, qui, sur France Culture, le 8 août 2015, déclara : « On oublie que le judaïsme n'est pas antérieur au christianisme puisqu'il s'est formé après la Chute du Temple avec le Talmud. »

En octobre 1870, lors de l'adoption de la loi Crémieux qui, au détriment des populations berbère et arabe d'Algérie, accordait aux Juifs d'Afrique du Nord le statut de citoyen français, tuant ainsi dans l'œuf toute possibilité de réussite de l'entreprise coloniale dans cette partie du monde, Isaac-Moïse Crémieux, haut dignitaire maçon et président de l'Alliance israélite universelle, déclara, en présence de Gambetta : « Au Dieu d'Abraham, d'Isaac et de Jacob, au Dieu de David et de Salomon, notre adoration de croyants ; à notre France de 1789, notre culte filial ; à la République de 1870, notre dévouement absolu. C'est là notre grande Trinité. » Que vous disais-je ? Ils rendent un grand service à l'Église en lui opposant leur « trinité », tellement stupide dans sa caricature qu'elle précipiterait tout le monde à la messe si les gens d'Église n'avaient décidé de se renier eux-mêmes.

Finissons, pour aujourd'hui, par deux détails :

La *Barnes Review* américaine s'étonne : selon *Nuit et Brouillard* d'Alain Resnais, le « bilan » est de 9 millions ; selon le *New York Times* du 3 mars 1991, il est de 73 137 ; selon Léon Poliakov en 1951, il s'élève à deux millions ; George Wellers en 1963 en comptait 1 471 595 (dont 1 352 980 « frères »). Ce même Wellers, lors du scandale suscité en 1987 par l'affaire Roques, fit « respectueusement observer » à Michel Noir, alors ministre interviewé par Elkabbach sur Europe 1, qu'il racontait des blagues en affirmant l'existence de chambres à gaz homicides à Mauthausen, où son père avait été déporté. Quand on s'évertue à dire l'Indicible, c'est pas étonnant qu'on raconte des conneries.

« Je pense qu'il y a une résurgence de l'antisémitisme parce que pour le moment l'Europe n'a pas encore appris comment être multiculturelle, et je pense que nous (les Juifs) allons être pris dans les convulsions de cette transformation, qui doit avoir lieu. L'Europe n'a pas encore appris à être multiculturelle. L'Europe, ce ne sera plus ces sociétés monolithiques qui la composaient dans le siècle passé. Les Juifs seront au centre de cela. C'est une immense transformation à subir pour l'Europe. Maintenant ils devront faire avec le mode multiculturel, et il y aura du ressentiment contre les Juifs à cause de notre rôle moteur. Mais sans ce rôle moteur, et sans cette transformation, l'Europe ne survivra pas. »

Ce petit morceau de bravoure est de la juive américano-israélienne Barbara Lerner Spectre, « philosophe », directeur de l'Institut européen des études juives en Suède, interviewée en 2010 par la chaîne israélienne IBA-News. Ils veulent nous tuer et ils s'en vantent, et ils en viennent à se persuader, pour nous en persuader, que c'est pour notre bien, évidemment. Ils commencent par mentir effrontément pendant des décennies en disant que c'est pas pour nous tuer qu'ils font ça, que c'est un enrichissement, que c'est dans la vocation universaliste de l'Europe, et puis d'abord que c'est une fatalité : les nécessités de l'économie, le sens de l'Histoire, le devoir d'ingérence et de solidarité, et tout ça ; et puis ils disent en même temps qu'ils font pas ça, qu'ils sont innocents, que c'est des fantasmes d'antisémites, qu'ils y sont pour rien dans l'invasion et que même ils marchent avec nous pour mater les bougnoules, qu'ils sont le fer de lance de la civilisation occidentale ; et puis ils finissent par s'en vanter, que c'est bien eux qu'ont organisé la submersion, qu'ils nous emmerdent et qu'ils veulent nous niquer.

Tout le monde sait ça : les Coccinelles sont des bêtes à Bon Dieu qui veulent le bien de l'humanité. Creusez votre tombe et dites merci. Et en plus on crachera sur vos tombes, tas de salauds européens.

Maintenant, je m'en vais vous faire une confidence, mon bon Actéon. Qu'on soit si vulnérables face aux manœuvres des Coccinelles, c'est bien fait pour notre grande gueule, rapport à notre mentalité de Français. Les Français aiment leurs Juifs, ils se reconnaissent en eux, c'est pas possible autrement. Même tendance à se prendre pour le sel de la Terre, à la ramener à propos de tout et de n'importe quoi, à s'occuper des affaires des autres, à s'inventer une vocation universelle, à se poser en modèle même quand on a la chiasse et qu'on traîne sa robe ou son futal pleins de merde, à se croire plus malin que tout le monde, à prendre les gens pour des cons ; les Français sont des emmerdeurs, il leur faut se singulariser tout le temps, ils aiment la désobéissance et la transgression. Ce qui les perd face à leurs embobineurs théologiques, c'est la vanité, la suffisance ostensible ; z'arrivent pas à être vraiment méchants ; les autres, c'est la haine qui les fait vivre, l'envie et l'instinct de vengeance ; alors forcément, les premiers font pas le poids.

Dormez bien, Actéon, faites de sombres rêves, le ver du doute et de l'insurrection a pénétré dans vos veines.

CHAPITRE II

UNE DAMOISELLE AGITÉE

Rachida Belkaïd est une jeune femme d'origine maghrébine, berbère soucieuse de n'être pas prise pour une Arabe, fort susceptible sur ce point mais sans acrimonie. Son père épicier eut la bonté débonnaire de retourner assez vite au paradis d'Allah, terrassé par un cancer. Elle jouit ainsi du privilège périlleux de pousser sans autorité coercitive, parce que sa mère, à cause de son éducation traditionnelle orientale, n'eut pas l'heur de développer une poigne éducative de substitution. Rachida passa donc par les écoles et lycées de la République, où elle eut affaire à des éducateurs partagés entre le souci de ne rien apprendre aux élèves et celui de favoriser les talents d'une « chance pour la France ». C'est un fait que l'école n'apprend plus rien, n'ayant pas été conçue pour apprendre quelque chose mais pour forger des consciences « citoyennes ». Et puis le dogme égalitaire exclut par principe cette inégalité qui ne manque pas de surgir entre les membres d'un groupe confronté au devoir d'apprendre quelque chose, qui révèle une diversité de talents offensante pour la psyché républicaine. En revanche, l'universalisme mondialiste inhérent au républicanisme jacobin, générateur de miscégénation, favorise de manière systématique une immigration massive destinée à faire perdre aux autochtones le souvenir de leur identité ethnique et de leur vocation nationale. Mais pour faire supporter cette invasion suicidaire aux autochtones, il est nécessaire, entre autres choses, de répandre l'idée controuvée selon laquelle l'immigration serait une aubaine pour le pays d'accueil, ce qui suppose que les rejetons d'envahisseurs soient bien traités et obtiennent des succès scolaires et professionnels éclatants attestant que l'intégration se passe au mieux et que la

France se serait toujours construite de cette façon. D'où l'empressement des éducateurs à réinventer les méthodes traditionnelles d'enseignement pour cette jeunesse colorée et pour elle seule, en laquelle on cultive les vertus de l'ambition, de la compétition, du travail acharné et de la sélection par le mérite. Les « enseignants » n'agissent pas ainsi de manière toujours délibérée, car cela offenserait leur prétention à agir selon la justice. Ils procèdent par tropisme, selon la pesanteur d'une idéologie de la mauvaise conscience intériorisée à un point tel qu'elle en est devenue chez eux une seconde nature, un réflexe spontané, une chose allant de soi mais qui ne s'avoue jamais.

Les rejetons d'autochtones sont ainsi particulièrement défavorisés. D'abord, un enfant s'aperçoit vite qu'on ne souhaite pas le favoriser, qu'on ne se propose pas de tirer le meilleur de lui-même, et il est prompt à penser qu'il en est ainsi parce qu'il ne le mérite pas. Alors, sous couvert de se désintéresser du système supposé le former, en croyant contester le système et aspirer à la liberté hors système, il se résigne, accepte sa défaite avant même de se décider à lutter, se résout au destin de citoyen de seconde zone, et ne fait par là rien d'autre que de ratifier les effets obligés du système contre lequel il croit naïvement s'insurger. Bien sûr, les fils d'autochtones socialement favorisés ne sont pas aussi sensibles à ces injonctions au renoncement, et ils tirent leur épingle du jeu par divers procédés, dont les manœuvres officieuses pour se faire attribuer une place dans les lycées ayant encore conservé un semblant de bonne tenue et d'efficacité pédagogique. Mais précisément, appartenant à une famille favorisée, ils procèdent d'un milieu qui, intégré à l'élite politique du pays, est complice de l'orientation antinationale de l'appareil pédagogique. Aussi ceux qui sont à peu près bien formés ne risquent-ils pas, accédant aux affaires, de changer cette situation lamentable, et de faire en sorte que l'école redevienne un lieu où l'on apprend à penser en pensant les pensées des meilleurs penseurs du passé. D'autre part, il est des choses qui ne révèlent leur éminent intérêt qu'après qu'on a été forcé à les pratiquer. N'ayant plus de maîtres coercitifs, les élèves livrés à eux-mêmes, à leur « créativité », ne portent d'intérêt qu'à ce qui ne mérite guère d'intérêt. Et les clivages de plus en plus accusés s'opèrent rapidement entre ceux qu'on veut avilir et abêtir et ceux qu'on entend promouvoir pour en faire la future élite de la nation. En troisième lieu, un matraquage lancinant, de deux ans à quatre-vingt-dix-neuf ans, sur les ondes, dans les journaux, au cinéma, au théâtre, au concert même, dans les réunions politiques, et même encore dans le monde du travail, ne cesse de culpabiliser les Blancs, les autochtones, les gens normaux, ceux qui ne jouissent d'aucun statut susceptible de les particulariser : ceux qui ne sont pas des immigrés ou issus d'immigrés, ceux qui sont de race blanche, qui ne sont ni juifs ni handicapés ni homosexuels ni délinquants ni fils de criminel ni drogués ni fils de drogués, ni fils de révolutionnaire ni musulmans. Pour ceux-là, on est repentant de naissance et à vie, on est mis en demeure de cultiver sa mauvaise conscience, toute velléité de réussir dans la vie au point d'accéder à l'élite devient suspecte ; on décourage la pugnacité de cette engeance virtuellement pétainiste et colonialiste, résidu d'une France « frileuse » et exploiteuse : les Juifs ont apporté au monde la liberté de conscience, l'esprit de libre examen, l'esprit critique, l'esprit scientifique, la morale, les Droits de l'Homme, le marxisme, la psychanalyse et la Relativité, ils ont été ghettoïsés par des criminels de confession catholique inspirés par l'envie, ont du génie dans leurs gènes et sont d'éternelles victimes auxquelles on n'aura jamais fini de demander pardon ; les Égyptiens ont inventé les mathématiques et la philosophie, les Grecs se sont contentés de les piller, les Égyptiens étaient des Nègres, la civilisation a été apportée au Caucasien par les Nègres qui n'ont stagné économiquement et scientifiquement que parce que l'avidité des Blancs colonisateurs et esclavagistes les a empêchés d'évoluer, etc. Et c'est ainsi que les autochtones des pays d'Europe, subissant sans broncher toutes les dispositions — directes ou indirectes — de l'« *affirmative action* », se tiennent pour honorés d'être supplantés par des envahisseurs cornaqués par les Juifs et les Loges. La France ne serait pas un pays formé par l'histoire, la race, le milieu, la conscience d'un destin, une réalité dotée d'une matière nationale et d'une forme étatique et juridique, chargée d'une finalité culturelle et politique. La France serait une formule, elle n'aurait pas de contenu ou de matière propre, la France serait le Monde

entier qui se concentre en elle pour se sublimer en citoyen jacobin de l'État mondial. La France, dans cette optique, est une
formule de conversion de l'homme profane en homme éclairé,
elle le fait passer de l'obscurité à la Lumière. La France *est*
l'Éducation nationale, une machine à intégrer, un opérateur
universel de transsubstantiation.

Rachida, qui avait des antennes et les dents longues, comprit
vite la règle du jeu. Afin de se soustraire au côté « bougnoule »
en lequel elle eût risqué d'être confinée, mue peut-être aussi par
la grâce — qui sait ? les voies de Dieu sont vraiment imprévisibles et pour le moins déconcertantes —, elle se convertit au
catholicisme non sans cesser de militer dans la cellule communiste de son quartier. Bien sûr, sa conversion, qui l'invita à prendre le prénom socialement plus gratifiant de Blandine, fut
accomplie en milieu ultra-progressiste, tiers-mondiste et miséra-
biliste, marxiste et moderniste en tout point, avec une sympathie
non dissimulée pour les théologies de la libération. Ce qui ne
l'empêchait pas d'avoir une vie amoureuse pour le moins active
et agitée. Elle se voyait dans la peau d'une future Dati ou d'une
nouvelle Belkacem. Tout humain ressemble à un animal, ou
bien, plus rarement, à un fruit. En observant Rachida-Blandine,
on ne pouvait s'empêcher de songer à une olive verte, jolie, lisse
et dorée, gracieuse, un peu brillante, avec de petits yeux noirs
qui flamboyaient en permanence ; ou bien à une belette souple
et soyeuse, mais capable de cruauté ; évidemment elle savait
tout cela, et elle en jouait. La générosité et l'esprit de conquête
se confrontaient dans son cœur d'artichaut, ce qui souvent lui
faisait porter ce même cœur en écharpe. À l'époque, après avoir
suivi le cursus de Sciences Po-Paris ouvert — « ségrégation
positive » oblige — aux candidatures sur dossier de maints
« Jeunes » supposés prometteurs en tant même que Français de
très fraîche date et de sang fort peu européen, elle préparait un
« master » répertorié sous le titre « administration publique » à
l'École normale supérieure de la rue d'Ulm, en vue de se présenter au concours d'entrée à l'École nationale d'administration. Sa dernière histoire d'amour avait été plus agitée que d'habitude, elle s'était éprise d'un nigaud blond suffisant, blasé à

vingt-cinq ans, trop beau pour être honnête, et elle s'était trouvée piégée, à la fois furieuse de sa dépendance et ravie de se sentir labourée par ces turbulences passionnelles qui donnent du
goût à la vie. Négligeant quelque peu ses révisions, elle qui ne
sortait jamais sans être entourée d'un essaim d'étudiants des
deux sexes, elle en vint à quitter les sentiers battus des endroits
à la mode et échoua, sans savoir comment, dans ma librairie
sombre, fort peu vêtue (il faisait chaud à Paris en ce début de
printemps) et vite volubile. Ayant assez vite compris qu'elle
n'avait pas d'argent pour acheter des livres qu'en général elle
dérobait dans les grandes libraires, je lui proposai, en lui offrant
un café, de lire sur place, sans rien m'acheter, ce qui serait susceptible de l'intéresser, à condition qu'elle me fît la grâce de ne
me point voler. Elle fouina, déplaça quelques volumes, lut
quelques pages, puis partit sans faire de commentaire. Mais elle
revint assez régulièrement après quelques semaines d'absence,
me décrivant ses états d'âme, ses regrets, ses espoirs et ses convictions pour le moins confuses et endiablées. Un après-midi,
elle me tint ce discours :

« Aujourd'hui j'ai bu quelques verres avec mes copains et
copines place de la Contrescarpe et, je ne sais comment, nous
en sommes venus à nous demander si nous n'étions pas des privilégiés. Nous sommes jeunes, nous faisons des études, nous
savons jaspiner anglais, nous sommes de gauche évidemment,
et même d'extrême gauche parce que c'est plus logique et plus
romantique, cela fait partie de notre "look". Ils m'ont demandé
si, fille d'immigrés berbères, je me sentais privilégiée. Je pensai
à mon père décédé, au loufiat qui nous servait et qui avait probablement des varices en plus de sa couperose, aux caissières
des grands magasins, aux appariteurs des facs, aux femmes de
ménage, aux ouvriers sur les chantiers, aux agents de police, aux
agriculteurs qu'on voit de temps en temps à la télé, à tous ces
petits employés aperçus dans le métro, que je me persuade d'aimer et que je méprise au fond sans vouloir le reconnaître. Je ne
prends pas souvent le métro mais ça m'arrive ; d'habitude je me
déplace à vélo. Après ce pot, je suis rentrée chez moi dans le
foyer pour étudiants de la rue Saint-Ambroise, en ce 11e devenu
"bobo" comme presque tous les anciens quartiers populaires de

Paris. Oui, avais-je déclaré à mes condisciples, je suis une espèce de privilégiée. Je n'ai aucune vraie nécessité matérielle, je peux aller au cinéma quand je le désire, ou à la Comédie française, ou au théâtre de Chaillot, je puis faire mon marché à la Bastille — tout y est moins cher qu'en province —, j'ai une vie de mondaine parisienne — euh, non, une vie mondaine de Parisienne —, et je prépare les concours prestigieux de la nation au sein d'une école non moins prestigieuse, je suis tenue pour brillante et prometteuse, mon avenir est celui d'une bourgeoise avec, à tout casser, un gosse ou un gosse et demi, un mari socialo-libéral féministe, des responsabilités professionnelles et politiques. Vautrée sur mon lit, je n'avais pas envie de travailler, et me suis emparée d'une BD "biopic" consacrée à Marx, avant de repartir pour m'offrir une toile. Et là, je ne sais pourquoi, ça m'a coupé le souffle. Ça m'a été une révélation, aussi incongrue que celle à laquelle fut confronté le Jean-Claude Tergal de la BD de Tronchet, ce gosse qui avait procédé gravement à une dichotomie entre les femmes normales — à savoir les vieilles qui ont plus de trente ans, qui font la cuisine, les courses, la vaisselle et qui torchent des enfants — et les "femmes à poil", les beautés qu'on voit sur les affiches, passablement dénudées : en feuilletant un vieil album de photos de familles, il tomba sur sa mère en bikini, et dut se rendre à l'évidence ; sa maman avait été jadis une "femme à poil", ce qui fut pour lui très traumatisant.

Eh bien la BD de Marx, *mutatis mutandis*, m'a fait le même effet. J'avais dit à mon auditoire complaisant — je suis une femme, je fais des études, je suis une "Arabe", donc je suis intouchable — que quelque chose m'exaspérait chez les jeunes de gauche : être une privilégiée ne m'empêche pas de dormir, j'ai de la chance et je sais saisir mes chances, et sous ce rapport il y a ceux qui savent les saisir et ceux qui ne le savent pas ; n'ont de la chance que ceux qui méritent d'en avoir, il n'y a pas d'arbitraire au fond ; mais tous les jeunes de gauche, tous les révolutionnaires, tous les insoumis sont des privilégiés. Tu vas en assemblée générale étudiante à Nanterre, tu trouves que des fils de médecin qui t'expliquent doctement qu'il faut détruire le capitalisme. Or en lisant la BD, ce fut la stupeur : quand Marx, à Paris, picolait avec Engels, il parlait révolution, lutte des classes, exploitation de l'homme par l'homme, mais l'un était un intellectuel et l'autre un entrepreneur, ils étaient tous les deux favorisés culturellement et évoluaient dans l'abondance matérielle, même si Marx à d'autres époques a connu des moments de grande pauvreté, mais c'était un peu sa faute parce qu'il était incapable de dispenser des efforts pour ce qui l'ennuyait. Tous les révoltés qui se font entendre socialement sont des "privilégiés". C'est quand même emmerdant pour moi qui ai besoin d'être sincère pour n'être pas tourmentée par la mauvaise conscience, et ces gens qui me flattent et me favorisent, qui veulent que je leur ressemble et auxquels je veux ressembler, me font de plus en plus l'effet de faiseurs, de menteurs, de faux-culs, de tartuffes, d'exploiteurs, c'est-à-dire au fond de salauds, au sens tout à la fois sartrien et ordinaire du mot. Comment ça se fait, à votre avis, Monsieur le libraire ? Vous êtes dans les bouquins toute la journée, vous êtes vieux avec de l'expérience, vous rencontrez des marginaux et des inactuels de tous les bords ; vous avez peut-être une explication. »

Quelque peu interloqué sur le moment, je pris le parti de lui répondre aussi franchement que possible, non sans me ménager une certaine marge de prudence afin d'éviter une friction porteuse de représailles futures de la part de mon interlocutrice. Je tiens à ma tranquillité, et je n'ai plus l'âge de satisfaire des pulsions de provocation qui relèvent de cette adolescente vanité en quête d'ennemis pour se vautrer dans l'indignation vengeresse à bon compte. Et puis je sais par expérience qu'il est impossible d'accorder quelque confiance que ce soit aux jeunes gens d'aujourd'hui. Ils ont toujours été versatiles, naturellement égoïstes et jouisseurs, oublieux, en quête d'eux-mêmes et ainsi préoccupés essentiellement par leur petite personne aux intérêts de laquelle ils subordonnent tout. Mais leur nombrilisme et leur manque de parole étaient combattus, dans les sociétés d'ordre, par l'inculcation du sens de l'honneur et du devoir, du sacrifice et du respect des héros, ce qui produisait, au moins de temps à autre, d'admirables figures de jeunes humains généreux dans leur morgue, humbles dans leur audace, idéalistes dans leur fougue passionnelle, réfléchis dans leur spontanéité. Or aujourd'hui, après qu'on a jeté aux oubliettes toutes ces vertus qui élevaient l'âme, ne restent que les défauts sécrétés par la perversité native du moi haïssable fonctionnant tel un maelström et livré à lui-même. Quoi qu'il en soit, je me risquai à lui répondre à peu près ce qui suit.

« Je pensais que vous m'aviez oublié depuis longtemps. Quelques semaines, qui sont pour moi quelques heures, sont pour vous plusieurs années. Votre jeune mémoire fidèle, ou plutôt votre mémoire de jeune habituellement si peu fidèle, m'honore en me gratifiant de votre visite. Je n'ai pas oublié quant à moi votre originalité explosive, provocante et en même temps bien attachante, que vous avez manifestement tenté d'assagir en la soumettant à l'aune d'un esprit critique peu "politiquement correct". Félicitations pour vos prouesses universitaires. Vous êtes promise à un brillant avenir dans un monde périlleux, chargé de tentations et infesté de chausse-trapes, gorgé de sophismes et gravide de désillusions. Puissiez-vous ne pas y perdre votre âme. Vous avez une vie mondaine bien agréable ; puisse votre lapsus sur la "vie *de* mondaine parisienne" ne pas être significatif.

Je garde un heureux souvenir de la place de la Contrescarpe, et de tout le Quartier latin. Il m'arrive même de m'y hasarder encore. J'en connaissais dans ma jeunesse tous les bistrots, maints restaurants et toutes les librairies. Mais j'allais souvent là où vous n'allez guère : à Saint-Nicolas-du-Chardonnet, près de la Mutualité où il m'arrivait d'aller écouter des hommes politiques dont je tairai le nom. J'ai aussi habité un temps dans le 11e arrondissement, près de la place Voltaire ; ce n'était pas encore un quartier de "bobos". Il y avait une multitude de petits artisans. Je me hasarde encore en ces endroits de temps à autre, quand je décide de faire confiance à Zinzin ici présent pour garder la boutique.

Pour ce qui est de votre étonnement concernant la Gauche, je vous trouve — c'est dit avec bienveillance et sans acrimonie aucune — un peu naïve.

La Gauche est par essence bourgeoise, elle est fille de cette bourgeoisie voltairienne qui fit la Révolution française en manipulant la plèbe pour se débarrasser du magistère de l'aristocratie et de l'Église, et qui ensuite, le 9 Thermidor, se débarrassa des plus furieux et de ce qui restait des Enragés comme d'un kleenex usagé ; elle avait besoin d'un sabre pour stabiliser la Révolution, elle alla chercher Bonaparte qu'elle congédia en 1815. Les trotskistes les plus efficaces aujourd'hui, et les plus cohérents, sont les "néo-cons" états-uniens, ethniquement très connotés et adeptes du *"quantitative easing"* : la *"Federal Reserve"*, qui n'est ni de réserve ni fédérale, s'est arrogé le privilège régalien de battre monnaie, et ainsi la Haute Finance anonyme et vagabonde est devenue plus puissante que les États qu'elle réduit au rôle de factotum de son enrichissement par le moyen de la fiscalité. Cette puissance financière est parvenue à un degré de concentration de richesses inouï, vérifiant sous ce rapport les prévisions de Marx. Elle vise le pouvoir, mais dans la forme d'un État mondial dont la capitale serait Jérusalem. Ce n'est pas moi qui le dis, c'est Jacques Attali, le mentor du paltoquet efféminé qui occupe l'Élysée. Et cet État mondial ne pourra pas se donner une autre organisation que celle du socialisme.

Pour moi, le capitalisme est de gauche, et, selon le mot de Lukàcs, le communisme est d'une certaine façon la conscience de soi achevée du capitalisme. José Antonio Primo de Rivera, que j'aime bien (cela ne vous étonnera pas), n'était pas marxiste pour le moins, mais il prenait Marx au sérieux, et il avait raison. Maurice Bardèche, beau-frère de ce Robert Brasillach fusillé un 6 février, et auquel je pense aujourd'hui, rapportait dans *Qu'est-ce que le fascisme ?* (Les Sept Couleurs, pages 67 et 68) ces propos de José Antonio :

"Une figure à la fois repoussante et fascinante, celle de Karl Marx, plane sur le spectacle de la crise du capitalisme. À l'heure actuelle, partout, les uns se proclament marxistes, les autres antimarxistes. Je vous le demande, et c'est un vigoureux examen de conscience que je formule : qu'est-ce que cela veut dire, 'être antimarxiste' ? Cela veut-il dire qu'on ne désire pas l'accomplissement des prédictions de Karl Marx ? Alors nous sommes d'accord. Cela veut-il dire que Marx s'est trompé ? Alors ce sont ceux qui l'accusent d'erreur qui se trompent.

Le capitalisme libéral débouche obligatoirement dans le communisme, et il n'y a qu'une manière profonde et sincère d'éviter l'avènement du communisme, c'est d'avoir le courage de détruire le capitalisme lui-même, de le détruire avec l'aide de ceux-là mêmes qu'il favorise."

Et je suis d'accord avec José Antonio.

Il faudrait du temps pour établir de manière convaincante tout ce qui précède, et je m'en dispenserai ici parce que je ne voudrais pas vous lasser ; je ne voudrais pas, non plus, prendre le risque de vous scandaliser. C'est pourquoi je ne développerai pas longtemps ces remarques. Sachez simplement que je suis aussi hostile que vous à l'individualisme consumériste promu par le capitalisme ; je condamne même le prêt à intérêt dans son principe, sans lequel le capitalisme ne serait pas. Mais il ne me semble pas que l'hostilité au consumérisme puisse trouver satisfaction dans le marxisme et dans le communisme, qui sont des matérialismes revendiqués ; quand on est matérialiste, peut-on aspirer à autre chose qu'à des biens matériels ? Pour s'opposer vraiment au matérialisme consumériste, c'est du côté du Grand Matin qu'il faut regarder, non du côté du Grand Soir. Quant au communisme, vous savez probablement qu'il fut condamné comme "intrinsèquement pervers" par Pie XI en 1937 dans l'encyclique *Divini Redemptoris*.

Je pense que les insoumis ne sont pas là où vous le pensez. Il n'y a pas plus conventionnel, servile, dépendant des modes et des diktats des faiseurs d'opinion discrets et omnipotents que les insoumis revendiqués d'aujourd'hui.

Louis-Ferdinand Céline, que j'aime bien lui aussi, écrivait dans *Les Beaux Draps* que "le communisme est le moyen d'accéder bourgeois illico". Il ajoutait, dans *L'École des cadavres* : "Boyaux avides prolétaires contre boyaux contractés bourgeois, c'est toute la mystique démocratique. C'est consistant, mais ça rampe, c'est lourd, ça fatigue et ça pue." Et il me semble qu'il y a quelque chose de très vrai dans ce point de vue formulé de manière si suggestive.

Je pense en effet que le consumérisme — commun au communisme et au capitalisme — est l'enfant naturel du subjectivisme, et que sous ce rapport le capitalisme et le communisme sont frères ennemis. L'un est à la droite de l'hémicycle parlementaire, l'autre est à sa gauche ; moi je suis anti-subjectiviste, par là en dehors de l'hémicycle, qui est à ma gauche. Toutes les idées modernes sont des idées chrétiennes devenues folles, comme le disait Chesterton. Le subjectivisme est cette maladie de l'esprit qui, sous prétexte que l'homme a été créé à l'image de Dieu, en vient à laïciser cette idée chrétienne d'image, pour finir par déifier la subjectivité, la liberté, la conscience, le Moi. Entre des petits dieux, ne peut subsister qu'un rapport d'égalité puisque chacun se veut infiniment digne et libre et parfait. Mais chacun veut aussi être au-dessus de tous les autres car le propre de Dieu est d'être transcendant et d'avoir raison de fin de toute chose, et sous ce rapport — comme vous le remarquez — chacun des membres de la multitude veut être unique, l'Unique, le transcendant, il entend être un *privilégié*. Le cynique est peu soucieux de justification morale, et n'a pas besoin de se donner des raisons pour être un privilégié, qui rapporte tout à lui-même ; le cynique est immoral et fort déplaisant, bien peu aimable, fort méprisable, et il le sait ; mais à ce titre même il ne prétend pas être Dieu, il n'a pas l'orgueil de s'absolutiser, il se contente de jouir et de marcher sur les autres pour parvenir à ses misérables fins. Il a pris le parti d'être injuste pour actualiser sa conception triviale et erronée du bonheur ; c'est un peu comme les voyous, les souteneurs, les cambrioleurs, les tueurs à gages, les escrocs ; ils savent qu'ils sont moralement répréhensibles et ils n'essaient pas de se justifier ; tout au plus considèrent-ils qu'entre être un salaud et être ce qu'ils croient être un con — un "cave", un homme dérisoirement et au fond stupidement honnête —, il est plus expédient d'être un salaud.

L'orgueilleux radical, quant à lui, entend, comme le cynique, tout rapporter à lui-même, mais il aspire de surcroît au sentiment de légitimité et d'innocence, comme le voulait Jean-Jacques. Ainsi, pour conférer une apparence de justice à cette prétention effarante en quoi consiste le statut de Moi absolutisé, il voudrait que tous fussent aussi des petits dieux, et que chacun fût en même temps que les autres au-dessus des autres, d'où l'idée incohérente de conjugaison de liberté absolue et d'égalité. C'est incohérent d'abord parce que la liberté en acte est génératrice d'inégalités ; c'est incohérent ensuite parce que si des libertés absolues sont égales du fait même de leur absoluité, des égaux absolus ne peuvent plus être des privilégiés, car le privilège exige la différence.

De cette indépassable contradiction résultent trois attitudes possibles. La première est celle des bourgeois qui disposent des moyens de vivre en privilégiés, mais qui votent et militent à gauche en espérant, dans un sentimentalisme utopique, que la révolution résoudra à leur place leur contradiction ; les plus ignobles parmi eux sont ceux qui réduisent la Révolution à une Idée de la raison pure, idéal régulateur et non constitutif de la connaissance, pensé et adopté tel un idéal qui doit demeurer un idéal et par là ne doit jamais être atteint ; c'est, me semble-t-il, la manière dont l'adoptent vos petits copains et surtout leurs parents. La deuxième est celle des pauvres frottés de culture et parvenus de l'intelligence, qui admirent la bourgeoisie et entendent la rejoindre, qui donc l'imitent, et se font à la fois américanophiles et américanomorphes pour jouir et consommer, *et* marxistes pour se donner bonne conscience tout en peaufinant leur profil d'intellectuel. Et puis il y a l'espèce de ceux qui refusent d'assumer une telle contradiction, et qui sont les vrais insoumis : ils rejettent en bloc la Gauche et la Droite parlementaires, ils sont anticapitalistes et anticommunistes, ils s'attachent à l'idée de bien commun, ils sont corporatistes, ils ne pensent pas que le Royaume pourrait être de ce monde. Dans la terminologie actuelle, on les appelle les "réactionnaires", ou bien les "fascistes".

Vous me rangerez dans la catégorie qui vous paraîtra adéquate, en notant bien qu'il n'est pas impossible d'être les deux à la fois : réactionnaire en tant qu'anti-subjectiviste, avec toutes les conséquences que cela implique ; et fasciste en tant que non passéiste, c'est-à-dire révolutionnaire, mais au sens de Polybe : selon l'"*anakuklosis*", ce qui est tératologiquement placé à l'envers a vocation à se retourner contre soi-même pour se mettre à l'endroit ; ce sont les "révolutionnaires anti-révolution", comme les a nommés l'un d'eux, petit bourgeois que son génie personnel parvint à le faire s'émanciper des travers de sa condition sociale.

Vous voulez, chère Rachida-Blandine, à la fois être une communiste et devenir une sainte. C'est un très beau programme et mon instinct paternel vous invite à persévérer dans cette voie, mais à deux conditions qui sont requises pour échapper à une contradiction mortelle.

La première est de cesser de confondre la sainteté et la conscience d'être bon. Comprenez que la "conscience" est très femelle, pleine de duplicité ; c'est une authentique salope. Je connais la Conscience, je vous la présenterai peut-être un jour, elle vaut le détour. Dans le sillage de cette première remarque, je vous invite à comprendre ceci : il est légitime de découvrir sa personnalité, de chercher à s'accomplir et à s'épanouir, ainsi à s'affirmer ; mais il est nécessaire, pour y parvenir, d'apprendre à se donner au service d'une cause qui vous dépasse et vous subordonne à elle, et qui ne sera pas l'expression subreptice de votre complaisance en vous-même, comme il arrive si souvent à votre âge de le faire. Nous ne sommes pas notre propre origine, nous ne sommes donc pas notre propre fin ; nous sommes libres sans être notre origine, nous nous appartenons sans avoir acquis notre être ; nous sommes donnés à nous-mêmes, ainsi en dette de nous-mêmes, et c'est à nous acquitter de cette dette que nous sommes invités ; mais c'est dans le seul service de cette vocation que nous parvenons, sinon à rembourser la dette, à tout le moins à vivre sans injustice notre statut de débiteurs ontologiques. Être en dette de soi, c'est servir, et c'est en servant que l'on est libre et que l'on s'affirme. Être libre sans être son origine, être humain, c'est être donné à soi pour disposer de soi, et tout donataire est constitutivement l'obligé d'un donateur. Un certain Claude Bruaire mort depuis longtemps racontait ces choses naguère en Sorbonne, je l'ai bien connu dans ma jeunesse, et je lui garde une certaine sympathie, bien qu'il fût d'un caractère de cochon et, ce qui est plus grave, agent de l'Opus Dei et démocrate-chrétien.

La deuxième condition est de convertir votre collectivisation des moyens de production en service du bien commun, laquelle convertit la propriété privée individualiste en propriété patrimoniale, qui fait de la propriété non un droit mais un devoir commandé par le bien commun lui-même. On ne possède, là encore, que pour servir ; mais en retour c'est en possédant que l'on sert : pour donner, il faut avoir ; la "charité" des "chrétiens" de gauche est une contradiction ; ils veulent prendre à ceux qui ont pour donner à ceux qui n'ont pas, ce qui fera passer d'un monde où il y a peu de riches, beaucoup de pauvres et un peu de très pauvres, à un monde où il n'y aura que des pauvres ; quand on n'a rien, on ne peut rien donner, et la charité mourra ; on peut se demander si elle n'est pas déjà morte, sous l'effet de la tendance à exténuer les réquisits de son exercice.

La conséquence obligée de ces deux conditions, si elles sont satisfaites, c'est que vous sachiez vous émanciper révolutionnairement du mensonge démocratique ; vos aînés de mai 68, ashkénazes bon teint, parlaient à bon droit d'"élections, piège à cons". Il serait temps de mettre leur leçon en pratique. »

Je ne sais pas si la Blandine m'a seulement écouté jusqu'au bout. Elle m'a traité de facho et de vieux con, et puis elle est partie dans un tourbillon. Elle ne reviendra probablement jamais. C'est tant pis pour elle.

CHAPITRE III

JOURNAL DE ZINZIN

Tout est vieux dans l'antre de Tartempion, même les tasses à café, les soucoupes ébréchées, les petites cuillers jaunies, les rouleaux de scotch qui ne fonctionnent plus, les papiers pisseux aux murs, les affiches de décoration, les abat-jour, les morceaux de sucre, les gâteaux à grignoter, le frigo planqué sous des piles de journaux poussiéreux, les bouquins évidemment… Même le revolver et le nerf de bœuf pour chasser les intrus, qui traînent dans un tiroir du bureau de Tartempion, datent de Mathusalem. Je m'y sens bien, le temps s'y est arrêté, là je n'ai pas envie de boire. Je me suis même mis à écrire. Tout le monde écrit aujour-d'hui, je vois pas pourquoi je ferais pas comme eux, parce qu'à la différence des zombies qui peuplent la Terre et de la cohorte des nombrilistes affligés de graphomanie compulsive, j'ai quelque chose à dire. La preuve, c'est que personne m'écoute. Pour moi mettre mes pensées sur papier, c'est thérapeutique ; c'est pas pour me mettre en spectacle, c'est pour me décoller de moi-même, me mettre à distance de moi, et puis aussi me sou-lager et régler mes comptes. Tartempion est peut-être mon seul lecteur, mais je m'en fous. Lui est un spectateur pur, moi je donne dans l'imprécation, ça fait du bien un peu.

Tout le monde veut être quelqu'un d'exceptionnel, le chef-d'œuvre incarné, et il veut même le prouver en se mettant en scène ; avant Internet, il y a une éternité et si peu de temps en fait, les prétentieux usaient de la plume pour se poser en « créa-teurs », en mettant leurs tripes sur la table, fascinés par l'intério-rité intestinale de leur personnalité sacrée dont ils voulaient faire admirer les replis à tout le monde. Être quelqu'un qui « écrit », ça pose un homme, ça distingue du troupeau de ceux qui bos-sent pour de l'utilitaire, ça met du côté des gens d'exception. La dichotomie entre hommes libres et esclaves est restée : il y a ceux qui sont des instruments et ceux qui vivent pour eux-mêmes, la plèbe du « *negotium* » et la fleur de l'« *otium* », qui pousse sur le fumier du premier, sauf que personne ne veut plus travailler aujourd'hui, appartenir à la vile plèbe, tout le monde veut faire l'aristocrate qui ne passe pas sa vie à la gagner. Il y a aussi que leur substance de médiocres les rend incapables de faire quelque chose de proprement humain de leur temps libre qu'ils gaspillent en futilités avilissantes. À travers leur souci séculaire d'être égaux, ils nourrissaient chacun la prétention à dépasser tout le monde. Aujourd'hui il y a peut-être un peu moins d'écrivains du dimanche, parce qu'ils trouvent le moyen de s'épancher sur les réseaux sociaux : « moi, moi, mon cul, ma personnalité, et que je fais ci, que je mange comme ça, que je fais du sport et que j'aime pas tel machin, et que j'étais comme ça toute petite, regardez cette merveille en herbe et ce joyau que je suis devenue, et je suis sortie avec untel et il m'a fait ça et j'ai pas aimé, ici je suis enceinte, regardez comme je suis belle, j'ai même pas de vergetures ; là je fais caca dans ma poubelle remplie de sciure en mangeant des graines de sésame, c'est naturel, j'ai pas honte, c'est écolo-citoyen : "*exegi monumentum aere perennius*" ; ici encore je médite, admirez au passage mes seins et ma croupe, je suis une femme de caractère, unique, exceptionnelle, belle et forte, et puis super intelligente et en plus modeste » ; un paltoquet : « admirez mes muscles, j'suis un homme rare, j'les tombe toutes, et que j'ai du talent pour ci et des ressources inexploitées pour ça, et que je vis mes rêves au lieu de rêver ma vie ; j'ai pas à m'excuser de ce que je suis, c'est les autres qui doivent s'excuser de pas savoir m'accepter, et tout et tout, faites comme moi, révoltez-vous, affirmez-vous, exhibez-vous, faites valoir votre différence ».

La pire chose qui puisse arriver à un con, c'est d'obtenir la promotion à laquelle il prétendait, parce qu'alors il est obligé de montrer qu'il est con ; c'est ce qui arrive au populo entier qui par la Toile accède à la notoriété, il y fait le pitre, s'y couvre de ridicule en se donnant en spectacle pour pas un rond, croit s'affirmer alors qu'il appelle au secours et n'est même pas assez futé pour s'en rendre compte. Le genre humain, ça a toujours été beaucoup de fange et un petit peu d'esprit qui réussissait à pousser dans la fange ; pendant des millénaires on a su ne pas l'oublier, en retenant du passé ce qu'il y avait de moins débilitant, qui pouvait servir d'exemple pour la suite ; le genre humain vit en peu d'hommes, et peu d'hommes pouvaient servir de modèle au genre humain. Notre temps renverse la vapeur. Il fait du médiocre le modèle de tous et le paradigme des générations futures. Dans le temps, le cinéma et le roman étaient le reflet de la vie réelle, maintenant ils sont les modèles auxquels la réalité doit se conformer, et si elle veut pas obéir on la détruit, en l'asphyxiant. Toute femme dans ces trucs est nécessairement chef de service, colonel ou juge, commissaire implacable qu'a peur de rien mais qui reste féminine ; elle commande à des hommes, elle a fait des études supérieures et du karaté, elle drague et ne s'abaisse pas à attendre d'être choisie, elle couche comme elle pisse, c'est hygiénique, elle s'offre des plans cul, elle est moderne, libérée, elle a toutes les vertus des mecs et aucun de leurs défauts, ses subordonnés sont des abrutis racistes et elle les éduque à la vie citoyenne, elle est jeune mais elle a des gosses adolescents qu'elle éveille à leur sexualité sans préjugés, on avorte comme on prend une douche. Et les mecs jouent le jeu, et ils se font ridiculiser et ils en redemandent. Et plus personne fait des gosses, sauf les immigrés. Et la France et l'Europe sont mortes ou à l'agonie, et elles le savent pas, et je les soupçonne de le savoir et d'y consentir. Les petits sépharades teigneux manipulent les images pour bien saloper la race blanche et les mœurs, font croire qu'il faut être une traînée ou une folle bisexuelle pour être à la page.

Je n'ai plus rien à perdre parce que j'ai tout perdu. Je suis libre. Ça me fait une belle jambe. Mes jambes ont été longtemps, quand j'étais au fond du trou, maigres et violacées, pleines de varices. Il faut bien qu'un peu d'espoir m'anime encore pour que je me mette à noircir des pages, mais je n'attends plus beaucoup de ma destinée. Je ne crois d'ailleurs pas beaucoup à la pertinence de l'idée même de destinée, et pas du tout à celle de la création de soi-même par ses actes. Je pense que les hommes sont pour la plupart faibles et décevants, et je fais partie de ces gens-là. Mes sentiments intimes sont sans grandeur, mon cœur est laid, mes pensées sont obscures et sans nouveauté. Sur moi-même, je n'ai rien à dire, sinon que j'ai conscience de n'avoir rien à en dire et qu'il y a beaucoup à dire sur le fait de n'avoir rien à dire de soi : le médiocre a, en général, une médiocre conscience de sa médiocrité, et pourtant, moi qui suis une nullité, j'en ai une vive conscience ; je nourris l'espoir que ça servira à quelque chose de le dire ; ça me servira au moins à moi. Je me supporte à exister en sachant que, à vue d'homme, j'aurais aussi bien fait de ne pas naître. Le plus infime des humains conserve une obscure réminiscence de son statut d'*imago Dei* : « *minues eum paulo minus a Deo gloria et decore coronabis eum* »… On est pris de déflocquement quand on y pense, ça accuse notre responsabilité de voir à quel point on a pu se saloper soi-même ; on voudrait bien oublier, pour s'innocenter, ce qu'on aurait pu être. Et moi, j'essaie pas de contourner la souffrance : la lucidité, c'est mon seul motif de gloire ; je sais pas si ça me donne des titres à oser prendre la plume, mais ça m'en donne au moins envie ; on verra bien…

Je n'attends presque plus rien de la vie, aucune réhabilitation sociale, aucun jour matériellement meilleur, je suis fatigué, j'ai des restes de phlébites et d'hémorroïdes, des caries, je suis toujours un peu alcoolique, mon haleine fait fuir un jour sur deux mes interlocuteurs de passage, j'ai tendance à attraper des poux et des ulcères, je suis une infection vivante. J'ai renoncé à émouvoir qui que ce soit. Loque, mort en sursis, raté, trop vieux pour rebondir, j'ai déçu beaucoup de monde. J'ai commis des petitesses et des vilenies, j'ai pratiqué tour à tour témérité et lâcheté, ostentation d'aveux impudiques et dissimulations. Irrécupérable, ça m'a pris comme ça, un beau jour, je me suis grisé en croyant me dégriser, ç'a été comme un collapsus en moi de toutes ces forces intérieures qui nous invitent à lutter pour préserver l'honorabilité sociale qui nous tient lieu de dignité ; ç'a été effroyablement douloureux et perfidement suave, je me suis enivré de mon désordre et de ma déchéance, et je n'en suis sorti qu'en partie, sans savoir ce que je vais faire de ma santé un peu retrouvée. Dans le secret espoir de jouir de la remontée revancharde et vengeresse qui m'élèverait plus haut que je n'eusse osé l'espérer sans ce renoncement à moi-même, j'ai décidé de toucher le fond, et je l'ai originellement choisi comme si ce devait n'être qu'une parenthèse. Je sais aujourd'hui que je n'en sortirai jamais véritablement. J'ai raté mon coup. On ne peut pas abolir le passé qui pèse sur le présent d'un poids inexorable. La parenthèse est ma vie. « À quoi bon ? », c'est ma devise pourrie. J'ai pris ma faiblesse — mon consentement au pire — pour du cynisme, j'ai ensuite confondu cynisme et lucidité.

Et pourtant — allez savoir pourquoi ! — quelque chose en moi me dit que la vie n'est pas absurde, quelque chose que, faute de mieux et non sans dégoût, j'appellerai, avec le plus grand poids possible de dérision, ma conscience ; quelque chose qui est autre que moi dans moi — je la consulte, elle me condamne, elle me réveille et me morigène, elle m'illusionne et dénonce mes illusions, me châtie et m'absout — cependant que je suis elle. Elle fait comme si elle n'était pas moi puisqu'elle m'interpelle à temps et à contretemps, la plupart du temps contre mon gré ; elle en vient à me faire croire, la gueuse, que je me dédouble en elle et que je ne suis pas vraiment moi, puisqu'elle m'annonce que je suis elle et en même temps s'impose à moi comme un autre. S'il y a pourtant bien un truc que je sais, c'est que je suis moi. Les salades freudiennes de l'inconscient qui m'innocente — « c'est pas moi c'est lui… » — n'ont pas prise sur moi, et c'est même ma conscience qui me le rappelle vertement quand je suis tenté, comme tous les lâches, de faire porter par autrui le poids de ma responsabilité et de ma laideur. Je suis enfermé dans une parenthèse et, du sein même de cette prison que je sais indépassable, quelque chose me sollicite et m'invite à me dégager d'elle. Je la sais indépassable parce que, si l'on ne tient pas compte de la chance et de ce qu'ils appellent la grâce, qui sont peut-être une seule et même chose, il est toujours trop tard pour bien faire : on ne prend conscience de ce qui est à faire, on ne parvient à convoquer les énergies que requiert l'impératif du moment, moral ou autre, qu'après que se sont révélés les dégâts qu'induit le fait de n'avoir rien fait au moment où il le fallait faire. S'il existe jamais une réussite, elle n'est toujours et par essence qu'un rattrapage. La vie ne peut pas être complètement absurde — ça m'énerve d'en convenir — puisque, quoique sans force pour la réformer, j'ai encore envie de parler de la mienne, comme si la vie voulait — elle a décidément tous les culots — se justifier en moi. À cela nul ne peut qu'obtempérer, puisque c'est encore à la vie qu'il faudrait emprunter pour lui refuser de s'écouler ainsi. Que la vie soit constitutivement l'effort de sublimer sa propre vacuité prouve qu'elle n'est pas vaine, autrement elle serait incapable de trouver en elle-même, supposée insensée, la force de se renier, la puissance de faire jouer contre elle-même le renoncement à l'être qu'on lui suppose là comme sa substance : elle s'écoulerait sans effort et se tarirait, consentant à sa disparition comme à un soulagement. Elle se confondrait avec l'acte de s'oublier, telle une flatulence. Telle est la ruse, presque infaillible, du diable pieux, ce vieux salaud intimiste et sans cornes — il les cache —, que de déguiser en orgueil toute ambition et tout espoir. Évidemment c'est un orgueil seulement apparent, même si l'ambition et l'espoir, et la combativité qu'ils charrient, sont aussi porteurs de la colère authentique de l'insurgé ; mais toute colère et toute insurrection ne sont pas orgueil. L'ancestral Tentateur vous invite à l'humilité pour paralyser vos forces combatives, et il les paralyse pour vous faire rater la véritable humilité.

Il doit y avoir une manière de renoncer à la liqueur empoisonnée du Moi qui soit en même temps une affirmation souveraine de soi, et ma maladie est de ne l'avoir pas découverte, ou plutôt de ne pas savoir la mettre en pratique.

C'est bien dans sa manière, au diable pieux, de nous faire travestir, corrélativement, en « résignation » tout abandon au dortoir de l'échec consommé : « aimez l'échec et la défaite, vous serez humble ; et quand vous aurez été bien meurtris, bien humiliés, bien excédés et bien offensés, vous allez vous révolter parce que vous serez devenus insupportables à vous-mêmes, et alors moi je vais jubiler, je vais gagner la partie, vous allez vous délester du devoir d'humilité ». C'est dur d'espérer, c'est fatigant ; c'est déjà bien difficile d'espérer trouver la formule qui sait marier l'humilité et la force, qu'on est en demeure d'aimer ensemble ; sans l'humilité, la force tourne en présomption et en amour déréglé de soi-même, suprême faiblesse ; sans la force,

l'humilité tourne en lâcheté, envers et complice de la présomption. Il est héroïque de tenir à sa « chimère » afin de lui conformer la trivialité du réel hostile. On oppose, avec sérieux, le
monde des idées supposées évanescentes à celui de la réalité,
celle de l'espace et du temps, celle de la tripe et des pensées
basses, dont il faut bien s'accommoder dit-on, celle qui vous
blesse et frustre votre appétit d'idéal. Mais oui, dit Madame
Réaliste, mais oui professe Monsieur Sérieux compassé constipé
dans sa raideur, le monde des idées c'est de la futilité, c'est pas
sérieux de s'y référer, c'est une « chimère ». Cette opposition,
c'est même le fond de l'esprit de sérieux, et il faut bien avouer,
à son corps défendant, qu'il y a du vrai dans cette invitation au
renoncement, au consentement au réel décevant, qui a au moins
le mérite de vous botter le cul de la belle âme, et qui vous désen-
glue de la moiteur onaniste du Moi macérant dans l'imaginaire.
Mais il ne faut pas oublier non plus que ce qu'ils appellent la
« chimère », quand elle est vraiment une idée vraie, quand elle
sait ne pas renoncer à la dureté de ses exigences, c'est la vraie
réalité. Le monde qui passe, ce n'est pas l'infaillible index de ce
qui est. Je sais parler comme il faut, vous voyez, quand je fais
des efforts, mais c'est dur aussi de s'y tenir.

Si l'on me lit jamais, qu'on sache bien que je parle de mes
semblables à travers moi, de la condition humaine qui est toujours un échec, quoi qu'on fasse, si on la considère du point de
vue de ce bas monde. Je suis seulement un exemple particulièrement gratiné. Si je pouvais parvenir à leur faire comprendre
ça, que le paradis sur Terre c'est pour jamais ! On naît n'importe
où et à n'importe quel moment, ou presque, presque de n'importe qui, on s'occupe à ci ou à ça, faut bien faire semblant
d'avoir envie de vivre, on souffre, on s'esquinte, on en chie, on
s'use, on s'aigrit ou on se réfugie dans la connerie béate, et puis
c'est tout. Et puis on meurt, et tout le monde s'en fout, et la
plupart du temps on sait pas pourquoi on est né ni pourquoi on
a eu une vie tellement minable, tout entière tissée par les
emmerdements, les échecs, les déceptions, les offenses, les
hontes, les futilités, les rancœurs, les regrets et les chagrins. Je
vais pas changer le monde en disant qu'à vue d'homme il est
con, tout le monde le sait et tout le monde vit quand même, et

personne a envie d'y rien changer. Quelques-uns seulement le comprendront, et c'est déjà pas si mal. De nos jours, on est même plus torturé par l'absurdité de l'existence, on y croit plus du tout à la société radieuse, et on est même pas scandalisé du fait que même le substitut de béatitude céleste auquel on veut pas croire marche pas lui non plus. Il y a pas si longtemps, il y avait encore un peu d'idéologie dans la pâte humaine, tout ça c'est fini, il y a plus que le fric et sa loi d'airain, on la discute même plus ; la vie est absurde, y a que de la recherche du plaisir, et c'est comme ça et tout le monde s'en satisfait. L'idéologie, c'est la recherche de l'absolu dans l'avenir, une espèce de salut sécularisé, c'est très bête parce qu'il faut être taré pour croire que — l'homme étant ce qu'il est — les choses iront mieux un jour ; m'enfin il y a encore dans l'idéologie un désir confessé d'absolu. Quand je sens que l'indignation va me quitter, quand je vois ma douce amie la Méchanceté faire semblant de me fuir, je sens que je deviens non pas très bête parce que j'ai jamais cru au paradis sur Terre, mais résigné, et là c'est vraiment la fin, le collapsus, je deviens complètement de mon temps ; alors je m'en vais faire un tour dans les jardins publics à proximité des maisons de retraite, là où les gros bébés joufflus et séniles, optimistes, vont prendre l'air entre deux branlettes, deux piqûres et deux émissions télévisées savamment mitonnées pour rendre encore plus con. Rien de tel pour faire repartir la machine à aigreur ; elle a le mérite, à défaut d'espérance, d'entretenir l'insatisfaction. Sont même pas désespérés, les vieux, sont mêmes pas haineux.

« Notre vie à nous, c'est qu'elle est plus dure que quand on pouvait encore vivre comme les autres, mais faut pas trop en demander, on est réalistes, on est pas chimériques, on a eu notre part, nous, on est des sages, on sait se contenter de ce qu'on a. On est très bien comme ça, nos enfants ils sont plus heureux que nous à leur âge, avec le progrès, c't'un plaisir d'exister encore un petit peu, faut être raisonnable, etc. » Y a même pas d'insurrection chez eux, ils attendent rien, le désir d'absolu s'est fripé comme leurs couilles, il les a jamais habités. Et pourquoi qu'il faudrait limiter ses désirs — au moins le désir qui les sous-tend — si c'est en eux qu'on cherche à être heureux, même en se trompant d'objectif, comme il arrive presque toujours ? Pourquoi qu'il faudrait accepter de crever, si on est persuadé qu'il y a rien après, au terme d'une vie où on s'est fait chier la bite la plupart du temps ? Sous leur air bonhomme, ils refusent les risques du désir de Dieu, et les souffrances qui vont avec, mais aussi la seule chose qui donne sens à l'existence et qui la rend supportable à un humain demeuré humain.

Comment c'est venu ma chute ? Peut-être insensiblement, par suite d'une série d'échecs que je n'ai pas eu le courage d'encaisser. J'en ai eu marre. Marre de lutter sans conviction, marre de faire semblant d'avoir envie de réussir. Je fais partie de ces gens qu'on dit inadaptés, qui jadis, très jeunes, se sont crus autorisés à croire qu'ils avaient un destin. Oh pas le grand destin, le truc d'exception ; c'était pas la folie des grandeurs qui me travaillait ; non, un destin pas trop minable, un machin correct, quelque chose qui soit suffisant pour permettre de vivre en entretenant le sens de l'effort, une petite réussite à ma mesure. Il y en a qui se croient avoir un destin, et le pire c'est qu'ils avaient, par-dessus le marché, peut-être raison, et ils n'ont pas eu de chance, voilà tout ; les choses seraient simples si l'homme n'était que la série de ses actes. Les ratés coupables, c'est ceux qui, sans raison autre que leur vanité, ont voulu croire à une vocation exceptionnelle, qui ont par là négligé de tracer leur sillon dans la terre ordinaire des réussites communes, et dont les échecs tonnaient à leurs oreilles mensongères comme autant de preuves de la sublimité de leur destin à venir. Ne faites pas comme eux. Ceux-là finissent avec une balle dans la tête. Ou bien ils s'enferment dans un mensonge à soi irréversible pour se réfugier dans un rôle de victime et d'incompris total que le monde ingrat a repoussé : le monde a tort. Mais le monde s'en fout des ratés orgueilleux qui geignent en permanence et lancent des anathèmes infects sur tout le monde. Une telle engeance a tellement envie de se précipiter en enfer qu'elle se démerde avec obstination, presque avec art — c'est même le seul talent qui lui soit accessible —, pour faire de sa vie terrestre un enfer. Non, franchement, quelle que soit ma médiocrité, je crois pas faire partie de cette espèce. C'est pas de l'envie, c'est pas de la prétention délirante, c'est même pas vraiment de la fainéantise ou un de ces vices ravageurs immondes qui frappent seulement les élites du mal. C'est, je crois, le refus de m'accommoder avec les traîtres, les fumiers, les menteurs, les sournois, les ceusses qui composent avec le mensonge, les tièdes, les modérés, les raisonnables qui savent la décadence et qui la chevauchent en disant qu'ils la freinent ou qu'elle les mène pas au gouffre, qu'il faut pas dramatiser, qu'on a toujours redouté la décadence, et qu'au fond c'était pas mieux avant qu'aujourd'hui. Ce qui m'anime, c'est le refus de prendre au sérieux l'esprit de sérieux version moderniste honnête homme abhorrant les extrêmes. J'entends dans mes oreilles écorchées par les fielleux mensonges les douceureuses remontées gastriques vomies par les gens raisonnables :

« La guerre est finie, vous avez perdu, il faut vous en accommoder, votre combat était voué à l'échec ; il y a depuis toujours une lente montée, dans l'humanité, d'aspirations à la maturité, à l'indépendance personnelle, le fascisme et le national-socialisme ont été les expressions paroxystiques d'un monde condamné qui ne voulait pas mourir, ils ont été sanglants comme des morts-vivants, des vampires, ce fut la pathologie destructrice de vieillards qui voulaient empêcher la modernité d'advenir, etc. » On leur parle de nouvelle Babylone, des ravages du subjectivisme, du Moi déifié, de la fin de la race blanche, de la mort de la famille, de l'inversion de toutes les valeurs traditionnelles, d'une chute sans fond de toute moralité, de l'explosion des vices en tous genres, de la révolte des esclaves, des signes de l'apocalypse, ils s'en foutent comme de leur première chemise. C'est un fait peu contestable que nous sommes gouvernés par une toute petite minorité de banquiers inspirés par les Loges et le rejeton du Sanhédrin, le grand Kahal ; ils s'en tapent ; ils savent que la démocratie est violée en permanence parce qu'elle est contradictoire, qu'elle peut pas fonctionner autrement qu'en accusant réception de sa contradiction, ça les scandalise pas ; qu'on les prend pour des veaux, des gamins immatures et qu'on pense pour eux, ils le savent et s'en accommodent, dans un défaitisme consenti. Qu'ils sont pas esclaves et pas abusés parce qu'ils le savent et le veulent et ainsi sont parfaitement satisfaits, ces guignols hautains et suffisants ; que de toute façon ils sont du côté du manche. Quand on leur dit leurs quatre vérités, ils prennent un air mi-pincé mi-amusé, distant, condescendant, en riochant de ma bruxomanie épuisante et lamentable à force d'être inutile. C'est pourtant des hongrés honteux, qu'ont pas plus de jugement que des caillettes ; ils peuvent faire les malins ; de tels minables qui s'outrecuident, dans leurs veines c'est des cagoles et même des gaupes. Tas d'ordures parfumées. « *Pollice verso* », et comment ! Tout de suite, à l'abattoir, on en fera du corned-beef pour empoisonner les Nègres. L'idée me vient que ce serait un juste retour des choses de faire du corned-beef avec les Juifs aussi, avec les Juifs d'abord, pour empoisonner les bougnoules de toutes les couleurs. Les *Kikes* ont fait envahir les civilisés par les sauvages pour affaiblir les premiers et prendre le pouvoir chez eux, tout en se débarrassant des sauvages quand ils en auront plus besoin. Empoisonner les pourrisseurs avec leur propre poison concocté, ce serait un retour des choses équitable.

Devant toute cette lâcheté des gens honnêtes et modérés, je peux pas m'empêcher d'avoir une espèce de sympathie pour les bœufs moyens, les skinheads, les beaufs, tous ces contribuables sans vernis, prosaïques, qu'ont pas de prétentions intellectuelles, qu'en ont marre des envahisseurs, qui se retrouvent plus chez eux, qui gueulent des grossièretés sans sophistication, sans arguments, sans se donner la peine de faire semblant d'être intelligents. Ils sont pas bien malins mais au moins ils disent qu'ils ont mal, qu'il y a quelque chose qui va pas, que ça peut plus durer, qu'on est tous en train de crever en jouant aux charades. Ces gars-là c'est de la chair à canon, et on sera bien content de les trouver quand les millions d'envahisseurs déjà installés ici, entretenus par nous qu'ils rackettent en nous faisant du chantage, sortiront de leurs cités pour foutre le feu partout, violer, égorger, se rouler dans nos boyaux. Faudra bien des brutes qui s'y collent pour lancer la Reconquista. C'est pas sur les modérés raisonnables, les amateurs de nuances, les enculeurs de mouches qu'il faudra compter.

Tout le monde ment, le tissu du monde est le mensonge. Je vois pas comment il faudrait composer avec le monde, tout le monde ment et tout le monde le sait, mais c'est pas si difficile que ça de s'en accommoder, disent-ils, ça met de l'huile dans les rouages des relations sociales.

« Comment allez-vous ?

— Très bien merci et vous ?

— Au mieux, très cher, vous avez une mine superbe.

— Votre plat, Madame, était un délice.

— Merci cher ami c'est très simple à préparer.

— Votre fille a beaucoup de caractère, quelle belle famille équilibrée !

— J'en puis dire autant de la vôtre, les vertus des parents transparaissent dans la tenue des enfants ; un brillant avenir leur est promis.

— Merci encore pour votre présent somptueux et pour votre visite qui nous honore.

— Mais je vous en prie, ce n'était vraiment pas grand-chose.

— Votre dernier livre était remarquable, je m'en suis délectée.

— Merci, amie bienveillante, j'en suis honoré. »

« Je te demande comment ça va mais je m'en fous, t'as toujours eu une sale gueule.

— Ça va pas du tout mais je réponds que ça va parce que je sais que tu t'en fous, et en plus je veux pas me confier à toi parce que t'es une langue de vipère et un salaud qui se réjouit du malheur des autres en prenant l'air contrit.

— T'as une gueule de déterré et je m'en réjouis, tu vas crever et ça fera un salaud de moins sur Terre, tu devrais avoir honte d'exister.

— Ta bouffe était ignoble, qu'est-ce qu'il faut pas faire pour avoir l'air policé, je vais la roter toute la journée ta cuisine, pas étonnant que tu sois si moche toi et ta maisonnée si tu les nourris avec ça.

— J'ai passé ma journée à te préparer ma cuisine, t'en as même pas repris, je vois pas pourquoi je me suis échinée à te soigner, en dépensant des picaillons en plus que t'en valais pas la peine.

— Ta fille est une connasse et une traînée, elle ressemble à sa mère, aussi duplice et vulgaire et vénale et cucul et prétentieuse, et tous tes gnares sont de la même eau, fallait pas les faire, faudra maintenant les supporter, ils vont faire chier tout le monde maintenant, on aurait dû vous piquer avant, faire crever la rate quand elle est pleine, toute la société va hériter de vos rinçures de sperme déjà pauvre et vicié.

— Tu t'es pas foulé mon salaud avec ton cadeau à la con, qu'est-ce que je vais foutre avec ça ? C'est tellement moche que je parviendrai même pas à le refourguer.

— Quand je pense que j'ai dépensé tant pour ces abrutis, si j'avais su je serais venu avec un bouquet riquiqui, ça me coûte plus cher d'être invité que d'inviter et encore c'est moi l'obligé, je suis perdant sur toute la ligne.

— Ton bouquin m'a fait chier, si tu savais, j'en ai même pas lu la moitié.

— Tes compliments, tu peux te les mettre au cul, ça me déshonore venant de toi, et même ton cul il me plaît pas, t'es qu'une haridelle osseuse. »

Et tout à l'avenant…

Les gens mentent pour supporter la tâche héroïque de vivre ensemble. Les affiches mentent pour enrichir les intermédiaires et les parasites en vous soutirant vos économies pompées à la force de votre convoitise imbécile et vulnérable ; les vendeurs mentent qui vous refourguent de la merde élaborée sur fond d'obsolescence programmée ; les curés mentent qui savent des choses et les exploitent pour accroître leur volonté de puissance de frustrés secoués par le ressentiment, toujours braquée sur le laïc auquel il est toujours opportun de faire un mauvais coup « *ad majorem Dei gloriam* » ; les professeurs mentent qui pensent à leur carrière et savent que leurs élèves sont des cons qu'ont rien à foutre à l'école, mais qui ont besoin d'eux pour becqueter ; les scientifiques mentent — suffit de penser au réchauffement climatique — qui veulent du pognon pour leurs services de recherche toujours à court de subventions ; les médecins mentent qui font la promotion de médicaments inefficaces mais qui sont stipendiés par les laboratoires pharmaceutiques ; les agents immobiliers — représentants paradigmatiques, avec les voyageurs de commerce, de la fonction stérile d'intermédiaire cynique — mentent effrontément en faisant jouer à leur profit le conflit des acheteurs et des vendeurs, prenant le parti de l'un en assurant l'autre de son dévouement, et se moquant complètement de la recherche d'un juste prix parce que seulement préoccupés par la constitution d'un patrimoine immobilier forgé au détriment de celui de leurs mandants ; et les avocats mentent qui font de la loi une machine à financer l'impunité des crapules ; les flics mentent qui disent rien en sachant que les voyous sont des immigrés ; les putains mentent qui sont des indics ; les restaurateurs mentent qui vous empoisonnent ; les artisans mentent qui viennent jamais quand on les attend, qui salopent le boulot et qui se pointent pour détecter des avaries imaginaires ; les femmes mentent et ça leur est même consubstantiel parce qu'elles n'acceptent jamais leur condition de soumises et de faibles et en appellent systématiquement à la ruse pour dominer, jouant toujours sur les deux tableaux de la femme éplorée et de la féministe enragée dopée à l'égalitarisme ; vos enfants vous mentent qui sont aussi pervers que les petits vieux, et c'est pour ça que les extrêmes s'entendent tellement bien pour couillonner les adultes ; et vous mentez à vos enfants pour vous innocenter de vos faiblesses et de votre impuissance à leur donner le bon exemple ; votre chef de service vous ment qui sait que vous faites partie de la charrette des futurs licenciés mais qui veut pas vous donner la latitude de foutre le bordel avant de partir ; et vous lui mentez qui feignez d'être malades à tout bout de champ ; les hommes politiques mentent évidemment puisque c'est leur métier surtout en démocratie : quand les dirigeants dépendent des dirigés qui sont en majorité des cons, c'est le plus con qui devrait logiquement être élu, et tout s'écroulerait dare-dare ; même les démagogues qu'ont imposé la démocratie y trouveraient pas leur beurre, alors il faut mentir, promettre ce qu'on ne fera pas ; la démocratie est une chose trop sérieuse pour être confiée au peuple, faut seulement lui donner l'illusion qu'il choisit. Les historiens mentent qui trouvent ce qu'on leur dit de trouver, qui comprennent les faits en fonction des faits qu'on leur demande d'établir quitte à les inventer, qui fabriquent un passé controuvé pour justifier la pisse d'âne du présent radieux et du futur paradisiaque. Et les journalistes mentent encore plus que les agents immobiliers, bien pires que des putains vénales, qui prétendent vous informer en faisant ce qu'on leur dit de voir et de faire, et qui font là où on leur dit de faire ; c'est des sicaires, des tueurs à gages, qui dégomment ceux qu'on leur désigne, et qui lèchent les pompes de ceux qui les paient.

Et ça continue comme ça, on s'étonne vraiment que ça dure. À force d'être entouré de menteurs et de vivre dans et du mensonge, on est pris de vertige, on en vient à se demander si Dieu ne serait pas menteur Lui aussi : comment Dieu peut-Il supporter autant de menteurs, les laisser caracoler sans rappel à l'ordre, à moins d'en être un ? La tentation insidieuse d'accuser Dieu commençait à me secouer la paillasse :

Dieu permet le mal et Dieu est silencieux quand on crie pour en appeler à Lui, Dieu permet les injustices et le règne des arracheurs de dents, le mensonge l'emporte sur la vérité des candides, c'est pas possible que Dieu soit pas de leur côté… La souffrance et les coups durs, ça se supporte, Dieu nous doit rien ; quand on sait la charogne qui habite le cœur humain, la souffrance, c'est presque une aubaine, un instrument de possible rédemption ; et puis de toute façon la vie est une lutte, vivre est combattre et vaincre les obstacles, c'est la loi, y a pas à s'insurger contre ça ; mais le règne des menteurs et l'impunité des rusés, ça a vraiment beaucoup de mal à passer.

J'aurais été plus généreux, j'aurais compris qu'être condamné à vivre dans l'atmosphère du mensonge n'est qu'un obstacle de plus et qu'il faut l'affronter. Mais j'ai manqué de force et de courage ; j'ai le mérite, dans ma débâcle, de ne pas m'être menti : Dieu est le Grand Innocent, c'est nous les pourris, les ordures, les incapables. Mais m'accommoder de l'atmosphère envahissante du mensonge, c'était trop pour moi. N'étant pas assez courageux pour être plus fort que ma colère, je l'ai reportée sur les hommes plutôt que sur Dieu, en redoublant de virulence contre eux qui avaient failli faire de moi un blasphémateur. Je crois que c'est ça, le mensonge habituel, devenu seconde et presque première nature, que j'ai décidé un beau jour d'arrêter de supporter. Me suis levé en disant que ça suffit, que tout vaut mieux que cette immonde comédie. Les cons sont cons, les menteurs sont des menteurs, la démocratie une pétaudière, les Droits de l'Homme une outre creuse grandiloquente faite pour légitimer l'individualisme et les vices qui l'inspirent ; les bougnoules des bougnoules et l'homme en général un tas de merde à prétentions, les Juifs des petites ordures fielleuses calculatrices qui dominent en avilissant. Et j'ai décidé de plus me cacher, sans violence, sans autre agressivité que mon refus de jouer le jeu, avec même un certain détachement je-m'en-foutiste, c'était libérateur au début. Fallait voir leurs tronches aux gens honnêtes, l'indignation vertueuse et le sentiment de scandale qui fusaient de partout… J'ai pris des coups à ce jeu-là, j'ai parcouru en les descendant tous les échelons de la société ; j'ai connu les clochards qui sont aussi, même eux, des menteurs contaminés par la salade de la dignité de la personne humai-aine, ça revendique même chez eux, même chez les putes qu'ont leur fierté… J'ai pris des coups de toutes les espèces, mais j'étais trop insignifiant pour les inquiéter tous, je me suis fait des ennemis partout, j'ai survécu.

Oh je sais… Je sais pourtant qu'Alceste du *Misanthrope*, qui gueulait bien fort, avec sa tronche de Saint-Just, qu'il aimait pas le mensonge, est rien qu'un sale petit con prétentieux, et je demande pas de faire comme lui ; il faut savoir non pas mentir mais supporter l'imperfection, ne pas s'appesantir sur le mauvais côté des choses et des gens, ne pas parler du mal qu'on voit quand les paroles sur le mal risquent de l'enrichir au lieu de l'adoucir ou de le prévenir ; mais la diplomatie, l'art de se taire quand il le faut, le sens de la litote, c'est pas la même chose que consentir au mensonge et fonder la vie sociale sur lui.

Un jour viendra peut-être où des millions de gens ordinaires comme moi, sans acrimonie, sans esprit revanchard, seulement lassés de faire semblant, immensément fatigués de supporter le mensonge universel, décideront, sans s'être concertés, de faire comme moi. Ce sera bientôt une armée, la cohorte des innocents qui pètent les plombs, qu'ont rien à perdre fors leur souci de vérité ; chacun fera un peu comme un acteur qui s'arrête brusquement de déclamer au beau milieu d'une tirade particulièrement grotesque : « Ne trouvez-vous pas, aimable public, que ce que je débite avec conviction est complètement crétin ? Êtes-vous assez abrutis pour vous distraire de mes fadaises ? Et mon costume, n'est-il pas grotesque, et mes grimaces et mes gestes surfaits ? » On fera peut-être des émules. Des compagnies de gens honnêtes déboulant dans les rues, avec le vêtement, le langage, l'attitude de leurs conditions respectives, qu'auraient plus peur de se faire coffrer, du qu'en-dira-t-on, de la respectabilité républicaine, de l'amour-propre qu'entretiennent en eux les malins qui les exploitent... Sans pancartes, sans affiches, sans matraques, sans couteaux ni fusils, sans mégaphones, comme des étrangers normaux visitant un asile d'aliénés, qui se contenteraient de dire partout que les fous ont pris le pouvoir, les menteurs tellement menteurs qu'ils croient presque à leurs mensonges. La vérité sur les croisades, sur les chambres à gaz homicides, sur les races, sur le suffrage universel, sur les Juifs, sur l'esclavage, sur la Banque, sur les Loges, sur le relativisme culturel, mais aussi sur la sainte ampoule et les Français qui seraient d'origine troyenne, la Donation de Constantin, les Décrétales... C'est même pas qu'on est hargneux pour imposer cette vérité, c'est qu'on est écœuré d'être mis en demeure de dire qu'on croit aux foutaises, et surtout d'en venir à y croire à force de les entendre dire et d'être forcé d'y croire. Les hommes de bonne volonté se sentent un peu comme des courtisans de Néron, contraints à louer son génie sous peine de mort, qui finissent, excédés par leur lâcheté et leurs grimaces, par lui dire qu'il est une grosse tante ignorante et sans talent. Leur candeur les ferait se reconnaître entre eux, ils rempliraient les prisons, n'achèteraient ni ne visionneraient plus aucune merde, la sacrosainte économie en prendrait un solide coup dans la gueule, on pourrait pas les tuer, ils seraient trop nombreux, ils finiraient par faire peur, ils feraient des émules.

Ça serait quand même marrant de voir ça au moins une fois, la Grande Armada des éternels cocufiés ; « *me ne frego* », je préfère la mort sociale et physique au mensonge. On verrait les employés de banque, les directeurs, dénoncer les spoliations dont ils sont les agents, les flics dénoncer les mesures qui les désarment, les professeurs et instituteurs affirmer qu'ils en ont assez d'être payés pour se faire chier dessus, les contribuables lessivés cesser de payer leurs impôts ; les amateurs de cinéma déclareraient enfin qu'ils en ont ras le bol de la pédagogie sémitique savamment instillée depuis des lustres pour persuader les hommes qu'il faut être pédé, les femmes qu'il faut être des salopes pour être intelligent et de son temps. On verrait même peut-être — on peut rêver — les curés conciliaires se souvenir du catéchisme du concile de Trente.

Et tous les gens raisonnables qui vous disent : « Les ratonnades, ce ne sont pas des procédés, la brutalité est toujours prohibée, c'est ignoble, c'est injuste, nous avons des devoirs à l'égard de ces gens que nous avons colonisés et que nous avons fait venir, nous devons les intégrer, ils ont des droits sur nous... » Ils ont été colonisés parce qu'ils étaient colonisables. S'ils avaient eu la force de le faire, c'est eux qui nous auraient colonisés. On sait ça depuis Thucydide, quand les ambassadeurs athéniens ont expliqué aux Méliens que la force est la loi du monde et que cette loi, ce ne sont pas les hommes qui l'ont faite ; toute nation aspire à dominer, l'essentiel est qu'il en résulte un bien pour tous. Et il en est résulté beaucoup de bien pour les colonisés, beaucoup plus pour eux que pour nous, même si nous avons salopé le travail en leur apprenant aussi nos vices d'Occidentaux égalitaires et individualistes. Alors maintenant que notre peuple est envahi à cause d'une petite minorité d'ordures quintessenciées qui voulaient nous occire, on a plus le temps de prendre des pincettes et de faire des chichis pour se sauver. Dans mon Landerneau doctrinal, on aime bien les Arabes, à cause de leur hostilité à l'égard de l'entité sioniste. Moi je veux bien, et je reconnais qu'il y a pas pires connards que les arabophobes sionistes qui croient lutter pour l'Occident en embrassant la cause d'Israël. Je sais aussi que c'est pas bien de parler des crouilles, des bougnoules, des ratons, ça fait beauf. Dans d'autres conditions, si mon pays la France et l'Europe étaient pas malades, je serais le premier à être excédé par le mépris pour les Colorés, en lequel se complaisent les beaufs qui puent la bière et le saucisson ; j'ai connu assez de têtes de con blanches pur porc pour savoir que la connerie n'a pas de terrain ethnique d'élection, et qu'en retour l'intelligence et la loyauté n'en ont pas non plus. M'enfin quand on est envahi c'est plus le moment de se vautrer dans les distinguos. Pendre haut et court les responsables de l'invasion, c'est l'opération numéro 1 ; et repousser les envahisseurs par tous les moyens, c'est quand même la numéro 2. Le reste, c'est de la rhétorique de muscadin complexé qui veut jouer à l'intellectuel. Faut quand même pas oublier qu'ils le savent, les bicots, qu'ils sont là à cause des Juifs et des Loges ; ça les invite pas à s'allier à nous pour les buter ; ils en profitent pour nous ruiner, ils crient au racisme, à l'exploitation, ils geignent autant que les youpins, ils font cause commune avec eux, ils sont leurs alliés objectifs, ils jouent aux victimes tant qu'ils sont pas les plus forts, et puis après ils viennent vous saigner en se posant en conquérants surhommes, comme les youpins ; ils espèrent qu'ils pourront se retourner contre les Juifs quand ils domineront chez nous, ils savent pas ou veulent pas savoir que les Juifs veulent juste qu'on soit bien métissés, affaiblis, sans repères, sans l'énergie de l'instinct de survie, dépendants des envahisseurs mais pas au point de les rendre dangereux pour eux. Il y a bien des manières d'être antisioniste. Être antisioniste, c'est notre combat. Mais être antisioniste pour la cause de l'islam, c'est pas le nôtre. L'Europe, c'est la Chrétienté ; c'est Charlemagne, c'est saint Louis, Isabelle la Catholique et Charles Quint, et José Antonio et Adolf. Tout antisionisme non catholique est une foutaise, un truc pour idiots utiles roulant pour l'islam, c'est-à-dire pour les Juifs qui l'ont inventé et qui le manipulent, ou bien ça relève du misérabilisme de chrétien de gauche marxiste. Les adorateurs d'Odin qui se marient tout nus devant les chênes en ont plein la gueule de la fierté arabe, du soleil d'Allah qui brille sur l'Occident, de l'honneur de l'islam, de sa combativité virile à la différence des tapettes chrétiennes enjuivées, qu'ils disent. Je crois qu'ils en traînent une couche aussi dense que ceux qu'ils combattent ; ils croient servir les dieux nordiques et la race blanche, ils roulent pour les chrétiens de gauche, pour les sauterelles fascinées par le néant du désert, et en dernier ressort pour les Juifs qui mènent la danse. Oui pour les Arabes contre les Juifs, non pour l'islam ; oui pour les Arabes chez eux, non pour les bougnoules ici, qui se découvriront des affinités avec les Juifs quand il s'agira de les déloger d'ici.

Voilà ma politique étrangère ; ça fait ringard et beauf, je m'en fous. Y a pas plus con, pas plus vulnérable, pas plus influençable que les demi-intellectuels badigeonnés de culture vite faite, qui sont pas foutus de comprendre que la grande Raison ne répugne pas à se médiatiser dans les instincts les plus primitifs du populo en colère qui sent plus vite que les intellos qu'il est en train de crever. Et puis c'est pas la peine, d'une manière générale, d'inventer des affinités idéologiques bancales pour justifier des alliances tactiques, ça vous retombe toujours sur le museau ; c'est plus honnête et aussi plus payant à long terme de cracher le morceau : tout n'est que rapport de force. Que les Arabes foutent chez eux une branlée définitive aux Juifs, on les y aidera ; qu'ils s'y épuisent et s'entretuent en digérant leur islam, qu'on les conquière ensuite pour en faire des chrétiens, et qu'on foute le camp après avoir fait le boulot en leur restituant une autonomie pour développer leur quête identitaire à l'intérieur du christianisme ; après il y aura peut-être d'autres saint Augustin ou Lactance. C'est ça pour moi l'honneur d'être arabe, et je le salue bien bas. Mais c'est pas autre chose. La race, en tant que telle, on s'en tape ; ce qui compte c'est l'identité spirituelle, la culture et l'aptitude à développer une culture. Mais on peut pas faire comme si la race existait pas.

La race, c'est à la culture comme le matériau à l'œuvre d'art. C'est pas le matériau qui fait l'œuvre d'art, c'est la forme projetée par l'artiste dans le matériau. Mais avec de la guimauve ou du sable, on fait pas une statue ; vaut mieux prendre du marbre. Alors les salades des cathos sur le baptême qui vous blanchirait un Négro, c'est du sophisme de youpin.

Même s'il est capable, quand il s'oublie, d'être au-dessous de tout, le Blanc, c'est à la fois lui-même parmi les autres, et le représentant de tous, il est lui-même et tout le genre humain, de manière privilégiée ; sa particularité est d'être universel, et c'est pour ça qu'il est à la fois admiré et haï. Le truc à comprendre, c'est qu'il est universel seulement s'il préserve sa particularité. Sa maladie d'aujourd'hui, c'est d'oublier la condition obligée de son sens de l'universel. Le tout, c'est pas les parties, c'est lui qui commande aux parties ; mais s'il est autre que les parties, il s'en distingue, il y a le tout *et* les parties, et à ce point de vue on pourrait croire qu'il fait obligatoirement nombre avec les parties au point d'être, avec elles, la partie d'un plus grand tout, dans laquelle il perd son privilège de tout qui dirige les parties. Alors pour éviter d'être réduit à une partie, il finit, de manière suicidaire, par effacer sa différence d'avec les parties en se réduisant à elles par mélange, et il trucide, contre son intention de départ, sa vocation de tout, non sans dénaturer celle des parties. Son salut, c'est de conserver sa particularité d'être un tout différent des parties : être particularisé sans être une partie. Il est blanc, comme la lumière, et la lumière est un peu comme une couleur parmi les autres — elle est blanche, elle est pas rouge ou noire —, et pourtant le blanc c'est l'unité de toutes les couleurs, c'est la manière de les unifier en les identifiant les unes aux autres comme dans leur cause, et de les dépasser en les conservant, de s'en distinguer en étant elles plus parfaitement que chacune n'est elle-même. Et la lumière, c'est fait pour éclairer. Et l'Européen, il éclaire plus rien depuis qu'il a fait de l'Europe la poubelle du monde. Pour être un tout capable de ne pas dégénérer en partie, le tout doit savoir être le tout de ses parties *et* la partie d'un tout, et c'est possible, sans contradiction, si le tout dont il fait partie *est* ce tout qu'il est, le tout des parties : il doit se réduire en tant que tout, sans cesser d'être le tout, à une partie de lui-même. Quand quelqu'un s'objective, il se fait, par définition, autre que lui-même, mais sans cesser d'être lui-même ; il se fait objet du sujet qu'il est et qu'il demeure, et c'est même en s'objectivant — en se faisant objet — qu'il est véritablement sujet. Eh bien !, quand un tout s'objective, il se fait autre que lui-même, ainsi partie, sans cesser d'être le tout. L'homme blanc, c'est le représentant du genre humain — lequel n'est ni blanc ni rouge ni noir ni jaune —, mais à condition de préserver sa particularité de Blanc. L'Occidental dégénéré, c'est celui qui, avec les Droits de l'Homme, prétend être à la fois blanc et rouge et noir et jaune, et alors il est plus qu'un tas de boue sur lequel tout le monde vient pisser. Le tout, c'est le genre humain, et les parties c'est les peuples ; l'homme est âme et corps ; l'âme des peuples, c'est leur vision du monde ou leur culture, et leurs corps ou leur matière c'est — oh, le gros mot ! — leur patrimoine biologique ou leur *race*. Le genre humain, compris comme nature humaine, c'est présent à tous les peuples sans se réduire à aucun, c'est tout entier en chaque peuple sans être totalement en aucun. Remarquez que pour qu'une chose soit, sans cesser d'être en elle-même, tout entière en plusieurs sans y être totalement, il faut qu'elle y soit comme peut l'être un vivant dans son enfance, puis dans sa maturité, puis enfin dans sa vieillesse qui s'accomplit dans la mort où il devient en acte ce qu'il était en puissance déjà au début : il est devenu ce qu'il est, il s'est bouclé sur soi ; la nature humaine est investie tout entière dans tous les peuples sans s'épuiser en aucun ; elle est donc comme un mouvement circulaire qui s'atteint et se pose par réflexion sur soi en parcourant tous les moments de sa course ; les moments de cette course, ce sont les peuples ; quand le tout se réfléchit ou s'objective dans un moment privilégié de son parcours, il s'intronise tel ce tout effectivement total du fait qu'il se rend capable d'être à la fois lui-même et l'une de ses parties : il est un tout effectivement total parce qu'il peut se mettre à l'intérieur de lui-même ; et ce moment privilégié, c'est l'homme blanc ; et l'homme blanc est la lumière du monde. C'est dur à porter, il faut en convenir. Il y a renoncé depuis trois siècles. Y a qu'à voir le résultat, l'état du monde aujourd'hui où n'importe qui est n'importe quoi ; le symbole de l'Homme des Droits de l'Homme, c'est Michael Jackson, à la fois noir et blanc, homme et femme, jeune et vieux : un monstre déglingué, un dingue pervers. L'homme blanc, c'est le représentant de l'espèce entière, c'est en lui qu'elle se dit de la manière la plus manifeste ; il n'est pas plus humain que les autres, il représente plus adéquatement que les autres l'universel de l'humanité immanente à tous. De même, le mâle n'est pas plus humain que la femme, mais c'est à lui qu'il revient de représenter l'espèce humaine en ses deux sexes. Salazar pouvait encore proclamer publiquement en 1954 — c'est pas si vieux quand on y pense : comme les choses vont vite… — : « Il semble que l'Europe se sente aujourd'hui honteuse et repentante des actions de ses Navigateurs et de la haute pensée qui les guidait, et qu'elle s'efforce le plus discrètement possible d'en effacer les vestiges. La vérité cependant est que le progrès se mesure, partout, aujourd'hui encore, au degré d'*occidentalisation* atteint et que les régressions se manifestent en sens contraire. » Tous les peuples ont pratiqué l'esclavage et la violence conquérante, les Arabes et les Nègres avant et plus que les Européens ; c'est pas le fait de la colonisation, c'est pas nos brutalités et nos injustices qui les emplissent de haine à notre égard ; ils savent qu'ils en auraient fait autant avec nous s'ils avaient été les plus forts. Non, ce qu'ils pardonnent pas, c'est ça : le privilège, propre à l'Occidental seul, de représenter, d'être le porte-parole et de promouvoir l'espèce humaine tout entière alors qu'il n'est qu'une manière d'être homme parmi d'autres, une sous-espèce de la nature humaine commune à tous. C'est toujours le même sophisme : tous les hommes sont également hommes, donc ils devraient être des hommes égaux.

Et tant que Vladimir le kagébiste entouré de ses danseuses loubavitch continuera à parler de la peste brune en mettant les révisionnistes au placard et en cultivant la mémoire de la glorieuse Armée rouge, je lui ferai pas confiance. Staline en 1924 a soutenu l'émir d'Afghanistan, réactionnaire ultra-féodal, contre les prétentions anglaises dirigées par un travailliste ; c'était de la dialectique : l'internationalisme se médiatisait dans le nationalisme contre l'internationale capitaliste ; les réactionnaires étaient « objectivement progressistes » ; je vois pas pourquoi il serait stupide d'imaginer que, tout aussi dialectiquement, l'internationalisme prolétarien de la patrie du communisme officiellement déchu n'aurait pas intérêt à se médiatiser dialectiquement dans un régime d'apparence réactionnaire et nationaliste, pour faire se précipiter les contradictions de l'Internationale capitaliste en la forçant à radicaliser son mondialisme ; les réactionnaires — je veux dire les révolutionnaires mués en réactionnaires — sont alors eux aussi « objectivement progressistes » ; mais ils le sont aussi, peut-être bien, subjectivement. Et pourquoi ça devrait ne pas tenir debout mon idée ? L'Internationale collectiviste appuie les nationalismes réactionnaires pour contrer l'internationalisme libéral, et puis, quand les nations en sont venues à dissoudre leur esprit réactionnaire dans l'une des deux Internationales, c'est l'Internationalisme collectiviste qui se fait nationalisme réactionnaire pour contrer l'Internationale libérale, et renaître de ses cendres nationales en tant que collectivisme. C'est tordu, mais c'est bien dans leur méthode. Le camp collectiviste sait qu'il ne ferait pas le poids dans un affrontement direct avec celui du libéralisme. Faut voir, en fait, c'est trop tôt pour se prononcer, mais faut rien exclure. M'est avis qu'il est dangereux de se précipiter, pour occire le mondialisme, dans les jupes d'un faux Hitler venu des steppes ; c'est aussi malin que de se marier avec la cause arabe pour se débarrasser des Juifs. Je bouquine pas mal chez Tartempion, sans prétention à la « culture ». Dostoïevski écrivait, dans *Les Frères Karamazov* que le socialisme, c'est l'athéisme, la tour de Babel construite contre Dieu pour faire venir le Ciel sur la Terre. Pie XI enseignait dans *Quadragesimo anno* que le bolchevisme est l'enfant obligé du socialisme, et que le socialisme est enfanté par le libéralisme. J'en sors pas : tant qu'il y aura du libéralisme, y aura un risque de communisme. Les peuples qui ont subi le communisme n'en veulent plus, mais c'est comme les ivrognes qui haïssent leur déchéance et sont incapables de se soustraire à leur vice en lequel ils replongent toujours. Qui boit boira.

Les mondialistes libéraux ont bousillé le communisme qu'ils avaient financé — Kuhn & Loeb, Warburg ont filé du pognon à Lénine —, quand ils n'en ont plus eu besoin pour casser les sociétés d'ordre, détruire les barrières morales qui retenaient le flot du consumérisme, mais c'est comme les Juifs qui avaient fait la révolution bolchevique pour la voir, plus tard, tout étonnés, se retourner contre eux. L'instrument vit de sa vie propre et finit par couillonner ceux qui s'en étaient emparés avec la prétention de le larguer.

L'échec n'est pas grisant, la déchéance n'a rien de jouissif, sauf quand on joue à la chute par amour du vertige, en sachant qu'on a un filet de sécurité, ce qui n'était pas mon cas. L'échec n'est pas l'envers d'une victoire dont il garderait la promesse. Il est fait de regrets, de remords sans contrition, d'envie rageuse et de méchanceté insupportable à elle-même. Puissé-je quant à moi remplir ce journal avec de mauvais sentiments, non seulement pour m'en purger mais aussi pour canaliser leur violence, la faire se retourner contre eux, les faire accoucher malgré eux de quelques idées fécondes. Ce sera ma revanche sur des échecs dont je ne porte pas toute la responsabilité. Tout le monde a peut-être au fond quelque chose à dire, même un petit rien du tout, et ça mérite d'être dit même si on l'a déjà dit avant eux ; et moi je le dis, c'est tout. Il m'importe vraiment peu de savoir, à moi, si ça a été dit avant moi. Tartempion a publié un peu jadis, il a frôlé le succès, et puis une intempestive poussée de sincérité honnête lui a fait croire qu'il pourrait parler avec son âme, en vivre même. Ça n'a pas traîné. On l'a, vite fait, renvoyé dans son ergastule. Tous les dés de la réussite sociale sont aujourd'hui truqués. Tous les postes d'influence sont verrouillés. Moi j'ai jamais essayé de me faire publier. Lui, il continue, pour trois pelés et un tondu, il s'en fout au fond. Il se purge non de ses sentiments mais de ses idées qui l'asticotent aussi longtemps qu'elles ne se mettent pas à vivre dans des mots qui les emprisonnent, les assagissent, les polissent, les clarifient. Dans l'exercice de la pensée, ce n'est pas le Moi qui dit par le moyen de la raison, c'est la Raison qui dit par le moyen d'un Moi. Il n'y a qu'une Raison, une seule rationalité pour le passé et le futur, l'Orient et l'Occident, la Terre et le Ciel ; et, si l'on sollicite l'avis d'autrui, c'est d'abord, c'est même exclusivement pour attester que ce qu'on pense en le disant a véritablement été le fruit de la Raison qui pense en nous : s'il y a de l'écho, c'est que le bruit était porteur de sens, d'universel. Les auteurs sont des gens susceptibles et fragiles, victimes responsables d'une fâcheuse tendance à « se la jouer », comme on dit dans un langage qui n'est pas celui de ma génération ; la reconnaissance, ils « kiffent grave » les oiseaux de plume. À leur décharge, faut bien comprendre que c'est pas d'abord la reconnaissance entendue comme manière de faire de l'oseille — même si ça les taraude tout le temps les artistes inspirés qui vivent avec leur âme — ; c'est pas non plus la recherche du succès, des applaudissements, des rappels de théâtre et tout le tralala de la tragicomédie littéraire, même si ça compte pour ces « créateurs » créés qui, soit dit en passant, n'inventent pas un monde mais se contentent de parler d'eux-mêmes et de ne parler que de ça, comme s'ils étaient, plus consciemment que les autres, des énigmes pour eux-mêmes. Faut dire aussi que les lecteurs valent pas mieux question capacité à s'oublier, à s'intéresser à autre chose que son nombril : dans les confidences masquées des hommes de lettres, ils recherchent eux aussi qu'à se reconnaître, par identification ou par contraste, et à s'évaluer, pour se donner des raisons de s'estimer ; même la recherche des « atmosphères » où ils croient partir en voyage et s'oublier est encore une manière de se chercher ; on part « en reconnaissance » quand on aborde un lieu inconnu. Non, la « reconnaissance » convoitée par les « gende-lettres », c'est ce que j'ai bafouillé plus haut : vérifier que ce qu'on a dit parle à d'autres personnes qu'à l'auteur de ces dires, qui pourtant se dit en eux, afin d'attester que l'origine de telles paroles est bien la Raison universelle qui seule rend supportable et justifie l'existence du Moi qui n'en est, en droit, que le héraut.

CHAPITRE IV

RACHIDA-BLANDINE EST AMOUREUSE.

Rachida-Blandine est revenue nous visiter, contre toute attente. Désinvolte, hautaine, elle était trop ostensiblement nonchalante pour celer complètement sa gêne. Malgré le caractère convenu et décevant de sa réaction au terme de mon exposé iconoclaste, elle m'était restée sympathique, presque touchante dans son agressivité juvénile. J'avais essuyé la rancœur d'une personne furieuse d'avoir été convaincue par une vérité indésirable, qui reportait sur celui qui l'avait dévoilée l'animosité qu'elle eût dû porter sur les menteurs qui l'avaient abusée, mais aussi sur elle-même qui s'était si complaisamment laissé induire en erreur. Mais, mon grand âge aidant, je suis moins susceptible que jadis, plus bonhomme, plus distant à l'égard de moi-même, plus indulgent peut-être à l'égard des autres. C'est l'expérience de l'universelle misère humaine qui finit par susciter la pitié, après avoir nourri la haine, la colère et le mépris.

Le célibataire éminemment solitaire que je suis aujourd'hui eut la faiblesse, jadis et naguère, d'avoir des maîtresses, bien que je n'eusse jamais prétendu au statut de séducteur. Je connais donc un peu le mode de fonctionnement des femmes, qui sont assez volontiers comme la fable d'Ésope sur les langues ; elles charrient le meilleur et le pire qui, à défaut de se juxtaposer comme chez les hommes, s'entrelacent et se nourrissent chez elles l'un de l'autre. Une petite fille astucieuse sommeille dans toutes les femmes vénales même les plus avisées, à moins que la vénalité des femmes avisées ne soit déjà présente dans les petites filles candides déjà sordidement calculatrices. Ce qui est sûr, c'est que, confrontée à un homme mûr dont elle pense avoir besoin, toute femme tend à se laisser mouvoir par le raisonnement suivant : « Voilà un gros crétin qui hésite entre le rôle de père et celui d'amant ; en flattant l'amant potentiel tout en le tenant à distance, je peux le coincer dans son rôle de père qui, à ce titre, fera mes quatre volontés en croyant s'offrir le rôle gratifiant du Pygmalion généreux. » J'ai connu il y a peu une femme dure et naïve dans sa raideur, cassante et vulnérable, moyennement intelligente et terriblement prétentieuse, qui était incapable de retenir certaines pulsions de vénalité et qui pourtant se prenait pour un génie méconnu, croyant qu'elle était une victime de l'hostilité des médiocres. Toute sa vie elle avait mis la barre trop haut, elle s'était retrouvée célibataire à plus de quarante ans. Elle voulait que je la console et l'entretienne. Je n'ai même pas profité de ses charmes, à la fois par honnêteté, par prudence et par dégoût. Sa rencontre m'a conforté dans l'idée que les femmes sont supportables seulement quand elles sont des saintes, ou des religieuses (il arrive parfois que les religieuses soient des saintes), ou bien des mères de famille, ou encore de pauvres catins de métier qui, par leur condition ouvertement honteuse, consentent en général à renoncer à leurs prétentions. Les autres sont à proscrire. C'est terrible d'avoir le don de discerner dans tous les gens le personnage auquel leur vanité les invite à vouloir ressembler, et qui, ce faisant, prétendent n'aspirer qu'à la mise en valeur de leur personnalité. C'est une peu charitable délectation intellectuelle, et cela rendrait amer si l'on ignorait le fait du péché originel, qui est bien réconfortant : ce n'est pas par essence que l'homme est mauvais, mais par accident ; et, avec de l'optimisme et beaucoup d'espérance, mais au prix d'efforts surhumains, cet accident n'est pas insurmontable.

Tout cela pour dire que j'étais armé pour déjouer les ruses de la Rachida, jeune encore mais largement assez mûre pour se comporter en femme, avec des antennes rétractiles par là aisément dissimulables. Je n'aurai pas le ridicule de seulement supposer qu'elle ait pu, fût-ce un instant, envisager de jeter sur moi son dévolu, mais je crois qu'elle ne put s'empêcher d'être coquette, malgré nos différences de vues, ou à cause d'elles, et en dépit de notre différence d'âges. Toute femme est coquette, même à l'égard de ceux qui ne lui inspirent pas spontanément de désir ; c'est dans sa nature et c'est la règle du jeu, il n'y a pas à la condamner pour cela. Ce qui en revanche est étonnant, c'est qu'elle puisse en venir à conserver sa coquetterie à l'égard d'un homme mûr, qui annonce les misères honteuses de la vieillesse et suscite l'angoisse de la mort. Peut-être l'âge porteur d'expérience donne-t-il aux hommes de notre temps cette consistance, cette épaisseur, cette pesanteur rassurante à laquelle aspirent toutes les femmes, même et surtout celles qui le nient, qui jadis était l'apanage des hommes forts, c'est-à-dire des hommes dont nous ne sommes plus que l'ombre pâle, lesquels n'avaient pas besoin d'être vieux pour être forts. Guitry avouait qu'il eût volontiers accepté que les femmes fussent supérieures aux hommes si cette concession pouvait leur ôter le désir pathologique de devenir nos égales. Depuis que les femmes aspirent à l'égalité, elles singent les hommes, y perdant les privilèges de leur féminité, mais aussi faisant perdre aux hommes les charmes de leur virilité, de sorte qu'elles en viennent à développer à leur endroit un ressentiment qui les fait les mépriser, les mordre, les exténuer et les occire à petit feu, ce qui les dévirilise d'autant et renvoie le processus en forme d'action réciproque à l'infini.

Ainsi donc, après quelques minauderies préliminaires obligées, la Rachida en vint-elle à nous parler de son goût paradoxal pour les hommes, qui chez elle — elle se croyait unique en son genre, alors que rien n'est plus commun — prenait la forme d'une contradiction. Congédiant comme un laquais ce ver insipide qu'avait été son jeune amant du moment, elle s'était entichée d'un adulte consommable qui enseignait le droit et que les scrupules n'étouffaient pas : il la sollicitait et la renvoyait au gré de ses humeurs, infiniment plus préoccupé par sa carrière que par elle. L'émancipée ne s'en voulait pas d'être amoureuse, car elle ne se reprochait jamais ce qui pouvait lui apporter une délectation. Elle s'en voulait d'être dépendante, qui plus est dépendante d'un homme dont la rudesse en jeux sentimentaux mettait à rude épreuve l'idée qu'elle se faisait de sa propre dignité. Elle s'en voulait considérablement d'éprouver un doux plaisir à se sentir esclave reconnaissante, matière à modeler, servante obéissante, non sans tenir à ce plaisir dont la douceur la ravissait, dont elle pressentait qu'il était annonciateur d'une autre vérité indésirable.

Rachida :

Vous comprenez, il est intelligent, il sent bon, il me plaît même quand il fouette après le sport et dans l'amour ; il faut toujours penser comme lui, et le pire est qu'il a toujours raison, ça m'énerve à un point que vous n'imaginez pas, et c'est parce qu'il m'énerve qu'il me séduit. Il est odieux quand il me reprend en permanence en m'accusant d'être ignare et d'avoir mauvais goût. Il est égoïste, on dirait qu'il aime me rabaisser ou, pire encore, il lui est indifférent de m'élever ou de m'abaisser, comme si le plaisir de m'abaisser était encore m'accorder une importance qu'à ses yeux je ne mérite pas. J'ai quand même plus seize ans… Je cours plus quand on me siffle, et je cours pourtant affolée, furieuse contre moi-même, quand il s'assombrit et s'éloigne… C'est quand même lamentable de subir une telle régression, à l'âge de l'émancipation de la femme. C'est parce qu'il me manifeste cruellement qu'il n'est pas dépendant de moi qu'il m'accroche et me fait courir, il me balade, j'en ai honte, et s'il était pas comme ça il serait fade et ne me plairait pas. J'essaie de lui faire des scènes — je m'y connais pour ça — et chaque fois je craque, je me rattrape, je rampe, docile et vaincue. Et je le titille et je l'emmerde pour me venger de ma dépendance, et je m'aperçois au terme de mes joutes que j'ai agi ainsi, le poussant à bout, afin qu'il se rebiffe et me domine, et je suis furieuse quand il m'a dominée, furieuse et ravie et je l'admire. Comment ça se fait, ça, que seuls les hommes capables de m'humilier me plaisent, et me plaisent parce qu'ils me soumettent ? Avez-vous une réponse, Monsieur Tartempion ?

Moi :

Êtes-vous sûre de pouvoir tout entendre ? Avec moi il va falloir être patiente ; vous savez que mes réponses sont toujours nuancées, et c'est pourquoi elles mettent du temps à s'exposer ; en même temps, elles sont radicales, elles tranchent, et elles ont du mal à se faire accepter. Vous me rendez perplexe, parce que je ne crois pas me tromper en vous supposant féministe.

Blandine :

Évidemment ! Non mais qu'est-ce que vous croyez ? Vous espérez qu'on va se laisser faire comme nos mères et nos grands-mères, et toutes nos ancêtres brimées, empêchées de s'épanouir par la faute des mecs ? Qu'est-ce qu'on a de moins que vous, à part une bestiole folâtre entre les jambes ? Le mariage, c'était la prison, le renoncement à soi-même, le viol légalisé, on était reléguées dans les couches, les langes puants, le repassage, les nippes sales de tout le monde, la vaisselle et la cuisine, le ménage, les basses besognes, pendant que vous vous faisiez servir comme des satrapes, des gorets infidèles qu'avaient tous les droits… On était tellement connes qu'on acceptait sans barguigner, on croyait ça normal… Vous faisiez des études, de la politique, des œuvres d'art ; nous on torchait et on applaudissait à vos prouesses. C'est fini tout ça, maintenant c'est l'égalité, plus de différence, on est payées aussi bien que vous, on peut divorcer, prendre un amant, changer de mec, ne pas avoir de gosse si on n'en veut pas, faire des études et vous concurrencer professionnellement, assumer des fonctions de direction et commander aux mecs. Maintenant seulement on respire. Nous aussi on sait jouer au foot, faire des poids et haltères, vous donner un coup de poing dans la gueule, faire les premiers pas dans la drague, faire la guerre, nous aussi on veut peindre, créer, sculpter, écrire, participer à la vie citoyenne, faire de la politique, orienter l'histoire du monde, être des scientifiques de haut niveau. Avant il fallait prendre des baffes sans rien dire, écarter les jambes quand on nous le demandait, servir, rester obscures, pondre et fermer sa gueule tout le temps. Vous n'allez pas quand même regretter ce temps pourri ! On a mis des siècles à conquérir notre autonomie, c'est irréversible, comme l'immigration, le temps des peuples sans métissage est fini, celui des femmes-objets aussi.

Moi :

Mais c'est vous, jeune fille excitée, qui regrettez ce temps qui était aussi celui de la galanterie, de la politesse, des hommes qui se battaient en duel pour une femme, des serments de fidélité, des billets doux, de la courtoisie, de la poétisation de la chair.

On ne peut avoir le beurre et l'argent du beurre. Vous voulez être respectées, aimées, protégées, vous préférez être séduites à l'acte de séduire, être prises au fait de prendre. C'est bien ce que vous confessiez tout à l'heure : un homme qui ne vous domine pas vous lasse. Vous aimez être brusquées, conquises, subjuguées. Et c'est votre obsession d'émancipation qui vous fait agir contre votre nature en adoptant par mimétisme des comportements masculins : plus d'amour dans l'amour charnel, plus de sentiment, seulement des « plans cul » hygiéniques, pour adopter votre langage exquis.

Blandine :

C'est ça, pauvre type, vous allez aussi nous reprocher de nous être émancipées des stéréotypes de la femme soumise et chaste, et vierge et fidèle… C'est vous qui voulez le beurre et l'argent du beurre : des femmes lascives pour vos plaisirs et des servantes effacées pour le gynécée… Mais nous aussi nous avons droit au plaisir du sexe, à la liberté, à être pour nous-mêmes notre propre fin : vous voudriez nous réduire à des machines à reproduire des mâles, à de grasses pondeuses qu'on gave et à des esclaves qu'on exploite en les menant par le fouet, mais capables de faire les hétaïres pour le repos du guerrier. « Toutes des salopes, excepté la Sainte Vierge, et éventuellement ma femme », que vous trompez sans vergogne, hein ?! La dignité de la mère et les blandices de l'odalisque… Mais les mères ont des vergetures et des varices, avec une libido réduite à zéro, alors il vous faut et l'épouse soumise et la putain experte en fantaisies, une pour chaque moment, bien distinguées… ; la fidélité, c'est pour nous et pas pour vous ; comment peut-on vous aimer dans ces conditions ? Vous allez nous accuser, nous les femmes libérées, d'être mal vêtues, c'est-à-dire trop peu vêtues, d'aguicher les hommes, de les inviter à nous violer. Vous êtes tous les mêmes, des salauds qui feignent de ne pas comprendre, pour proroger vos privilèges. Les victimes d'un viol, ce serait les hommes — les pauvres — scandaleusement provoqués par des dévergondées. Dites tout de suite qu'elles l'ont bien cherché… Heureusement, aujourd'hui, il y a des lois pour ça, pour nous protéger de votre brutalité de sangliers en rut et de vos coups ; et nous en usons sans vergogne : on vous envoie en tôle désormais, les flics sont formés pour ça, et les juges sont vigilants.

Moi :

Essayez de ne pas me faire embastiller, je redoute de laisser la boutique à Zinzin trop longtemps. Avec qui pourriez-vous croiser le fer si je n'étais pas là ? Vous vous posez en vous opposant, vous avez besoin d'ennemis pour exister, et les réactionnaires déclarés ne sont pas légion aujourd'hui ; vous devriez me remercier de vous donner l'occasion de vous faire les dents, que vous avez jolies, au passage. Calmez-vous, bien chère révoltée conventionnelle, essayez de me laisser vous répondre sans me couvrir d'injures. Remarquez que la colère vous va bien, vos yeux brasillent au point de vous rendre presque séduisante.

La Rachida s'amuït brusquement. Son visage se décomposa furtivement sous le coup de l'offense. Inquiète, sur un ton lourdement détaché, elle reprit la parole de manière précipitée.

Rachida :

C'est méchant, ça, c'est facile et minable ; vous ne savez qu'être méchant quand vous n'avez rien à répondre. Vous êtes content, j'ai presque envie de pleurer. Je m'en fous de vous, j'ai pas envie de vous plaire. Vous n'aimez pas les femmes libres, contentez-vous de vos amours tarifées, c'est tout ce que vous pouvez espérer à votre âge. Je vois pas ce que je suis en train de foutre à perdre mon temps avec vous.

Moi :

Tiens, vous êtes bien une fille naturelle de la Conscience, que je vous présenterai peut-être un jour ; avec elle, il y aura du sport : je vous prédis que vous finirez par vous crêper le chignon... Vous êtes la plupart du temps très jolie, Rachida, et vous le seriez toujours si vous restiez vous-même, sans vous inventer un profil de suffragette, mais enfin, bon sang !, apprenez un peu à écouter au lieu de partir au quart de tour ; et puis libérez-vous de ces pulsions de quérulence qui vous défigurent. Laissez-moi faire, je n'ai pas l'intention de vous humilier. Et veuillez noter que je n'ai pas recours aux amours tarifées ; la méchanceté et les coups bas, les procès d'intention ne sont pas de mon côté. Même si je n'ai nulle prétention, étant réaliste, à me poser en séducteur, je sais — les femmes sont si bizarres — qu'il n'est aucun abandonné de la nature qui ne soit susceptible d'émouvoir un cœur féminin, voire même de susciter son désir. Il faut bien que cette insurrection contre vous-mêmes, qui vous est consubstantielle, et qui vous rend à la fois méchantes et fragiles, douées pour les inversions accusatoires, les calomnies et la trahison, ait aussi ses côtés attachants ; en vous, la perfidie et la générosité s'entrelacent de manière infrangible. Je vous réponds donc, avec ou sans votre accord, c'est-à-dire avec ce dernier, parce que je sais que vous attendez mon point de vue avec un intérêt que vous avez du mal à dissimuler : une femme ne résiste jamais au désir d'entendre parler d'elle.

D'abord, ma mentalité naturelle et ma religion me font admirer les femmes et les estimer grandement, non sans chérir la vertu de fidélité, autant pour les hommes que pour les femmes. La vertu de chasteté s'exerce jusque dans le mariage, et je ne conçois l'amour que dans le mariage, même si mon comportement n'est pas toujours à la hauteur de mes certitudes, ce pour quoi je sollicite votre indulgence. Le viol est un crime à mes yeux passible de la peine de mort dont je suis, de manière générale, un fervent défenseur. Et si les tentatrices, les impudiques, les aguicheuses portent leur part de responsabilité dans les drames qu'elles subissent, il va de soi que l'essentiel de la culpabilité, dans le cas d'un viol, revient à celui qui le commet. Cette responsabilité est la conséquence obligée de la vocation masculine à diriger la femme, à l'équilibrer en la guidant. Les hommes et les femmes sont parfaitement égaux en dignité, mais cette égalité s'exerce dans leur différence qui les rend complémentaires. Je ne caricature pas les femmes à cause de leurs défauts accidentels, et je vous saurai gré d'agir en même façon à l'égard des hommes qui, à mes yeux, sont les premiers responsables de votre misère féministe, en cela qu'ils ont démissionné ; être un maître a des devoirs et des privilèges ; en rejetant les devoirs qu'ils trouvaient trop lourds à porter, les hommes ont perdu leurs privilèges, et ils vous ont déçues en vous livrant à vous-mêmes ; ils se sont même faits sophistes et démagogues pour présenter cette égoïste démission sous le jour flatteur de l'intention de vous libérer ; le féminisme est une invention d'homme. Avoir la lucidité d'exiger que les hommes redeviennent des hommes, ainsi des maîtres, et lester cette lucidité d'une indignation vengeresse somme toute légitime, cela supposerait de votre part une franchise, une clarté sur vous-mêmes dont, en tant que femmes, vous êtes congénitalement incapables ; alors vous reportez cette indignation sur les hommes non en tant qu'ils ne sont plus des hommes, mais en tant qu'ils seraient des tyrans. Cela dit, un homme qui ne vous domine et ne vous fascine pas, que vous ne pouvez admirer, vous lasse et même vous dégoûte, de sorte que vous attendez d'un homme qu'il soit un maître, mais en ne cessant de tenir à votre indépendance acquise, c'est-à-dire à votre prétention à jouir des privilèges masculins. Et de même que les hommes faibles en sont venus à faire coexister, dans leur vie désordonnée, l'épouse et la maîtresse, vous en êtes venues à faire tenir ensemble l'époux effacé rassurant qui vous déçoit, et l'amant qui vous fait délicieusement souffrir. Entre nous, ce dédoublement ne vaut pas mieux que le nôtre, moralement s'entend. Mais dans ce mimétisme affligeant, vous êtes perdantes, parce que vous êtes incapables, au rebours des hommes — ce qui vous honore — d'établir une déconnexion entre la bagatelle et l'amour ; vous finissez toujours par tomber amoureuses de vos amants, et l'amour prend toujours en vous la forme — qui vous honore encore — du désir d'enfants, de mariage et de vie familiale.

Reprenez donc un café que Zinzin va — avec beaucoup de sucre pour dissoudre votre amertume — vous préparer bien amicalement en faisant disparaître son œil égrillard qui vous agace et vous flatte en même temps. Voilà comment je vois les choses.

Il me fut jadis donné de lire un petit ouvrage de François Brigneau, *Jules l'Imposteur*, consacré à la triste figure de Jules Ferry. Le père de Brigneau, avant 1940, avait été instituteur, un de ces Hussards noirs de la République, dont vos maîtres vous firent certainement l'éloge, en celant au passage que les méthodes des éducateurs d'antan, fussent-ils d'abominables

républicains maçons, étaient tout ce qu'il y a de plus traditionnel : compétence, émulation, obéissance, sélection, rabâchage,
travail, encouragement au dépassement de soi, punitions corporelles tels les gifles, les coups de pied au cul, les coups de règle
et les humiliations du bonnet d'âne, avec séparation des garçons
et des filles. Brigneau nous assurait que son digne père eût été
scandalisé par la chienlit de mai 68, ce psychodrame aux accents
libertaires mais écrit selon une partition américanomorphe.
Cela dit, le fils lucide faisait observer que son père avait chanté
L'Internationale dans les banquets d'instituteurs radicaux-
socialistes, et que cette déliquescence des jeunes chevelus menés
par leurs ovaires ou par ce qui leur tenait lieu de testicules était
objectivement inscrite dans les flancs de l'Idée républicaine. La
lamentable judéophilie de Léon Bloy ne l'empêchait tout de
même pas d'être lucide à propos de la Gueuse, ce qui lui faisait
dire que la République est « le buste plâtreux d'une salope au
bonnet phrygien » ; j'ajouterai pour l'occasion qu'une salope
vinassière peut aussi se couler dans les délires rousseauistes
d'une baba cool fumée au haschich. Je l'ai souvent dit et écrit :
il y a une logique des idées qui fait plier à ses prévisions ceux
qui les embrassent, qui ainsi les mobilise malgré eux, quand bien
même les raisons subjectives qui les avaient disposés à les
embrasser seraient opposées aux conséquences nécessaires de
cette logique.

Blandine :

Quel rapport, je vous le demande, avec ce qui était en question ? Vous noyez le poisson, comme tous les lâches, c'est-à-dire
comme tous les hommes. Quand en viendrez-vous au fait ? Quel
rapport entre la condition des femmes et le régime républicain ?
Je suis républicaine, mais la République n'a pas tout réglé, ou
plutôt l'Idée républicaine n'a pas développé toutes ses potentialités ; la Révolution française n'est pas achevée. Il y a encore,
hélas, des républicains machistes et misogynes.

Moi :

Un peu de patience, Rachida. On ne développe pas les concepts comme on lance les slogans. La chienlit de 68, cette

« libération » des mœurs qui fut notre triste héritage, était dans les flancs de la République même considérée en sa version la plus austère, et était enveloppée par la philosophie des Hussards noirs. Ce que je voudrais m'employer à vous montrer, c'est que cette inflation des mesures destinées à enrayer les excès, gravides de servitude, de la puissance masculine, est génératrice de conséquences qui desservent les intérêts véritables des femmes, et que plus généralement la philosophie des Droits de l'Homme, ou l'Idée républicaine, est nécessairement porteuse de cette inflation, bien qu'une telle idée ait été conçue pour promouvoir la liberté individuelle. Voici donc :

La République est fondée sur les principes des Droits de l'Homme et du Citoyen, dont l'un pose que la finalité de la société est la promotion de tels droits, et dont l'autre enseigne que la société est fondée sur un contrat : l'homme n'est pas par nature un animal politique, il l'est par choix, et donc par intérêt ; la société est pour l'individu. Autant dire que cette philosophie est individualiste par essence. L'individu se subordonne la cité, et ce que l'on nommait jadis le bien commun se réduit à l'intérêt général, qui désigne l'ensemble des conditions à raison desquelles la liberté de chacun est rendue compatible avec celle d'autrui. Ma liberté est infinie, elle n'a pas de limite intrinsèque, elle n'est limitée que par celle de mon voisin ; et c'est une liberté de faire — elle consiste à « faire tout ce qui ne nuit pas à autrui » —, non une liberté intérieure, une indépendance par rapport aux passions. Si l'individu est cause finale de la société, si donc il n'y a pas de bien commun, c'est qu'il n'existe au fond que des biens privés ; les biens dits « publics », en contexte jacobin, ne sont nullement des biens formellement communs, parce qu'un bien formellement commun est un bien que l'on aime en tant qu'il est aussi le bien d'un autre, et plus profondément en tant qu'il est le bien de l'espèce, celui de la nature humaine, ce bien pour lequel on préfère sacrifier son bien propre ou privé, ainsi sa vie même, plutôt que de le voir disparaître. Tel était ce bien commun de la « *res publica* », que les sanglants histrions de 89 ont singée en la travestissant, déguisés en Romains. Le « bien public » de la République jacobine n'est que matériellement commun : il est le bien de tous, mais seulement dans la mesure où il est la condition moyennant laquelle chacun peut convoiter son bien essentiel, qui est privé.

Or remarquons ceci : un bien privé est un bien que, nécessairement, on aime en le rapportant à soi. Quand on aime le chocolat, on se veut du bien, on ne lui veut pas du bien, on le rapporte à soi en le détruisant puisqu'on le dévore. Quand on aime un ami, ou son épouse, ou une œuvre d'art, ou ses enfants, ou sa patrie, et — par-dessus tout — Dieu, on les aime en leur voulant du bien, on se réjouit de souffrir pour leur bien, on veut se donner à eux, on se veut à leur service, on les aime d'un amour tel que tout se passe comme si l'aimé se voulait en nous, se subordonnait notre amour et nos forces et notre vie. La première forme d'amour est captative, la seconde est oblative. Proclamer son amour à son conjoint, c'est dire qu'on lui appartient, et se réjouir de cette dépendance plébiscitée, et même trouver en elle le sommet des choses aimables. Corrélativement, nous sommes humains, dotés d'une nature humaine qui n'est pas celle d'un ange, ou de Dieu ou d'un escargot. Nos désirs spécifiques sont plantés en nous par notre nature : l'âne préfère la paille à l'or, parce qu'il est âne et non pas homme. Mais ces mêmes désirs nous font aspirer à faire se réaliser en nous les exigences de notre nature ; le bien en général est ce qu'une chose désire en tant qu'elle désire sa perfection, et la perfection d'un être est son adéquation à sa nature. Aussi les désirs procèdent-ils de notre nature ou essence, et ils ramènent à elle, ce qui revient à dire encore qu'elle se veut en nous et se subordonne notre individualité. Elle se la subordonne si bien qu'elle fixe en nous, comme en tout vivant, le désir d'engendrer, elle nous convoque afin de se prolonger dans d'autres individus à défaut de nous rendre immortels en tant qu'individu. Mais l'art de se conformer aux exigences de sa nature, c'est tout simplement ce que l'on appelle la morale. Que tirer de ces considérations ? Ceci : dans une société organisée pour inviter l'homme à ne tendre que vers des biens privés, on ne peut à moyen et long terme qu'exténuer, en chaque homme, le souci de son perfectionnement moral. Et il n'est pas nécessaire de jouir d'une grande sagacité pour se rendre compte que la niaise grandiloquence des Droits de l'Homme est le cache-sexe des débordements les plus triviaux :

la bouffe, la santé physique, le culte du corps, le sexe jusque dans ses errements les plus antinaturels, la pornographie sournoisement envahissante, l'avidité de l'argent, les drogues innombrables ; en bref : l'hédonisme, comme si le bien pouvait être confondu avec le plaisir qui n'en est que l'ornement ; ce qu'on mange et qu'on aime comme un bien, c'est un morceau de pain, on ne mange pas du plaisir de manger du pain. Au vrai, l'anthropologie occulte de la philosophie des Droits de l'Homme n'est autre, au fond, que l'existentialisme : il n'y a pas de nature humaine, la nature de l'homme est de n'en pas avoir, l'homme est liberté, acte de se faire ; la contradiction de la philosophie des Droits de l'Homme consiste à présupposer l'existence d'une nature humaine commune à tous les hommes, par-delà les différences accidentelles de races ou de sexes, ou de cultures ou de talents, afin de doter tous les hommes, en tant qu'hommes, des mêmes droits — il faut bien qu'« être homme » soit quelque chose de déterminé et d'universel pour revendiquer les mêmes droits —, dans le moment où, réduisant l'homme à sa liberté, on exténue le contenu du concept de nature humaine. Si l'on pose, comme il l'est implicitement signifié dans la philosophie des Droits de l'Homme, que la différence spécifique de l'homme est sa liberté, on dit bien la même chose : être homme, c'est être libre, et c'est inventer l'homme. Sans cette nature qui se subordonne l'homme en ce sens qu'elle se veut en lui, un tel homme ne peut rien faire d'autre que d'aspirer à des biens privés, à des biens qu'il se subordonne. Et toute morale objective, universelle, disparaît. Chacun prétend avoir sa morale, qu'il va se forger au gré de ses désirs ; mais par là c'en est fait de l'idée de morale, qui a pour propos de mesurer les désirs ; si chacun se choisit sa morale sur mesure, le devoir-être de l'exigence morale en vient immanquablement à se confondre avec l'être qu'on est ; s'il suffit d'exister pour être parfait moralement, la morale n'existe plus ; et c'est bien ce qui se produit en fait. On a là les conditions qui expliquent les aberrations sociales de notre société moderne.

En effet, une société ne peut pas fonctionner sans morale, en ce sens qu'une société ne peut vivre sans l'aval de ceux qui la composent, ainsi sans qu'ils se fassent un devoir de respecter certaines règles. Si les règles du jeu social sont purement instrumentales, sans coercition exercée du sein même et à la racine de la liberté de chacun, on ne les respectera qu'au gré de son intérêt qui, privé, aura de fortes chances d'entrer en conflit avec celui d'autrui. Ce qui revient à dire que de telles règles seront violées en permanence. Quelque prégnante, abrutissante, envahissante que soit la formation pédagogique dispensée par l'école, les médiats, les relais politiques, le livre, l'armée, le corps des scientifiques ou celui des médecins — qui tous, depuis longtemps, même les Églises, se réduisent à des courroies de transmission de l'idéologie des Loges et du Crif —, on ne peut réduire les membres d'une société à des automates complètement conditionnés. La marche des institutions ne se peut obtenir que par l'aval au moins tacite de la multitude ; et c'est en vertu du seul impératif moral, désintéressé, que les règles qui régissent la société ont quelque chance de n'être pas violées en permanence, puisque l'intérêt seul n'y contribue qu'à proportion qu'il satisfait les désirs privés, lesquels sont naturellement en conflit : un bien privé, un bien que l'on rapporte à soi, c'est un bien matériel, qui seul relève de l'ordre de l'avoir privé ; on peut bien dire, certes, qu'on a un savoir ou une vertu, mais ce sont des biens qui appellent d'être communiqués, diffusés : on possède d'autant mieux sa science qu'on l'enseigne plus généreusement ; il s'agit d'un avoir non privé, en sorte que, en rigueur, ce ne sont pas des biens que l'on rapporte à soi, mais des biens auxquels on est rapporté : je suis dit n'avoir une vertu qu'en tant que je suis possédé par elle. Ainsi donc, les biens promus par une société fondée sur l'individualisme excluent d'être communs, par là répugnent à être mesurés par un impératif moral ou désintéressé. Pourtant, la société ne peut subsister sans un minimum de sens moral. Alors comment procéder ?

Tout simplement en faisant assumer par le droit ce qui jadis relevait des prérogatives de la morale. En République d'essence jacobine, il y a une tendance invincible à faire passer la morale dans le droit ; déjà, la Déclaration des Droits de l'Homme fait partie de la constitution, alors qu'elle relève d'impératifs moraux. L'État s'épuise à faire assumer la morale par le droit, il se disperse, et en retour le droit substitué à la morale perd sa spécificité. L'État devient à la fois envahissant et flasque, de plus en plus exigeant et de moins en moins puissant, il se décompose et dépérit par intumescence administrative, tout en renonçant à ses privilèges régaliens, dont en particulier celui de battre monnaie. En retour les membres de la multitude, devant cette inflation de lois de plus en plus nombreuses et tatillonnes, se tiennent pour dégagés du devoir de vivre moralement : si je respecte les lois promulguées par l'État, je suis moral, donc je n'ai pas à être moral en dehors du respect des lois de l'État qui, précisément, tiennent lieu de lois morales.

Il est désormais possible de revenir à notre sujet de préoccupation. Tout ce qui relevait de la morale, qui régissait les rapports privés entre personnes libres et raisonnables, s'en trouve judiciarisé ; il s'agira de lois positives, au besoin étayées par des lois scientifiques, par l'autorité de la science qui définit la bonne santé ; être moral, c'est agir de manière écologique, respecter sa santé et la santé d'autrui, et cela seul mérite d'être entériné par la loi civile ; d'où la substitution de l'écologie aux impératifs moraux et religieux ; d'où aussi les décisions concernant par exemple l'interdiction devenue sacrée — ainsi drastique — de fumer en public, alors que les comportements de ce genre étaient jadis régis par les règles de courtoisie ; on montre aux enfants sans inquiétude toutes les pratiques contre nature possibles, toutes les violences imaginables, mais on rougit de les laisser deux minutes dans une salle enfumée, voire de leur montrer un spectacle dans lequel quelques attardés s'obstinent à fumer. On judiciarise les relations amoureuses, les relations conjugales ; on met tout le monde, dans ses rapports avec autrui, sous le regard permanent et suspicieux, inquisiteur et répressif, de la justice pénale. L'éducateur n'a plus d'autonomie, non plus que le père ou la mère, et la hiérarchie familiale est détruite. Un enfant est tout juste intégré dans son école qu'il en est déjà à menacer l'institutrice de la traîner au tribunal si elle parle trop fort, si elle le traumatise, si donc elle ose — scandale ! — le faire travailler contre son gré, et évidemment si elle lui inflige la plus anodine mesure relevant des sévices corporels. Dans le sillage de ce désordre, il n'est plus possible à un homme de faire sa cour à une femme sans redouter d'être inculpé pour tentative de viol ou de harcèlement. Les relations privées entre personnes relèvent, normalement, de la morale privée et publique, dans l'élément de ce que les Allemands nomment la « *Sittlichkeit* », et non du droit. En judiciarisant toutes les relations sociales, on reporte sur l'État la responsabilité, le soin et les efforts de tisser des liens sociaux et d'actualiser l'ordre naturel qui les régit. On exonère le particulier de contribuer à entretenir la vie de la société, c'est-à-dire de la faire. On l'invite à se replier sur soi, on le désocialise en exténuant sa responsabilité morale. On trouve les mêmes aberrations dans les familles. Un père ou une mère qui morigène ses mioches en jugeant opportun de les souffleter pour insolence se voit traîné en prison ; il sera bientôt interdit aux parents d'élever leurs enfants selon ce qu'ils pensent être la vraie morale et la vraie religion : il faudra l'aval sourcilleux des gosses pour le faire, qui dénonceront en tyrans juvéniles leurs géniteurs aux services sociaux. Terrorisés par la crainte d'être accusés d'abus d'autorité, les parents, dépossédés de leurs prérogatives naturelles, se voient dispensés du devoir de réfréner par eux-mêmes leur tendance à en abuser, et ils finissent par délaisser leurs responsabilités par crainte de les assumer. Il en est de même pour la vie de couple. « SOS femmes battues » veille avec une acrimonie telle que l'autorité naturelle de l'homme sur la femme est complètement détruite.

Il n'est pas question de justifier les violences criminelles du mari sur son épouse, ou des parents sur leurs enfants. Mais il vaut mieux une société humaine imparfaite à une société déshumanisée. Maints domaines de la vie sociale doivent être confiés au bon vouloir des hommes moraux, sans ingérence systématique de la loi civile, à peine de faire accomplir par l'État ce qu'il ne peut pas faire et de le déposséder de ses finalités propres, dans le moment où l'on tue la moralité dans l'homme. La société moderne détruit la majesté de l'État, garant du bien commun, au profit d'une République des Juges — c'est-à-dire des Loges — et des associations de la société civile indûment érigées en juges et en réformateurs de la société même, lesquels réduisent l'État au rôle d'exécutant de leurs décrets. Vous vous étonniez, pauvre Blandine, que les hommes vous paraissent fades, dévirilisés, depuis que la féminité s'est confondue avec le féminisme. Vous avez, dans ce que je viens de vous exposer, quelques éléments de réponse.

Rachida :

Vous êtes quand même gonflé. Si je traduis dans ma prose votre discours amphigourique, je le résume de la manière suivante : il faudrait ôter aux femmes tout recours juridique et judiciaire après s'être fait taper sur la gueule par leur mec, autrement les mecs deviennent des tarlouzes, et la sacro-sainte famille aimante et protectrice éclate… D'ailleurs on sait ce que c'est que la famille : des parents qui sont pas sortis de l'enfance et qui jouent à l'adulte en nous empêchant d'être nous-mêmes ; c'est leur éducation qu'ils font à retardement en la projetant sur les enfants ; ça leur donne de l'importance, ils sont contents dans leur rôle et ils nous étouffent. Maman hystérique, papa suffisant et grognon, les problèmes d'argent en permanence, la promiscuité triviale, les frustrations, les baffes, les interdits, l'inquisition, ils règlent à travers nous les problèmes qu'ils n'ont pas su affronter avant notre arrivée, et qu'ils n'ont jamais résolus pour eux-mêmes. Ils se vengent sur nous des humiliations qu'ils ont subies au-dehors. Les scènes de ménage, « de mon temps c'était mieux qu'aujourd'hui »… On a vraiment pas envie de leur ressembler. Les bons parents ça n'existe pas. C'est le principe de la famille qui est pourri. Les parents, c'est fait pour qu'on les trahisse, pour qu'on se pose en s'opposant à eux.

Moi :

« Familles, je vous hais… » Vous n'êtes vraiment pas originale. Vous avez au moins le mérite de souligner involontairement que le refus de la vie de famille et de son principe est identique au refus de toute autorité, de tout devoir, de toute dépendance à l'égard du passé ; choisir d'être sans famille, c'est être pour soi-même sa propre origine, sa propre cause et sa propre fin. Cela dit, pour ce qui est de votre jugement sur les rapports entre hommes et femmes, je dirai que c'est un raccourci peut-être un peu osé, mais il y a de cela, en effet. Vous possédez depuis toujours des armes redoutables pour mener les hommes par le bout du nez, et depuis Ève vous ne vous en êtes pas privées ; au moins les souffrances que vous nous infligiez étaient-elles proportionnelles aux joies et aux plaisirs que vous nous offriez ; c'était de bonne guerre. Ces armes, elles tiennent à votre féminité. En judiciarisant les relations amoureuses, vous rendez les hommes circonspects et peureux, par là insensibles à vos charmes, et vous perdez vos pouvoirs propres, vous ne disposez plus d'aucun moyen de lutter contre leur violence et leur supériorité physique. En vous faisant féministes, vous contractez l'acrimonie de la fausse virilité des gouines, vous devenez des femmes acariâtres défigurées par la haine, à la bouche amère gonflée de bile agressive que vous crachez comme des dragonnes malades, et vous conviendrez que cela n'appelle guère le baiser ; vous cessez évidemment de les séduire. Derechef, vous perdez vos pouvoirs propres. Vous semble-t-il vraiment que ce soit là un bon calcul ?

Rachida :

Vous déconnez mon vieux, vous avez un siècle de retard ; on peut être belle et séduisante sans perdre son caractère fort ; on a le droit d'être fortes. Quand vous parlez de la séduction des femmes, sous le terme de féminité vous mettez celui d'esclave. Je vais vous dire ce qui se passe en vous tous : vous êtes des sadiques, vous aimez faire souffrir, dominer pour dominer, pour éponger vos complexes ; c'est pas la féminité qui vous séduit, c'est notre servitude.

Moi :

Je vous concède qu'il peut y avoir un peu de cela chez certains hommes, mais ce sont ceux qui manquent de virilité ; ils sont méprisés non seulement par les femmes, mais encore par les hommes. Dans le monde des voyous, les souteneurs sont méprisés par les braqueurs de banques, les aristocrates du crime, les chevaliers de la révolte, les aventuriers des sociétés démocratiques. Les vrais dominants se plaisent à dominer les hommes, non les femmes. Et puis, de manière plus générale, les vrais dominants ne sont pas obsédés par le souci de dominer. Ils sont habités par un rêve, par un idéal qui suscite leur convoitise, et ils ne se font dominants que pour acquérir les moyens de réaliser cet idéal. Le moi pur est stérile et sans force, il tire sa force de l'idéal qu'il vise et qui le mène au-delà de lui-même en lui enjoignant de se dépasser et de s'oublier en lui ; et c'est cela, être un héros, un vrai fort ; c'est cela l'autorité : entraîner les autres par enthousiasme, se faire le porte-voix d'un idéal qui commande à tous, au chef autant qu'aux subordonnés. Sous ce rapport, les femmes sont des héros, quand elles sont mères de famille obscures et dévouées, ou des religieuses consacrées à la prière dans l'obscurité d'un couvent, admirables petits soldats de la Providence qui luttent, dans les forteresses formidables que sont les communautés religieuses, pour l'ultime victoire du grand combat qu'est l'acquisition du salut. Et, dans le domaine de l'héroïsme, elles valent bien les hommes. Vous ne comprenez vraiment rien.

Et puis, il y a un truc qu'il me faut vous expliquer. Savez-vous seulement ce que c'est que l'amour ?

Blandine :

Tout le monde sait ce que c'est que l'amour, pas la peine de disserter sur la question. Ce sont des choses qui se font et dont on ne parle pas ; ça s'éprouve, ça se prouve pas. Ceux qui en parlent ne le connaissent pas. Connaître en produisant des paroles, c'est penser, c'est pas aimer ; ceux qui pensent leur vie ne vivent pas leur pensée. Aimer c'est connaître sans paroles : « et ils se connurent… », pas besoin de discours. Et puis franchement, sans vouloir vous vexer, c'est pas vous qui allez m'apprendre ce que c'est que l'amour. Il suffit de vous regarder pour savoir que vous n'en savez pas grand-chose.

Moi :

Merci pour le compliment délicat. Mais passons… Vous confessiez tout à l'heure vous-même que l'amour est pour vous une énigme : vous aimez ce que votre « conscience » vous fait haïr. Vous vous haïssez du fait même d'aimer ce que votre volonté vous dit de ne pas aimer, et ainsi vous haïssez votre amour, non sans éprouver du plaisir à aimer. Il y a là une contradiction qui n'est pas seulement dans les mots ou dans la penséc, mais aussi dans la chose même, dans votre cœur. Et les contradictions dans les choses sont des déchirures qui saignent. Et c'est en surmontant la contradiction dans et par la pensée qu'on l'empêche de se projeter dans les choses. Ouvrez-vous donc un instant à l'idée que la raison a sa manière d'aimer que ne sait pas faire le cœur. C'est un jeune héros qui a dit cela, qui eût été capable de vous séduire à votre corps défendant. Mais il aurait méprisé vos appas.

Le lierre aime les pierres, le loup les brebis, l'âne la paille, l'haltérophile ses haltères, le grand liseur ses livres, la plante les sels minéraux ; chacun aime ce qui lui apporte du bien, et l'amour est la tendance vers ce qui est aimable ; mais chacun le fait à sa façon ; l'amour est un concept analogue. Le gourmand aime la côte de bœuf, le musicien son instrument, tels des biens que l'on rapporte à soi, en se voulant du bien ; l'amour pour l'aimé est un moment de l'amour que l'on se porte à soi-même. La créature aime Dieu, l'homme sa femme, les parents leurs enfants, l'ami son ami, l'esthète l'œuvre d'art, le citoyen sa patrie, tels des biens auxquels ils se rapportent, auxquels on veut du bien ; l'amour de soi est un moment de l'amour que l'on porte à l'aimé, car se livrer au service de ce que l'on aime est un bien pour celui qui aime, de sorte que l'amour de soi et l'amour pour l'autre sont toujours concomitants, l'amour de bienveil-lance enveloppe une part de légitime concupiscence, laquelle, en dépit des trois mots vulgaires constituant le verbe par lequel on la nomme, n'a rien de peccamineux. Ce qu'il y a de commun à toutes ces manières différentes d'aimer, c'est que chaque fois l'amour est principe d'unité. Quand on aime ce que l'on se subordonne, on fait un avec lui en ce sens qu'on tend à l'identi-fier à soi, ce qui se produit strictement quand on le consomme. Quand on aime ce à quoi l'on se subordonne, on fait un avec lui en ce sens qu'on tend à se fondre en lui, à faire un à son profit à lui et non à soi. Dans les deux cas, l'amour fait s'unifier l'amant et l'aimé au point de tendre à les faire s'identifier l'un à l'autre. Les amoureux savent cela qu'ils expérimentent : s'ils pouvaient vivre d'une seule vie, respirer d'un seul souffle, n'avoir qu'un cœur pour deux, ils le feraient sans regret, et c'est cela qui leur enjoint, de manière aussi profonde qu'ingénue, de se faire des serments solennels dont ils voudraient qu'ils fussent irréversibles : décréter qu'une seule vie nous fait exister, à ce point que si l'un entend vivre de sa vie propre en se séparant de l'autre, il meurt. L'amour est cette relation entre aimant et aimé qui s'accomplit, se consomme dans l'unité des deux, laquelle tend à être ablative de leur différence : l'amour se consomme dans une unité qui, supprimant leur différence, détruit la relation définitionnelle de l'amour, car une relation n'existe que par la dualité de ses termes ; l'amour *s'achève* dans son terme. Mais l'amour est aimable, et à ce titre il entend bien ne pas se concrétiser dans son extinction ; la différence entre l'amant et l'aimé entend bien se maintenir dans l'épreuve de leur unification. Aussitôt instauré, l'amour pour l'autre, qui suscite l'amour d'aimer, fait se détacher l'amant de l'aimé pour restaurer leur différence, ce qui revient à dire que l'amour est porteur de haine, de répulsion. La manière dont la nature, qui est éminemment logique, surmonte cette contradiction, c'est d'inviter l'amour à se faire engendrement : dans l'engendré, les amants sont un, sans toutefois cesser de demeurer deux ; ils font s'accomplir l'identité dans la différence, l'identité de l'identité et de la différence. L'amour charnel engendre des enfants de chair, l'amour spirituel engendre de belles paroles, de belles actions, de belles œuvres. On peut retenir de cela, d'abord, que l'amour sans engendrement n'est pas amour, mais promesse de haine indépassable ; l'amour « libre » est égoïsme déguisé, l'amour pour l'autre est le prétexte de l'amour d'aimer ; sous ombre de l'amour de l'autre, on n'aime que soi. Et cet amour supposé « libre » est servitude, qui refuse à la fois l'engendrement et l'engagement irréversible. Voilà pour le désir féministe de refuser le mariage et de faire des études jusqu'à trente ans au lieu de faire des enfants. Voilà aussi pour la revendication de « liberté » sexuelle prenant, avec le refus de la chasteté, la forme des manies érotiques aussi malsaines que stériles. Ce sont là en général des trucs d'homme que la femme moderne adopte afin d'être sûre de ne pas rater quelque chose dans le processus d'avilissement qu'elle croit être un gage d'émancipation.

Mais ce que je voudrais retenir aujourd'hui de cette brève analyse, c'est ceci : il n'est pas d'amour qui ne soit sacrifice, don

de soi, abnégation, et surtout *victoire sur la possibilité de la haine.*
Ce résultat permet peut-être de dissiper votre perplexité face aux
élans de votre de cœur à l'égard de la gent masculine. Cette puissante douceur qui plaît aux femmes quand ils les prennent dans
leurs bras, leur disent des mots tendres avec une voix grave et
sur un rythme lent, c'est en eux le grondement sourd et inquiétant d'une violence matée, d'une haine surmontée avant que
d'être venue au jour de l'existence factuelle. Et les femmes ont
besoin de sentir ces turbulences apaisées, ce volcan jamais éteint
dont vit l'amour qui est tel à proportion de son pouvoir d'assumer son contraire en le faisant se renier lui-même. Les femmes
ont besoin d'éprouver ce fugitif sentiment d'effroi à l'égard de la
bête potentielle à laquelle elles se livrent, elles en ont besoin
pour estimer l'homme qu'elles aiment, plus fort que la bête ; et
fort à proportion de son pouvoir de la mater. Si vous court-
circuitez cette violence latente, si vous écartez définitivement ce
risque de la voir se déchaîner, vous dispensez l'homme du
devoir de la surmonter, vous l'empêchez de révéler sa vraie
force qui est violence sublimée ; et vous vous ôtez toute raison
de l'aimer. Il vous déçoit, manque de consistance, perd toute
étrangeté, tout mystère, toute grandeur. Corrélativement, vous
en faites des faibles incapables de se faire violence, ainsi en
faites-vous des violents malgré vous, des violeurs et des salauds,
des faux-culs menteurs, opportunistes, sans parole, sans
loyauté, incapables de s'engager, qui vous laissent sur le flanc
de l'amour délaissé et déçu après vous avoir conquises. Sans
vouloir remuer le couteau dans la plaie, je me permettrai de
vous faire remarquer ceci, en outre : votre féminisme ne vous a
nullement vaccinées — heureusement — contre votre tendance
naturelle à faire confiance, à admirer celui que vous aimez, ce
qui vous donne si souvent ce côté fleur bleue nunuche dont je
ne me gausse pas, et qui vous rend vulnérables. En résumé, à
vouloir des hommes qui ne *peuvent* pas vous gifler, vous les
transformez en larves cyniques qui vous réduisent à du gibier et
à des objets.

Blandine :

Il m'énerve, mais il m'énerve ! Vous êtes souverainement agaçant, Monsieur Tartempion, vous mériteriez que je vous baffe et que vous dénonce à la Ligue des Droits des Femmes, à « SOS femmes battues », au cercle des Femen, aux Pussy Riot, à la Licra, au Mrap, au Crif, au PC, à l'évêché pour misogynie, antisémitisme, racisme, antirépublicanisme, homophobie et féminicide aggravés. Vous êtes proprement insupportable parce que vos propos sont odieux, qui suscitent pourtant en moi des résurgences de féminité gnangnan régressive qui se reconnaît dans vos descriptions que, par là, elle est invitée à tenir pour vraies.

Moi :

Je suis flatté. Vous êtes comme Sartre, qui mesurait la vérité d'un propos au degré d'animosité qu'il lui inspirait. Mais vous devriez vous réjouir, car ne j'ai rien dit qui ne soit à la gloire des femmes.

Blandine :

Vous êtes chiant à force d'avoir tranquillement raison, bien assis dans votre dogmatisme. Supposé qu'il y ait du vrai dans vos horreurs — elles me troublent et me fascinent, comme l'épervier le lapereau —, il y a une question à laquelle vous n'avez pas répondu. S'il doit y avoir dissymétrie entre l'homme et la femme, d'où vient que ce soit au profit de l'homme ? Et puis d'abord, cette dissymétrie est-elle naturelle ou culturelle ? Et supposé qu'elle soit naturelle, pourquoi la culture devrait-elle ratifier la nature ? La nature, après tout, est peut-être mal faite ! C'est un donné, c'est pas une norme ! Et le donné, on en fait ce qu'on veut !

Moi :

Cela fait beaucoup de questions. Procédons par ordre. D'abord, il est vain de s'ingénier à nier l'existence d'une nature humaine sous le prétexte que l'homme est libre, car sa liberté présuppose une nature.

Ensuite, vous qui en avez plein la bouche de la revendication de liberté, vous pourriez peut-être vous demander ce que c'est qu'être libre. Un ballon rouge d'enfant — comme celui du film si poétique d'Albert Lamorisse, en ces années cinquante déjà malades mais qui ne le savaient pas —, gonflé à l'hydrogène, est libre quand il est lâché dans les airs, mais en fait il est le jeu des caprices du vent. Il ne fait que subir. Et vous êtes comme le ballon rouge quand, refusant toute contrainte, vous vous laissez porter par vos pulsions passionnelles. Être libre, c'est d'abord s'autodéterminer, être capable de décisions, de choix. Mais pour choisir il faut délibérer, peser, penser, juger ; et tout jugement est comparaison. Préférer telle chose à telle autre, c'est les mesurer à l'aune d'un absolu du bien afin de constater que l'une s'en rapproche plus que l'autre. Tout choix présuppose référence à une bonté idéale ; et cet idéal du bien ne saurait être objet de choix, puisqu'il est principe de choix. Un tel idéal ne procède pas de la liberté qui en retour le présuppose. S'il n'appartient pas à l'ordre du choix, c'est qu'il est inscrit dans la nature des choses et des hommes. Telle chose nous paraît bonne parce qu'elle est congrue à notre complexion spirituelle ou physique. Même Sartre reconnaît que le fait d'être libre relève de ce qu'il appelle la « facticité du Pour-Soi » : on ne choisit pas d'être libre — entendons : on ne choisit pas d'être doté ou non du pouvoir de choisir, il faut l'*être*, pour choisir de l'être. Et si la liberté humaine n'est pas son propre fondement ontologique, c'est qu'elle est posée en nous par une nature humaine qui, corrélativement, est porteuse de valeurs : est bon ce qui est conforme à ma nature, mauvais ce qui la contredit. Maintenant, si la nature humaine est au principe de la liberté, on ne voit pas que la liberté puisse s'insurger contre elle, car ce serait couper la branche sur laquelle elle est assise. S'insurger contre sa nature, c'est adopter l'antinature, le tératologique létal. Toute culture se veut normative, expressive du devoir-être de l'homme ; si cette culture est fondée sur le principe d'une référence à l'antinature, elle est elle aussi mortifère, elle en vient à tuer celui qui l'adopte, et par là elle se tue elle-même. Et c'est bien ce qui se produit aujourd'hui.

Il me semble que j'ai répondu à deux de vos questions. Reste celle de la vocation de la femme. Être libre, avons-nous dit, c'est choisir, c'est avoir en soi-même le pouvoir de se déterminer à telle voie plutôt qu'à telle autre, c'est être le moteur de soi-même en tant que mû. Sous ce rapport, c'est bien être maître de soi, apte à se dominer, mais c'est par là aussi être esclave ou serviteur de soi. La liberté est l'intériorisation — qui le sublime — du rapport conflictuel entre deux protagonistes dont l'un se révélera maître et l'autre esclave. Elle n'est pas chronologiquement le résultat d'une telle intériorisation. Bien au contraire, elle est là à l'origine en nous, et c'est par une reconstruction dialectique, dans la forme d'un « *ens rationis* » — être de « raison raisonnée » ou fondée dans la réalité —, qu'elle se révèle résultat. L'état de maître et l'état d'esclave sont contradictoires, et sous ce rapport on serait tenté de penser que, comme tous les contradictoires, leur identité est impossible. Mais il n'en est rien si l'on observe que cette identité est réelle dans la volonté qui, puissance active, fait, comme toute puissance, s'identifier non contradictoirement les contradictoires : leur identification l'un à l'autre les fait se sublimer dans la position de la volonté qui les réduit à autant de moments de sa structure circulaire ; il est dans sa nature de *se* déterminer, ainsi de s'atteindre par *réflexion*, ou encore d'être à la fois sujet et objet. Contre les bien-pensants de mon camp, la dialectique n'a jamais prétendu s'affranchir du principe de contradiction. Elle a le mérite d'établir que ce qui est contradictoire à un certain niveau de réalité ne l'est pas à un niveau supérieur dont le niveau inférieur procède selon la causalité. L'hylémorphisme aristotélicien procède à l'identité concrète du mobilisme héraclitéen et du monisme parménidien, lesquels sont contradictoires, cependant que l'hylémorphisme ne l'est pas, qui seul donne à chacune des deux positions unilatérales qu'il sublime de ne pas se contredire elle-même, en tant que toutes deux sont réduites ou ravalées au statut de moments de l'hylémorphisme : chacune est conservée et niée en lui, le mobilisme comme ce principe qu'est la puissance, le monisme comme ce principe qu'est l'acte.

L'homme est libre, pour sa plus grande dignité et son plus grand malheur. Mais l'homme est animal raisonnable, c'est-à-dire esprit incarné. Nous ne pensons pas sans images, même si le concept est irréductible à l'image, précisément parce que nous sommes dotés d'un corps et aussi longtemps que nous sommes liés à lui. Il en résulte que l'homme accède au concept par le moyen des représentations sensibles. Il était donc dans l'ordre que la nature invitât l'homme à prendre conscience de cette dualité — être sujet et objet — qui lui est intérieure et dont le jeu constitue la volonté libre, laquelle reproduit opérativement ce qu'elle est ontologiquement, en actualisant sur le mode de parties disjointes ce qui, en chaque humain, a d'abord le statut de moments entrelacés, afin de rendre visibles de tels moments ; et cette actualisation s'effectue en faisant se réfléchir le tout de la nature humaine, raison de ses pôles opposés, dans chacun d'eux. Ce qui est la position des sexes. Et le substitut, dans l'animal qui n'est qu'animal, de la volonté qui est humaine, n'est autre que l'irascible. La nature humaine est tout entière dans l'homme et tout entière dans la femme, aucun n'est plus humain que l'autre, mais elle n'y est pas totalement en chacun puisqu'elle est aussi dans l'autre. Tous deux sont également libres et responsables, et également dignes. Je souligne cela, contre tout machisme imbécile et fanfaron qui ferait de la femme un enfant ou un humain inaccompli ; c'est d'ailleurs ce machisme qui, par réaction, dispose les femmes à se conduire comme Penthésilée, ancêtre des féministes. Dire que la nature humaine est « *tota sed non totaliter* » dans chacun des sexes, c'est reconnaître que l'universel de la nature humaine, raison des sexes, se fait, pour accéder à l'existence, identité de lui-même et de sa particularité sexuelle dans la singularité du suppôt ou personne humaine. Les deux pôles de la volonté libre sont, comme on l'a vu, le pôle passif ou réceptif, le pôle « servile » d'une part, et d'autre part le pôle actif ou donateur, le pôle « magistériel » : la volonté est maîtresse d'elle-même, sujet et objet. En se réfléchissant dans son pôle actif, elle se particularise en et comme la nature virile ; en se réfléchissant dans son pôle passif, elle se particularise en et comme nature féminine. Mais parce qu'il est de l'essence du tout de la nature humaine de se faire accéder à l'existence moyennant sa particularisation ou scission particularisante, c'est en s'enracinant dans sa particularité que l'individu accède à l'universel de sa nature, se fait habiter au mieux par elle. Plus une femme est féminine, plus l'homme est viril, plus ils sont humains. À refuser cette loi universelle qui veut que l'on accède à l'universel par la médiation du particulier, on obtient les aberrations bien connues de la miscégénation : il faudrait être métissé pour être humain, appartenir à toutes les cultures pour être civilisé. Je pense avoir montré que le féminisme est l'enfant naturel — mongolien — de l'esprit républicain ; or l'esprit républicain est bien une invention d'homme : on privait les femmes d'expression parce qu'elles allaient à la messe. Le féminisme est bien un produit masculin, celui des hommes qui ont renoncé à leur condition d'homme.

Cela dit, il y a, dans cette identité inchoative de l'identité et de la différence dont il était question plus haut quand nous parlions de l'amour, un privilège de l'identité sur la différence : c'est l'identité, et non la différence, qui se fait principe de ce dont elle est l'unité. De même, dans cette identité concrète de l'identité et de la différence qu'est la nature humaine, principe non sexuel et non sexué des sexes en lesquels elle se particularise et s'explicite, et qu'elle contient en puissance active, c'est l'universalité, et non la particularité, qui se fait le principe d'unité de l'universel et du particulier, victoire sur le particulier qu'il assume. Or qui dit victoire dit domination, ainsi action et non passivité, donation et non réceptivité. On peut donc dire que la nature humaine se fait virile pour s'habiliter à se scinder dans la dualité des sexes viril et féminin. Par conséquent c'est la virilité qui se fait principe d'unité de la virilité et de la féminité. S'il appartient à l'un des deux sexes de se faire le représentant des deux, ainsi de la nature elle-même, c'est à l'homme que revient cette fonction ; l'homme est l'incarnation sexuée du représentant du genre commun aux deux sexes, jusque dans son organisation biologique — il est bien « X *et* Y » —, et il est cette incarnation à condition d'être seulement mâle. C'est bien à l'homme qu'il appartient de stabiliser la femme en son identité de femme, même si la femme dans son admirable rôle de servante contribue grandement à faire découvrir à l'homme sa véritable vocation. Au reste, ce sont les femmes qui, sous un autre rapport, font les hommes en les mettant bas et en les élevant. Les femmes attendent des hommes qu'ils les réconcilient avec elles-mêmes, qu'ils les stabilisent ; quand elles se refusent à consentir à cette attente, ou quand les hommes se soustraient à leur devoir, elles s'insurgent contre elles-mêmes, elles sont déçues par eux et par elles-mêmes mais, obscures à elles-mêmes, elles leur imputent la responsabilité de leur trouble. Aristote enseignait que la matière désire la forme comme la femelle désire le mâle. Il y a là plus qu'une métaphore. La matière, c'est l'être en puissance, c'est la passivité, la réceptivité. La forme est le principe d'information. Mais la matière est, dans un être, le déterminant à raison duquel il peut devenir autre que ce qu'il est ; elle est un principe potentiel de négativité, d'insurrection contre l'identité de l'être, elle fait qu'il ne coïncide pas absolument avec lui-même et qu'il tend à s'échapper de lui-même ; autant dire qu'elle est en soi contradictoire, et c'est si vrai que la matière purement matière, la « matière prime », n'est pas ; elle n'est qu'avec et par la forme qu'elle conteste, elle s'oppose à ce à quoi elle est suspendue, de sorte qu'elle s'oppose à elle-même et n'est que dans et par cette opposition. Ce qui est contradictoire est ce qui se repousse de soi, ce qui est en conflit avec soi. L'Aquinate enseignait[1] : « *quanto magis forma vincit materiam, tanto ex materia et forma magis efficitur unum* » ; plus la forme se fait *victorieuse* de la matière, plus est parfaite l'*unité* du composé. Si l'on se souvient que l'amour est « *vis unitiva et concretiva* »[2], force d'*union* et de concrétion, sans oublier, selon le mot d'Aristote, que « la matière désire la forme comme la femelle désire le mâle », on comprend que la matière est réconciliée avec elle-même en étant niée, et que l'amour entre l'homme et la femme est d'autant plus parfait que la femme est plus adéquatement vaincue par l'homme ; parce qu'elle est nativement en conflit avec elle-même, l'homme la réconcilie avec elle-même en la dominant. Aussi, en s'insurgeant contre cette sujétion naturelle, la femme choisit d'être en état de conflit avec soi. Mais la femme ne peut pas vouloir par elle-même cette sujétion, car cela supposerait qu'elle fût réconciliée avec soi avant que l'homme ne le fît pour elle, cependant qu'il est le seul à pouvoir lui rendre ce service. La femme peut seulement constater que sa condition de femme

---

[1] *Somme contre les Gentils*, II 68.
[2] *Somme contre les Gentils*, Iᵃ qu. 20 a. 1.

libre est pour elle un tourment, et qu'elle est en attente d'une solution à son tourment. C'est ce qui faisait dire à Louise de Vilmorin, qui en connaissait un rayon sur la question, que « la pire des choses pour une femme, c'est d'être libre ». Quand un homme vous plaît, il arrive souvent que vous éprouviez pour lui d'abord un agacement belliqueux ; il vous faut le provoquer, le titiller, l'agresser, le pousser à bout ; ce faisant, de manière inconsciente, ou plutôt sur le mode d'une velléité non réfléchie, vous aspirez à ce qu'il se mette à vous affronter pour vous vaincre, vous sollicitez sa colère, en le déploiement de laquelle vous convoitez d'être dominées. Vous vous persuadez qu'il vous déplaît : « oh ce type, c'est vraiment le genre d'homme qui me dégoûte », dites-vous à propos d'un individu dont personne ne parlait, auquel personne dans votre entourage n'avait porté un intérêt particulier, de sorte que vous vous trahissez en le dénigrant, surtout quand une autre femme, fine mouche et mauvaise langue, vous entend pérorer. Mais en vous promettant de lui dire non, vous n'attendez qu'une chose, c'est qu'il vous force à dire oui.

Et vous savez bien que les choses se passent comme je vous les ai décrites.

L'air de *C'est la lutte finale* sortit brusquement du portable de Rachida-Blandine, qui sauta sur son appareil et répondit laconiquement à son interlocuteur dont elle se garda bien de nous dire quoi que ce fût. Fébrile et soudainement inquiète, non sans éprouver la satisfaction de prendre congé de nous sans avoir à me répondre, elle partit brusquement, en bredouillant un « salut » agacé.

CHAPITRE V
JOURNAL DE ZINZIN

Elle a foutu le camp, la sauterelle basanée. Elle était sifflée par le mâle. Fallait voir comment elle se précipitait... Les voir courir comme ça sans dignité, ça nous venge un peu des mauvais tours qu'elles nous infligent. Remarquez, elle est capable de revenir. La vanité d'entendre parler d'elle composera avec ce qui lui reste de souci de la vérité, en étouffant ce qu'elle croit être de la fierté.

Tartempion a reçu Rachida l'intello bronzée, pas méchante et perfectible. Moi j'ai reçu, à peu près à la même époque, une petite grosse rigolote en apparence gentille, j'ai d'abord cru qu'elle était une fille sans histoire, une paumée sympathique toujours prête à sauter sur les occasions de se payer une récréation d'hilarité, curieuse, gourmande d'originaux timbrés dans mon genre. Elle a dit s'appeler Ginette Sucette, par autodérision ; c'est pas vrai bien sûr, mais elle porte bien son pseudo comme je porte bien mon vrai nom. Elle aime le mauvais goût au deuxième degré, l'excès, le chahut, les provocations en tous genres. Son accoutrement bizarre de clocharde juvénile est censé dénoncer les ridicules de la mode et l'élégance mercantile ; elle se fout de la gueule des mannequins, des stars et des femmes modernes. Bien sûr elle est de gauche, faut pas trop en demander aux gens de cet âge-là ; elle est toute jeune, elle est en fait moins jeune qu'elle ne veut le paraître, elle proroge son adolescence d'irresponsable soi-disant pour freiner des quatre fers devant la pompe aspirante de l'honorabilité contemporaine, le règne du conformisme qui mène tout droit à la sénilité confortable. Son look de romanichelle mâtinée de militante écolo-anarchiste m'a retenu, j'ai voulu y voir l'indice d'une fausse petite fille assez futée pour entrevoir que les méchants sont pas tous et toujours du côté qu'on dit ; on se jetait des regards de connivence silencieux quand on écoutait, en feuilletant des vieilles BD et des romans à l'eau de rose des années cinquante, la Rachida et Tartempion qui péroraient. J'ai même eu la naïveté de croire que l'anticonformisme de Ginette, son esprit de révolte soigneusement affiché et cultivé, auraient pu dissimuler un goût dangereux pour la vérité vraie, la vérité indésirable. J'ai espéré que son enthousiasme pour la critique et la négation en viendrait à se retourner contre lui-même après avoir fait table rase de toutes les conneries dont elle avait été nourrie comme tous les rejetons de sa génération. Elle se foutait méchamment de ses parents à l'esprit « large et ouvert » — un père lilliputien d'origine espagnole admirateur des Lumières françaises, et une mère d'origine juive alsacienne entichée de bouddhisme — qui l'avaient invitée à se faire sauter à partir de quatorze ans, à prendre la pilule, à fumer un joint de temps en temps, à être antiraciste, démocrate, humaniste, progressiste, tolérante, relativiste, sceptique, écologique, non violente, mondialiste dans la forme altermondialiste du truc, féministe, et tout le bataclan. Elle m'a dit qu'elle avait un beau matin, plusieurs années auparavant, décidé de peindre sa télé en orange en tournant l'écran vers le mur. Avouez quand même que c'était bon signe.

Elle avait dans son enfance — j'étais déjà vieux quand elle était dans les langes — entraperçu que l'hostilité aux « avancées » du monde moderne est la seule manière aujourd'hui d'être vraiment rebelle ; tout le monde se veut rebelle aujourd'hui, c'est pourquoi y a rien de plus conventionnel, et au résultat on a des veaux qui disent et font sagement tous les mêmes choses, en rangs serrés, avec un doigt sur la bouche et l'autre dans le cul, en marchant sur des œufs, histoire de pas casser les nouveaux tabous. Au début je l'ai prise pour une écolière compensant ses échecs de séduction par un surcroît réussi d'originalité. À cet âge-là, l'amour c'est la grande affaire ; les garçons c'est bien plus intéressant que les études. Ça ébranle délicieusement la carcasse, on devient adulte en rencontrant les soubresauts de ce qui est fait pour affronter la vocation à mourir en passant le flambeau à une hypothétique descendance. La grosse méprise, c'est qu'on prend ces pulsions, qui sont des sirènes, pour l'annonce du paradis. On passe le reste de sa vie à déchanter. Comme c'est le moment de devenir adulte, on apprend à se découvrir, on assiste à l'accouchement de soi, on est effrayé par le dévoilement du petit monstre d'insignifiance, on se débat, on choisit dans l'urgence le personnage qu'on jouera toute sa vie, et on se trompe neuf fois sur dix. Elle avait vite compris la « Ginette », avec ses excès de couenne et sa toute petite taille, ses gros genoux, ses nichons trop généreux, ses pertes blanches et ses lèvres épaisses, sa libido enfiévrée et son gros cul, qu'elle serait jamais un canon. Ça l'avait pas empêchée de se trouver autant d'amants qu'il lui en avait fallu dévorer pour trouver le sommeil, dont elle changeait comme de chemise, avec la bénédiction de ses vieux qui recevaient tout ce beau monde chez eux, des grands et de petits, des jeunes et des moins jeunes, des manuels et des cérébraux, souvent moches et tordus, marginaux et cradingues comme elle aurait voulu l'être, pour donner du piquant à la chose. Elle causait avec autorité d'Andreï Tarkovski et du *Baiser* de Klimt, des romans de Roger Nimier et de Karl Gustav Jung. Je dis tout ça non pour l'enfoncer mais parce que je suis pas né de la dernière pluie : les idées qu'on adopte, leur choix a souvent des motifs sans grand rapport avec le contenu direct de telles idées. Mais faut pas en rester au cynisme ; faut même abandonner le réalisme désabusé quand on veut vraiment découvrir la vérité. Si déconcertant que ça puisse paraître, il y a du souci d'authenticité même chez l'homme, de l'idéalisme, de l'élan désintéressé mêlé à des flots nauséabonds de mauvaise foi et de lâcheté ; quand on se construit un « look » pour faire bien, on se persuade d'aimer tel truc ou tel machin, et on en remet, et on se force, ça y va dans le cabotinage ; et pourtant, si on craque pour telle attitude avec les idées qui vont avec dans l'imagerie populaire convenue, c'est qu'il y a quelque chose dans le bonhomme ou la gnasse qu'était pas insensible à ces idées. En bref, la Ginette me donnait l'impression d'être pas conne et récupérable. On s'est revus de temps en temps, j'ai appris qu'elle avait abandonné ses études et quitté sa famille pour se marier avec un type inscrit au chômage des employés du spectacle, un technicien qui maîtrisait des gros ordinateurs pour effacer les défauts physiques de l'image des stars dans les films de fiction, et des nanas dépoitraillées dans les publicités. Il a réussi ensuite à se mettre à son compte et il paraît qu'il gagne un monceau de fric aujourd'hui. Mais la Ginette, elle avait pas été longtemps avec lui. Ils avaient fait un gosse, et elle avait décidé, par esprit anticonformiste, qu'elle serait mère au foyer ; tout était pas mal parti, et puis le père négligeait sa moitié dont les cuisses lui chauffaient de plus en plus. Un jour elle est venue me voir pour une raison plus précise que pour me raconter ses états d'âme, je croyais que c'était pour que je la console paternellement.

Elle avait trompé banalement son homme, mais c'était en fait plus compliqué, elle était sûre de ne pas être tombée dans l'adultère. Elle s'était fait offrir par un compagnon de passage chez eux, en l'absence du légitime, après divers marivaudages oraux, une gâterie libertine non moins orale qu'elle tint pour une chose anodine qui ne saurait être assimilée à une tromperie ; ses pulsions d'œstrogènes calmées, elle avait repris un peu ses esprits, et, en toute innocence, juste vaguement confuse, elle avait raconté à son mari rentré de mauvais poil et froid comme un serpent ce qu'elle avait fait de son temps pendant l'après-midi, à côté du berceau où leur gnare somnolait, assurée d'avoir l'absolution pour un passe-temps aussi anodin. Elle s'était trouvée tout étonnée de prendre des beignes et de se faire foutre à la porte à coups de pied dans le train. Depuis ils ont divorcé, c'est lui qu'a eu la garde du gosse, elle y a vu une injustice ; elle aurait même pas été capable de le nourrir. Mais le divorce avait pas été prononcé quand elle vint me raconter tout ça. J'ai souri, sans méchanceté, sans juger, j'ai fait assez de conneries dans ma vie pour comprendre et être porté à l'indulgence. Je croyais qu'elle avait besoin de conseils et de chaleur humaine. Je croyais aussi pendant tout le temps qui précéda cette visite qu'elle était moins tordue que ses contemporaines. Je l'avais presque prise en sympathie. Et là elle m'a franchement déçu, elle était aux abois, sans rien à croûter ; ma pâle velléité de changer de point de vue sur le genre humain, qu'elle était parvenue à susciter, s'est dissoute en moi comme le bicarbonate de soude dans le vin blanc qu'on ingurgite les lendemains de cuite. Non seulement la garce est venue pour me taper, en me suggérant de faire en douce la caisse de Tartempion, mais encore j'ai vu, à la suite de mon refus scandalisé, se dessiner sur son visage de presque gamine toute la vieille horreur haineuse de la revendication des faibles et des ratés qui aspirent à en croquer eux aussi comme tout le monde, comme tous les contribuables qu'ils se permettent pourtant de snober ; j'ai entrevu tout son désir frustré de profiter de la société de consommation ; le côté primesautier de son impertinence gentille est tombé comme un masque ; tout l'argumentaire féministe a été débité : et que la société est injuste, et qu'elle avait toujours été incomprise, et qu'elle avait pas eu de chance et qu'elle avait des droits… Franchement je suis tombé de haut. La donzelle était aussi pourrie que les autres : capricieuse, fainéante, prétentieuse au point de se surestimer sans crainte du ridicule, et vénale. L'épisode de la Ginette est ma dernière faiblesse en date, mon dernier effort pour tenter d'aimer mon prochain en me fondant sur des apparences. C'est raté. Je ne suis pas près de me faire avoir une nouvelle fois. Quand j'ai raconté tout ça à Tartempion, ça l'a même pas étonné. Il m'a dit qu'il avait compris tout ça bien avant moi : il avait proposé à la Ginette, un jour, d'assister à la messe avec lui, elle avait refusé en rigolant bêtement ; elle avait répondu que sa seule raison de foutre les pieds dans ce lieu saint, ç'aurait été d'essayer de se payer un petit vicaire tout jeune et fragile, et qu'elle avait pas encore fait l'expérience des amours en soutane. L'hostilité viscérale à la vraie religion, ou même l'indifférence ennuyée que son idée peut éveiller, c'était, selon Tartempion, un signe qui ne trompe pas. Il a probablement raison.

Ce que je retiens de ce minuscule événement, c'est qu'en dernier ressort les relations humaines sont toujours dépendantes des idées qu'on embrasse. Impossible de sympathiser avec ceux qui n'ont pas le même idéal que vous, tôt ou tard il faut que ça pète. Les affinités électives par-delà les certitudes, c'est du bidon, ça craque tôt ou tard. Ça au moins, ça prouve que le sentiment ne vaut pas pipette face à la pesanteur des idées. Et d'une certaine façon ça me rassure, à propos de la condition humaine.

Me résumer dans un livre. Après tout je n'ai que ça à faire. Mon « journal » sera mes *Œuvres complètes*. On aspire toujours à l'immortalité, même ceux qui ne croient ni en Dieu ni en diable ; on aspire toujours à se justifier, non pas à s'innocenter de ses fautes, mais à laisser quelque chose qui ait valeur de témoignage et qui nous survive, et qui, comme témoignage, peut donner l'impression de ne pas avoir vécu pour rien ; dire comment on en est arrivé à être de ceux qui ont vécu pour rien, c'est une manière de déjouer la fatalité. Il m'arrive parfois de frayer avec les clodos de Saint-Nicolas qui mendient et rendent de temps en temps des petits services ; je prends parfois quelques bouquins ici pour les vendre à la sortie de la paroisse, je rencontre des mémères, des comtes et des barons décavés, un nombre impressionnant de piqués au mètre carré ; Tartempion y va toujours y faire ses patenôtres, et j'essaie de le suivre ; quand j'irai moi-même prier de bon cœur, je sais pas si la démangeaison d'écrire me tiendra encore. Comme tout le monde, je ne sais parler que de moi. Mais je n'ai pas assez de souffle pour tirer plusieurs bouquins de mon histoire minable. Puisse mon livre ne pas finir dans le caniveau comme moi. Un jour peut-être il sera lui aussi vendu au rabais par un allumé sorti de Saint-Nicolas, si Tartempion ose le vendre. Tout y passera. Tous les hommes aujourd'hui, du moins tous ceux que la société actuelle et déjà vieille consent à reconnaître comme siens, se valent dans la médiocrité. Ne les distingue au fond que le degré de propreté de leurs pieds. Je suis un monstre d'amertume et de ressentiment ; ne vous méprenez pas : c'est même pas une vanterie. Les autres, les gens normaux, n'auront même pas écrit un livre, je veux dire un livre fait de sang, de tripes, de chair et de vérité. Ils auront perdu leur temps à vivre en attendant de savoir pourquoi ils vivaient, ou en bandant tous leurs efforts pour différer le moment de la révélation du sens de leur vie. Moi, j'aurai eu le mérite d'éprouver ma médiocrité dans ma chair, ma déliquescence spirituelle dans mon corps, je pense avoir le mérite de pas me raconter d'histoires. Ai-je une âme ? Probablement. J'en ai douté un temps. J'avais l'impression, comme Anaximène, de la sentir qui se répandait dans mes pets. Pendant longtemps, j'ai mangé n'importe quoi. Mes intestins étaient détraqués, ça faisait des glouglous immondes, et la puissance inattendue de ma merde verdâtre d'ivrogne mal nourri, tenace et pourrie comme le fruit de la charogne que j'étais devenu, était bientôt la seule forme de vitalité dont je fusse encore capable de faire état. J'ai du mal à remonter la pente. J'ai contracté des habitudes de fainéantise, de laisser-aller, de dégoût complaisant de moi-même, depuis trop longtemps. Je ne mourrai pas tout de suite pourtant, je le sens, et d'une certaine façon ça me casse les pieds. Même si je fais beaucoup d'efforts, je ne monterai pas très haut, y a trop à rattraper. Mon héroïsme à moi, discret, ça sera que j'essaierai quand même de remonter la pente, même si je rechute, en sachant que le résultat sera pauvre et décevant. Chacun a la grandeur qu'il peut.

J'ai encore des désirs, des appétits misérables, organiques, qui me retiennent de me laisser glisser ; un désir de rédemption aussi, probablement, et de justice, surtout vindicative, et de lucidité, et de coulpe et de justification. Et puis on ne meurt plus aujourd'hui comme jadis, quand le temps était venu de mourir. Les autres, auxquels je suis devenu indifférent après qu'ils ont cessé de me haïr, ne me laisseront pas crever ; il y a une manière convenable — je veux dire sociale — de crever. Leur abominable humanisme porteur d'égoïsme, auquel ils ont besoin de croire pour justifier leur égotisme, il faudra, du fait qu'ils y croient, qu'il me profite aussi. On me soignera, on a déjà commencé. C'est la victoire de la science et de l'homme social. Je mourrai quand la société m'en donnera la permission. Je n'aime pas la société, je n'aime pas les hommes, imprécateur dérisoire amuï par les lancées de ses vomissures, clochard non philosophe, déjection d'aigreurs.

Je suis l'aboutissement d'un monde qui meurt, j'anticipe sa mort en portant en moi les stigmates de son agonie. Ce qui me distingue de ce monde, c'est que je sais que je porte dans mon âme et dans mon corps, sans être capable de les guérir parce que je suis faible et pécheur, mais aussi submergé par l'ordure du monde, les blessures qu'il m'a infligées et auxquelles j'ai consenti par ma faute, c'est-à-dire les blessures qu'il s'est infligées à lui-même. Il se les est infligées en partie — certes infime mais réelle : chacun d'entre nous n'est qu'une poussière du monde, mais le monde est fait de poussières — à cause de moi qui suis de ce monde, dont je procède et auquel je consens par la partie la plus sordide de moi-même. Mais il a eu, lui, par la complicité

d'une masse innombrable de poussières plus que moi conscn-
tantes à la décadence, et exemptes de blessures visibles, l'hypocrisie de conférer à son suicide les apparences d'une métamor-
phose heureuse, voire même d'une résurrection, d'une fin
radieuse de l'Histoire. C'est cela que je voudrais dénoncer, non
pour sauver le monde, mais pour me sauver moi-même. Monde,
hommes, peuples, sommités, décideurs, spécialistes, vedettes,
gagnants, poncifs, modernité, village de Babel, je vous emmerde
tous. Je suis sale et misérable, risible dans ma défroque d'inof-
fensif justicier vaincu et frustré, ma puanteur est bien tangible.
Mais votre puanteur à vous est autrement abjecte, elle vient de
plus loin que de vos tripes bien entretenues, elle procède de votre
subjectivité dont l'air est infiniment plus confiné que celui de
vos intestins, de votre conscience — en soi la même que la
mienne, mais avec un rien qui change tout et qui en inverse le
sens — avec laquelle elle se confond. Elle ne s'éprouve pas avec
les narines du corps, elle condense toutes mes plaies physiques
dont elle est le principe.

Quand j'étais enfant — je m'étonne moi-même, tellement je
me sens vieux et souillé, de l'avoir été —, il y avait encore des
hommes aux grosses mains calleuses toutes couvertes de cou-
pures noires, il y avait de vieilles bonnes femmes hydropiques
aux jambes si gonflées qu'elles ressemblaient à des poteaux, des
malheureux défigurés par des goitres, déformés par des excrois-
sances graisseuses et des chéloïdes, des gueules vultueuses et
papuleuses ; il y avait des fous de village qu'on cachait pas, des
anormaux affligés de chorées, qui manifestaient dans leurs corps
les misères de l'âme, non nécessairement de la leur, d'ailleurs.
Je ne vais pas opposer à un présent tout noir un passé tout
blanc ; depuis Adam, l'homme est venimeux, l'homme sans
hommerie n'existe pas ; il y avait « de mon temps » — surtout
ce temps que je n'ai pas connu mais dont les vieux de ma jeunesse faisaient mémoire, ce temps d'avant 14 et surtout d'avant
45 — beaucoup d'injustices et d'hypocrisie, des misères morales
et physiques, des illusions presque aussi énormes que celles
d'aujourd'hui ; m'enfin il y avait des hommes qui étaient encore
hommes et qui avaient souci de le demeurer, même s'ils n'y parvenaient que très imparfaitement : ils reconnaissaient *grosso*

modo l'existence d'un bien et d'un mal indépendants des avis personnels et des modes culturelles ; c'est ça qui a changé ; y a toujours eu des crimes, des trahisons, des folies, mais on savait que c'était des saletés ; aujourd'hui chacun se fait le juge de ce qui est bien et de ce qui est mal. La petite fiente exigeante fière de sa puanteur aigrelette, qui repose sur soi... Médiocre en tout mais sans Dieu ni Maître, incapable d'oubli et de dépassement de soi parce que déifiée sans puissance divine — elle chie, elle ment, elle se vante, elle pète et elle rote, elle trahit, elle se fatigue, elle se trompe, elle déconne et elle pue, elle est faible et elle revendique, elle suit ses désirs comme une femelle en rut en les prenant pour le Saint-Esprit —, c'est probablement ça le Surhomme nietzschéen, le Créateur des valeurs... En avoir chié pendant des millénaires pour aboutir à ce Dernier Homme-là... Aujourd'hui, vous êtes plutôt beaux, élevés comme les porcs et les bovins aux concentrés de protéines qui produisent de la viande insipide et sans gras. Vous puez par le cœur et par l'âme, vous vous décomposez par le dedans, vous êtes déjà des cadavres, les morts-vivants d'un monde à l'agonie, et vous le savez mais vous n'en voulez rien savoir. Vous savez, comme disait l'autre, que les civilisations sont mortelles. Mais vous sentez également que le genre humain l'est aussi. L'Église est défigurée, qui maintenait tant bien que mal la tête de l'homme au-dessus des flots de sa merde en lesquels il se noie, elle est peut-être éclipsée, rien ne retient plus le monde de rouler de plus en plus vite vers sa chute.

Je suis né à Nantes, ç'aurait pu être le 8 mai 1945, ça l'a peut-être été, l'âge de mes artères plaide en faveur de l'hypothèse. J'aurais dû comprendre tout de suite que je ferais pour toujours partie des vaincus et des incompris. Nantes est une ville « bleue », socialiste et démocrate-chrétienne. On y a assassiné le marquis de Charrette. On y entretient la mémoire de la Résistance et la mystique des fusillés de Châteaubriant. On n'y est ni vraiment en Bretagne ni en Vendée. On y vit dans le culte du « nain interminable », de Gaulle la mouche du coche, et de la « Libération », et de Guy Môquet, de Nelson Mandela et de Martin Luther King. Il n'y a pas de folklore spécifique dans cette région. On y baigne dans un catholicisme social poussé sans terreau paganiste. Dès la naissance, on y apprend à être préretraité. Le paradigme de la réussite sociale, c'est d'y être fonctionnaire. Même les agriculteurs sont des cons, ils sont passés par la Jeunesse agricole chrétienne, ou la JO(ouvrière)C. Bien sûr, c'est quand même une jolie ville. Mais son âme n'est pas aimable. Une âme de petites gens. Elle est douce et tiède comme le beurre blanc. Il y a de l'argent, on y boit trop, « de mon temps » c'était du muscadet et du gros-plant, et en fait n'importe quoi qui « pèse ». Mon père était ivre quand il a fallu déclarer ma naissance à la mairie. On m'appela Nicéphore Insipide. Avec un nom pareil, j'étais mal parti dans la vie. Mais je crois que je porte bien mon nom. Il est grotesque, et il dit bien ce que je suis, ce que j'ai été et ce que j'aurai été, ce à quoi je me résume si tant est que je sois réductible à ma vie terrestre. Je porte la victoire, dont je suis la victime pas même expiatoire, de la vacuité. Je suis de trop. Tout le monde devrait s'appeler comme ça, parce qu'aujourd'hui tout le monde est médiocre. Mon seul privilège est de le savoir. À part les refoulés du monde actuel, de ce monde qui résume et accomplit deux siècles de décadence sporadiquement brillante, plus personne n'est capable de dire qu'il a une raison d'exister, et cela au fond parce que personne n'a rien à faire prévaloir qui justifierait un tant soit peu son existence. Qu'en penses-tu, anonyme qui ne me lira jamais ? À quoi sers-tu ? Tu sers à faire des gosses que tu ne fais même pas, et qui n'auront pas plus que toi de raison d'exister. Tu sers à faire tourner une société qui ne sert à rien, sinon à faire exister des nullités comme toi. Tu te débrouilles pour n'avoir pas à y penser trop souvent, ça te donne le vertige. Pour avoir une raison d'être, faut accepter de ne pas être la raison d'être de la vie.

J'en veux pas aux chrétiens d'être chrétiens, je n'arrive pas vraiment à l'être encore complètement mais je sens que ça serait ma rédemption si j'avais l'humilité de nourrir un tout petit peu d'espérance. Je leur en veux quand même parfois — à tort, je sais… — d'avoir inventé le désir de Dieu. Avec le meilleur les hommes, ils ont fait le pire, ils ont tout salopé, ils n'ont pas pu s'empêcher d'en faire du désir d'être Dieu. C'est pas l'Église qu'a fait ça, c'est la faute à l'homme avec sa moelle d'ordure congénitale ; quand même, si les curés, les théologiens, les cardinaux, les papes avaient un peu fait gaffe, ils y auraient regardé à deux fois avant de cautionner le désir de Dieu, ils auraient pris des précautions pour lâcher les vannes. Avec un loustic comme l'homme, c'était couru qu'il bousillerait tout. Les cadors du catholicisme, ceux qui donnent des directives, ils ont conspué le monde pour qu'on ne s'y attache pas trop. Fallait bien, parce qu'avec le désir de Dieu, si on dit pas que Dieu et Son paradis ne sont pas d'ici et qu'il faut apprendre à couper les amarres, on investit de l'absolu dans le relatif, on déifie illico le monde et on l'adore, mais comme ce monde se connaît en l'homme qui fait partie du monde, on déifie l'homme avec lui, et ça finit par donner le ver de terre glaireux d'aujourd'hui, la petite crotte fielleuse qui voudrait se faire adorer. M'est avis quand même que si le monde se suffit pas à lui-même, c'est qu'il a été créé, et qu'il ressemble à Celui qui l'a fait, et qu'il faut l'aimer tel qu'il est avec ses souffrances et ses luttes et ses tragédies ; la vie naturelle, c'est pas les Droits de l'Homme, heureusement… C'est l'amour et la guerre à l'état pur, ils vivent l'un de l'autre sans complexes. S'il ressemble à son Auteur et qu'il a la chance de ne pas être libre ni d'être conscient de lui-même, bienheureusement incapable de se saloper tout seul, le monde naturel peut parler silencieusement de son Auteur, et il faut l'aimer pour s'aider à penser à Lui. Les cadors, ils ont dit les deux : faut aimer le monde puisqu'il vient de Dieu et qu'il parle de Dieu, faut pas aimer le monde pour apprendre à le quitter. Bien, mais alors comment faire ? Pas possible de déifier le monde indéfiniment sans finir par déifier l'homme. Les Anciens, ils y sont parvenus longtemps, à faire l'un sans l'autre, mais ça commençait à tanguer dur quand la Sibylle de Cumes a annoncé la venue du Sauveur ; on y croyait plus aux dieux de la cité, des forêts et des vents. C'est retors, le désir de Dieu ; il nous pousse à aimer le monde qui parle de Dieu, mais si on se met à aimer le monde avec le désir de Dieu, on en vient à faire du monde un dieu, pour l'approprier au désir infini : c'est la cristallisation stendhalienne en sa version théologique. Alors les mêmes cadors se sont mis ensuite, après avoir — au nom de Dieu — interdit d'aimer le monde, à essayer de nous le faire aimer quand même, mais sans excès comme ils disaient, avec un désir qui serait pas le désir de Dieu : on aime un peu le monde avec un désir d'ici-bas, et en même temps, par un autre bout de soi-même, on essaie d'aimer Dieu pour préparer la vie future. Et le bonhomme soumis à un tel régime en vient à se déchirer en deux morceaux qu'il est incapable de faire tenir ensemble. Le zig vole en éclats, il essaie ensuite de recoller les morceaux et il y arrive pas. Alors il envoie tout balader, l'Église et les curés, et le bonhomme il retombe dans sa fange de la vie ordinaire faite de tout petits plaisirs minables pour tuer le temps, essayer de rogner un désir infini dans la réitération. Ou bien il se déifie, le lascar, et il devient cette ordure consommée qu'on connaît aujourd'hui ; c'est les athées et les gnostiques, les francs-macs initiés ou pas. Ou encore il s'enferme dans son chez-soi en attendant la mort libératrice, avec son chapelet et son eau bénite, ses curés caporalistes et son goût pour l'échec, et il passe à côté de tout ce qu'il y avait à faire et à voir ici-bas, et tout le monde se fout de sa gueule et lui tape dessus et le marginalise et l'humilie sans cesse ; ça s'appelle les surnaturalistes, les couilles molles, les névrosés du confessionnal, les têtes à claques qu'en redemandent au nom de l'Évangile qu'ils ont lu de travers, les perdants sempiternels, les sous-hommes qui s'enorgueillissent d'être des ratés et des tarés.

Trêve de trivialité. J'ai trouvé un bouquin d'occasion dans les rayons du foutoir de Tartempion, qui vient probablement de la procure de Saint-Nicolas : *Le Saint Abandon* d'un certain Dom Lehodey. Ouvrage édifiant. Pour faire son salut — c'est ce qu'on explique —, il faut se livrer au saint abandon, « sorte d'uniformité de notre volonté avec celle de Dieu », qui suppose un détachement parfait à l'égard de tous les biens du monde. Jusqu'ici, rien à dire ; c'est héroïque et terrifiant, mais réconfortant d'une certaine façon, et au fond complètement cohérent. Il faut savoir tout abandonner quand Dieu le demande puisque rien n'est aimable qui ne soit en vue de Lui. Mais faut-il pour autant devenir indifférent ? Mépriser tous les biens du monde ? Ou plutôt, que faut-il entendre par « indifférence » et « mépris » ? L'édifiant prédicateur va jusqu'à dire qu'il faut toujours embrasser la patience « en faisant taire la nature »... La nature blessée ? Oui évidemment. Mais la nature dans ce qui lui reste de sain ? Vider la nature de ses pourritures pour que Dieu l'investisse ? Oui. Mais vider la nature comme nature ? Si on prend ces formules au sens strict, on en vient à penser qu'il faudrait se faire néant pour se conformer à Dieu. Mais si Dieu investit du néant, il n'y a plus que Dieu, et si je suis encore là, c'est que je suis Dieu... Maintenant, si le péché est ce qui est contre nature, dans le moment où la nature d'une chose est sa limite, le surnaturel fera s'excéder la nature, mais alors comment va-t-il s'y prendre pour éviter d'être contre nature ? Il faudrait nous expliquer comment, théoriquement et pratiquement, il est possible de perfectionner le fini en le faisant habiter par l'infini ; de le transfigurer tout en le soignant, de le réparer dans ses limites tout en lui imposant d'aller au-delà de soi, de le faire coïncider avec soi en le faisant se transgresser. Il y a quand même chez ces gens-là quelque chose qui a du mal à passer ; rappeler la misère de l'homme, la nécessité d'en baver pour expier, tout ça me convainc et m'inspire de la reconnaissance ; la dignité de l'homme oublieux de la conscience du péché, je chie dedans avec une frénétique complaisance ; m'enfin faire s'opposer systématiquement la nature et la surnature, c'est là que ça coince ; si la nature tout entière est seulement blessure, si « l'homme entier n'est qu'une maladie » comme dit Maistre, s'il faut prendre la formule sans nuance, alors la tendance pieuse à nous rappeler qu'on est des pas grand-chose finit par devenir une haine de soi ; mais même mouillé à l'eau bénite, l'homme de ressentiment ne reste qu'une crevure. « Je suis faible et moche comme un cul de singe malade, et malin comme un mortier de chaux, un vrai abandonné de la nature, mais c'est la condition pour être un saint. » Est-ce vraiment le prix à payer pour être chrétien ? Dieu qui peut tout a le pouvoir de s'investir dans l'homme et de l'élever, par Sa grâce, au-dessus de tous les autres hommes qui lui sont naturellement supérieurs, et là-dessus il y a rien à dire sur le principe, encore qu'il faudrait nous montrer comment c'est possible. Mais ce n'est pas signifier qu'il faudrait être naturellement inférieur pour se faire déiformer. Il y a une tendance bien difficile à blairer chez les professionnels de la piété, qui consiste à glorifier la faiblesse comme condition d'élévation surnaturelle. Et les bien-pensants finissent par voir une revanche de la faiblesse contre la force et la bonne santé dans leur conception de l'apprentissage de l'humilité. Maistre, c'est pas mon école, je préfère Giovanni Gentile. Je résiste pas quand même au plaisir de le citer pour l'occasion ; c'est tiré des *Considérations sur la France* :

« L'homme vil et corrompu, étranger à toutes les idées élevées, se venge de son abjection passée et présente en contemplant, avec cette volupté ineffable qui n'est connue que de la bassesse, le spectacle de la grandeur humiliée. » Ça vaut bien, appliqué au dernier des derniers, qui pète plus haut qu'il a le cul placé au nom de la surnature, le « venin du Magnificat » du maître de Martigues. Je sais bien que le christianisme n'est pas réductible à ça ; rien que le fait que le catholicisme intègre soit universellement haï suffirait à me le rendre sympathique : si ça exaspère l'homme et lui fait plier sa petite nuque raide, c'est qu'il est du bon côté. Mais quand même, il y en a trop de ces ecclésiastiques qui ont tressé des verges pour se faire fustiger. Et ça en a dégoûté pas mal des candidats au baptême, et un plus grand nombre encore de baptisés révoltés contre ce qu'ils ne pouvaient pas ne pas vivre comme une invitation à l'anémie. On a beau nous dire à nous, gens de nature, que la surnature nous convient comme un baume et un beau gant fait pour une belle main, on a toujours l'impression, dans les faits, qu'ils se marient en se repoussant, et, quand on se met à les faire coucher ensemble de force, on ne sait pas comment s'y prendre pour ne pas produire un avorton mi-bête malade mi-dieu déchu.

Ou bien l'infini se substitue au fini et l'exténuant, il le détraque et le transforme en ectoplasme sans consistance pour être tellement élastique qu'il en vient à s'approprier à ce qui le transcende, mais c'est au prix de la fixité de ses contours constitutifs ; dans cette perspective, sournoisement, l'homme est réduit à sa conscience sans nature, il la fout à la porte en prétextant qu'il la soigne et se libère du péché, il la piétine et lui crache dessus et sur le monde, se livre à l'ascétisme bien décrit par le moustachu judéophile à petites oreilles qui se prenait pour l'Antéchrist : plutôt qu'à vivre autant que possible avec ce qu'on a, on refuse la vie au profit d'un néant supposé plus riche que le fini, dans une fascination nihiliste braillée sur des accents sulpiciens ; heureux les cons, les fous et les tarés, les petits, les faibles, les étriqués ; c'est la révolte des esclaves…

Ou bien le fini s'infinitise, joue à l'ange et à Dieu, pour aller dire qu'en recevant l'infini il est dans son jus naturel sans frustration et sans déchirement, et ça revient à dire que la Terre est si naturellement appropriée au Ciel qu'elle est déjà céleste ; de manière aussi subreptice, en surnaturalisant la nature et en naturalisant la surnature, en réduisant la nature à un machin impensable et invivable, on identifie l'homme à sa conscience sans figure ni nature, version moderniste. Et puis si l'homme est si naturellement fait pour l'infini qu'il se contente de s'humaniser en s'infinitisant, c'est qu'il était déjà infini sans le savoir, et qu'il est déjà Dieu ; pas besoin de se fatiguer ni de renoncer à ses misères, elles sont déjà absoutes, elles ont même pas besoin d'être rachetées ; y qu'à s'écouter sans rien changer, en déclarant que Dieu se fait en nous…

J'ai quand même l'idée, dans ma caboche obstinée, d'une équation à pas mal de variables qui me déchire les méninges, et que je propose à l'attention des cadors de bonne volonté, ceux qui ne font pas semblant de ne pas voir les problèmes pour se dispenser de les résoudre en avançant du « circulez y a rien à voir, faites pas du mauvais esprit, esprit tordu et présomptueux ». Voici ses éléments constitutifs (liste non exhaustive probablement) :

Le désir humain aime les biens en général, mais désirer est aussi un bien ; plus il aime quelque chose, plus il aime aimer, et son amour se démesure, en quête de nouveaux biens plus aimables ; puis il se penche à nouveau vers quelque chose ; mais cela l'invite à revenir sur soi pour s'enfler, et le processus recommence sans fin ; on ne peut pas faire comme si l'homme n'était pas hanté par un désir infini d'infini.

Aimer l'homme quand il tend vers Dieu ; c'est pas fréquent que l'homme tende vers Dieu mais ça arrive, ça serait dommage de jeter le bébé avec l'eau du bain sale. Les saints existent, c'est dur à croire mais c'est vrai ; faut se méfier aussi de la haine de l'homme, quand on se fait une gloire de se condamner soi-même pour se dispenser de se relever dans la souffrance ; dans ces cas-là, on se damne comme les autres se déifient, et c'est le même ressort qui fonctionne. On prétend disposer de soi et avoir de comptes à rendre à personne, comme un caïd qui se la joue.

Haïr l'homme quand il se prend pour Dieu ; là, c'est presque de l'ordinaire : même ceux qui veulent tendre vers Dieu ont bien du mal à pas glisser dans l'amour d'eux-mêmes. Haïr surtout l'homme quand il croit qu'il aime Dieu alors qu'il se subordonne Dieu : c'est la manœuvre des modernistes ; le Christ serait pas venu pour payer à notre place et nous faire l'honneur de porter notre croix avec Lui, Il serait venu pour rendre témoignage à l'homme de la gloire de l'homme ; en s'unissant à l'homme Dieu se serait uni à tout homme pour faire éclore l'homme de l'homme, pour montrer à l'homme combien c'est batif d'être homme, combien à la limite Dieu en bave des ronds de chapeau devant l'homme et son éminente dignité ; et plus l'homme serait homme plus il serait déiformé. Là c'est l'ordure absolue, c'est les modernistes, c'est les Juifs et les francs-macs à la puissance dix.

Aimer le monde quand il rapproche l'homme de Dieu ; c'est souvent le cas mais c'est casse-gueule : l'homme est tellement pourri qu'il finit par faire du monde un dieu, et ce monde absolutisé est à haïr comme l'homme lui-même. C'est pourquoi il faut aimer le monde considéré dans son pouvoir d'arracher l'homme à lui-même, à sa moiteur, à son intériorité poisseuse ; il faut aimer le monde dans son ordre impavide qui inspire respect et terreur, et qui rappelle à l'homme qu'il est vraiment une puce ne méritant pas de la ramener trop fort, et qui le force à combattre en permanence.

Et il faut haïr le monde quand, à cause de l'homme, le monde devient un piège qui, par ses plaisirs et ses ivresses, rive l'homme à sa petitesse prétentieuse. Faut surtout haïr la haine systématique du monde, pour éviter de faire de l'homme un schizophrène doloriste. S'il faut s'arracher aux biens finis pour tendre vers le Bien absolu, encore faut-il que les biens finis soient aimables, et aimés.

Si les cadors de l'Église nous avaient expliqué tout ça, s'ils nous avaient donné la clé pour maintenir tout ça ensemble sans se court-circuiter, au lieu — comme trop souvent — de nous couper les couilles, les méninges et les poings soi-disant pour nous empêcher d'en faire mauvais usage, l'infection moderniste dans l'Église n'aurait peut-être pas eu lieu. Il y a un ordre naturel agité par un appétit naturel d'infini ; et puis y a un ordre surnaturel qui vient gratuitement à sa rencontre ; et il est question de les harmoniser sans que l'un se mette à bouffer dans la gamelle de l'autre et à bouffer l'autre. L'infini doit savoir se finitiser sans cesser d'être infini, pour s'approprier au fini sans le faire éclater et sans rien perdre de sa puissance ; le fini doit avoir la capacité naturelle d'être surnaturellement infinitisé sans cesser d'être fini, pour s'approprier à l'infini sans le réduire à sa petite mesure et sans jouer au petit dieu à qui tout serait dû, même Dieu.

Je me demande si on n'est pas toujours en attente de la solution de cette foutue équation. Enfin, moi, ce que j'en dis…

Je vais essayer de me raconter ma vie pour mesurer l'ampleur du désastre, et puis, si j'en ai le courage, je vais essayer de dire pourquoi j'aime pas l'homme, en moi-même et en autrui, et en quoi ça me sauve, ou peut me sauver. Tu comprendras bien que je n'ai pas l'intention de m'emmerder à écrire un bouquin pour des prunes. Ma vie se résume à peu de chose. Elle tient en une page ou deux. Elle est aussi stupide que la tienne. Tu vas pouvoir, en transposant un peu, te contempler en moi.

J'ai bien des souvenirs d'enfance, mais tu t'en fous et moi aussi. Quand même, s'il est vrai que les idées d'un homme ne dépendent pas d'eux, la manière dont elles naissent en lui et les chances d'y proliférer dépendent d'eux. Il faut donc bien en passer par là. J'ai porté des culottes courtes, j'ai joué aux billes, j'ai montré ma queue de têtard à mes petits copains, j'ai passé mon certificat d'études, j'ai fait du latin à partir de la classe de sixième. On m'a fait baptiser parce que ça se faisait, j'ai fait ma communion solennelle dans le même esprit. J'ai eu des parents spirituellement inexistants, tout petits, mesquins, des employés dans un service de comptabilité, des déracinés fils de déjà déracinés, n'ayant conservé de la paysannerie que son côté faux-cul, vénal, complexé et peu généreux. Les bons paysans de nos terroirs sont des pollueurs professionnels, ils n'en ont rien à foutre des équilibres naturels, ils ne pensent qu'à l'oseille et aux sub-ventions. J'ai été fils unique parce que ça leur coûtait moins cher. J'ai eu une enfance atrocement creuse, j'ai vite appris à être déçu. « C'est trop cher, t'en as pas besoin » ; « tu peux mar-cher tout seul, t'as pas besoin qu'on te porte, à ton âge je cavalais sans emmerder ma mère » ; « ce gosse est impossible, avec tout ce qu'on fait pour lui » ; « de notre temps c'était pas aussi facile, on avait pas le temps d'avoir des exigences et des états d'âme » ; « j'espère que tu vas être sage parce qu'on va aller chez des gens bien, qu'il faut pas que tu te comportes comme un malpropre chez eux parce que ton père il peut avoir besoin d'eux, tu vas pas nous faire honte ! » « Ce petit salaud ne fait que des conne-ries ! Il est vicieux et sournois. Qu'est-ce qu'on a fait au Bon Dieu pour avoir à élever un gamin pareil ? »

La nausée me vient encore — je devrais pourtant être blindé — quand je repense aux grosses dames à la peau rose qui disaient des petits, à tout bout de champ, qu'ils « font leur inté-ressant », ou encore qu'« ils sont fourrés partout ». « Oh, mais faut pas se laisser faire, madame, à c't'âge-là faut les dresser ! Ça veut tout de suite jouer au petit soldat, faut les remettre à leur place, ces oiseaux-là... Ils se croient tout permis, ils z'ont pas connu la guerre, ils savent pas leur bonheur ! Quand les Allemands étaient là, on était tyrannisés, heureusement que les Américains et les Russes leur ont mis une déculottée, avec nos Résistants ; les collabos, on les a pendus, les filles qu'avaient couché avec eux on les a tondues, c'était bien fait pour elles, non mais dire qu'elles étaient jolies en plus, elles nous regar-daient de haut, comme si les Chleuhs c'étaient des surhommes. Sales Boches, non mais c'est qu'ils auraient supprimé la démo-cratie, enterré la Révolution française qui nous a donné la liberté ! » « Ah !, quel petit con... Non mais tais-toi un peu, tu vois pas que tu parles pour ne rien dire ? T'es qu'un petit con qui ne sait rien foutre, on se tait devant les grandes personnes, elles savent, elles, comment qu'on s'y prend pour vivre et penser correctement. Non mais tu te rends compte, Lolotte, il demande pourquoi les Allemands on les aime pas et si c'est vraiment vrai que c'était les méchants, et qu'ils avaient des beaux costumes et qu'ils ont été les plus forts et qu'ils étaient disciplinés, et qu'ils passaient pas leur temps à se dénigrer comme chez nous, et qu'ils étaient pour la race blanche et pour l'ordre et pour que l'Europe soit pas prise entre le marteau des Asiatiques communistes et les pinces de la Banque juive... Où qu'il a été chercher ça ? T'es qu'un petit collabo, fils dénaturé... Môssieur aime la musique classique, comme les Chleuhs, il aime pas Édith Piaf qu'il trouve vulgaire, le prétentieux... Ferme donc le poste, ou mets de l'accordéon... T'as vu, Lolotte, comment qu'on lui a coupé le sifflet au pianistique ! »

Prendre des raclées quand on le méritait, je peux pas dire que je m'en réjouissais, mais ça me scandalisait pas, je sentais qu'il le fallait. Avoir des parents simples qu'avaient pas inventé le fil, et pauvres et communs, il y a rien à redire non plus ; après tout ils m'ont conçu et élevé. Quand on arrive sur Terre, on est un obligé, on a rien à revendiquer, on fait que recevoir. Le peu qu'on reçoit mérite déjà gratitude. Ce qui me consternait, me rendant déçu d'exister presque avant d'avoir commencé à le faire, c'était que tous mes élans contre la trivialité de l'obsession des moyens de vivre étaient immédiatement refoulés, c'était pas sérieux, seuls les moyens seraient sérieux ; les fins, on a pas le temps, c'est du vent, l'héroïsme est de la foutaise. La bagnole, la machine à laver, la bouffe, le tiercé, bientôt la télé où qu'on apprend tellement de choses sans avoir à se tirer les pattes de dessous le ventre, ça c'est la manière sérieuse et recommandable de vivre. Et moi, du fond de ma tendance congénitale mais angoissée à descendre plutôt qu'à monter, je sentais que quelque chose ne collait pas. C'est ce qui me faisait prendre la tangente quand il était question des souvenirs de la Résistance, du rationnement, de la « Libération ». Si ces gros sacs à soupe au lard, ivrognes, sans une once d'héroïsme, mesquins, médisants, fessemathieux et envieux, s'accordaient tous pour condamner sans appel ce que je saurais plus tard reconnaître tel l'ultime soubresaut de la race blanche et de la civilisation, c'est bien que leur hostilité consensuelle devait masquer un gros mensonge.

Les grandes personnes ne parlaient que d'argent, de confort, des vertus comparées des bagnoles et du prix de la vie, et des élections. Des héros de la Résistance, de l'ignominie des anciens collabos, du maire de Nozay qu'avait failli être fusillé par les

Boches, des bombardements, de la Reconstruction. Avec l'air futé de celui à qui on ne la fait pas, ils évoquaient en baissant la voix la fille de Pierre l'Andouille le garde-barrière, « celle qui fréquente » (prononcer : « freuquente »). Les femmes : « Ah quelle salope ! C't'une honte ! » Les hommes, avec un air égrillard : « Bah dame ! Elle a du tempérament ! Et puis d'abord quand une fumelle a été au mâle une fois, faut que tout le monde y dit qu'il est allé avec elle. P't'êt ben qu'elle en a point fait autant qu'on dit, elle fait ça pour nous choquer. » Les hommes étaient un peu moins méchants que les femmes, ce qui n'est pas nouveau. Ça n'a pas changé. On portait encore des grands sarraus noirs et des croquenots à l'école Saint-Joseph de Nozay. Les curés de l'époque aux gros doigts couverts de poils noirs et aux pieds odorants ne boudaient pas sur la chopine. Ce sont les seuls dont je garde un bon souvenir. On ne les aimait pas — je parle des aversions des adultes — parce qu'ils avaient été pétainistes. La mode n'était pas encore à dénoncer leurs turpitudes supposées, leur pédophilie qui serait systématique ; aucun bedeau ne se plaignait qu'on eût abusé de lui, il lui arrivait bien plutôt de soulager des paroissiennes en retard d'affection.

Il y avait bien quelques curés un peu chauds lapins qui se retrouvaient parfois dans le plumard de leurs paroissiennes, ou qui troussaient leur bonniche, mais on n'en faisait pas un fromage. Avec mon adolescence sont arrivés les nouveaux prêtres, la guitare dans les églises, les gros jeunes paysans rouges travestis en rockers, déjà cuits à vingt ans — c'est tout ce que leurs géniteurs ont su leur transmettre — au cidre et à la goutte. La télévision avait déjà fait ses ravages. Presque tous les dimanches, quand on n'allait pas s'emmerder chez un oncle ou une tante qui ne parlaient que de leurs maladies, on allait aux fêtes foraines manger des saucisses et des galettes de sarrasin, applaudir les cyclistes ; il fallait mettre les « vêtements du dimanche ». Aux beaux jours, c'était la ruée des Parisiens en vacances qui venaient se ressourcer dans leurs familles rurales. Ils s'extasiaient de voir des fermes dont le sol était de terre battue bien qu'elles fussent déjà meublées de formica et encombrées de la télévision — « un sale outil » disaient les péquenots qui la regardaient quand même et avaient déjà pris l'habitude, comme les gens de la ville, de prononcer d'un air docte et péremptoire des jugements imbéciles sur tout et n'importe quoi. L'esprit démocratique et le mythe du « progrès » n'ont épargné personne, surtout pas les paysans.

Je repense aux foires aux bestiaux, à Nozay, à Pouancé, à La Grigonnais, à mon désir irrésistible de départ et de voyages, à la tristesse infinie des pendules cirées, au silence — déchiré par le ronflement gras des paysans durs affalés dans le foin des granges — des après-midi dévolus à la sieste, aux tablées avinées, à l'accordéon, aux mariées laides, aux sorties de repas pendant lesquelles les hôtes tentaient mollement de s'isoler pour péter, aux aisselles de femmes couperosées répandant des relents puissants, aux insectes cruels, aux fêtes de la batterie, aux suicides des paysans qui mettaient de l'eau oxygénée dans leur lait, à l'indifférence hostile des blés mûrs et des pommiers aux fruits aigres ou terriblement acides — toute la nature me semblait se gausser de mon impatience et de mes désirs de nouveautés aventureuses —, à l'invasion des champs de maïs, aux premières moissonneuses-batteuses, aux emblavures moissonnées des automnes humides, aux guérets hivernaux, à la chasse aux vipères dont on vendait les têtes coupées à la mairie pour acheter des pétards à mèche et des romans-photos, aux fêtes de la Saint-Jean où l'on faisait chanter les joncs sur des chaudrons de cuivre. Je n'ai aucun regret, aucune nostalgie de cette époque, j'étais malheureux de naissance, je n'ai pas eu d'âge d'or. On dit que la patrie de quelqu'un serait l'endroit où il a passé ses vacances enfant ; ce ne fut pas vrai pour moi. Ça n'était ni meilleur ni pire qu'ailleurs. C'était humain, c'était médiocre. Le peuple, livré à lui-même, y a rien à en tirer, ou plutôt y a rien à en attendre, et ça a été toujours vrai. Évidemment, si l'on considère l'état du monde aujourd'hui, il est difficile de ne pas être nostalgique ; mais c'est là la maladie, l'illusion, le miroir aux alouettes du « cinquantisme » : il y avait du travail, l'immigration était presque inexistante, on pouvait se dire non démocrate et antisémite sans être immédiatement ligoté au banc d'infamie, pourtant tout était programmé pour parvenir à ce qu'on est aujourd'hui, au suicide de nos peuples.

Faudrait pas croire qu'il suffit d'être déshérité pour être meilleur. Ce sont, tout comme l'intériorisation des formes raffinées de la politesse par là devenue seconde nature, l'exercice du pouvoir, le privilège devenu habituel, l'aisance pécuniaire, qui ont plutôt tendance à rendre meilleur et à simplifier la vie, à conjurer la tendance misérable à prendre des attitudes, à rendre l'homme simple et dégagé du souci — épuisant pour lui-même et pour les autres — de se comparer.

Je me suis fait déniaiser par une Parisienne en villégiature, une certaine Yvette. Il m'en est resté un certain goût pour les fumelles odorantes, un peu grasses et vigoureuses, aux humeurs abondantes et franchement garces, bonnes filles généreuses soucieuses de ne pas décevoir, imbéciles et cochonnes. Mais bon, ça n'a pas été la révélation, j'ai tout de suite compris que le mystère de la vie était ailleurs. Ce qui est violent et envahissant n'est pas nécessairement profond. J'ai mis très peu de temps à saisir que la bagatelle est vraiment quelque chose de superficiel qui n'engage pas le fond de la personne ; pourtant, avec le temps, j'ai entrevu que ces émois biologico-sentimentaux, auxquels tout le monde a recours pour se donner un peu de consistance quand l'âme est devenue sèche et étriquée, devaient être pris au sérieux, non en eux-mêmes mais parce qu'ils sont comme le reflet dans la chair d'un acte spirituel, et qu'ils convoquent à ce titre non seulement la discipline de la volonté et de la raison qui restitue leur errance à leur fin, mais encore parce qu'ils font mémoire de la vie de l'esprit tout entière. On dira ce qu'on voudra. Impossible de dissocier sans se mentir le sexe de l'engendrement. L'amour, jusque dans ses soubresauts glandulaires, ça dit quelque chose de l'acte de connaître. À défaut du pouvoir de penser, les animaux et les plantes ont une activité génitale imitant humblement l'acte de cognition : faire un avec l'autre et projeter cette unité dans un troisième. L'homme est entre l'ange et l'animal, il n'est pas encore l'un et il n'est plus l'autre, il produit des concepts — des « engendrés » — et des rejetons de chair, et les rejetons de chair sont comme des concepts cristallisés dans la chair, et c'est ce qui m'impose, malgré toute ma répulsion, de voir dans l'homme, même en moi-même, autre chose qu'une anomalie répugnante, un raté de la nature.

L'homme est fait pour montrer que l'esprit est si puissant qu'il peut habiter la chair. Faut vraiment que l'esprit soit puissant, quand on y pense.

On parlait pas mal de la guerre d'Algérie et de la décolonisation à l'époque, mais sans passion. On n'est pas passionné dans ce pays. Les Nantais, déjà gangrenés par la propagande gaulliste et par l'atmosphère moderniste qui sévissait même avant Vatican II, s'en foutaient comme ils se foutaient de l'immigration naissante, qu'ils ne subissaient pas. Au reste, ils se foutent toujours de tout aujourd'hui, sauf du souci provincial d'être aussi dégénéré qu'à Paris.

Un vieux curé sanguin, le Père Gaston Ablain, avait réussi à me faire aimer un peu la littérature et surtout la poésie, et à m'intéresser aux apories qui aiguisaient l'intérêt des remarques d'apologétique dont il entrelardait ses cours de catéchisme. Mon tempérament de curieux non dégrossi, déçu dès la naissance, fut séduit par ces choses auxquelles je n'ai jamais cessé de penser, même dans mes moments les plus désespérés. Le Père Ablain a été, je m'en rends compte aujourd'hui, essentiel dans ma vie. C'est lui qui m'a fait comprendre que je pouvais me laisser aller dans la conviction que l'homme est mauvais, parfaitement immonde, sans la Religion — il n'y en a qu'une — qui le tire vers le haut malgré lui, contre sa pente naturelle, celle de sa nature gangrenée consécutive à la Chute originelle tellement évidente ; sans la religion il retombe sur lui-même comme un gâteau mal levé. L'Antiquité l'a mené aussi loin que la vigueur de sa nature congénitalement essoufflée et déviée le pouvait mener. C'est déjà pas si mal, mais il fallait un relais non humain, proprement surhumain pour qu'il se comportât en homme de manière un peu moins aléatoire. Et puis on a corrompu ce qui pouvait le mener au-delà de lui-même, c'est-à-dire ce qui le pouvait maintenir dans son humanité : en dieu mortel qu'il est, comme le dit Aristote, l'homme est une petite chose insupportable ouverte sur l'infini, condamnée à être héroïque, toujours portée au-delà d'elle-même, à peine d'être abjecte. Alors là, quand on s'est mis à saloper en l'humanisant — autrement dit en le déshumanisant pour l'avoir réduit à une dimension seulement humaine — le Message rédempteur de l'Homme-Dieu, c'était la fin, la précipitation dans l'abîme sans fond, l'ordure hypostasiée ; ça s'appelle l'humanisme ; dans sa version strictement religieuse, ça s'appelle le modernisme. C'est Adolf, avec ses petits vices et ses naïvetés, ses œillères et sa brutalité, à demi cultivé mais génial par certains côtés, qu'aurait pu l'enrayer. On racontera, après ça, ce qu'on voudra. Vatican II, qui couronne deux siècles au moins d'errements cérébraux en tous genres, n'aurait jamais été possible si Pie XII n'avait pas apporté sa caution, par suite de la défaite du Reich, à la fange de l'esprit démocrate-chrétien. Il y a une différence entre le Père Ablain et moi : il aimait les hommes, lui qui pourtant les connaissait mieux que moi ; lui qui, confesseur bonhomme et las, avait plus de raisons de les haïr que moi, et je suis bien sûr qu'il est au Ciel.

Vite excédé par les humeurs chagrines de ma famille, j'ai décidé de prendre le large et de tenter ma chance à Paris. Avant ce départ j'avais connu, peu de temps (j'ai été réformé daredare), la vie de chambrée du service militaire, les cartes à jouer grasses, les cuites, le bordel, les matamores de province, la quille et ses promesses de libération illusoire. Je n'ai même pas eu la satisfaction de suivre la formation du peloton, par suite d'une chute assez grave au cours d'un exercice de crapahut. Il m'en est resté une atrophie musculaire du côté gauche de mon maigre poitrail, qui m'empêcha toujours d'avoir physiquement confiance en moi. Parce que, question confiance en soi, faut pas raconter d'histoires : quand on est dans l'incapacité de claquer le bol, en dernier ressort, de celui qui nous offense, on n'a qu'à la fermer et à avaler des couleuvres en essayant — une vie n'y suffirait pas sans les vertus de l'oubli — de les digérer. Mais pour décider d'oublier ce qui crie vengeance et paraît nécessaire à la reconquête de l'estime de soi, faut être humble, et ça, c'est la vertu qui manque toujours. Les enseignements du Père Ablain m'ont été précieux sur ce point comme sur d'autres. J'ai de la reconnaissance pour mes vieux, malgré tout, rien que parce qu'ils me l'ont fait rencontrer, par un vague reste d'atavisme religieux. Je dirai même qu'il faut avoir la force d'être humble, et c'est encore au Père Gaston que je dois d'avoir compris que la force et l'humilité vont ensemble. Convenons-en : ça n'est guère évident.

J'étais déjà pas très malin à l'époque, avec la naïveté en supplément de vulnérabilité bête. C'est toujours les mêmes qui casquent en fin de compte, les perdants poisseux. Les perdants ne sont pas nécessairement plus médiocres que les autres, si l'on considère leurs talents intrinsèques et mérites objectifs. Les perdants, c'est des gars qui sont trop faibles, dans l'ordre du vice et du mensonge à soi, pour étouffer leurs scrupules quand il s'agit de vouloir les moyens congrus aux fins que l'on s'est fixées — savoir mentir, trahir, être ingrat, être oublieux, savoir se supporter et se regarder dans la glace après qu'on a commis une bassesse — tout en étant trop faibles dans l'ordre de la vertu pour savoir renoncer à des fins dégradantes ou même seulement entachées d'impureté — réussir socialement à tout prix, satisfaire toutes ses pulsions de méchanceté, de vanité ou de plaisirs honteux, et même ne pouvoir s'empêcher de se glorifier soi-même dans sa quête du Bien. Les perdants semblent congénitalement affligés d'acédie. Ces lascars, dont je suis, ce sont des tièdes, tout simplement. La Providence leur en fout plein la gueule, et, comble de malchance pour eux, Elle est parfaitement juste en opérant ainsi : quand on choisit le bien, il faut aller jusqu'au bout, autrement c'est plus douloureux que si on avait choisi le mal. C'est peut-être qu'ils sont un peu bons non par amour du bien, ou pas assez, mais plutôt par amour dévoyé d'eux-mêmes. En plus ces gens-là sont souvent intelligents, au moins juste assez pour que leur lucidité leur interdise de s'épargner. Il reste qu'ils sont paralysés, par leur faute, tant dans la marche vers le bien que dans la descente vers l'abjection, et que les autres en profitent. C'est toujours les mêmes, de fait, et cette fois pas tout à fait justement, qui sont invités à « comprendre », à prendre sur eux-mêmes et à faire repentance, à faire le premier pas, à pardonner les offenses des autres tout en étant sommés de relativiser les injustices que les mêmes autres leur ont infligées. C'est que, dans la compétition sociale, et plus généralement dans les relations humaines, il y a des coups tordus auxquels les gens candides répugnent, et d'autres qui les font sans vergogne ; mais il y a aussi ceux qui répugnent aux bassesses non par pure candeur ou par amour de la vertu, mais par une espèce d'amour-propre qui n'est pas bonne, même si elle prévient les bassesses, et c'est ceux-là qui se révèlent tellement vulnérables : ils ont toute la fragilité des gens honnêtes, et ils manquent de la pesanteur de la légitimité. Ils pensent, en idéalistes indécrottables, que dans les conflits il y a des règles du jeu à respecter, et ils s'étonnent douloureusement que les aigrefins ne les respectent pas ; mais parce qu'ils en appellent à ces règles dans des domaines où les règles deviennent floues, à cause de la contingence des affaires humaines, ils se font régulièrement blouser. Et à force de se faire blouser ils deviennent un jour enragés et ils cassent tout, avec une violence démesurée parce que trop longtemps comprimée, ce qui en retour finit par permettre à ceux qui les avaient blousés de se poser en victimes et de faire les étonnés indignés… J'en ai avalé, des couleuvres et des humiliations. J'en ai ravalé des espoirs déçus. J'avais senti quelque chose comme cette candeur d'homme honnête qui en a assez d'être filouté par tout le monde des « malins », dans le peu que la désinformation familiale et scolaire m'avait fait entrevoir des Chleuhs et de leurs alliés couverts d'ordures. Après j'ai lu, j'ai compris, mais fallait être bien disposé pour savoir quoi lire, et curieux aussi parce que sur le sujet, la bonne information ça court pas les rues. Sur ce point aussi, dans mon malheur, j'ai eu de la chance. Baignant dans la mesquinerie, au milieu d'abrutis individualistes satisfaits qui passaient leur temps à se grandir en célébrant la Résistance, je ne pouvais pas ne pas avoir un préjugé favorable à l'égard de ceux qu'ils couvraient de milliards d'injures et traitaient comme le mal absolu.

Le problème est que, au lieu de réviser le jugement de mes aînés, l'esprit du temps l'a cautionné en le radicalisant. Il en est résulté que j'ai été ghettoïsé, comme un pestiféré. Les Juifs du XXIe siècle, c'est les mecs comme moi.

C'est vraiment le monde à l'envers. Je suis un étranger dans mon pays, dans mon monde, dans ma famille, et presque dans mon Église, à tout le moins dans mes paroisses.

Pour le moins, c'est pas bon pour le moral.

En 1834, dans son *Économie politique chrétienne*, Alban de Villeneuve-Bargemont avait déjà compris bien des choses qui devront être redites par Marx pour être prises au sérieux. Visez un peu :

Le capitalisme, formalisé et vanté par Adam Smith, « repose sur la concentration des capitaux, du commerce, des terres, de l'industrie ; sur la production indéfinie ; sur la concurrence universelle ; sur le remplacement du travail humain par les machines ; sur la réduction des salaires ; sur l'excitation perpétuelle des besoins physiques ; sur la dégradation morale de l'homme ». Les louis-philippards, anglophiles et voltairiens, l'ont adopté avec délices. « Si l'on recherche les causes de cette misère ainsi généralisée et perpétuée, on est forcé de reconnaître que la première et la plus active de toutes se trouve dans le principe d'une production presque sans bornes, et d'une concurrence également illimitée, qui impose aux entrepreneurs d'industrie l'obligation toujours croissante d'abaisser le prix de la main-d'œuvre, et aux ouvriers la nécessité de se livrer, eux, leurs femmes et leurs enfants, à un travail dont l'excès ne suffit pas toujours à la plus chétive subsistance. »

Pourquoi, me direz-vous, évoquer cette affaire ici ? Pour montrer que les conservateurs, les bien-pensants, ceux qui désordonnent la société tout en préservant l'intégrité morale de leurs propres familles, ceux qui favorisent la révolution tout en remplissant les coffres de l'évêché qui en retour les donne en exemple et prône la résignation, sont responsables de l'avilissement du peuple. Il est dans la logique du capitalisme d'exploiter le peuple aussi longtemps qu'il est nécessaire pour parvenir à concentrer assez de capitaux habilités à construire des unités industrielles de production de masse ; mais il est aussi dans la logique du capitalisme de déchaîner les appétits de la masse pour écouler les produits et maximiser les profits, ainsi d'avilir les masses. C'est bien joli de prôner la récitation du chapelet en famille, les familles nombreuses, la vertu chrétienne, l'épouse soumise et dévouée, le mari sobre et fidèle. Si le populo ne travaille que pour survivre, il perd toute aspiration spirituelle, on lui fait se développer en lui le goût du consumérisme, l'économie s'internationalise et le monde entier devient une immense boîte à produire et à jouir. On aura beau lui dire, au peuple, qu'il faut être résigné et qu'il faut se restreindre, qu'il faut penser à son âme et non d'abord à sa panse, quand les appétits sont éveillés et même convoqués pour faire tourner la machine économique, il y a plus rien pour les arrêter. Pourrez toujours essayer de moraliser la vie privée par des prêches édifiants ; si vous ne possédez pas le pouvoir politique et intellectuel, et la force militaire, vos leçons de morale seront aussi efficaces que de pisser dans un violon pour faire de la musique. Et la chose vaut non seulement à l'échelle d'un pays, mais à l'échelle du monde. De même qu'une famille vertueuse dans une société civile consumériste s'effilochera en trois générations au mieux, et rejoindra le fleuve des esclaves engraissés, de même un pays parmi d'autres qui sont déjà capitalistes sera tôt ou tard balayé, contraint de faire des concessions et bientôt « normalisé » ; voyez le règne de Franco... Tout y passera : le divorce, la pilule, l'avortement, les drogues « douces » en vente libre, le droit des femmes à travailler au lieu de faire des enfants, les paires d'invertis, l'habitude de recevoir sous le toit paternel le copain de la grande fille dans le plumard de cette dernière, l'inflation monstrueuse du virtuel, la puissance des Loges et la toute-puissance des banques, leur mainmise sur la presse, etc. Conclusion : pour refonder une société d'ordre, il faut accéder à un pouvoir mondial, dominer économiquement, militairement et politiquement au niveau planétaire. Il est impossible de se refermer sur soi en gardant son peuple sous une couveuse, bien protégé des miasmes de l'extérieur. Il aurait donc fallu se donner les moyens de conférer à la civilisation occidentale, qui est européenne, le statut de puissance souveraine et de centre du monde. Et c'est bien la croisade des fascismes, appuyée sur la moelle épinière du national-socialisme, qui seule aurait pu, avec beaucoup de chances et de bonne volonté, y parvenir en renversant la tendance mondialiste en ses versions libérale et collectiviste. Aujourd'hui, depuis Stalingrad et Nuremberg, tout est foutu. Alors vous comprenez, j'éprouve une espèce de fureur impuissante à l'égard des catholiques français qui font la fine bouche, ces délicats intransigeants qui parlent de « France fille aînée de l'Église » et condamnent le « paganisme nazi », qui veulent pas comprendre que le « paganisme nazi » c'était une réaction passionnelle de survie de la race blanche et de la civilisation qui va avec ; qui veulent pas entraver que les cadors de l'Église avaient dégoûté les acteurs de cette réaction de survie en pactisant avec l'esprit démocratique, l'Angleterre et le capitalisme. Faut être clair : c'était ou Hitler, ou Roosevelt et ses Juifs et les bolcheviques. L'enfer a toujours été pavé des meilleures intentions. L'Histoire a tranché. Quand j'observais mes aînés déjà bien normalisés, je pressentais tout ça, habité par une angoisse latente dont la suite de ma vie n'a fait que confirmer le bien-fondé désespérant. Quand je vois aujourd'hui la somme prodigieuse d'iniquités commises contre l'ordre naturel, la manière savante — au nom d'arguments scientifiques — dont on s'emploie à corrompre la jeunesse, mais plus généralement les mœurs et la faculté de jugement de tout le monde, je tremble littéralement à l'idée des souffrances qui nous attendent quand il sera temps de payer l'addition. Cette angoisse juvénile ne m'a jamais quitté ; je crois même que j'ai versé dans l'ivrognerie un peu comme un malade qui se sait condamné se précipite, de son lit d'hôpital, dans les escaliers pour se tuer, afin de faire cesser l'angoisse liée à l'attente de l'agonie.

Je peux dire que je n'ai jamais été heureux.

CHAPITRE VI
DE L'AMOUR ET DE L'AMITIÉ

Rachida-Blandine est revenue nous voir, plus détendue que la fois précédente, mais encore en quête de réponses à ses questions dérangeantes. Ébranlée par les développements oraux de Tartempion, elle a compris que son professeur volage, sous couvert de l'ouvrir à la vie libre des femmes de son temps, se moquait d'elle pour abuser d'elle et pour se donner de l'importance en attendant d'elle, avec sa vertu, son admiration béate et sa servitude. Quand une femme menée en bateau se met à être lucide, elle met toute son énergie à faire payer sa naïveté, et elle ignore la mesure, l'indulgence et le pardon. Elle est à proprement parler implacable. Et il faut la comprendre. On ne peut demander aux femmes de rester à leur place de femmes si les hommes sont incapables de mériter leur position. Toute chose, toute pensive, laissant se déployer en elle une indignation suscitée par une lucidité dont les effets n'étaient pas encore advenus à sa conscience, elle est allée voir son sigisbée diplômé en prenant l'air d'une femme penaude. Alors que, avec cette suffisance des mâles qui les rend si bêtes, le juriste infatué se déshabillait, paralysé par son pantalon dont il était en train de se défaire pour éprouver sa virilité, elle s'est emparée d'un lourd buste de Voltaire qui traînait sur le bureau du type, et elle le lui a envoyé dans la gueule avec toute la force dont elle était capable. Partagé entre l'étonnement et la terreur, il a tenté de se protéger, mais elle est parvenue à lui casser trois doigts. Elle lui a fait une bite au cirage, lui a pissé dessus et, alors qu'il chialait comme une petite fille, elle l'a filmé avec son portable, sous toutes les coutures. On le voyait se débattre misérablement, myope du fait de ses lunettes brisées, en tentant de dérober aux regards ses fesses molles et maculées parce qu'il s'était chié dessus. Elle a exigé de lui qu'il lui demande pardon, et qu'il aille retrouver sa femme la queue entre les jambes, en le convainquant par la manière forte que les hommes ont besoin des femmes pour acquérir leur dignité d'homme, pour autant que les femmes restent femmes sans singer leurs naturels maîtres indignes. La scène est restée sur les réseaux sociaux pendant un certain temps. Monsieur n'a pas porté plainte par crainte de représailles supplémentaires. Elle avait gardé des biscuits en réserve. C'est donc un peu soulagée qu'elle s'est présentée à nous, mais amère.

Rachida-Blandine :

Je vois avec vous ce que je ne veux pas voir, et je veux ne pas comprendre ce qui pourtant me tracasse et m'obsède. Le pire, quand on cherche la vérité, c'est qu'on la trouve. Je suis malheureuse, mon cœur est en écharpe, je n'ai rien à vous répondre ; vous êtes content ?

Tartempion :

Non, gentil justicier. Ou plutôt si, je suis content de vous savoir libre et lucide. Mais je ne prétendais pas, la dernière fois, vous réduire à quia ; je voulais seulement vous éclairer sur vous-même, et vous dire ma reconnaissance d'avoir pu grâce à vous satisfaire la tripe paternelle de l'homme sans descendance que je me résous à être. Je n'ai rien à vous prouver et vous le savez, je n'ai nul besoin de votre reconnaissance, et je n'ai pas envie de vous impressionner pour me faire mousser ou pour vous séduire. Le sens du ridicule, et un peu de ce détachement que convoque la sagesse et dont l'âge dote même l'homme le moins sage, m'en dispensent. En d'autres termes, votre agressivité à mon endroit, chargée de toute l'ambiguïté dont je vous ai parlé, tourne à vide quand elle est exercée sur moi. Et n'allez pas croire, le jour où vous vous engagerez avec quelqu'un qui en vaudra la peine, que c'est par les armes des hommes qu'il vous sera efficacement loisible, à vous femmes, de vous opposer aux excès de l'autorité protectrice et parfois envahissante, voire tyrannique et inique, des hommes. En usant de tels recours, vous courez à l'échec. S'il est lâche, comme il arrive souvent, l'homme auquel vous vous opposez vous fuira, et il vous abattra en vous frappant dans le dos, au propre ou au figuré. S'il n'est pas lâche — ce qui ne signifie pas qu'il serait courageux car, s'il l'était, il ne se serait pas rendu coupable des travers que vous lui reprochez —, il vous affrontera comme il affronte les hommes, avec des armes masculines, et il vous écrasera. C'est en lui faisant honte, c'est en éveillant ses regrets et son désir de contrition, par votre exemple, votre droiture, votre abnégation, votre fierté inébranlable, votre fidélité à vous-même et à lui malgré son indignité, que vous parviendrez à faire fléchir sa volonté, en la mobilisant par la raison et par le cœur. C'est en l'invitant à être pleinement homme, en plébiscitant ses prérogatives d'homme, qu'il vous respectera, qu'il vous bénira, vous manifestera son admiration et sa reconnaissance, son affection et les égards qui vous sont dus.

J'ai connu naguère une femme intelligente, chrétienne fervente et pleine de vie, chaste et coquette, ainsi non coincée, mère de famille scrupuleuse et aimante, et épouse tourmentée. Son mari, par un reliquat d'adolescence non pleinement digéré, n'avait jamais pu se dégager d'une lutte au bras de fer avec son propre père, auquel il voulait toujours prouver quelque chose alors qu'il avait plus de cinquante ans. Il s'était lancé dans le sauvetage d'une petite société commerciale malade, installée au Maroc où il avait traîné sa famille ; il n'y parvenait pas, il s'obstinait, il redoutait par-dessus tout le jugement de son géniteur, il travaillait trop, il négligeait sa famille, il était toujours absent, et de mauvaise humeur le reste du temps. Sa femme était courageuse mais malheureuse parce que délaissée. Elle avait tenté de l'inviter à jeter l'éponge, et à retourner en France. Il s'était mis dans une grande colère et elle ne savait plus que faire, désolée, frustrée, luttant courageusement contre la tentation d'aller trouver refuge dans les bras d'un autre qu'il lui eût été facile de trouver parce qu'elle était jolie, et elle le savait. Je crus bon de lui expliquer ceci : « Votre mari est en quête d'estime de soi ; il ne reviendra vers vous, apaisé, qu'après s'être réconcilié avec lui-même. Il est dans votre intérêt non de le décourager, de l'inviter à renoncer, comme si, en se libérant de sa tâche écrasante, il pouvait devenir plus disponible pour vous ; il vous en voudrait d'avoir renoncé, il ferait porter par vous la responsabilité de sa défaite, il deviendrait non seulement aussi absent qu'aujour-d'hui mais en plus odieux pendant les rares périodes qu'il pas-serait avec vous. C'est au contraire en étant solidaire de lui dans son combat que vous lui serez le plus utile, que vous gagnerez son estime, son besoin de vous et sa reconnaissance. Invitez-le à ne pas lâcher prise, montrez-lui — même si vous n'y croyez guère — votre confiance en lui ; incitez-le à sauver son entre-prise, à gagner en estime de soi. Le beau-père, alors, ne fera plus écran entre vous et lui. » Je ne sais pas ce qu'elle a fait ensuite, mais je suis certain de lui avoir donné le conseil adéquat.

Blandine :

Je crois que vous avez raison. On attend de son mec qu'il soit fort, on veut pouvoir l'admirer. On doit l'aider à être un homme quand il flanche. La grandeur de la femme, c'est d'être capable de déployer une force d'homme pour aider son homme à retrouver la force de redevenir l'homme et le maître qui guide, protège et équilibre la femme.

Tartempion :

On ne saurait mieux dire. Vous m'étonnez. C'est en vertu de ce que vous rappelez si courageusement que les mérites des prouesses culturelles, militaires ou politiques dont les hommes s'enorgueillissent, sont à mettre au crédit des femmes autant que de celui des hommes. Tous les hommes un tant soit peu hon-nêtes savent bien que les femmes en général peuvent faire presque tout ce que font les hommes : conduire un camion, sou-lever des haltères, dresser un bilan comptable, élaborer une stra-tégie de vente, mourir au champ d'honneur, écrire des chefs-d'œuvre, diriger une entreprise. Mais elles le font, au mieux, aussi bien, elles ne le font jamais mieux. Même le « Castor » confessait que les femmes peuvent être intelligentes, mais que la pointe de génie qui rend l'intelligence novatrice est essentielle-ment masculine. En revanche, vous savez faire ce que les hommes ne feront jamais : porter et élever des enfants, faire advenir les hommes à l'existence et à la maturité. Je le répète : en vous épuisant à imiter les hommes, vous perdez sur eux vos vrais pouvoirs, et votre génie spécifique. De plus, vous les frustrez de ce que vous pouvez leur apporter d'irremplaçable, ils se dégradent et ils finissent par vous décevoir. Regardez votre séducteur minable, que vous avez traité avec le tact qui convenait. Et je ne parle pas de la déception que vous leur causez en vous dénaturant.

Blandine :

Bon ça va, j'ai compris, n'en remettez pas. J'ai dit que je n'avais rien à vous répondre, mais en fait j'ai une objection à vous faire. Tout votre argumentaire à propos de l'amour, de la liberté et du rapport entre les hommes et les femmes reposait sur l'idée selon laquelle l'amour a la forme d'une haine surmontée, tout comme la paix qui a la forme d'une victoire sur la possibilité de la guerre. C'est bien ça, non ?

Tartempion :

Oui, si l'on veut.

Blandine :

Je me suis renseignée sur votre histoire d'« être de raison raisonnée » et de dialectique. La dialectique, je croyais que c'était « thèse, antithèse, synthèse ». Vous avez parlé de reconstruction dialectique ayant le statut d'être de raison. Mais cela signifie que les procédures de la raison humaine n'engagent que la raison humaine, sa manière de fonctionner ; si la logique est une physiologie de l'intelligence, les raisonnements nous renseignent non sur la réalité mais sur notre manière de nous la représenter. Et la réalité s'en fiche de vos déductions, parce qu'elle se fout complètement de l'image que vous vous en faites, ou plutôt de l'image que votre petite raison prétentieuse peut s'en faire. Qu'est-ce que vous voulez que ça me fasse que la raison condamne logiquement la République et le féminisme ? Moi j'en ai envie de la République et du féminisme, et j'envoie chier la raison quand elle prétend me brider, me faire penser ce que j'ai pas envie d'approuver. J'aurais presque envie de vous dire : vous avez peut-être raison — du point de vue de la raison, et ce n'est pas le seul point de vue possible : le cœur a ses raisons que la raison ignore — mais je préfère penser ce que je pense.

Tartempion :

Video meliora proboque, deteriora sequor… D'abord, je suis certain que vous avez de moins en moins envie d'être républicaine et féministe. Ensuite, revenons sur votre objection. Que le chemin dialectique qu'emprunte la raison pour connaître la réalité soit élaboré dans la forme d'un être de raison ne l'empêche pas de l'être dans un être de raison *fondé dans le réel*. Ce qui revient à dire que le chemin rationnel de l'intellect en quête de connaître l'essence du réel peut être identique, mais dans un sens inversé, au chemin qu'emprunte cette essence pour être la réalité. Le langage, qui transcrit la raison, parle par exemple de la cécité qu'elle oppose à la vue ; il fait de la cécité une espèce de réalité opposée à cette autre réalité qu'est la vue, et il est bien clair ici que la cécité est quelque chose de réel — être aveugle n'est pas un mal illusoire ; pourtant la cécité est privation de la vue, une espèce de négation de la vue, tout comme les trous du fromage qui ne sont quelque chose qu'au titre d'absence d'autre chose ; le langage convertit en être ce qui est en soi un non-être ; mais il le sait, ou plutôt la raison qui s'actualise en ce langage sait bien que la cécité n'existe pas dans le réel comme une réalité à côté d'une autre, mais comme le négatif d'une réalité. Et du fait qu'elle sait comment elle fonctionne et qu'elle saisit son mode de fonctionnement en même temps que la connaissance de la réalité à quoi ce mode de fonctionnement donne accès, elle sait discriminer dans ses produits conceptuels ce qui relève du réel et ce qui relève de sa manière propre d'opérer. Quand donc la raison déclare que la distinction entre le genre (animal) et l'espèce (humanité) est une distinction de raison fondée, la raison signifie que dans cet homme concret il n'y a pas le genre animal qui composerait avec l'espèce humaine à la manière dont le fromage compose avec le dessert pour achever un repas. Le genre contient l'espèce en puissance, il la désigne en puissance, il est potentiellement la même chose qu'elle. Et la raison logique le sait, même si elle les distingue en usant de deux termes. Il n'empêche que, dans le réel, quelque chose de réel correspond au genre, qui est réellement distinct de ce quelque chose de réel qui est désigné par la différence spécifique ; au genre correspond la matière de cet homme, son corps ; à sa différence spécifique correspond la forme de cet homme, son âme. Et la matière et la forme sont des principes réels, indépendants du savoir qu'on en a. Dès lors, la raison humaine, qui élabore et convoque des êtres de raison pour fonctionner, ne tourne pas à vide puisqu'à travers ces êtres de raison elle vise et circonscrit des principes d'être qui sont réels. La raison humaine est finie parce qu'elle est dépendante de la donation du réel pour le connaître : en pensant le réel, elle ne le fait pas exister, et cela est vrai même pour cette réalité qu'est la raison, laquelle ne se fait pas exister en se pensant. Pourtant, la raison même humaine est d'une certaine façon infinie, précisément parce qu'elle se sait finie : elle s'objective sa limite, puisqu'elle sait qu'elle en a une. Mais elle ne peut se l'objectiver que parce qu'elle l'a dépassée. Vous n'ignorez pas la formule d'Audiard, dont notre bon Zinzin use et abuse : « les cons ça ose tout, c'est même à cela qu'on les reconnaît » ; le con ne sait pas qu'il est con ; s'il le savait, il prouverait *ipso facto* qu'il ne l'est pas. Si la raison sait qu'il y a un au-delà de son horizon, c'est qu'elle l'a vu, fût-ce confusément, et que son horizon peut être repoussé *ad libitum*. Si la raison sait qu'il y a de la réalité au-delà de l'idée qu'elle s'en fait, c'est qu'elle sait cet au-delà ; si elle le sait, elle en a une idée ; et cet au-delà supposé de l'idée n'en est pas un. La raison peut se prendre pour objet, elle est donc réflexive, mais ce qui est réflexif a la forme d'une négation de négation : faire un cercle, c'est s'éloigner du point de départ dans un mouvement qui fait retour vers lui en inversant son sens, ainsi en se retournant contre lui-même ; or la négation de quelque chose, c'est sa limite, ce au-delà de quoi il y a quelque chose qu'elle n'est pas et qui la nie. Donc la raison, sous ce rapport, a dans elle-même sa limite, ce qui revient à dire qu'elle n'est pas limitée ; si les limites du champ sont intérieures au champ, elles ne le limitent pas. Alors comment la raison peut-elle être à la fois finie et infinie ? En ce sens qu'elle n'est pas la raison suffisante de la réflexion qu'elle exerce. En d'autres termes, son être n'est pas son opération. Aussi les termes de ses démarches sont-ils réels, ou correspondent à quelque chose de réel, quand bien même elle n'a pas l'expérience intuitive de ce que lui dévoile sa dialectique. Le pire quand on cherche la vérité, c'est en effet qu'on la trouve et, ce qu'il y a de pire encore, c'est qu'on la trouve tôt ou tard même quand on ne la cherche pas. Que la réalité s'impose à la pensée contre son gré, cela prouve que la pensée est faite pour connaître non sa représentation du réel, mais le réel lui-même.

Ce que la raison dit sur la réalité de l'amour, de la paix, de l'amitié, cela porte sur la réalité de l'amour, de la paix et de l'amitié, même si votre « cœur » est incapable d'éprouver la vérité de ce que dit la raison.

Je disais en effet que l'amour a la forme d'une haine surmontée. Au lycée, dans les classes prépas et à Sciences Po, on n'a pas manqué de vous abreuver de kantisme, des poncifs de la vulgate kantienne : le beau serait « ce qui plaît universellement sans concept », « agis de telle sorte que la maxime de ton action puisse être érigée en loi universelle », et bla-bla et bla-bla. Il y a quand même un truc intéressant chez Kant, dans son *Idée d'une Histoire universelle au point de vue cosmopolitique*, c'est l'idée d'insociable sociabilité, ce qui ne rend pas pour autant la sociabilité moins naturelle ; je retiens quant à moi plutôt l'idée de sociabilité insociable, mais ne chipotons pas, l'idée pertinente est là. La sociabilité, c'est une insociabilité surmontée, tout comme la paix qui est une victoire sur la possibilité de la discorde et de la guerre. Je n'évoquerai pas, pour l'établir, l'enseignement de Carl Schmitt dont vos universitaires vous ont parlé pour vous en dire bien sûr du mal, et qu'ils se sont sentis tenus d'évoquer parce que Kojève s'y était intéressé. Je parlerai simplement du bien commun et de l'amitié en général.

Le bien commun, c'est le bien du tout pris comme tout, c'est par exemple la victoire de l'armée. Mais c'est aussi le meilleur bien du bien propre de chaque partie, ici de chaque soldat. Il est clair que l'armée n'existe pas pour satisfaire les besoins du soldat, c'est bien plutôt le soldat qui existe pour l'armée. Le boulanger fait du pain à la fois pour nourrir la population, à la fois pour en tirer bénéfice afin de gagner sa vie, mais il existe une hiérarchie entre ces deux finalités : on ne rend pas un service public pour gagner sa vie, comme si la clientèle du boulanger était le moyen de sa prospérité individuelle ; autant dire que les malades existent pour permettre au médecin de faire fortune ! Le soldat existe pour servir l'armée dont le bien propre est la victoire, et tel est le bien commun des membres de l'armée. C'est pourquoi, si le militaire fait la liste des choses qui constituent son bien propre — voyager, cultiver l'amitié, jouir de se dépasser dans l'effort, apprendre un métier, faire des économies, etc. —, il trouve aussi et d'abord la victoire de l'armée. Son bien propre a donc deux aspects : selon l'un, il enveloppe des biens qu'il rapporte à soi ; selon l'autre, qui est raison des premiers, et qui est le bien commun lui-même, le soldat se rapporte à lui ; il se rapporte tellement à lui qu'il peut et doit accepter de mourir pour lui. Le bien commun est immanent, comme sa partie la plus précieuse, à chacun des biens particuliers qu'il se subordonne ou finalise. Et le sacrifice du soldat est enveloppé par un tel bien. Qu'est-ce que cela signifie ? Que le bien particulier, dans ce qu'il a de privé, se sacrifie pour l'intérêt de ce qu'il enveloppe de bien public ou commun. Le bien particulier se consomme, s'achève dans le bien commun ; il s'y achève en tant qu'il s'y accomplit, mais aussi en tant qu'il s'y supprime. Il en résulte que le bien commun est sublimation du bien particulier ; il est en soi résultat victorieux du bien particulier en lequel, pourtant, il se préfigure ou s'anticipe de manière nécessaire. Il se fait naître de ce dont il exige le sacrifice et que pourtant il pose comme la condition obligée de son avènement. Et c'est bien la condition obligée de son avènement, car un tout n'est pas sans ses parties, ou encore un bien commun suppose d'être participé par plusieurs, sans quoi il ne serait pas commun. Pour qu'il y ait bien commun, il faut non pas que les particuliers périssent, mais que les particuliers acceptent la possibilité de périr pour lui. La fin prochaine de la guerre est la victoire, sa fin médiate est la paix. On voit donc que la paix a la forme d'une victoire sur la possibilité obligée de la guerre.

Considérez à présent l'amitié. Elle consiste à aimer l'autre en lui voulant du bien, tel un autre moi-même. Aristote parle de « philautie » pour définir le fondement de l'amitié. Il faut savoir s'aimer pour aimer l'autre. Pourquoi cela ? Parce que le principe qui m'invite à m'aimer est celui qui m'invite à aimer autrui, et telle est la nature humaine commune à lui et à moi. Lui et moi sommes en quelque sorte un en cette nature ou essence. Et m'aimer, cela signifie : m'accepter, ce qui, au passage, suppose un singulier effort de modestie. « Je m'aime », cela signifie : « j'accepte la manière dont la nature humaine consent à s'individuer en moi, à se faire rayonner en moi, à se subordonner mes efforts pour me rendre adéquat à elle et pour vivre selon ses exigences ». Il est clair que je dois pour cela lui reconnaître le statut de cause efficiente et de cause finale de moi-même, ce qui revient à dire qu'elle se veut en moi et que je m'aime en lui voulant du bien. Dès lors, si j'aime la manière dont elle se réalise en moi en s'y individuant, j'aime la manière dont elle s'individue en autrui, pour autant qu'il ait souci de la servir en se conformant à elle, ce qui est la vertu morale. L'amitié parfaite est celle qui existe entre gens vertueux. Mais que vais-je retenir de cette évocation ? Ceci :

D'abord, l'amour de soi prôné par Aristote est l'antithèse de l'égotisme, car ce n'est pas le Moi singulier en tant que singulier qui s'aime quand on est vertueux, comme si la pure singularité, en tant que telle, avait une quelconque valeur ; ce qui est aimé en et par le Moi, c'est la singularité en tant que singularisation de l'universel, et plus exactement l'universel en tant que singularisé. Je suis donc invité à m'arracher à moi-même en tant que singulier pour apprendre à m'aimer en tant qu'universel singularisé. Il n'est pas difficile d'être un singulier ; il suffit d'exister ; un étron existe ; une perfidie, une lâcheté, une laideur physique ou morale existent. Ce qui fait la valeur d'une existence, c'est l'essence qui exerce un tel acte d'exister. Qu'il soit plus parfait d'être un étron existant ou réel qu'un tas d'or possible ou virtuel n'implique pas que l'acte d'exister serait la raison d'être de toute essence, comme si l'on était quelque chose à seule fin d'être tout court. S'aimer, pour le Moi, c'est aimer l'universel ou l'essence qui est dans ce Moi et dont ce Moi est une occurrence de réalisation. Mais le Moi tend presque invinciblement à s'identifier, par narcissisme, à sa singularité, parce qu'il trouve en elle sa différence qui le rend original par rapport à autrui ; ce qu'il a en propre, qui est objectivement au service de son essence, devient pour lui ce qui prétend donner à son essence la valeur éminente qu'il entend se reconnaître. Il en est ainsi parce que son essence est sa cause immanente et que, se subordonnant à elle, il confesse qu'il n'est pas sa propre origine, de sorte que, en subordonnant son essence à sa singularité, il entend en dernier ressort s'éprouver comme étant pour lui-même sa propre origine. C'est à la moiteur de ce que j'ai en propre que je dois m'arracher pour m'aimer en vérité. Et c'est à cette condition qu'autrui est aimable pour moi et m'habilite à l'aimer comme mon ami. Si je n'aime en moi que mon ineffabilité, ma « différence » chérie, je me rends incapable d'aimer autrui, bien plutôt je le hais, lui qui, identique à moi spécifiquement — qui plus est souvent doté de qualités personnelles qui me manquent —, me rappelle trop ce que ma singularité déconnectée de la nature qui s'investit en elle peut avoir de contingent et de dérisoire. S'il est dans la vocation de l'universel de se singulariser pour exister, cependant que l'existant ne s'accomplit qu'en se subordonnant à l'universel, c'est qu'il est dans la vocation de l'universel singularisé que je suis de s'aimer comme singulier afin de s'arracher à sa singularité exclusive pour aimer l'universel en se rapportant à lui.

Si ce qui précède ne vous paraît pas incompréhensible, force est d'en déduire que l'amitié elle aussi a la forme d'une conquête, celle d'une victoire sur le risque de l'égotisme porteur de haine à l'égard de son prochain.

Rachida :

Bravo ! C'est fini le numéro du moulin à paroles ? Le petit cinéma sentencieux est terminé ? Faut vraiment être patient avec vous. Je vais pas aller m'écorcher les mains et les fesses en acceptant de lutter sur votre propre terrain. Je dirai seulement qu'on voit bien que vous avez jamais aimé. Si ça vous était arrivé, vous sauriez que l'amour ça s'éprouve et ça se fait, ça se pense pas. Quand on pense un truc, on le reproduit, on tue ce qu'il y a de spontané et de vivant en lui, on obtient une image morte de la chose vécue, on rate la chose même. En fait vous et moi on parle pas de la même chose. Penser l'amour, c'est le détruire. J'aime la République, j'aime le féminisme, je ne les pense pas, je les embrasse, et je les connais mieux comme ça qu'en les stérilisant à force de vouloir les faire rentrer dans des concepts et des syllogismes. Tiens, y a une grande meuf hiéra-tique qui vient d'entrer. Sa tête me dit quelque chose. Merde, elle a une classe !

Tartempion :

C'est la Conscience, ma chère. Elle a beaucoup souffert ces derniers temps. Elle était un peu grasse et suffisante, évaltonnée, adulée, capricieuse. Elle a beaucoup maigri ; elle ne recourt plus à l'alcool pour fuir ses misères, la tristesse l'embellit ; de midi-nette volubile et bien nourrie, elle est devenue sombre et grave.

Rachida :

Chagrin d'amour ? Pauvre meuf, c'est terrible, ces trucs-là, ça vous met sur le flanc. C'est bien la preuve que tous les hommes sont des salauds. On ne devrait jamais tomber amou-reuse. Quand on a lâché les vannes, on est foutu. Et ils en pro-fitent, ces prédateurs cruels guidés par leur asperge versatile comme les sourciers par leur baguette de coudrier, sauf qu'il s'agit pas des mêmes sources… On n'est jamais assez garce avec vous, Messieurs. Si elle ne m'impressionnait tant, elle me ferait pitié. Remarquez, pour avoir son allure, sa distinction, sa « *sprezzatura* », je serais prête à payer le prix d'une peine de cœur sanglante.

Tartempion :

C'est bien pire. S'il ne s'agissait que d'une question de cœur… Elle n'a jamais vraiment aimé les idées qu'elle incarnait, même si elle était séduite par elles. Par un acte d'héroïsme non-pareil, elle a fui sans retour la feintise, le mensonge, le confort intellectuel. Ce qui lui a valu de perdre tous ses amoureux, qui étaient légion. Elle a perdu tous ses appuis aussi, ses protections, son honorabilité sociale, sa sécurité. Elle vit désormais dans l'angoisse, tel un condamné à mort. Aujourd'hui, on ne tue plus pour faire payer le prix de crimes, d'iniquités ou d'actes pecca-mineux. On tue ceux qui osent s'ouvrir à la vérité, car s'ouvrir à la vérité condamne celui qui s'y livre à la diffuser, parce qu'elle est diffusive de soi, étant le meilleur des biens. Notre monde moderne est fondé sur le mensonge. Celui qui dit la vérité est

criminel parce qu'il détruit le consensus social et prépare objectivement la guerre civile, la guerre de tous contre tous. En tant
qu'elle est le meilleur des biens, la vérité est unitive de soi, elle
est aimée par plusieurs — en droit par tous — tel le bien auquel
on veut du bien, pour lequel on se sacrifie joyeusement ; mais
précisément : nos contemporains sont malades à un point tel
qu'ils aiment le poison auquel ils se sont habitués depuis leur
plus tendre enfance ; le normal en est venu à coïncider avec
l'antinaturel. Même les mauvaises habitudes deviennent une
seconde nature, comme toutes les habitudes. Nous sommes ici
des rejetons de la « Bête immonde » dont le ventre, en dépit des
bavards, est rien moins que fécond, pour le plus grand malheur
des hommes ; à ce titre nous ne méritons pas le nom d'humain.
Aussi dirai-je que nos frères les humains sont tellement pervertis
qu'ils sont incapables de recevoir la vérité ; il faut l'aimer pour
cela. Or, par un concours de circonstances qui tient peut-être du
miracle, la Conscience s'est désintoxiquée toute seule ; elle a
commis le péché irrémissible : elle s'est mise à aimer la vérité.

Blandine :

C'est curieux, j'aurais toutes les raisons de riper mes
galoches, et pourtant je me sens bien ici, j'sais pas pourquoi.

Tartempion :

Dans ce cas, ma pauvre fille, vous filez un mauvais coton…

CHAPITRE VII
JOURNAL DE ZINZIN

Dans la réussite sociale, il y a, en fait d'ingrédients pour l'obtenir, les talents personnels, la volonté de réussir investie particulièrement dans le travail, et aussi la chance : chacun est un peu comme un fétu de paille pris dans le tourbillon d'un flux furieux dont il subit la pression ; ce flux, c'est la résultante aléatoire — et trop puissante pour être dominée par quiconque — de toutes les initiatives individuelles dont chacune est en soi dérisoire ; un type peut être renvoyé aux marges du courant, heurter les aspérités de la rive et ne rien révéler de ses capacités, il peut être étouffé au beau milieu du courant, être maintenu au fond et y périr, et personne ne saura jamais rien, ici-bas, de ses potentialités qui auraient pu être exceptionnelles. Y a des types quelconques qui se voient gratifiés par les circonstances d'un destin de héros ; et il y a des zigs lourds de qualités écrasantes qui trébuchent sur le premier petit caillou venu, et qui se cassent la gueule et végètent toute leur vie. Chaque bonhomme vit comme il peut, mon Dieu, faut vraiment pas juger trop vite ni s'accrocher aux apparences.

On a beau savoir tout ça, faut quand même qu'on lui accorde de l'importance à la réussite sociale, même dans les sociétés pourries où les critères de sélection sont tordus. Pourquoi en est-il ainsi ?

C'est vrai aussi que snober la réussite sociale, c'est l'astuce pour les médiocres d'éviter les comparaisons désavantageuses, et d'en appeler à des critères bidons pour faire oublier qu'ils sont des branquignoles. « Réussir dans la vie », comme on dit, ça suppose un minimum de talents. C'est un peu comme les diplômes. Il y a des lascars qu'ont aucun diplôme et qui sont plus doués et plus efficaces que les gradués de l'université, et alors on a vite tendance à dire que les diplômes, ça vaut rien ; mais dans l'en-semble un diplôme garantit, aux yeux d'un employeur, au moins une probabilité favorable de tomber sur un type qui n'est pas complètement nul, parce que les types sans diplômes ou les-tés de diplômes sans valeur, ça court les rues, et ils sont dans leur grande majorité des types qui savent effectivement rien foutre. En principe, les compétitions, ça a toujours du bon, on a rien trouvé de mieux pour départager les billes qui valent pas un rond des gars solides. Je sais tout ça, c'est presque toujours la jalousie qui fait dire le contraire, dans des giclées d'aigreur. Les envieux baptisés en viennent même, dans ce registre, à déclarer cette chose en soi exacte mais lestée de tout le poids de leur res-sentiment, à savoir que la seule hiérarchie qui compte, qui vaut pour l'éternité, c'est celle de la sainteté, et que la sainteté s'en fout pas mal de la réussite sociale ; ils ont raison, mais qu'est-ce qui les anime quand ils vont clamer ça partout ? La relativisa-tion des choses terrestres, la sanctification de leur prochain, ou le désir de faire sa crotte sur ceux qui les dépassent ? On ne peut réduire la valeur d'un bonhomme à sa réussite sociale, mais il serait irréaliste et révélateur de sentiments bas de cracher systé-matiquement dessus.

Bon, d'accord, les fanatiques de la réussite sociale, les obnu-bilés par les titres professionnels, les ambitieux pathologiques en général, y a pas plus obséquieux, pute, flagorneur, faux-cul ; ils y laissent leur dignité, leur âme, leur parole, leur estime de soi, leur honneur, leurs devoirs moraux et religieux, souvent l'inté-grité de leur vie de famille, la solidité de leurs amitiés, et surtout les délectations qu'offrent les biens désintéressés. Ils y laissent en particulier celles qui sont liées à l'honneur et à la joie de ser-vir, de s'oublier en servant, de se mettre à disposition d'une cause qui transcende leur nombril. Tout est affaire de motiva-tion, comme on dit aujourd'hui. Vouloir conquérir sa place dans la société pour la mieux servir, et empêcher les arrivistes sans talent d'occuper les sièges où se prennent les décisions, ça me paraît pas condamnable ; et même le souci de s'accomplir en affrontant les conflits de la compétition sociale, c'est quand même pas mauvais par essence.

Mais bien sûr, développer l'esprit de conquête pour grimper dans la hiérarchie, ça suppose, pour pas déchoir, que les règles qui régissent le conflit soient pas dégradantes, intrinsèquement viciées par la fin que la société se propose d'atteindre, parce que cette fin conditionne les règles de son fonctionnement, dont celui de l'ascension sociale individuelle. Et c'est là que le bât blesse. Y a des mecs qui se disent de droite et qui jouent les fiers-à-bras ; ils croient se grandir en se disant individualistes, que la vie est lutte, chacun pour soi, qu'ils sont des gagnants, des « *killers* », que les scrupules et la justice c'est des racontars de nanas, qu'il y a que la force dans la vie, et tout ça. Ils sont libéraux, aiment le fric, affichent un cynisme ordurier, se vantent de penser qu'à leur gueule ; ils disent qu'ils sont la seule antithèse aux revendications des partageux ; ils sont partisans de la méritocratie ; l'archétype du héros pour eux, c'est le représentant de commerce le plus bonimenteur qui vend de la merde aux innocents qu'il ruine ; « z'avaient qu'à se méfier, c'est la règle du jeu, c'est la jungle ». Mais c'est la race la plus détestable qui soit.

Et là, voyez-vous, je marche plus, pas besoin de beaucoup de philosophie pour comprendre ça. Le méritocrate, c'est celui qui considère que la société existe pour sa pomme, comme une ville à piller ; « je suis le meilleur et pour ça j'ai droit à la première place, et je suis le meilleur parce que je me donne les moyens d'accéder au dessus du panier ». Autrement dit : être le meilleur me donne le droit d'exiger des privilèges, mais ce qu'on appelle le meilleur, c'est celui qui parvient à conquérir les privilèges par n'importe quel moyen. C'est la force qui crée le droit et qui, par une pétition de principe même pas maquillée, vous dit après que le droit l'habilite à revendiquer, et qu'il légitime ses prétentions. Je préfère dire à propos d'un vrai fort : « Je suis le meilleur, donc j'ai le devoir d'être en haut, parce que le bien commun l'exige, c'est lui qui a le droit de me convoquer pour son service, et c'est pourquoi je ne donne pas libre cours à mon ambition à n'importe quel prix. » L'homme de gauche, c'est le minable intégral qu'a même pas la force de prendre, et qui chiale pour que la société entière aille ramasser pour lui et lui offrir ce qu'il réclame la gueule ouverte. Le libéral, qui se dit de droite et qui se croit couillu, c'est celui qui se permet de prendre pour sa pomme exclusive, en trompant, écrasant, flattant tout le monde, et qui dit après, ayant vaincu par ruse, que c'est la règle du jeu et qu'il s'est contenté de la respecter. Il est moins vomitif que le socialo, parce qu'il est moins geignard, mais c'est quand même l'ordure accomplie, qui rampe et baise des culs quand il faut ramper, baiser des culs, cajoler sans vergogne, mais qui ensuite joue les caïds après avoir dégommé ses rivaux en les poignardant dans le dos et en les trahissant ; il est le premier à favoriser la décadence en embouchant les trompettes des revendications du partageux, quand il faut faire sauter les barrières morales qui freinent la consommation, limitent sa convoitise de vendeur de camelote, et compromettent son ambition d'assoiffé de commissions d'intermédiaire parasitaire et démago.

Et c'est comme ça, dans une société sans ordre, à tous les niveaux dans la hiérarchie sociale, *mutatis mutandis.* Les arrivistes ont la nuque raide mais l'échine souple.

C'est pour ça que, tout compte fait, il y a quelque chose qui colle pas aujourd'hui dans l'aspiration à la réussite sociale.

Il y a pas longtemps, j'ai traîné ma carcasse, un beau matin, du côté des Tuileries, à une heure que j'aime bien, quand y a pas trop de monde dans les rades, entre le coup de feu du matin et celui du midi. C'était un beau rade plein de lumière printanière avec un vrai zinc, gâté quand même par un grand écran comme partout, avec des informations qui défilaient non-stop. Y avait des odeurs de graille fraîche et appétissante qui flattaient les narines, dans une atmosphère relativement détendue. J'observais les employés affairés mais non débordés, et le patron qui buvait son jus en rangeant des biftons. Il était question des « zimmigrés » qui couchent dehors à Paris, qui transforment la ville en poubelle. Le patron faisait la moue, disait que c'était pas bon pour le commerce. Ma tronche devait lui revenir parce qu'il me prenait à témoin, et moi je renchérissais, pas pour lui être particulièrement agréable mais parce que j'étais d'accord. J'ai cru bon de lui dire à un moment qu'il y en a assez des immigrés qui nous envahissent et qui coûtent un pognon monstre, qu'on travaille plus pour les impôts que pour son patrimoine, et surtout qu'ils dénaturent sans retour l'identité de notre nation. Que n'avais-je dit là… Il m'a sorti une série de conneries débitées en cascade sur un ton suffisant et en même temps pincé qui m'a donné envie de lui envoyer un coup de boule bien visé par-dessus le bar. « Les Français sont des feignants, veulent plus travailler, ça a des exigences à n'en plus finir, je trouve plus de débarrasseur, de cuisinier, de femme de ménage que chez les zimmigrés, faut bien qu'on ait recours aux zimmigrés si on veut pas mettre la clé sous la porte, et puis d'abord la France c'est le pays qui reçoit le moins d'immigrés, alors faut pas charrier, ça fait quarante ans qu'il y a du socialisme, faudra bien la faire cette réforme des retraites, le petit jeune à l'Élysée il a des couilles, moi j'ai voté pour lui ; faut savoir prendre des risques pour réussir, faut accepter les lois du marché, le monde est un marché, la vie est un marché. Du moment qu'ils respectent nos lois, les Étrangers sont bien utiles, la France elle s'est faite comme ça, moi "travail, famille, patrie" c'est pas ma tasse de thé, ça aussi c'est pas bon pour le commerce, faut être réaliste », etc. Soit : « Vous me laissez bousiller toutes les protections sociales, tous les impératifs de justice, ou alors je casse la baraque, j'ai recours à l'immigration, et je vends de la merde. » Si on le laissait faire, le tenancier, il reconstruirait la société entière en fonction des intérêts de ses besoins de bistrotier. Et cette fâcheuse pulsion, on la retrouve dans toutes les branches. Et les fausses perspectives s'accumulent au lieu de s'annuler. C'est la démocratie. À partir d'un embryon de constat partiellement pertinent, son point de vue complètement unilatéral le fait dérailler illico.

Le populo, je le connais, j'en suis ; je sais qu'il a des lourdes tendances à la jouissance, à la fainéantise, à la lâcheté, à la méchanceté. Je suis le premier à savoir qu'il suffit pas d'être petit, laid, pauvre, ignorant et bête pour être bon. C'est même d'une certaine façon le point de départ de mes cogitations de prolo : on part d'où qu'on peut, l'essentiel est de s'élever et d'élargir son horizon. Mais quand même. Le populo, il sent qu'on lui ment, que les élites sont des charognes qui l'avilissent, qu'on le mène en bateau. Le prolétaire aime pas les banques et le système de l'actionnariat qui est mené par des minorités initiées, ce sont toujours les mêmes qui trinquent et sont spoliés ; autre chose est de travailler en prenant des risques, autre chose d'épargner et de s'épuiser en aveugle dans un système dont les règles sont floues et d'une immense labilité, et ainsi dans un jeu dont les cartes sont biaisées, où le miséreux produit de ses efforts ira dans les caisses des malins. Alors il renâcle devant l'effort, le populo ; l'État soutient ses spoliateurs au lieu de le protéger, le populo renâcle d'autant plus que ce même État favorise outrageusement les Étrangers à son détriment, pour des raisons qu'ont même rien à voir avec la question économique ; on refoule sa propre identité, il se sait être la vache à lait de la Haute Finance et des bobos, des fonctionnaires planqués caparaçonnés dans des protections néo-communistes, et des immigrés ; il est le sempiternel dindon de la farce. Alors quand, dans ces conditions, on lui parle de souci de l'intérêt général, de générosité, d'effort, de risque, de sérieux, d'austérité, le populo râle et freine des quatre fers, et moi je le comprends en partie au moins. Et je comprends son animosité pour toutes ces élites tordues qui l'enculent au nom de la lutte contre l'antisémitisme, et pour les beaux yeux de la dignité de la personne humaine et de la morale des Droits de l'Homme. Il y aura toujours dans l'homme des tendances au pire, et il y aura toujours des pauvres, c'est pas seulement moi qui le dis… Mais le populo, bien encadré par des vrais chefs qui donnent l'exemple et qu'ont pas la tête farcie par des conneries, il est sensible quand même à l'aspiration à l'idéal, il est perfectible au moins jusqu'à un certain point. Il y a un pessimisme fataliste qui rejoint, subrepticement, les intérêts des démagogues, et qui sert toujours aux mêmes. Il est pas malin le populo ; livré à lui-même il est fragile, tout en désirs et tout en nerfs ; sous prétexte qu'il a de mauvais chefs, il veut dégommer tous les chefs. Le peuple doit être commandé, il a besoin de maîtres, et c'est là un truisme pour tout le monde, même pour le peuple et quand bien même il refuse d'en convenir. Mais le peuple est capable de bien réagir quand il sent qu'on veut vraiment l'élever ; faut qu'il souffre assez quand même, faut l'avouer, pour le sentir. Il est pas capable de s'élever tout seul, faut un peu l'y forcer, mais quand il est pris en main par des vrais chefs, il marche, et il est capable du meilleur.

Que voulez-vous, un général a des privilèges, il bouffe pas avec la troupe, il va pas en première ligne. C'est normal, on a besoin de lui à l'arrière pour diriger la chair à canon, et faut bien marquer les différences de dignité ; l'homme est incarné. M'enfin, pour être en haut, faut aussi avoir valeur d'exemple pour tous, faut inspirer confiance. Ceux dont la société fait aujourd'hui des cadors méritent-ils leurs privilèges ? Dans les domaines comme celui-là, il faut nuancer tout ce qu'on peut avancer. Je sais bien que s'il fallait attendre d'avoir affaire à des chefs parfaits, ça serait la foire d'empoigne, le bordel insondable, personne obéirait jamais. L'une des raisons qui tempèrent ma haine de l'homme, c'est cette aptitude étrange et admirable que peut avoir l'homme, malgré sa dépravation, malgré la démesure infecte de son ego, à obéir à des chefs qui sont nécessairement imparfaits, bien qu'il sache qu'ils le sont ; c'est bien là le signe que son désir obscur de rédemption est pas complètement assassiné en lui. Faut des chefs pour que la société soit, et la société prise comme un tout a quand même de la gueule, une certaine grandeur, même si ceux qui la composent, pris à l'état brut, tiennent plus du singe que de l'homme. Il reste que quand même, faut bien de temps en temps qu'un général aille au casse-pipe et se fasse sauter le caisson par l'ennemi pour que la gent généralesque soit crédible. C'est un peu comme les ecclésiastiques exigeant maints égards et prônant l'abnégation et l'oubli de soi, la résignation et la soumission ; ils en ratent pas une pour vous moucher, vous les vulgaires laïques. Ça les empêche pas d'aimer faire du mal aux gens gratuitement, d'être presque aussi médisants que les bonnes femmes, d'être gourmands comme c'est pas possible, d'aimer les grands crus et le confort de luxe, et de tourmenter avec bonne conscience ceux qui leur reviennent pas, ou, pour se venger des problèmes qu'ils leur causent, je veux dire celles — ou ceux… — qui leur inspirent des « mauvaises pensées ». Faut comprendre, c'est pas facile d'être prêtre, c'est sublime, c'est vital d'en avoir, faut bien les respecter et les choyer tellement on en a besoin. Mais un prêtre doit quand même de temps à autre être un saint, un modèle d'humilité, de patience, de générosité et de dévouement, pour que les engueulades et l'antienne « *pay, pray, obey* » soient digestibles.

Tout ça pour signifier que la réussite sociale, et les égards qui sont dus à l'élite, je les prends avec circonspection, pour le moins. Les élites de notre temps valent pas lourd, c'est de la contrefaçon ; et les méthodes qu'appelle l'accession au rang de l'élite valent ce que valent les élites : elles n'ont pas assez du reste de leur vie pour se venger sur des innocents la plupart du temps, par leur pouvoir lamentablement acquis, de toutes les couleuvres qu'elles ont avalées pour acquérir ce pouvoir ; ça vous déglingue la dignité de s'y frotter. Il y a une autre raison qui me fait regarder les élites d'un peu haut aujourd'hui.

Quand j'étais encore gosse, on m'a emmené un beau jour, avec l'école, au musée de l'Homme et au Palais de la découverte. On a tout vu en trois jours. Ils nous ont logés chez les petits Frères de l'École Saint-Joseph à Asnières, je savais pas que Teilhard de Chardin avait déjà fait ses ravages dans leurs têtes de pécores rouergats, jamais en retard d'une nouveauté dans leur frénésie de « se réconcilier avec le monde de notre temps ». Ça m'amusait les démonstrations à l'air liquide, les éprouvettes, les exposés pédagogiques sur l'espace, les dernières trouvailles scientifiques, les photos qui représentaient des bons sauvages « qui sont ni primitifs ni sauvages, qu'ils sont égaux à nous et qu'y faut pas les mépriser, qu'ils vivent dans la nature comme Dieu les a faits ». Toutes nues, les Négresses ça nous faisait de l'effet, surtout qu'avec tout ce qu'on nous disait de bien sur elles pour étouffer nos pulsions naturellement racistes, on court-circuitait les préventions qu'on essayait encore, à l'époque, de nous inculquer sur les choses du sexe. J'étais fasciné par les blouses blanches des préparateurs polis, d'humeur égale, sûrs d'eux-mêmes et trop ostensiblement sereins pour l'être dans leur âme, style très franc-mac ouvert au monde et à ses merveilles qu'il faut admirer tellement que c'est beau la Nature qu'est divine ; que la science c'est la vraie religion qu'écarte les préjugés qu'à cause d'eux les gens ils se battent pour des conneries ancestrales et dépassées ; qu'il faut pas avoir honte de ses pulsions, que tout ça c'est naturel, que tout homme il est naturellement bon ; qu'il est un trésor à épanouir et un mystère d'une richesse incroyable, sauf les méchants qu'inventent l'échelle du bien et du mal pour instaurer la dictature. Ils avaient, tous ces scientifiques, un regard ouvert et franc, je rêvais d'un monde où tout serait propre et rationnel, où ça serait la paix et la félicité, où y aurait pas de méchants, de mauvaise conscience, de beignes injustes sur les gosses, de prisons, de punitions, de vieux cons sentencieux qui puent, de grosses dames sévères et affreuses comme leurs cabots, de grandes personnes qui jalousent les jeunes et qui ronchonnent tout le temps, qui parlent que de travail emmerdant. Ça m'changeait des odeurs de pets répandus par mon père dans les piaules tristes de chez moi, des humeurs de vieille femelle de ma mère acariâtre ; je me complaisais dans le songe d'une société à venir où tout se résolvait rationnellement, entre gens intelligents et pas énervés. Y a un problème, ça se résout, suffit de savoir le poser en des termes qui permettent de le résoudre. Problèmes de remords, d'angoisses, de jalousie, d'envie, de complexes ? Suffit de manipuler des cellules en connaissant les lois de la matière, ça se maîtrise, l'esprit ça existe pas, ou plutôt ça existe mais comme du néant dans la matière, ou comme son épiphénomène, suffit de la changer pour le domestiquer ; les problèmes d'âme et de rapports humains, le poids du regard des autres, ça se traite en termes de pharmacologie, d'optique, de psychologie expérimentale. Les médecins à la place des curés... Ils me faisaient rêver les gars, parce qu'ils avaient adopté un visage et une vision du monde qu'écartaient tous les problèmes de l'âme : ils se contentaient de bannir la douleur comme immorale, et de considérer le principe de son caractère rédempteur — avec l'idée même de péché — comme terroriste ; ils y parvenaient en réduisant le monde entier, intérieur et extérieur, le rendant par là docilement manipulable et tout ordonné aux désirs de l'homme moderne, à la propreté de leur laboratoire.

On retrouve de ça dans la pub d'aujourd'hui. Si votre sueur pue, c'est pas vous qui puez, c'est pas la faute à votre sueur qu'est toute fraîche et toute innocente, comme votre merde, vos règles sanglantes et vos rots, c'est seulement la décomposition de votre sueur qui coince ; on va s'occuper de ça avec nos produits qui en plus sont le fruit du travail des hommes qui se mettent enfin à maîtriser l'aliénation historique, on va vous réconcilier avec vous-mêmes et avec le monde grâce à la science, aux millions de chercheurs — vous en serez peut-être un parce que tous les hommes sont égaux et l'intelligence ça existe pas, y a que de la culture que tous ils peuvent apprendre aussi bien l'un que l'autre si on sait les intéresser ; y a pas de mauvais élèves, y a que des mauvais professeurs. Tous les gens antipathiques ils deviendront sympathiques, c't'accidentel qu'ils puent et qu'ils soient désagréables. Tous vos désirs ils sont légitimes, et si c'est pas le cas c'est que vous êtes malades, c'est pas rédhibitoire et c'est pas d'votre faute... J'avais un grand amour pour ces mecs-là qu'incarnaient la raison positive et l'espoir d'un monde nouveau, sans mesquinerie, sans petitesse, sans mauvaise conscience ; j'étais subjugué devant ces mecs dont la trombine béate, toute pleine d'affection aseptisée pour le genre humain, vous libérait, en même temps que des rognures les plus dégueulasses de votre humanité physique, des saburres spirituelles qu'elles manifestent. Ce que j'ai pu être con dans mon enfance... Et naïf et prêt pour l'abattoir...

C'est peut-être ça, en fin de compte, le secret essentiel du monde moderne et son pouvoir de fascination édénique : faire disparaître les misères de la tête et de la carcasse, celles de la tête par le traitement de celles de la carcasse, non en tant qu'elles sont des misères, mais en tant qu'elles dévoilent, par le péché qui la dramatise et la rend douloureusement stérile, l'inadéquation foncière du monde et de l'homme à leur nature profonde, spirituelle. Les misères ont pourtant leur rôle, si on les considère de l'autre côté du miroir : elles manifestent, comme leur envers, l'élan spirituel qui mène l'homme au-delà de lui-même, et qui lui enjoint d'accepter qu'il n'est pas sa propre origine. Le regard bleu et calme fixé sur une Atlantide scientiste où la maladie et la mauvaise conscience auraient été éradiquées, l'œil doux et philanthropique des savants optimistes enivrés d'hommerie, c'est le regard de l'Antéchrist, l'œil du mensonge. La méchanceté des hommes et leurs petitesses ont actualisé les miennes qui — faut pas se leurrer — ne demandaient que ça ; elles m'ont vite, et pour mon salut (encore problématique...), dégrisé... À leurs réussites d'imbéciles heureux coulés par leur propre et sordide mensonge, je préfère ma misère et ma déchéance, qui me rendent l'intelligence assainie, à défaut de me rendre l'âme purifiée, aimable et surtout aimante. Aujourd'hui, en haut, c'est des technocrates et des spécialistes, ils ont pas plus de sagesse que les concierges, ils ont même le bon sens en moins.

À travers le souci de réussite sociale, il y en a un autre plus profond probablement, c'est celui de l'estime de soi solidaire du sentiment de donner le meilleur de soi-même. Je pense pas que ce soit un souci illégitime, mais faut bien avouer que, en dehors des pistes balisées du système social officiel, c'est bien difficile de le satisfaire. La croix des proscrits, c'est d'accepter — y a rien d'autre à faire au fond — de laisser en jachère son besoin d'aller jusqu'au bout de ses talents, pour conserver son indépendance et sa lucidité, et pour essayer de pas se faire trop contaminer, en se passant de toute reconnaissance. On est presque contraint, sous ce rapport, d'embrasser des comportements relevant de ce que Tartempion appelle le surnaturalisme. Les réactionnaires moralement intègres, repoussés par la course à la réussite sociale qui leur ferait commettre des actions corruptrices, se réfugient dans l'obscurité de tâches subalternes, en attendant la mort au fond, ayant renoncé au combat frontal contre la subversion. Mais ça les rend tantôt amers et envieux, tantôt fainéants et affligés du complexe cathare de la pureté doublé de tartufferie, ou les deux à la fois. La seule manière d'éviter ce penchant surnaturaliste et ses effets castrateurs, dans notre situation de marginalisés, c'est de se faire révolutionnaire ; ça entretient la pugnacité, ça conserve le souci d'actualiser le meilleur de soi, ça conjure la tendance quiétiste au renoncement à toute espérance temporelle ; et en même temps ça risque pas de nous rendre complaisants à l'égard du système. Et il me semble franchement que l'espérance surnaturelle, elle peut pas se développer en frustrant toutes les espérances naturelles. Catho révolutionnaire, révolutionnaire anti-révolution, c'est ma boutique, et, dans mon malheur, j'ai la chance de pouvoir l'habiter, même si j'y suis presque seul.

La question de la réussite sociale est corrélative de celle de la reconnaissance sociale et des conditions normales d'accession à l'estime de soi-même. Je dis « normales », parce que ça n'est pas pour rien que l'homme est par nature un animal politique. On est fait pour se faire évaluer par les autres, pour les regarder vivre et pour vivre sous leur regard, pour se faire influencer par eux et pour les influencer. Et là on touche à un autre problème parce que pour un type comme moi on est devenu tellement différent de ses contemporains, dans sa tête et dans son cœur, qu'on a l'impression d'être entouré que d'étrangers. Et puis il y a encore autre chose, quand j'y pense jusqu'au bout à ma condition de paria. N'ayant plus de bien commun à servir, l'homme moderne ne peut plus se justifier, à ses propres yeux, qu'en essayant d'être un type exceptionnel, un mec hors norme, un destin pas commun, un génie, un créateur, un lascar unique. Et alors que faire des oiseaux ordinaires ? On les utilise comme du bétail engraissé, comme des bœufs de labour bien nourris et bien abrutis par leurs vices envahissants qu'on entretient et satisfait pour les faire tenir tranquilles. Mais surtout, en ce qui concerne ceux qui refusent de se faire trépaner, décerveler, emboutir par les divertissements avilissants, s'ils n'ont plus de raison temporelle d'exister dans le service d'un bien commun où même le plus humble a sa place qui le justifie et le rend honorable, qu'est-ce qu'ils vont faire d'eux-mêmes pour s'estimer ? Faut bien qu'il y en ait qui soient en bas pour rendre possibles les performances de ceux d'en haut ; sans piétaille les généraux servent à rien. Encore faut-il qu'il y ait des vrais généraux, habités par autre chose que le souci de leur carrière.

« M'enfin t'as pas honte de rien savoir, d'être rien, de n'avoir rien qui te pourrait distinguer d'un autre, d'être médiocre en tout ? Les gens sérieux ont une spécialité, les lois de l'économie, de la sociologie, de l'Histoire, un vrai métier, une position sociale, une situation, un vice ou une tare épouvantables qui les distinguerait, un culot monstre, etc. Ça te débecte pas d'être interchangeable ? T'es ni très beau ni très moche, t'as même pas l'horreur fascinante des grandes laideurs ; t'es pauvre, t'es pas un saint ni une crapule, t'as rien d'un aventurier. » Quand j'ai commencé à être lucide, ça a commencé tout de suite comme ça, sur ce ton ; c'est ce que mon prochain qu'est du siècle m'envoyait régulièrement dans la gueule.

Qu'est-ce qu'ils savent, ces cons-là ? J'osais pas me le dire à l'époque, ils m'impressionnaient, les médecins qui soignent, les ingénieurs qui construisent, les financiers qui savent les arcanes puants de l'économie, les môssieurs qu'on respecte, les classes dirigeantes, les « savants ». C'est vrai que j'étais un type ordinaire, et que je lui suis resté. J'ai jamais pété plus haut que mon cul. Est-ce qu'il faut, cela dit, être exceptionnel pour avoir le droit d'exister en marge ? De toute façon, ça grouille d'égoïsme et de méchanceté en tout homme, même les hommes d'exception, sauf les saints, mais ceux-là ça fait belle lurette qu'il y en a plus ; notre temps ne les mérite pas. On a bien fait, d'un certain point de vue, de me dire que j'étais un type sans envergure, des fois que j'aurais eu la manie de prendre la grosse tête ; on m'a rendu service sous ce rapport. M'enfin faut être franc. Les spécialistes, les zigs sérieux, les scientifiques, les juristes, les diplômés, sont au mieux des joueurs d'échecs : ils connaissent une règle du jeu qui leur assure le pouvoir et la considération, et nul n'est au fond tenu de respecter une règle du jeu s'il a pas envie de jouer. Les mathématiques et l'informatique, c'est être balèze en combinatoire, c'est un talent de sportif des neurones, c'est affaire d'imagination — vitesse de manipulation des images —, ça n'a rien à voir avec l'intelligence — « *legere in* » —, voir l'essence dans le contingent. Approcher les prouesses d'un ordinateur qui fait tout sauf penser, c'est ce qu'on appelle aujourd'hui l'intelligence. Prises en tant que telles, les prouesses de la combinatoire ça vaut pas plus que celles du gonze qui savait envoyer des lentilles à distance dans le goulot d'une bouteille, et qu'Alexandre le Grand avait congédié en lui refilant un sac de lentilles pour prix d'un talent aussi con. La science expérimentale, en plus, n'apprend strictement rien de la réalité. Elle élabore des théories — des hypothèses toujours révisables — pour prévoir des événements. Elle dit comment il faut faire — toujours le primat du faire — pour avoir pouvoir sur les éléments naturels. Le savoir de mon monde humain dégénéré est une série de recettes, de techniques de l'action. Ils n'ont strictement rien à dire à propos du savoir des fins à poursuivre. Jadis, la considération des fins, on appelait ça la sagesse. Aujourd'hui, ce qu'on entend par ce mot, c'est le scepticisme individualiste, le raidissement turgescent de la subjectivité, les « Droits de l'Homme », ou encore, dans un autre registre, les conneries bouddhiques de la « sagesse » orientale. Normalement, les techniciens devraient être relégués dans les fonctions instrumentales de l'intendance. Ça m'a toujours frappé : les gus d'en haut sont

aussi peu sages que les plus minables d'en bas. Sorti de sa compétence, un cador d'aujourd'hui est aussi commun qu'un
manœuvre, il s'amuse de la même façon que lui, il pense comme
lui au fond, avale les mêmes conneries sans broncher. Ils sortent
des Écoles où on les a formatés, l'idéologie a perverti tous les
domaines du savoir ou presque : la biologie, l'Histoire, la cos-
mologie, l'astrophysique, la philosophie, la psychologie, les
belles-lettres, l'économie, le droit, tout a été récupéré. Être
savant et être ouvert à la vérité, ces deux choses-là ont jamais
été aussi dissociées qu'aujourd'hui. Alors j'ai pas envie de me
provoluter devant ces trous du cul prétentieux. Ils s'en rendent
compte d'ailleurs, les rares fois où ils se penchent sur mon cas
de vermisseau teigneux ; c'est pour ça qu'ils m'aiment pas. On
croit que ceux qui sont en haut, les politologues, les journalistes
à succès, les gars qu'ont des relations, les sociologues et les
politiques branchés, les professeurs de trucs et de machins, les
grands patrons et toute la clique du bottin mondain, seraient
dans le secret des dieux ; je t'en fous... Ils comprennent pas
mieux la société que les autres, ils la subissent comme les autres,
ils sont ahuris comme tout le monde, plus encore peut-être parce
que la haute idée qu'ils se font d'eux-mêmes leur fait croire
qu'ils sont infaillibles. Allez leur parler du mystère de l'être et
de la destinée humaine ; allez seulement leur parler de la gueule
qu'aura l'humanité dans vingt ans ; ils vous sortiront les mêmes
lieux communs d'une crétinerie insondable. Et ça vaut aussi
pour les responsables des services secrets, qui sont supposés
avoir accès à l'interdit, aux projets des Grands de ce monde, au
dessous des cartes. Sont aussi naïfs que les autres. Alors oui,
j'suis un type ordinaire qu'a rien vu, qu'a pas voyagé, qu'a pas
frayé avec des gens d'élite, qu'a pas pénétré les cercles du pouvoir, et je crois pourtant comprendre la vie et mon temps mieux
que ces enculés mondains.

J'ai été employé de bureau, dans une multitude de petites
sociétés. J'ai été marié par des amis — plutôt des relations —
qui avaient cru bien faire en me casant. J'avais la certitude de
ne pas aimer ma promise — une petite grosse pas méchante
dont il n'y a rien à dire, sinon qu'elle était grosse, petite et pas
méchante, mais aussi perfectible comme presque toutes les

femmes — avant même l'échange des vœux. Je croyais m'assagir en me casant ; c'était pas une mauvaise idée, mais j'ai pas su
profiter de l'occasion. De ce fiasco, il est sorti une progéniture
qui m'a renié, qui me méprise et que je méprise ; ils sont perdus
pour moi, je leur fais honte, ils sont gagnés au monde, irrécupérables. Avec eux, j'ai fait ce que j'ai pu ; j'étais pas à la hauteur,
il aurait fallu une patience et une douceur et une prudence qui
s'acquièrent qu'avec l'âge, mais à dire vrai c'est là le problème
de tous les chefs de famille qui doivent être adultes avant de
l'être devenu : on joue à être adulte parce qu'on est par situation
mis en demeure de le devenir, et on finit par le devenir à force
de jouer à l'être ; c'est peut-être ce que voulait dire Proudhon
quand il affirmait que nul n'est homme s'il n'est père ; alors en
plus, dans mon cas d'insurgé, ça devenait impossible. J'ai pourtant fait des efforts, et ils n'en ont rien retenu, et je leur en veux.
J'aurais dû rester célibataire, je prie pour eux, y a que ça à faire.
Veulent pas de moi. Quand on est en guerre avec la société, c'est
bien difficile de pas être en guerre avec sa famille, parce que la
famille, l'épouse conventionnelle et les lardons, ça veut pas de
la guerre avec la société, ça veut s'intégrer en elle, accepter ses
règles. Y a pas plus conventionnel que les gosses. J'aurais dû me
dédoubler, être A pour la famille et B pour le dehors ; c'était pas
possible pour moi, question délais ; on peut choisir d'être A et
B, ou plutôt d'être B qui sait jouer à A, quand on s'est trouvé ;
mais quand on se cherche et aussi longtemps qu'on se cherche,
on sait pas ce qu'on est, et on est incapable de jouer à ce qu'on
n'est pas. Ma famille a pas compris ça, ils ont été vaches avec
moi, m'ont poussé dehors ; j'ai pas pardonné. Je ne suis pas
assez intelligent, ou pas assez bon — c'est la même chose à un
certain niveau — pour comprendre que la charité est la lucidité
même et l'accomplissement de la justice vindicative, comme la
miséricorde est la sublimation de la juste vengeance. Rester dans
ma famille, la microsociété, c'était la condition pour parvenir à
un minimum d'équilibre pour affronter l'épreuve de vivre dans
une société qui veut pas de vous ; j'avais besoin de ma famille
autant qu'elle avait besoin de moi.

J'ai fini par divorcer, et j'ai cru alors, pour le coup, que
j'allais tomber amoureux de ma petite bonne femme que j'avais

pas su faire évoluer en même temps que moi. Ça prouve combien les sentiments sont dangereux, précisément parce qu'ils
sont la puissance visible en laquelle s'anticipe — se cache au
risque de s'y perdre — une raison invisible et inodore. Aujour-
d'hui, depuis J.-J. Rousseau — la pire ordure que le monde ait
jamais portée depuis Caïphe et Judas (et dire qu'un tordu
comme Cardonnel a voulu le réhabiliter… l'orgueil dominicain
est sans limite) — on divinise le sentiment. Voilà qui est terrible,
non le fait de glorifier la chair en tant que chair — la passion
serait bien innocente si elle n'était que chair —, mais ce fait
qu'on oublie que la chair n'est jamais totalement ou exclusivement chair ; et quand on croit que la chair est chair comme une
chose sans esprit, et que l'esprit est esprit sans dépendre de la
chair, comme si la conscience se baladait tout indépendante en
surfant sur la chair, c'est la chair qui se venge et qui finit par
faire croire à l'esprit que l'esprit est chair ; d'où la tendance,
issue de la prétention aussi orgueilleuse qu'imbécile du Moi
humain à se faire ange, à faire de la quintessence de l'esprit un
sentiment ; on en vient à croire que le sentiment exprimerait le
plus profond du Moi ; et alors on fout la raison au placard, on
l'écoute plus, toute pulsion affective devient un oracle, une inspiration divine. J'ai mis du temps à comprendre ça. Qu'es-tu
devenue, pauvre bonne femme ordinaire que je n'ai pas su intéresser à mes tourments ? Tu t'en es, dans ta cécité, tirée probablement mieux que moi, au moins au niveau du confort matériel
et intellectuel.

Après une période de cuites, j'ai tenté de remonter la pente :
cours de fiscalité, CAP de pointeau, j'espérais devenir chef
comptable. C'est pas glorieux, mais honorable, alimentaire.

Quelque chose quand même se rebiffait dans ma substance
de médiocre naïf et de timide éternel perdant, juste assez doué
pour avoir des aspirations un peu exigeantes, pas assez pour en
faire un métier. J'étais devenu complètement revanchard, non à
cause de la conscience de mes limites, mais parce que je me sentais foutu à la porte de ma société par les racketteurs qui la dirigent ; faut dire que d'avoir été foutu à la porte de chez moi
rejaillissait sur le reste ; je reconnaissais, en plus grand, l'injustice de l'ordre domestique dans celle de l'ordre social. J'étais

revanchard sinon dans les actes, au moins dans la tendance à embrasser des idées radicales. Dans le moment même où j'enviais les gens « bien », les cadors de la réussite sociale, je les méprisais assez lucidement. Je voulais regarder vers le haut plus que vers mon nombril, et j'avais l'impression de me grandir en regardant vers le haut, quand bien même je n'étais pas la dupe de mon jeu à la transcendance. Je voulais regarder au-delà de moi-même tout en sachant, de manière calculée, que je cherchais à me grandir moi-même autant qu'à servir. Il faut cependant être tordu comme cet écornifleur grandiloquent, pleurnichard et illuminé de Léon Bloy, lui qui prétendait, en égotiste pathologique, mesurer à l'aptitude à lui donner de l'argent la sincérité de l'amitié que ses mécènes excédés disaient lui prodiguer — pas étonnant qu'il ait séduit Maritain — pour oser se foutre avec un tel aplomb d'un Barrès et de son culte du Moi. Barrès annonçait naïvement la couleur, et c'est dans l'aveu pleinement assumé de l'inavouable et ridicule défaut le plus universellement partagé qu'il a su se dégager du Moi haïssable en le vivant jusqu'au cœur de lui-même où, précisément, le Moi n'est plus moi, mais Nous. Charles Péguy et Léon Bloy, ces deux enjuivés vaniteux, ne s'aimaient pas parce qu'ils se ressemblaient : affleurait, sous leur mépris ostentatoire pour les faiblesses humaines un orgueil de faible, la vanité hautaine et geignarde. Méfiez-vous de ceux qui s'oublient trop passionnellement dans le service d'une cause bruyamment généreuse : elle est, non toujours mais souvent, le paravent de leur onanisme spirituel. Et c'est peut-être cela au fond, être de droite, c'est s'efforcer à regarder vers le haut nonobstant le sentiment de son indignité. C'est faire l'effort de s'aimer soi-même dans l'entreprise, digne d'un Sisyphe, de conformer le Moi privé au moi commun qui gît au fond de l'autre et l'anime. C'est être doté d'une grâce toute spéciale, annonciatrice de grandes douleurs, la grâce d'avoir le sens de ses vrais intérêts, l'illumination sourde qui vous invite à penser que vous vous grandirez en ayant le souci d'autre chose que de votre trou du cul dont le fond le plus merdique et l'infection la plus abjecte siègent à la surface de votre Moi sombre.

Pour nourrir mes intuitions de révolté social et politique, il me fallut lire. J'ai lu pas mal, et j'ai compris en lisant qu'il fallait aussi étudier. J'ai suivi, sans m'inscrire aux examens — il m'eût fallu passer le bac et j'étais trop paresseux pour cela, je voulais brûler les étapes, comme tous les ratés —, au titre d'auditeur libre des cours et des conférences à la Sorbonne, dans diverses disciplines. Il m'en est resté une culture disparate d'autodidacte, suffisante pour aborder les problèmes, trop légère pour être pris au sérieux. Certains professeurs m'accordaient des entretiens bienveillants, je me croyais capable d'être au niveau des « intellectuels », au moins pour comprendre ce qu'ils racontaient et pour porter un jugement point trop arbitraire dessus. Mes cours du soir d'études générales se sont déroulés au détriment des cours de fiscalité, d'où un nouvel échec : je ne serais jamais chef comptable. Inutile d'ajouter qu'à l'époque je vivotais, en crevant la dalle déjà. Quelle vie à la con, quand j'y pense… On croit à chaque moment douloureux qu'on a touché le fond, que ça peut pas aller plus bas, que ça ne peut désormais que remonter. Pas du tout, il y a pas de limite à la chute. Y a peut-être une limite au plaisir, dont l'intensité vous paralyse les méninges en étouffant, avec la conscience du plaisir, le plaisir lui-même ; y a pas de limite à la douleur. C'est à se demander si l'on n'aime pas souffrir, tant la nature y met du sien pour nous y inviter. C'est quoi, souffrir ? On peut tordre un cercle métallique, le torturer pour le transformer en rectangle ; il ne souffre pas, il change d'identité à mesure qu'on le déforme, il est immédiatement tout ce qu'il est au moment où il l'est. Pour souffrir, il faut être rendu différent de soi-même, tout en restant ce soi-même qu'on devrait être : quand on vous coupe un doigt, vous ne devenez pas quelqu'un d'autre ; le tout reste le même, identique à soi, quand bien même il est tronqué dans une partie de soi ; il subit une différence sans perdre son identité ; et c'est pourquoi il éprouve sa déchirure : il souffre. Il y a souffrance seulement chez ce qui a le privilège de subir la distance d'avec soi, la non-coïncidence avec soi sans cesser d'être soi. Or qu'est-ce que la conscience ? C'est l'aptitude à s'objectiver ; on se fait différent de soi, on se dédouble, on se scinde, et c'est à raison de cette scission qu'on est soi — je veux dire : qu'on est un Moi, un Je et pas une chose.

La conscience de soi a structurellement la forme de la réalité souffrante. Pas étonnant que la conscience se reconnaisse dans la souffrance, au point, d'une certaine façon, de l'aimer. L'homme fuit la douleur comme une chose qui lui est étrangère, elle est physique, elle est envahissante mais elle touche seulement à l'écorce du Moi ; l'homme est fasciné par la souffrance, elle l'affecte du dedans, elle naît et prolifère dans le cœur du Moi, elle a besoin de son concours pour se déployer ; prenez l'exemple de la jalousie, de l'amertume de la défaite ou du remords d'avoir mal agi : on peut pas s'empêcher de convoquer les images qui nourrissent et avivent la souffrance, comme si on voulait non seulement la dissoudre en décidant de l'éprouver, mais encore la connaître pour la dissoudre ; la connaître aux deux sens du mot : la comprendre, *et* faire un avec elle, s'identifier à elle pour se reconnaître en elle. Et pourtant on veut s'en échapper, elle est par définition ce qu'on repousse ; mais par là on se repousse de soi puisqu'on est cette scission même. On n'accède à soi que pour se repousser de soi, et en se repoussant de soi on s'engage dans un mouvement qui ramène au Moi, parce que personne — pas même moi — n'accepterait de se soustraire à la souffrance au prix de la conversion de lui-même en chose inconsciente. Comment c'est possible, une pareille situation naturellement infernale ? J'ai pas encore compris vraiment. Peut-être que ce qui fait mal, c'est pas la différence d'avec soi en tant que telle, c'est l'impuissance à la surmonter, c'est la pénibilité de l'effort convoqué pour la vaincre qui fait défaut. Mais alors d'où vient que ce soit pénible ? Y a quelque chose de congénitalement cassé en nous, humanité pourrie, malade, faussée. Il faudra que je soumette mes élucubrations solitaires à Tartempion ; cette dernière rencontrera, me semble-t-il, ses propres préoccupations.

Puis il y a eu la mort de mes parents. Cette affaire m'a rappelé mes origines. Il m'a fallu retourner à Nantes, affronter le regard goguenard des cousins qui n'aimaient pas le « Parisien » et qui se réjouissaient de ses échecs. Comme fils unique, j'étais l'avorton d'un amour étriqué, et l'amour dont on est capable est proportionnel à l'amour dont on est le produit. Je n'ai pas pleuré, j'ai scandalisé beaucoup de monde. Pour cacher ma

misère pécuniaire et sociale, pour celer mon indigence spirituelle et affective, pour conjurer la perspective du raté pusillanime et velléitaire que j'étais en train de devenir, je me suis
inventé un personnage fantasque de cynique et d'aventurier, de
poète, de croyant convaincu, d'écrivain prometteur et de provo-
cateur. Et je dois dire que, dans une certaine mesure, je m'y suis
tenu. C'est bien la preuve que, n'étant pas capable de cheminer
longtemps à rebrousse-poil de mon tempérament et de la fièvre
de mon intellect, ma veulerie fut la ruse de mon courage, ma
vanité la ruse de ma lucidité, ma témérité la ruse de ma mesure
courageuse, ma précipitation passionnelle la ruse de la pertinence pondérée de mes choix, mon mensonge à moi-même la
ruse de ma rencontre franche avec moi-même. Allez, après cela,
contester l'existence de la Providence ! Je suis devenu ce que,
par pusillanimité (ou par orgueil : la première est une modalité
larvée du second), j'avais été contraint de jouer à être. Ma
révolte orgueilleuse fut la ruse de mon itinéraire, dont il me reste
beaucoup à parcourir, vers l'humilité. Et, ma foi, je ne le regrette
pas trop, malgré les douleurs sans nombre.

« Vous n'êtes qu'un homme triste, un méchant, un envieux,
un raté, un enragé qui s'en prend au monde et à son temps au
lieu de s'en prendre à lui-même ; vous crachez sur le monde
parce que vous n'avez pas su vous y ménager une place ; vous
crachez sur votre prochain parce que vous avez été incapable de
vous faire aimer de lui. Les proscrits de notre temps sont des
malades responsables de leur maladie. Vous êtes un innom-
mable salaud qui s'invente un personnage d'exclu glorieux pour
masquer son indigence et son défaut d'adaptation ; vous voudriez que le monde vous demandât la permission de tourner,
mais le monde tourne sans vous ; vous devez vous conformer à
lui ou disparaître. On dit que tout a toujours très mal marché ;
mais c'est avouer que, d'une certaine façon, tout a toujours marché aussi bien que cela pouvait tourner ; avec un peu de joie de
vivre, de souplesse, en en rabattant de ses exigences, chacun
peut faire son trou ici-bas. L'outrance de vos éructations est à la
mesure de votre convoitise frustrée. Vous n'êtes qu'un émule
d'Érostrate, vous puez le ressentiment… »

« Faut s'adapter, faut faire contre mauvaise fortune bon cœur… Les temps changent, il faut évoluer… » Ah !, la sagesse des bien-pensants suivistes, la profondeur d'esprit des connards conformistes… « Tout le monde le pense et le fait, c'est inspiré par l'esprit du temps, donc il faut le faire et le penser aussi, c'est pas possible que la majorité déraille, et puis les gens haut placés ils le disent qu'il faut s'adapter, que ça sera mieux demain. » Ces gens qui n'ont que l'idée de liberté de conscience à la bouche, qui se gargarisent avec le « droit de penser par soi-même », sont les plus serviles, les plus influençables, les plus manipulables de tous les temps et de tous les lieux. Ils comprennent même pas que la majorité des hommes est formée de couillons, et que la minorité est faite de salauds qui les flattent. De plus, supposé qu'il y ait du vrai dans ces reproches qu'on m'a faits mille fois ; supposé qu'il y ait un soupçon de clairvoyance dans le paquet d'ordures qu'on me balance sur le paletot, le problème est pas de savoir si je suis un fumier, ou un pauvre hère ou les deux à la fois ; si vous voulez, je plaide d'avance coupable, là. J'admets volontiers que la justesse de mes thèses n'est guère servie pas la sordidité de mes mobiles subjectifs intimes, à supposer qu'ils soient aussi laids que vous le prétendez. Mais est-ce que ça change quelque chose à la vérité de ce que je raconte ? Que l'idée juste et salvatrice condescende à désigner son coryphée dans une âme aussi pauvre et basse que la mienne, ça devrait inviter ses possibles auditeurs à s'intéresser à elle plutôt qu'à moi son indigne support, qui se grandit et se réforme en l'accueillant. C'est un peu comme ces gens prompts au jugement à l'emporte-pièce qui vous condamnent en trois coups de cuiller à pot une philosophie sous prétexte que son auteur était pas à la hauteur de l'idéal qu'il dévoile. Une vraie morale, ça contraint, et c'est plus courageux et plus honnête d'en reconnaître la valeur alors qu'on n'a pas la vertu pour la pratiquer, que d'être à la hauteur d'une morale qui vaut pas un clou. J'ai pas le sentiment, à mon grand regret d'ailleurs, au grand dam de ce qui me reste d'amour-propre, d'orgueil et de vanité, d'être un gonze intelli-gent ; j'suis plutôt du genre laborieux, air con à vue basse. Et pourtant, il n'est aucune pensée philosophique, opposée à mes thèses, qui vraiment, en tant que telle, me résiste. Et cela prouve deux choses, à mes yeux. D'abord, cela, sans vraiment prouver que je suis dans la vérité, me conforte dans l'idée que ce que je pense est vrai. Il n'est pas possible, en une vie d'homme, qu'une idée fausse ne trouve jamais le moyen — on rencontre tellement de gens dans une vie, physiquement ou par des livres — de se voir réfutée un jour par quelqu'un, à tout le moins ébranlée. C'est pourquoi les hommes qui traînent dans l'erreur, passé un certain âge, sont des salauds. Par ailleurs, ça prouve que la volonté de s'ouvrir à la vérité invincible, à la vérité qui seule rend vraiment intelligent, compte autant sinon plus que la force intrinsèque de l'intelligence individuelle ; *pax hominibus bonae voluntatis*. En d'autres termes, vaut mieux être un con qui a raison plutôt qu'un génie qui a tort. Mais le subjectivisme, depuis deux siècles, a tellement bouffé les méninges des gens qu'on mesure la vérité d'une idée au talent supposé de celui qui la profère, ou à sa sincérité, ce qui vaut pas mieux.

Vous me direz qu'il suffit d'être très con pour se croire intellectuellement invincible ; eh bien, je crois qu'il est encore plus con d'en rester à cette idée-là. Et, sous ce rapport, je fais preuve d'optimisme et de bienveillance à l'égard du genre humain ! Tout le monde va, depuis le *Discours de la méthode*, rappelant qu'un abruti se croit toujours assez malin, parce que c'est avec le peu de raison qu'il possède qu'il juge de la quantité qu'il en doit avoir. M'enfin qu'est-ce que ça veut dire, le fait, pour la raison, même supposée infime, de pouvoir se jauger en se réfléchissant ? Quelle est la condition logique pour qu'une force se prenne pour objet ? Ça veut dire qu'elle est, au moins virtuellement, tout simplement infinie la raison, à sa manière de raison humaine, même si elle n'est pas très douée pour les exercices de haute voltige dialectique ; être intelligent, c'est pas faire des prouesses de calcul mental, de tests d'intelligence ou de sports cérébraux, c'est être capable de voir la vérité, pas moins : ce qui peut se réfléchir ou se prendre pour objet, c'est ce qui revient à soi en partant de soi, dans un mouvement circulaire. La raison se fait conscience de soi en revenant sur soi à partir de ce qu'elle a commencé par viser en se quittant elle-même ; elle revient sur soi à partir de ce qui n'est pas elle, à partir de son autre, de n'importe quoi d'extérieur à soi. Et la raison se juge, juge la valeur de ses produits, en se faisant conscience de soi. Mais ce qui a dans soi-même son autre, c'est ce qui n'a pas d'extérieur et qui par là, potentiellement, contient tout, et s'en trouve illimité : tout ce qui a un extérieur, telle la paroi externe d'une chopine de pinard, est incapable de se réfléchir — je veux dire de la mettre à l'intérieur de son intérieur ; si ce qui est limité ne se réfléchit pas, alors ce qui se réfléchit est infini, CQFD. On n'est jamais un con, au fond, que quand on veut bien l'être, puisque tout homme est doté de raison qui, potentiellement infinie, est outillée pour distinguer la vérité de l'erreur. L'homme est pas un ange ; non seulement c'est pas un petit saint, mais je veux surtout dire ici que son corps et ses tripes font partie de lui, il se promène pas avec son corps comme on tire une carriole. C'est pourquoi les dispositions du corps conditionnent l'exercice de l'esprit ; la raison, pour fonctionner, fait appel au concours de facultés qui dépendent intrinsèquement du corps ; c'est pour-quoi la raison est plus ou moins bien mise en valeur, indépen-damment de tout perfectionnement culturel, selon les bon-hommes. Y a pas d'égalité, surtout pas égalité d'intelligence d'un zig à l'autre. Mais ça empêche pas que la raison soit capable de connaître la vérité objective, pour autant qu'on s'y intéresse. D'un gars à l'autre, on l'entrevoit plus ou moins clai-rement. Mais tout homme de bonne volonté peut l'entrevoir. Je maintiens donc, à la fois, qu'il y a des plutôt cons et des mecs plutôt doués par nature, *et* que chacun est toujours plus ou moins responsable de sa connerie. Moi je fais partie des plutôt cons, ma force est de le savoir, et d'aimer la vérité. Je suis pas à la hauteur de mes certitudes morales, c'est vrai. Mais un salaud non détourné du vrai qui crucifie sa volonté malade, vaut mieux, quand bien même ses effluves affectifs offensent puis-samment vos délicates narines de bien-pensants-bien-voulants, qu'une volonté salope ayant décidé (ainsi voulu) d'oublier qu'elle avait voulu ne pas vouloir ce que lui prescrivait la raison. Je suis pas un sentimental, comprenez : je fais pas du sentiment la racine de la bonté de l'homme. Et l'amour de la vérité rend intelligent, parce que la raison est faite pour ça, au point que la vérité en fécondant la raison en tire le meilleur, même quand on n'a pas beaucoup de raison. Une gamine de huit ans peut faire fermer sa gueule à François le Hideux de la Rome apostate, rien qu'en connaissant son catéchisme traditionnel. C'est pareil pour tous les autres domaines. Dans la vie, il y a des choses qu'on peut pas changer, faut faire avec. Un cul-de-jatte sera jamais danseur étoile, un pauvre gringalet de mon gabarit sera jamais champion d'haltérophilie. Mais une petite intelligence peut de grandes choses, elle est élastique, quand elle aime la vérité.

Z'avez pas le temps de lire mes salades fumeuses d'âme amère planquée dans un corps déglingué ? Vous voulez de l'atmosphère et non du concept, z'avez pas besoin de moi pour penser, que vous dites... C'est bien possible après tout, mais alors pourquoi êtes-vous incapables d'accéder aux idées vraies, celles qui font agir dans le bon sens et qui nous sauvent ? Je crois que vous êtes fermés aux idées vraies parce que vous savez même plus ce que c'est qu'une vraie idée ; vous prenez vos états d'âme pour des idées. On pense pas avec ses états d'âme, c'est la maladie de la modernité de penser avec son « cœur » ; on « sent », et on croit que ça suffit ; et qu'est-ce qui se passera quand y aura plus ni nez ni odeur, quand vous aurez quitté ce paquet de chair et d'os, ce sac à merde qu'est votre corps ? Si vous renoncez à penser aujourd'hui, ça vous fera tout drôle quand vous serez plus qu'âme, z'aurez plus que ça à faire, penser ; y aura plus pour vous ni ciel ni terre, ni passé ni avenir, ni télé ni safari ni baise, ni portable ni Internet, ni rêves ni apéro, ni aucun de ces innombrables gadgets destinés à vous donner de vous fuir. Y aura plus que du présent, la présence de la réalité toute nue, cette réalité dont la vôtre, toute sensible, est la pâle et transitoire image. Vaudrait mieux vous y mettre tout de suite, à penser ; tout de vous, pour l'éternité, se joue dans cette activité.

Et puis même ici-bas le salut c'est la raison. Dans notre « Occidentie », il y a un petit nombre de manipulateurs immondes qui veulent la mort des peuples blancs. Ils se sont emparés de toutes les ressources de la propagande, ils font croire n'importe quoi, qu'il y a pas de race, que les hommes sont égaux, que les femmes doivent supplanter les hommes, que les hommes peuvent se faire engrosser pour remplacer les femmes, que chacun choisit son sexe et ses talents, que le mélange ethnique est la condition de la paix, etc. Les marxistes ont compris qu'il fallait changer la population dans sa substance raciale pour en changer l'identité culturelle, et pour faire avaler le communisme, parce que personne n'en veut aussi longtemps qu'il y a assez de gadgets et de victuailles pour faire joujou, s'empiffrer et oublier les inégalités, et que seuls les Blancs peuvent produire ces conditions hédonistes ; les piétons de la mer Rouge s'y consacrent depuis toujours pour exténuer le christianisme, puis pour réduire à l'état de trépané, afin de s'y substituer, la population naturellement destinée à diriger le monde ; les musulmans poussent à la roue jusqu'à un certain point pour emmerder, par jalousie et ressentiment, les Occidentaux et pour profiter de l'affaiblissement général dans le but de donner libre cours à leurs espoirs de conquête ; la Banque évidemment organise tout ça pour se substituer aux États. Et les Loges servent de relais à toutes ces entreprises pour instaurer la religion gnostique. Les Occidentaux savent tout ça, mine de rien, ils font semblant de pas savoir mais ils savent ; et ils disent rien. Sont énervés, exténués, consentants au fond. Ils ont admis le principe qu'ils courent à la mort s'ils ne renoncent pas à leur subjectivisme, moteur du sentimentalisme qui enterre la raison. Et dans le fond ils ont consenti à mourir, parce que réveiller l'instinct de survie, et agir en conséquence, ça les obligerait à revenir sur la déification du sentiment. Les damnés vont en enfer parce qu'ils veulent y aller, ils s'y précipitent parce qu'ils savent que leur place est là ; ça les emmerde moins d'aller en enfer que de choisir de renoncer à leurs vices, à leur Moi ; et il en est de même sur Terre. Les manipulateurs savent créer des peurs collectives, susciter des maux planétaires réels ou illusoires, pour mater les populations rétives, se poser en sauveurs apportant leurs services à leurs conditions coercitives. Et les peuples occidentaux marchent comme un seul homme, ils ont déjà consenti à l'esclavage, qui les laisse adorer leur Moi. Tout espoir est donc perdu. On pourra leur faire avaler n'importe quoi, ils broncheront pas, y aura pas de révision déchirante, de réaction salvatrice et courageuse, si tout continue comme ça. La seule issue de salut, ce serait que les manipulateurs en viennent, l'esprit brouillé par l'imminence de la victoire, à se crêper le chignon entre eux, ce qui les affaiblirait, ou bien à se faire déborder par leurs propres manipulations qui leur échapperaient des mains et produiraient des effets non prévus. Mais ça, ça dépend pas de nous. Soyez pessimistes pour les choses de la Terre, c'est la seule façon de garder un peu de raison. En même temps, osez écouter la raison libérée du sentiment, ça vous rendra pessimistes, première phase de l'optimisme efficace qui, par nature, est un pessimisme vaincu. Sans le présupposé du pessimisme, l'optimisme est dérisoire et rend con ; il se convertit, aussitôt que déçu (ce qu'il ne peut pas ne pas subir), en désespoir sans avenir.

CHAPITRE VIII

UN SOLILOQUE ACTÉONESQUE

La santé physique et morale d'Actéon ne s'est pas améliorée. Il a des idées, comme ça, qui lui passent insidieusement par la tête, auxquelles il n'ose pas accorder attention et crédit mais qui, les garces, reviennent à la charge sans vous demander votre avis, alors qu'on ne les a pas sonnées. Elles vous narguent en vous disant qu'elles sont là, et il ne faut pas songer à s'en désengluer, à les casser, à les vaincre par la force, parce que des idées, ce ne sont pas des choses, des objets qu'on pourrait abandonner à moisir dans un placard pour se donner le loisir de penser à autre chose : penser, c'est faire naître des idées qui vous ont préalablement fécondé les méninges ; en pensant contre les idées, on convoque les idées qu'on voulait chasser, elles se gaussent de vous et se rebiffent et vous laissent K.O. Elles sont comme consubstantielles à l'entendement qui n'a le privilège de les produire qu'en faisant l'aveu qu'il vit d'elles. Pour lutter contre ce qui titille l'esprit, il n'y a que les forces de l'esprit. Essayez de mettre un coup de poing à une idée... Il faudrait inventer des chambres à gaz homicides pour occire les idées qui nous importunent, pour les faire disparaître en fumée, ou plutôt pour les faire apparaître, pour leur conférer la réalité chosiste d'un truc représentable qui, les paralysant, les rendrait vulnérables. Une idée qui dégénère en chose, fût-ce cette chose qu'est une fumée, cela peut se dissiper, se faire disparaître ; on peut réduire une chose matérielle en chaleur, mais non pas une idée qui reste une pensée sauf, évidemment, si c'est une fausse idée, une apparence d'idée, un *flatus vocis*, une chose précisément. Est une fausse idée ce dont est supposé être porteur un mot, mais à quoi aucune réalité ne correspond ; évidemment, si la chambre à gaz homicide est une fausse idée, il suffit de reconnaître dans le mot qui la dit un *flatus vocis* pour la dissiper immédiatement ; mais alors pourquoi ne se dissipe-t-elle pas ? Et d'où vient, si c'est une vraie idée, que la chose réelle dont elle est censée être l'idée soit introuvable et non représentable ? Il y a certes une manière pour les idées d'être de vraies idées sans que leur corresponde quelque chose de tangible ; c'est au moment où elles expriment un idéal, quelque chose de non réalisé mais qui a valeur de norme de la réalité même, et de finalité et de modèle. On s'élève alors au « réellement réel » de l'Idée platonicienne, plus dense que la réalité sensible qui l'imite en la trahissant, et principe d'intelligibilité de cette dernière. Mais de quoi la chambre à gaz pourrait-elle bien être le modèle et la norme ? Et puis à propos de quoi se met-il à disserter, là, tout seul dans le noir, en proférant l'Indicible, en méditant sur l'outil n° 1 de la Chose dont il n'est pas permis de parler ? Tu files vraiment un mauvais coton, Actéon, il va falloir te secouer.

Actéon a compris mais sans oser savoir qu'il comprend. La chambre à gaz est bien une Idée, une valeur, la valeur suprême. Sa grand-mère et sa mère portaient jadis une petite croix autour du cou. Il aperçoit l'avenir. Ce n'est plus une croix que l'homme sera invité à porter, c'est une petite chambre à gaz en argent que chacun fera bénir par les prêtres du culte holocaustique. La croix rédemptrice, c'est la chambre à gaz.

C'est terrible une idée. C'est tout petit, c'est même tellement petit que ça ne se voit pas, c'est comme l'esprit lui-même, au point qu'on a tendance à croire que ça n'existe pas. Ça n'a ni odeur ni saveur, c'est plus évanescent que la brise, ce n'est pas localisable. On ne peut rien faire contre une idée. Quand elle s'est imposée, il n'y a plus qu'à faire avec, il faut y succomber ou la réduire en acceptant de la penser ; il faut se reposer en elle et la laisser, si elle le veut bien, consentir à se dissoudre en vous en faisant elle-même la démonstration de sa propre inanité ; encore faut-il que ce soit une idée fausse. Si c'est une idée vraie, vous êtes foutu. Tout le monde le sent d'ailleurs, c'est pourquoi personne ne veut penser, pour échapper au poids des idées vraies, qui conditionne des comportements exigeants. C'est pire qu'une maîtresse, une idée. Une maîtresse, on peut toujours la congédier, apprendre à se dégoûter d'elle, il suffit de respirer son haleine au réveil, de passer au cabinet d'aisance juste après elle ou de prendre la mesure objective de son avidité, ou de sa bêtise. Avec une maîtresse, on n'est jamais ensorcelé que par soi-même, par ce qu'on attend d'elle et qui en vérité gît en nous, et dont on croit lui pouvoir imputer la richesse parce que c'est à son contact que le désir prend forme et prend conscience de lui-même. Une idée, ça n'a ni haleine ni mauvaise humeur, ni besoins pécuniaires ni règles douloureuses. Actéon a bien essayé toutes les ruses de la chair pour conjurer les assauts des idées, mais rien n'y a fait. Les femmes, leur cul irrésistible, leur voix, leurs câlineries dont nul ne se lasse, les jeux de leurs regards, leur peau, leurs mouvements qui transfigurent et spiritualisent la trivialité de leur chair, les replis musqués de leur intimité moite ; l'esprit matériel et brumeux du whisky ; les jeux d'argent qui, dans les bouis-bouis interlopes, vous secouent un temps la paillasse en réveillant par la terreur indéfiniment réitérable l'appétit d'exister, la jouissance de l'attente anxieuse et les délectations de l'espoir impatient ; l'exercice de la méchanceté et du chantage sur plus faible que soi, « tenu » par une misère honteuse, qui vous fait sentir votre efficience dont vous doutiez dans la contemplation rassurante de l'effroi que vous avez suscité… Il a tout essayé, rien ne marche. Car tout ça c'est du sentiment, c'est de l'image, ce ne sont pas des idées, c'est du sensible, ça ne résiste pas au travail de sape du concept. Victor Hugo clame dans *Les Châtiments* que le « pouèète » c'est le mot, que le mot c'est le Verbe, que le Verbe c'est Dieu. Mais le prophète du Progrès, qui conjugue dans une unité tératologique exceptionnelle le génie fulgurant et la niaiserie illimitée, se fourvoie comme d'habitude : le « pouèète » ce n'est pas le mot porteur d'idées, c'est le mot porteur d'images, c'est encore du sensible, ça passe comme le reste.

La réalité matérielle n'est que l'effort tendu du non-être vers l'être ; même les galaxies s'usent ; aussitôt qu'elle se met à être, elle devient, elle n'est que comme devenant ; mais devenir consiste à se contester. Donc elle n'est que comme se reniant ; elle est incapable de se maintenir en une identité vraie ; elle est impuissante à se convertir à cette unité qui la transfigurerait en ce qu'elle est vraiment, qui ni ne se touche, ni ne se voit ni ne s'entend, ni ne déçoit ni ne se corrompt jamais parce qu'éman-cipé de la dichotomie entre l'être et le paraître, laquelle rend possibles tous les mensonges au point qu'on peut se demander si la réalité sensible n'est pas elle-même un mensonge. Chaque fois qu'une chose se met à exister, elle a beau faire, elle peut bien donner l'impression de mûrir et de s'acheminer vers la plénitude de la consistance ontologique, elle a beau vous offrir un chatoie-ment de phénomènes révélateurs de sa richesse et de sa florai-son, c'est plus fort qu'elle, il faut qu'elle se mette à vieillir, à s'acheminer dès que posée hors du néant vers le néant dont elle sourd. Elle semble conjurer son disparaître en produisant, de manière toujours plus inquiète et plus précipitée, toutes ses humbles manières d'être qui sont comme autant de substituts dérisoires et touchants, autant d'efforts avortés, de cette pulsa-tion intérieure la sommant de se poser comme l'acte — de soi non paraissant — de son apparaître qu'elle trahit aussitôt qu'ad-venue. La réalité matérielle est comme ces mauvais acteurs qui, alors que le metteur en scène est en train de les congédier, essaient désespérément, dans une confuse précipitation, de réci-ter devant lui tout leur répertoire afin de le séduire pour se faire embaucher. Rien de ce qui est sensible n'est vraiment, puisqu'il fait corps avec le devenir qui l'emporte et le résout dans le non-être.

Et c'est lorsque l'esprit pense le réel qu'il le convertit en idée qui ni ne passe ni ne se corrompt, ni ne se trahit en phénomènes qui le cèlent autant qu'ils le révèlent puisqu'ils ne le révèlent que de manière toujours latérale et tronquée : tel triangle inscrit à la craie au tableau est effacé d'un coup d'éponge ; l'idée de triangle, et ses propriétés essentielles, sont éternelles. Par sa réflexion constitutive, la pensée transfigure en identique à soi ce dont le propre est de se trahir en tant qu'être. Mais la réflexion pensante, humaine, n'est pas productrice *ex nihilo* de ce qu'elle pense : essayez de penser, sans penser quelque chose que votre pensée n'est pas... Essayez de penser sans penser quelque chose de *déterminé* ; cela revient à penser l'être pur qui n'est pas *un* être, la pure propriété d'être de tout ce qui est un, le « ce qui fait qu'il y a des êtres » et qui pourtant se dévoile dans et comme « la nuit où toutes les vaches sont noires », comme disait l'autre : la pensée pure, ou l'être pur, c'est le néant. Le réel *est*, même si ce n'est qu'une ombre d'être ; l'idée du réel *est*, même si ce n'est que l'idée de ce qui est ; l'idée du réel ne se saisit d'elle-même qu'en se faisant idée d'être ; mais se saisir de soi, c'est opérer une réflexion. De sorte que si la pensée ne pense que fécondée par le « réel-qui-n'est-pas-vraiment-être » dont elle exhibe la vérité ou — mieux — qu'elle convertit à sa vérité d'*être* réel, ou d'idée qui pourtant, en retour se résout en néant, c'est qu'il est une conversion — ou réflexion — du côté du réel, qui détermine l'idée à être la réalité. La réflexion convertissant le réel en idée, qui s'opère dans notre pensée, n'est elle-même que le reflet d'une réflexion qui s'opère dans les choses : cette conversion réflexive est en droit productrice d'être, puisqu'en faisant advenir le réel à son identité idéelle, elle retient du réel ce qui en lui ne passe pas, conjure l'invincible tendance du réel à se renier en tant que réalité, sauve du réel évanescent ce qu'il y a de réel en lui. L'idée est plus réelle que le réel, et pourtant, aussitôt qu'advenue à son être d'idée objectivée dans l'activité réflexive d'une pensée subjective — toute pensée s'exerce bien comme activité d'un sujet, de quelqu'un, de « quelque *un* », d'un singulier —, elle est comme vide en tant qu'universelle, inefficace, incapable de révéler sa puissance de faire être le réel. Elle est en droit productrice d'être et en fait ne produit qu'une signification. Il existe donc une Pensée qui, par sa Réflexion, a le pouvoir de convertir en réalité toute idée signifiante. Actéon est tenté de nommer Dieu cette vertu, propre à l'Idée en général mais absente de sa manière humaine d'exister dans la pensée, de causer la réalité qui la dégrade et la trahit. Et c'est bien l'Idée de Dieu, Dieu comme Idée qui le tracasse en ce moment. Si l'Idée de Dieu — ainsi l'idée d'être — est capable de se penser elle-même, elle est Dieu. Mais l'Idée de Dieu n'éclot en notre pensée que pour se révéler néant. N'empêche. L'Idée de Dieu ne s'impose pas à nous de cette façon pour nous dire que Dieu n'existe pas ; elle s'impose à nous en un tel état pour nous faire constater qu'on ne peut pas penser Dieu autrement qu'en affirmant qu'Il existe, mais que la pensée de cette existence n'est pas l'existence de la pensée qui la pense.

Actéon est vraiment mal parti. Rien ne serait inquiétant si l'idée d'être, comme l'idée d'infini, n'était qu'un innocent produit de l'alchimie de notre entendement s'amusant à se représenter, apophatiquement, la négation de la finité du réel qui s'offre à lui ; rien ne serait troublant si l'idée d'être n'était — comme on dit (comme si l'idée n'était que le pâle reflet du réel) — qu'une idée. Le problème, c'est que l'idée d'être ou d'infini ne saurait s'expliquer par le seul jeu de l'intellect, puisqu'elle est présupposée dans et par toute activité de l'intellect ; « *primo in intellectu cadit ens* » :

Actéon pense la table qui est en face de lui, il pense sa propre lâcheté, ses reniements, sa crasse, la détresse de Zinzin, l'espièglerie dangereuse de Bouffon ; Actéon pense l'insignifiance de sa femme, la décadence du monde occidental et avec lui de la planète, et il se dit chaque fois qu'il ne les peut penser qu'en tant qu'il se peut dire, silencieusement : « La table *est* cet objet devant moi, je *suis* un salaud tout-puissant et futile dans le sentiment d'impunité dont je me gargarise ; je *suis* un pauvre type veule et fragile qui se remet en question trop tard ; Zinzin *est* un minable sublime et malheureux ; Bouffon *est* un type inquiétant dont la fascination qu'il exerce sur moi est un gage de mon degré d'abattement morbide ; mon épouse *est* une pauvre salope qui n'est même plus capable de m'inspirer de la honte ou de me faire de la peine ; je *suis* en train de me transformer, comme naguère Zinzin, en caisse de résonance des affres du monde, et j'ai peur, je *suis* liquéfié par la peur. » Condition d'objectivation des productions de la pensée, l'idée d'être n'est au mieux productible par ma pensée qu'en tant qu'elle commence par la précéder. Et puisqu'elle désigne ce dont la réalité procède, c'est qu'elle précède comme Idée pensante jusqu'à ma pensée qui la reçoit. Et dès lors que l'idée n'est pas sans sujet, c'est qu'il est un Sujet qui est Son Idée : c'est Dieu qui la pense et qui l'est. Le sentiment — ou plutôt l'idée — que le monde et lui-même ne sont que par l'Idée, donnent à Actéon l'impression que tout glisse, que tout se liquéfie, que l'Être en son Absence hante la présence désormais non rassurante de la poussière d'être qui forme les choses du monde.

« Secoue-toi, Actéon, tout cela n'est que divagation, écoute la radio, allume la télé, décoince-toi en libérant des pets, reprends contact avec le "réel". Les idées, ce sont des rêveries, ça n'existe que dans ta tête, comme les cauchemars, sers-toi un scotch bien tassé, passe un coup de fil à Diana la reine des levrettes, songe à ton boulot, à la politique, aux ennemis de l'État, à ta retraite, à ta fiche de paie, aux bruits dans la rue, aux résultats du loto, aux nouvelles de l'actualité : c'est cela même la réalité, palpe-toi. La métaphysique, ça n'est qu'une tumeur cancéreuse de la grammaire, un effet de surface des mots qui dansent dans ton imagination. Le réel, ça se touche, ça se mange, ça se malaxe comme des gros seins ; tu n'as pas honte de te faire malaxer la tête par des chimères ? Non mais, se faire emmerder par des idées... Tu baisses, tu n'es qu'un naïf...

Mais Diana la Longue, et Rosalie la Boulotte pulpeuse, qui sont encore bien jeunes, continueront à monnayer leurs tristes charmes quand je ne serai plus là. La République passera, et mon gouvernement, et l'administration, et les convictions du moment. Et les sacro-saintes actualités renvoient chaque jour au néant du passé ce qu'elles venaient d'exhiber comme le réellement réel du présent. Et la Lune continuera de faire sa grimace glauque à la Terre bien longtemps après que je serai enterré. Et qu'est-ce que j'en ai à foutre du monde auquel je me raccroche comme à la réalité ultime dont je crois qu'elle me fait vivre, alors qu'il continuera de tourner sans moi comme si je n'avais jamais été ? C'est lui qui me fait mourir, c'est lui qui existe à peine : s'il était véritablement, il rendrait raison de mon désir infini d'être, de m'aboucher à l'Être dont il est la mascarade, et d'exercer l'Être dont je suis la participation inchoative et dérivée. En me trahissant, le monde fait l'aveu de son impuissance congénitale à me combler.

Et puisque mon désir lui-même est manque ; de ce qu'il atteste, à ce titre, une plénitude dont il est la décompression, c'est que le néant de représentation qu'est l'Être de l'Idée d'être n'est pas le rien de la pensée en sommeil. Pourquoi ne Se dévoile-t-Il pas ? Et que me réserve-t-Il quand Il me fera comparaître devant Lui ? Et puis d'abord, est-il bien sûr qu'Il ne S'est pas dévoilé ? Dans le Buisson, "Je suis Celui qui suis" S'est dévoilé en Se cachant, S'est révélé dans Son éclipse ; mais le Crucifié ? Lui S'est bien manifesté, puisqu'Il a eu le culot de Se mettre à notre portée en Se faisait fini, homme parmi les hommes, sans cesser d'être l'Infini actuel. Et Il a dit Sa Loi, Sa Loi de Justice et d'ordre que tout le monde connaissait avant Sa venue — même les païens sont injustifiables —, et Sa Loi d'amour qu'Il est seul à avoir proclamée. Et le monde actuel est désordre systématisé, et haine généralisée, égoïsme érigé en Loi. Il y a de quoi se faire des cheveux, faut s'attendre à dérouiller sec.

Qui plus est, si l'Idée, comme Pensée de soi de l'Être, est le principe des êtres et de la pensée des êtres, c'est que toutes les idées — les vraies idées évidemment — sont filles et prosopopée de l'Idée qu'elles célèbrent. Comment vais-je me débarrasser de toutes ces idées qui m'emmerdent ? Elles se sont comme liguées pour faire le siège de mon souci de tranquillité. Parce qu'en ce moment elles m'en mettent plein la gueule. Toutes mes convictions, puisées dans le désordre érigé en normalité qui tisse les armatures de mon monde, se dissolvent en elles. Toutes ces choses rassurantes — l'antiracisme, l'inanité des théories du complot, les Droits de l'Homme, la démocratie, la social-démocratie, l'économie socialiste de marché, le progrès, l'Holocauste, le Nouvel Ordre mondial, la science, la bonté naturelle de l'homme, la République, la liberté, la fraternité, l'unité du genre humain, l'égalité, la Résistance, le gaullisme, l'œcuménisme, la génialité des Géniaux —, tout fout le camp dare-dare... Pauvre de moi. Zinzin, je te vomis. »

Actéon Philoneikos fut, il y a quelques années, mêlé à l'affaire Bidulski, en soi beaucoup plus grave que l'affaire du sang contaminé : il n'y eut pas que quelques fumiers vénaux et girouettes « responsables pas coupables » à être scandaleusement innocentés ; d'une certaine façon, c'est tout le Système, toute la société moderne qui firent là la preuve de leur culpabilité. Vladimir Bidulski est récemment « disparu » ; encore un « accident », non imputable à Philoneikos, mais ce dernier savait ce qui se tramait, et il ne fit rien pour l'empêcher. D'aucuns pensent que le Vladimir aurait été un exceptionnel chercheur en biologie écrasé par le lobby des multinationales et des laboratoires pharmaceutiques. Une multitude de cancéreux et de sidaïques, sourds à la désinformation officielle, auraient dû la vie à Bidulski auquel ils avaient su faire confiance. Mais l'interdiction de ses produits, prononcée par un État aux ordres, aurait coûté la vie à un nombre infiniment plus grand de malades, passés, présents et futurs. Il y a plus de quarante ans, dans le service de Jacques Mon Nœud — adepte d'un matérialisme au ras des pâquerettes, prix Nobel, psychopathe envieux, inique et jaloux —, il travailla à l'Institut Naïm Weizmann de Paris. Au passage, ce Naïm, génial entre les Géniaux, ami de Théodore Herzl qu'il soutint pendant la Guerre de 1914 dans son entreprise fanatique de spoliation juive de la Palestine, réussit par ses manœuvres à obtenir la déclaration Balfour : biologiste, il était parvenu à réaliser la synthèse de l'acétone alors qu'il travaillait pour l'effort de guerre britannique. Il sut, bien évidemment, monnayer cette modeste contribution à l'effort scientifique et technique international. Il laissa entendre qu'il était un représentant du Petit Peuple Génial exclusivement consacré aux arts et à la science, martyrisé depuis toujours par la goyerie impie, brutale, envieuse, inconsciente et massive. Aussi cet humble ressortissant de la Génialie, auteur d'une découverte si grandiose et si essentielle pour la survie de l'humanité tout entière, méritait bien que, pour une fois, la gratitude goye se manifestât à son peuple en réservant à ce dernier un petit territoire ingrat que la Génialie, de droit divin, réclamait depuis deux mille ans afin de continuer à manifester ses dons géniaux et philanthropiques tout consacrés aux arts et à la science dans l'intérêt de l'humanité reconnaissante. Vladimir Bidulski, quant à lui, découvrit dans son coin, et contre les déclarations de Mon Nœud, que l'ADN pouvait être modifié par l'ARN. Mon Nœud n'était pas content ; il avait « découvert » l'« impossibilité » d'une telle découverte, et il en avait fait état avec aplomb dans son best-seller *La Fortune et le Déterminisme*. Il ne voulait pas avoir l'air d'un con... Bidulski, en dépit de l'hostilité de son patron susceptible et enflé, et après que ce dernier et son successeur aussi nul et vénal eurent réussi à le foutre à la porte de l'Institut, procéda alors, grâce à cette découverte, à la mise au point de produits capables d'attaquer les cellules cancéreuses en épargnant les autres et sans effets secondaires. Pour couronner le tout, les substances fabriquées par Vladimir étaient biologiques et non chimiques, dotées du pouvoir de réguler le dysfonctionnement des cellules malades, et extraordinairement bon marché. Là, ça n'était plus la vanité d'un vieux con qui était menacée, c'était la fortune monstrueuse des laboratoires pharmaceutiques qui était contaminée : si elle avait été respectée, la loi du marché eût précipité la faillite des fabricants de merde empoisonnée et onéreuse que rembourse la Sécurité sociale alimentée par les ponctions fiscales pour remplir leurs poches sanglantes. Il n'obtint pas l'autorisation de mise sur le marché des médicaments qu'il avait fabriqués dans ses propres laboratoires privés, et qu'on utilisait déjà beaucoup, entre autres le président de la République française Sa Majesté Avunculaire Ier de la Francisque Prostatisée. Dès l'instant du décès de ce dernier, Bidulski fut traîné dans la boue, emprisonné, calomnié, battu, menotté, jugé, rejugé, condamné, recondamné, endetté, réduit à un état de prostration neurasthénique. L'accusation judiciaire aux ordres fut flanquée de la Ligue contre le cancer (ce machin dirigé par un autre Génial se vantant régulièrement de trucider ses patients, et qui fut longtemps une pompe à fric exploitant, au nom de la science, la naïveté et la bonté imbécile des masses), d'AIDES et d'Act Up (les associations de pédés qui plaident en faveur de la sodomie pour soigner les gens atteints du sida). Comme il ne se résolvait pas à se suicider (cette sale bête était croyante…), il fallut accélérer les choses sur ordre venu d'en haut, de très très haut, du cabinet de l'Immaculée Contraception. En fait, les associations d'invertis bouffaient à la gamelle des autorités maçonniques de santé publique et des laboratoires ; et les partis politiques, qui squattent la machine de l'État au profit des oligarchies qui les dirigent, bouffaient à la gamelle des laboratoires. Il fallait bien que l'État renvoyât la balle en faisant condamner, puis en éliminant, l'importun Bidulski.

Actéon Philoneikos pense à ce scandale, parmi d'autres, qui nourrit sa réflexion dubitative induite par ses crises métaphysiques. Il ne sait plus si ce sont les idées subversives qui, l'ayant ensorcelé, ont suscité cette évocation, ou si c'est elle qui, avec tant d'autres toutes plus écœurantes les unes que les autres, a induit de telles idées. La Chose dont on ne parle pas est, en quelque sorte, et dans l'ordre des faits, la maxi-Chose contemporaine mais, supposé, comme il le semble bien, que les idées générales soient plus terribles que les faits, il est bien d'autres choses que la Chose, et une maxi-Chose bien plus épouvantable encore, et c'est l'idée démocratique. L'idée démocratique est une abomination parce que c'est une fausse idée qui, plus que toutes les autres, se pare de l'évidence fallacieuse du vrai concept.

« Voyons les choses simplement, se dit Actéon, sans *a priori* castrateur, c'est-à-dire avec tous les *a priori* élémentaires que requiert l'exercice même de la vraie pensée : le principe de non-contradiction, le plébiscite de l'instinct vital, l'appétit de vérité.

— Tu sais à quoi tu t'exposes, Actéon, lui répond Philoneikos… Après, ça ne sera jamais plus comme avant.

— Je sais, Philoneikos, fous-moi la paix. Je n'ai plus grand-chose à perdre. J'en ai marre de me mentir, de vivre à côté de mes pompes. J'ai perdu ma femme qui est en train de se faire aimer par un Juif, et mon fils qui doit combler d'aise en ce moment un inverti en rut, et mon amour pour la République qui m'a brisé en souillant tout ce que j'aimais. Il me reste à tenter de ne pas perdre mon âme. J'ai une âme qui palpite au fond de mes reniements qui l'étouffent ; je veux soigner, à coups de lucidité, mon âme encore amendable : je suis esprit, l'esprit n'a pas de cicatrices, c'est Dieu qui me l'a dit tout à l'heure.

— Soit, tu l'auras voulu. »

Dans l'affaire Bidulski, on voit se dégager à merveille la logique des gouvernements démocratiques. L'État, dont la Justice est une fonction régalienne, n'assure et ne saurait assurer son rôle d'arbitre à lui dévolu par la démocratie. Ce qui revient à dire que la démocratie n'est qu'une sordide pétaudière qui pue, qui pète et qui répand du fumier et de l'iniquité, et qui ne peut fonctionner — au reste fort mal — qu'en se trahissant. Et il n'est pas besoin d'être grand clerc pour l'établir. Les dirigeants ont en effet vocation à dépendre de la société entière dont ils

représentent, en l'hypostasiant dans une pluralité restreinte supposée s'approcher au mieux de la singularité que requiert son
efficace, la volonté populaire. Les dirigeants doivent ainsi, par
définition, à ceux qu'ils dirigent, l'honneur et le privilège de les
diriger. Mais diriger c'est ordonner, c'est mettre en ordre et c'est
donner des ordres. Et il n'est pas d'ordre sans coercition, parce
que si aucune initiative contraignante n'était requise pour que
s'instaurât spontanément l'harmonie, il n'y aurait pas besoin
d'un gouvernement : la société serait substance, elle s'organise-
rait toute seule, comme un organisme vivant dans lequel tout se
passe comme si une unique pensée était immanente à toutes ses
parties.

Même tous absolument vertueux et exclusivement préoccupés de la chose publique, les individus composant un tout ne
sauraient, par le seul fait de la relative cécité qu'induit leur
position d'immersion dans le tout, prévoir ensemble les mesures
d'intérêt public, chaque fois originales et non dérivables de principes universels, que requiert le tout. Il faut donc, toujours, une
volonté qui, de bonne ou de mauvaise grâce, plie les volontés
pour les faire marcher ensemble. Et la chose est d'autant plus
avérée que les hommes sont mauvais. Là-dessus, qu'on cesse
enfin de raconter des conneries auxquelles personne ne croit ; le
péché originel et ses effets sont les éléments de la Révélation les
plus évidents qui soient. Qui se priverait spontanément d'avantages immédiats, obtenus au détriment d'autrui, en vue du souci
du bien commun ? Pas grand monde en vérité, même si tout le
monde assure et s'assure avec sincérité — au dire du témoignage de sa conscience qu'il consulte comme Madame Soleil —
de la thèse opposée. La conscience sans la raison, c'est la garce
perfide qui dit tout et le contraire de tout, qui ment et se ment,
embobine et s'embobine parce qu'elle est, sans tiers médiateur,
le juge et le jugé. De sorte que la conscience émancipée du
magistère rationnel, par là soumise à l'appel d'air du Moi dévorant dont les passions sont les rets, se trouvera toujours de bons
motifs pour infléchir son choix dans le sens qui l'arrange, celui
de l'intérêt singulier.

Mais alors comment, dans une démocratie, les dirigeants peuvent-ils diriger, ainsi contraindre, ceux dont ils sont redevables de leur droit et de leur pouvoir de les diriger ? En toute logique, ils ne peuvent que se faire les mandataires du plus grand nombre, et instaurer une tyrannie de la majorité sur la minorité. Mais puisque, aussi bien, la minorité est toujours celle des riches (est quantitativement riche celui qui possède plus que le plus grand nombre), les dirigeants se trouvent contraints, nécessairement, d'instaurer un despotisme ochlocratique de la majorité des miséreux sur la minorité des nantis, afin de les déposséder pour les rendre tous également pauvres. La logique immédiate de la démocratie, c'est de produire le communisme. Mais ça ne fait pas l'affaire des riches. Or il se trouve que les riches sont de fait les plus influents.

Les riches sont les plus influents parce que le refus démocratique d'une souveraineté fondée sur un principe transcendant procède d'une mentalité hédoniste généralisée, qui consacre comme valeur première la puissance, symbolisée par l'argent, de jouir des biens matériels. Un bien spirituel, telle une idée vraie — encore les idées, je suis foutu… — peut être également participé par tous sans rien perdre de son intégrité : il peut être tout entier dans tout le monde à la fois sans avoir à être divisé, au rebours d'un gâteau qui ne saurait habiter mon estomac et celui des autres en même temps. Un bien spirituel est éminemment participable et indivisible. Un bien matériel est imparticipable et éminemment divisible. J'aime un bien matériel en me voulant du bien ; je chéris un bien spirituel en me rapportant à lui, en cultivant l'honneur de le servir. Mais l'ordre fait partie des biens spirituels. L'ordre est de nature formelle, non matérielle ; il nourrit l'intelligence et non les panses, il est l'idée qui organise et ne se confond pas avec l'organisé. Il est immanent à chaque partie sans cesser d'être l'ordre du tout, en assignant à chacune la place qui lui revient, il est tout entier en chacune sans y être totalement, parce qu'il fait de chaque partie un moment du processus de son avènement. L'ordre appartient donc au registre des biens participables qui, voulus pour eux-mêmes, exigent que ceux qui les appètent veuillent en même temps les moyens les plus congrus à leur obtention, à savoir l'autorité transcendante. Aussi le refus de la fin qui contraint la subjectivité, de cette fin corrélative des moyens qui offensent et froissent cette même subjectivité en bafouant sa prétention à la souveraineté, est lui-même nécessairement corrélatif d'un désir exclusif — à tout le moins principiel — des biens non participables, ainsi des plaisirs sensibles, des jouissances matérielles, et de ce qui les résume, à savoir l'argent. Toutes les salades sur la dignité de l'homme sont autant de cache-sexe destinés à celer son choix de se réduire à un animal déréglé, à une machine à jouir. Dans une société tout entière focalisée par les biens matériels, c'est l'argent qui est roi et qui est Dieu, et ce sont les détenteurs de l'argent qui mènent la barque. On est démocrate pour satisfaire le désir sacralisé de « faire ce que l'on veut, ce qui nous plaît », et ce que l'on veut, c'est jouir.

Allons même plus loin. La mentalité démocratique — Actéon vient de le comprendre — procède d'une mentalité hédoniste induite par le subjectivisme qui se donne, dans la démocratie, le moyen stratégique de se satisfaire. Mais, plus profondément, selon un phénomène d'action réciproque, l'hédonisme procède de l'esprit démocratique et du subjectivisme qui l'inspire : on aime les biens matériels de manière exclusive et inflationniste *parce qu'ils* sont des biens que l'on peut rapporter à soi, en lesquels on peut, à ce titre, se glorifier.

Se transformer en machine à jouir, quand on est réputé être esprit, il faut l'expliquer aussi, se dit Actéon dans un sursaut de lucidité douloureuse.

Si l'homme n'était qu'une machine à jouir, il ne se ferait pas éclater la panse, il ne serait pas capable de se détraquer au point, non seulement, de vivre pour déféquer, mais encore d'en venir à se chier lui-même, à passer tout entier par le trou d'évacuation de sa carcasse, à se faire crever de jouissance. Or c'est bien ce à quoi se livrent nos contemporains qui mettent à se dépraver une obstination nihiliste, une application suicidaire que l'appétit de jouir, en tant que tel, ne saurait expliquer.

Un pur corps s'exténue toujours un jour, impuissant qu'il est à se rassembler lui-même dans un effort néguentropique chargé de conjurer sa congénitale fatigue le vouant à la dispersion ; mais un corps qui n'est que corps, cela ne peut pas se détruire avec acharnement tout seul. Il faut qu'il y ait de l'esprit avide dans la machine pour qu'elle en vienne à dérailler sans s'arrêter, à se détruire complètement toute seule en retournant son énergie contre elle-même. L'hédonisme version contemporaine, le consumérisme, c'est l'esprit qui se cherche dans la matière, c'est l'âme qui fouille et pressure les entrailles du corps pour en faire jaillir des jouissances qu'elle voudrait spirituelles mais dont elle repousse la spiritualité parce qu'elles exigeraient une attitude abnégative, une pulsion servicielle de don de soi dont le petit moi absolutisé est bien incapable ; c'est comme la démence de Nietzsche qui, en fin de parcours, libérait sur son lit le contenu de ses entrailles, dit-on, et puis qui, après cela, convoquait le ban et l'arrière-ban des médecins et des infirmières pour leur faire admirer son œuvre de surhomme ; il déclarait à ce moment-là : je suis Dieu. Et il faut bien comprendre que la société hédoniste, ça ne se fabrique pas tout seul. Il faut beaucoup travailler pour cela, il faut être ingénieux, calculateur, tenace, obstiné, méchamment volontaire et capable d'ajourner des plaisirs immédiats pour tendre vers des biens médiats. Une image de cet aspect du consumérisme est le culte du corps célébré dans le sport contemporain. Les bonnes femmes font plus d'efforts aujourd'hui pour avoir une taille fine, plaire, jouer les séductrices nymphomanes à soixante piges, que jadis nos paysannes pieuses pendant les temps de carême, et pourtant — cela va de soi — il n'y a pas une once d'abnégation dans ce culte. Ce n'est pas l'esprit de jouissance qui pourrait expliquer qu'on se mît à faire des efforts peu croyables, tellement anti-jouissifs, pour jouir seulement dans ses tripes. Il n'y a que l'esprit pour cela, mais l'esprit qui s'insurge contre sa vocation, l'esprit qui n'en veut plus des biens spirituels, parce que les biens spirituels, ça le convoque, ça se le subordonne, ça le crucifie, ça lui rappelle qu'il n'est pas Dieu. Alors, à l'esprit qui se réduit au Moi, au Moi infiniment vide qui prend sa vacuité pour l'infini en acte, il ne reste qu'à tenter de se mirer dans l'indéfini de la matière. Il se fait pourceau pour s'être voulu pur esprit. Quand on a compris cela, on comprend aussi qu'au fond la mentalité consumériste, ce n'est pas la cause de la démocratie, même si elle en devient l'amplificateur par réciprocation de causalité ; c'est même plutôt le résultat de la conscience démocratique, de la conscience souveraine. La garce, elle pourrait à la limite s'en passer des jouissances sensibles, et c'est pourquoi elle préfère, au fond d'elle-même, l'égalité dans la gueuserie à la liberté dans l'abondance inégalitaire. Elle préfère, en dernier ressort, que personne n'ait rien, plutôt que d'avoir beaucoup mais moins que le copain. Mais comme le Moi pur est vide et impensable, pour jouir de lui-même il ne faut pas qu'il s'éclipse, il faut qu'il se donne un contenu, et c'est ainsi qu'il se fait jouisseur, consommateur de matière et producteur de merde, en laquelle il met toutes ses complaisances. C'est sous ce rapport, au fond assez accidentel, que la conscience démocratique procède, en retour, de la mentalité hédoniste. Elle procède de ce dans quoi elle a décidé de s'abandonner, comme dans la condition de possibilité de sa réalisation concrète.

Les éléments de la contradiction sont en place pour faire éclater les chimères qui encombrent encore la cervelle bien-pensante et sérieuse d'Actéon. La démocratie, régime de la souveraineté populaire — et, concrètement, du plus grand nombre, ou des pauvres, ou des aigris menés par le ressentiment et l'instinct de vengeance — produit des dirigeants qui sont les esclaves de la plèbe. Mais cette même démocratie est habitée par un esprit consumériste qui répudie la recherche de tout ordre formel au profit d'une maximisation — à ce titre désordonnée — des jouissances individuelles et individualistes. Par là, la démocratie, régime du désordre constitué, est en nécessaire état d'insurrection contre toute aristocratie. Or la démocratie induit une division différentielle toujours plus accusée des pauvres et des riches, lesquels se trouvent de fait les plus influents de la plèbe. Par conséquent la démocratie est le régime qui ne donne la parole au peuple, dans un premier temps, que pour balayer tout ordre. Dans un deuxième temps, elle ne lui donne la parole que pour enrayer toute velléité de retour aristocratique à l'ordre, en conditionnant les réactions du peuple par le moyen de l'argent des riches, à seule fin de produire des dirigeants au service des intérêts des riches. Or il n'est pas de tyrannie plus dégradante que celle de l'argent. Donc la démocratie est le plus mauvais de tous les régimes, et tous ceux qui la servent sont des criminels ou des crétins, et plus précisément des criminels qui ont décidé de se faire crétins — riches compris — pour perpétrer leurs crimes en toute bonne conscience. Le peuple est satisfait aussi longtemps qu'il se remplit la panse, se vide les testicules à loisir et se divertit en gadgets en flattant son entendement gâté par les mirages de la fausse liberté, et s'amuse et se distrait — se distrait au sens fort, se divertit, s'oublie en oubliant qu'il s'oublie — et s'abrutit en se vautrant dans la pornographie avilissante, et se laisse traire par une hyper-classe tout intéressée à maintenir le peuple, en exacerbant sa vanité, dans la sujétion de ses glandes. Le Grand Capital sait que sa praxis exploiteuse est directement liée à ses capacités à avilir le peuple. Mais le peuple aime être avili parce que le peuple, livré à lui-même, est mauvais. On peut bien continuer à l'empoisonner, au figuré comme au propre — témoin l'affaire Bidulski — ; on peut bien continuer à le surveiller, à le ficher, à l'infantiliser, à lui faire prendre des vessies pour des lanternes, à le sommer de se renier lui-même et son passé, à le faire marcher comme un seul homme dans la descente sans fond de la décadence. Le peuple sera toujours reconnaissant à ses tortionnaires du mal qu'on lui inflige, aussi longtemps que ces derniers lui donneront le moyen de se soustraire à la férule, libératrice mais austère, d'un ordre de maîtres soucieux de le mener au-delà de sa subjectivité, au-delà de son Moi déifié qui se célèbre dans le seul infini dont il est capable, celui de la matière. Dans une démocratie réelle, tout partirait en quenouille, en couille malade, en lambeaux de couille, si la société ne se raccrochait pas subrepticement au principe naturel de la césure obligée entre dirigeants et dirigés. Mais alors c'est une chose qu'il faut cacher ; le chef doit exercer un pouvoir normatif indépendant, et il ne peut acquérir son indépendance face à une multitude dont il est officiellement le délégué servile qu'en divisant pour régner, de sorte que la démocratie est le régime de la discorde, vécu sur le mode d'une imperfection supposée momentanée et amendable, en marche indéfinie vers la déification de l'individu. C'est l'institution du régime de la haine visant l'absolutisation de l'individu, et se soldant par la tyrannie de tous sur chacun.

« Alors, mon bon Actéon, tu es content, lui demande Philoneikos ? Vois-tu dans quel merdier tu t'es foutu ? Comment vas-tu vivre à présent ? Ne vois-tu pas qu'il n'y a pas d'échappatoire ? Tu t'es toujours dit, avec ce pochard de Churchill dont l'Hercule de la Trinité-sur-Mer, en se croyant subtil, revendiquait la paternité : "La démocratie est le plus mauvais régime, mais je n'en connais pas de meilleur." Bien sûr que la démocratie est toujours une oligarchie, il est évident qu'elle conditionne le peuple en verrouillant tous les moyens d'expression, tous les médiats, les journaux et la télévision, et les maisons d'édition et les nominations universitaires, et l'Éducation nationale et les MJC et le cinéma, et même l'Église aujourd'hui qui s'est faite le supplétif de la pensée unique ; il va de soi que les journalistes écrivent vénalement ce qu'on leur enjoint d'écrire et précèdent même dans l'obséquiosité craintive les attentes sourcilleuses de leurs commanditaires ; que tout régime de liberté doit encadrer la liberté ; que la démocratie produit et charrie une dose incompressible d'ordures ; qu'il faut des dogmes pour que ça marche et qu'il ne faut pas le dire parce que la démocratie exclut en droit les dogmes ; qu'il faut mentir pour gouverner, etc. Mais enfin ça tourne quand même, et ça tourne plutôt bien : il y a du pain et des jeux, et ceux auxquels la publicité et le porno ne plaisent pas n'ont qu'à détourner pudiquement la tête sans importuner tout le monde avec leur morale ; il n'y a pas de famine, il y a liberté totale de religion, chacun peut à peu près choisir de vivre comme il l'entend pour autant qu'il n'utilise pas des procédés déshonnêtes.

Oui, tu pouvais te dire tout cela, mais tu ne le peux plus. Tu sais que c'est du vent.

— Je peux quand même, rétorque Actéon à Philoneikos, me souvenir que tout vaut mieux que la dictature dont on a vu les résultats. Pense à l'arbitraire des anciens rois, aux juntes sud-américaines, à Mussolini, à Hitler enfin et surtout. Les libertés élémentaires y sont bafouées, l'exercice de la pensée personnelle y est prohibé, la censure et la répression empoisonnent la vie publique et même les rapports familiaux et privés ; la concussion y est endémique, la délation est reine, l'homme est réduit à un automate tremblant, vénal, peureux, manipulable. Voilà le résultat de la dictature des idéologies, voilà l'effet de la tyrannie des idées, la conséquence du fanatisme de la vérité. Et puis pense tout de même à la Shoah. Le crime unique dans l'Histoire qui dépasse tout en horreur ; depuis, on ne peut plus penser ni agir comme avant, à jamais, on voit là le poids des idées et des discours. Sans la démocratie, l'homme perd toute dignité et tout repère, et en perdant tout repère il devient une véritable bête. Et puis, même si la démocratie est dirigée par l'argent, pourquoi exclure que quelque riche puisse véritablement vouloir le bien du peuple qu'il influence ? L'interdépendance entre producteurs et consommateurs liée au magistère de l'économie dans les sociétés modernes avancées induit au reste, mécaniquement, une sorte de contrôle réciproque des contractants, et ce contrôle appelle que tous satisfassent *grosso modo* les besoins de leur prochain. Pourquoi nier que l'inégale répartition de la fortune et la frénésie consumériste génératrice d'ordures ne profitent en dernier ressort à tout le monde ? Plus personne, dans les sociétés libérales avancées, ne crève de faim. Pourquoi nier que la concentration des richesses et la consommation inflationniste ne posent les conditions de possibilité d'une aisance matérielle qui donne aux meilleurs, aux plus créatifs et aux plus évolués, de s'exprimer avec leur âme, et d'accéder à une spiritualité nouvelle qui vaut bien l'ancienne, et qui a le mérite d'être plus équitablement partagée que jadis ? On s'est beaucoup moqué de Troufinion Brwjroute-la-Fraise, de Samuel Pisse-Là, de la théorie de la Fin de l'Histoire de Kukuyagaga, et de Valérien Chie-Moi-Hobbes-ou-Rien. L'Histoire, dont le sens est celui de l'humanisme rationnel, semble pourtant leur donner raison.

— Tu me fais mal, Actéon, dit Philoneikos ; arrête ton char, on dirait *Le Nouvel Obs* que tu n'as pourtant — ça t'honore — guère fréquenté. Tu continues à te mentir. Tu confères aux régimes d'ordre les attributs de la société communiste stalinienne. Tu excipes de la similitude parfaitement accidentelle entre certains moyens dont usaient des régimes opposés dans leur essence, pour identifier les uns aux autres ces régimes avec toujours une indulgence de principe pour le communisme, "généreux mais dévoyé"… Jusqu'où faudra-t-il qu'ils aillent pour fissurer ton confort intellectuel ? Vas-tu arrêter de déblaté-rer ?! Actéon, pas toi…

Souviens-toi d'abord que si les riches, en tant que riches, étaient capables d'exercer une bonne et saine pédagogie sur le peuple, ils se mueraient en vrais aristocrates et supprimeraient illico la démocratie qui est consubstantielle à l'esprit avilissant du consumérisme. S'ils aimaient véritablement le populo, ils voudraient son bien et, soucieux d'élever le peuple en promou-vant son vrai bien, ils le débarrasseraient de cette abominable pétaudière démocratique et, avec elle, de la tyrannie du Moi qui corrompt, qui est au principe de *toute* corruption. Ils lui feraient le don du plus grand bien naturel qui le puisse combler, ils ins-taureraient l'ordre. C'en serait fini des passe-droits, des revenus indus, des ponctions fiscales éhontées qui découragent l'initia-tive et le talent, des mensonges historiques, de l'apologie de la fesse qui, sous couvert d'art, de libération et de liberté, rive nos contemporains à leurs dépendances vicieuses ; de la télévision et de son matraquage incessant, des jeux télévisés imbéciles qui ne cultivent que l'appétit de l'argent vite gagné, du culte de la bagnole et de la vitesse, de la disparition programmée de la sélection scolaire et des humanités, de la société multiculturelle et multiraciale, du sacrifice des vrais intérêts économiques au profit des multinationales, de la criminalité endémique pudique-ment baptisée "insécurité", de la suppression de la peine de mort, de la dérision à l'égard de la religion : tu as bien remarqué que chaque fois qu'on veut dénoncer l'obscurantisme et l'op-pression cléricale, c'est un curé en soutane qu'on brocarde, une bonne sœur qu'on ridiculise ; l'inspirateur de la méchante con-nerie des hommes est le premier à savoir que la religion catho-lique est *la* religion : les flots d'ordures répandus sur le catholi-cisme sont un hommage du vice rendu à la vertu. Tout se tient, mon bon Actéon. Le capitalisme induit le socialisme comme les putes la chaude-pisse : il faut trouver des acheteurs pour vendre, et il faut distribuer de l'oseille publique aux prolétaires pour en faire des acheteurs ; les prélèvements obligatoires augmentent en proportion, mais les suppléments d'impôts supportés par les grosses boîtes sont infiniment compensés par l'accroissement de leurs parts de marché. Au passage, la fiscalité tératologique étouffe les petits concurrents, fait tendanciellement disparaître la concurrence et permet aux mammouths d'imposer leurs produits en forgeant les goûts d'une clientèle vassalisée et résignée. La libération sexuelle et l'explosion libertaire de mai 68 étaient dans la logique de l'économie libérale qui en récolte aujourd'hui les fruits. Et puis, tant qu'ils baisent et consomment, ils ne réfléchissent pas. Tu vois le bordel économique si le populo se remettait à prier, à faire pénitence et carême, à embrasser la chasteté, à foutre à la poubelle tous ses gadgets ? On peut tout leur faire avaler tant qu'ils se limitent à manger, à digérer, à chier. Nous évoquions tout à l'heure, toi et moi, l'affaire Bidulski. On pourrait dans le même registre faire mémoire du tout-pétrole et de l'agriculture industrialisée, de la disparition programmée de la paysannerie et de l'artisanat. C'est exactement le même processus. Les partis écologistes sont la caution de la Haute Finance. Je ne dis pas que le peuple libéré du mondialisme bancaire virerait spontanément au pâtre bucolique et au brûlant amour de Dieu versions sainte Thérèse d'Avila et saint François d'Assise. J'ai montré au contraire qu'il virerait à l'enragé communiste. C'est d'ailleurs ce qui pend au nez des oligarques à la moindre crise économique. Le peuple n'est pas innocent, il est complice de l'oligarchie qu'il supporte et qu'en vérité il se donne : on n'a jamais que les gouvernements qu'on mérite, la distinction entre pays légal et pays réel est une foutaise maurrassienne démagogique destinée à rallier la populace aux intérêts oligarchiques de ces enculés mondains libéraux d'Orléans. Il reste que, quelque consentant qu'il soit, le peuple est victime, de lui-même et de ses maîtres, et ses maîtres sont plus coupables que lui, précisément parce qu'il n'a pas vocation naturelle à gouverner.

— Tu m'emmerdes, Philoneikos.

— À la bonne heure, Actéon. Je n'ai pas fini. Continuons dans la destruction iconoclaste. Avec tes arguments tordus à vocation modératrice et consensuelle qui sont tes dernières cartouches, tu oublies qu'on te salope ton pays, ta patrie et tes pères, ta nation, ta culture, ta civilisation qu'on enterre sans espoir de retour — trois mille ans d'efforts héroïques et douloureux claqués en cinquante ans —, ton passé et tes enfants et l'avenir qui sera définitivement médiocre ; on ne sortira pas de cette crise, sauf divine surprise extraordinairement sanglante, parce qu'on a désormais les moyens de s'inoculer des poisons dont un monde ne se remet pas. Regarde l'immigration — je veux dire l'invasion, la submersion. Quand il n'y aura plus de Blancs, il n'y aura plus d'humanité longtemps, parce que l'humanité merveilleuse et prodigieusement riche du monde non blanc a vocation à manifester ses talents sous la férule des Blancs. Même un gosse de trois ans comprend ça. Tout le monde le sait et personne n'ose l'avouer. J'en veux pour preuve le fait que les Blancs ont toujours été imités, adulés et enviés, aujourd'hui plus que jamais, dans le meilleur et dans le pire. Regarde par exemple Zigoui-Goui Ratatane, symbole minuscule mais parlant de ce que je raconte en ce moment. Il est sacré champion de France, du Monde, de la Lune, de Mars, et de Jupiter du ballon rond. Tout le monde s'enthousiasme en apprenant — on l'a encore rappelé tout à l'heure sur Isragaulle-Infos — qu'il gagne désormais mille briques par mois. Il fait des scandales minables dans les hôtels de luxe qu'il fréquente, il injurie toute la valetaille quand elle est blanche, il se shoote et se pique le nez au whisky, il boxe flics et journalistes qui en redemandent, il exige de tout le monde l'absolu respect, il a une nouvelle nana occidentale toutes les nuits dans son plumard, il est le héros des banlieues, il a tous les gadgets, toutes les mères rêvent de l'avoir pour gendre, on se l'arrache dans toutes les agences de publicité, on recueille comme une précieuse manne sa parole sur tous les sujets de société. Beau, généreux — il est le Zorro des Bronzés, mais aussi de tous les petits qui en viennent à s'identifier aux Bronzés —, insolent, pur (il est de gauche), métissé (il est mondialiste), franc et fort (il ne cache aucun de ses désirs brutaux et aucune des modalités de sa haine pour l'Occident), regard loyal : il aime le genre humain et hait l'injustice. Qu'est-ce qui le distingue des vedettes et champions blancs ? Ça fait belle lurette qu'il ne respecte plus aucun article du Coran dont il ne retient l'enseignement que comme machine de guerre à l'intention des Blancs qu'il sodomise. Il exécute à la lettre le programme élaboré par les Blancs pour les Blancs chez les Blancs. Bel exemple d'intégration réussie ! Il s'est intégré sans se désintégrer, il a fait exactement ce qu'on lui demandait. Il a obéi aux Blancs saisis par la frénésie d'absolu immanent, célébré dans le mondialisme ; un projet de Blancs…

— Tu crois pas, Philoneikos, que tu pousses le bouchon un peu loin ? Le goût déréglé du paradoxe te faire dérailler.

— Pas du tout. Tu te souviens qu'on disait tout à l'heure ceci : si les dépositaires du pouvoir politique pouvaient réaliser le bien commun sans coercition, le pouvoir politique des dirigeants sur les dirigés serait inutile. Il ne faut pas comprendre qu'une morale parfaitement intériorisée par tous les hommes permettrait de se passer du pouvoir politique. Il faut comprendre ceci : les dirigeants seraient les dirigés et chacun n'obéirait qu'à lui-même en obéissant à tous, et tout se passerait comme s'il n'y avait pas de pouvoir. Mais c'est là, précisément, l'utopie démocratique consommée. Et la fascination pour cette utopie, qui s'empare même des gens les moins futés, au point qu'ils subissent sans broncher les chambardements que la minorité idéologique et friquée leur impose, cache quelque chose qui n'est autre que le mondialisme, bien présent aujourd'hui. C'est la séduction opérée par ce qui sous-tend le mondialisme qui explique en dernier ressort la passivité des petits Blancs. C'est elle qui les fait se faire cocufier par les oligarques "nomades" dont ils connaissent pourtant le machiavélisme et les iniquités. C'est elle aussi qui explique que la tendance égalitaire induite par le subjectivisme ne déclenche plus en eux de réflexes communistes. Tu te souviens : nous disions tout à l'heure qu'il existe une causalité réciproque entre hédonisme consumériste et esprit démocratique, en cela que l'esprit démocratique est mû par le subjectivisme (le Moi est souverain, "les chefs au poteau", ni Dieu ni maître), et que le consumérisme a pour moteur profond le même subjectivisme (on s'enivre de biens matériels parce que ce sont des biens que l'on rapporte à soi) ; cette causalité réciproque entre les deux s'exerce sous l'égide de l'un des deux, à savoir l'esprit démocratique lui-même, disions-nous encore ; et entre des petits Moi absolutisés, ou déifiés, ne peut en droit subsister qu'un rapport d'égalité, ce qui devrait faire pression sur la démocratie consumériste pour la faire se muer en communisme. Or si l'idéal communiste a été longtemps rêvé par les masses démocratiques

— le populo et les intellos — comme l'avenir radieux du monde, il ne séduit plus guère aujourd'hui, il ne soulève plus les enthousiasmes eschatologiques et messianiques, au point qu'on en vient à s'étonner du caractère passif, consentant, résigné, désabusé, désenchanté des masses contemporaines face à la montée formidable, inexorable du mondialisme.

Et vois-tu, mon cher Actéon, je viens de comprendre, en réfléchissant à la réponse que je te dois, les explications fumeuses que développait Tartempion dans sa thébaïde poussiéreuse, alors que j'étais en mission pour surveiller la Conscience qui est de plus en plus fourrée chez lui, ce qui d'ailleurs nous inquiète, et nos chefs plus encore que nous. Je n'ai pas fait attention sur le moment, et ça a fait du chemin en moi — en nous —, et je crois pouvoir te dire — me dire — maintenant ce qui suit, en guise d'explication.

Le peuple est toujours habité par les mêmes passions subjectivistes immortifiées ; la preuve, c'est qu'il refuse globalement, malgré quelques velléités de salut bien timides, ses suffrages aux partis supposés d'extrême droite d'aujourd'hui, dont les positions sont pourtant bien édulcorées. D'où vient donc que le mondialisme, qui détruit tout, qui appauvrit, qui écrase et trahit toutes les nations, séduise le peuple, dans l'arrière de sa tête et dans le fond de sa culotte ? Voici :

L'idéal démocratique, c'est la consommation du subjectivisme, en ce sens que la démocratie idéale fonctionne sans pouvoir coercitif, comme un organisme vivant, mais sans la tête directrice (ou l'organe central) qui, comme partie du tout, se fait aussi, dans une césure entre elle et le tout non ablative de son appartenance au tout, le principe synthétique d'unité des parties de ce tout. L'idéal démocratique, sous ce rapport, c'est l'organicité en droit promotrice du bien commun, mais sans la hiérarchie (la tête directrice) que ce bien commun présuppose et promeut en même temps, de sorte que c'est l'organicité sans bien commun ; c'est l'organicité (autogenèse et autorégulation) détournée de sa fin naturelle (le bien commun) et artificiellement ordonnée au bien de chacun. C'est là l'inversion radicale du régime ordonné au bien commun, qui l'imite pour le trahir plus radicalement : dans une société ordonnée au bien commun, il y a organicité, mais le tout n'est personne et substance que dans et comme la conscience du monarque. S'il n'appartient de fonctionner organiquement qu'à ce à quoi il revient d'être une substance, qui se développe toute seule, se régénère et se reproduit spontanément, mais, parce que démocratique, sans un organe directeur séparé du reste, ainsi sans souverain personnel distinct des dirigés, alors c'est comme corps social entier et non dans un monarque singulier que la société devient personne. Ainsi la démocratie idéale exige-t-elle, dans le fond, d'être substance, un grand vivant dont les membres n'existeront que par lui. Et si la démocratie exige, dans son concept, que la société soit substance, *c'est peut-être pour faire se substantifier la société, ou en tant même qu'elle la fait se substantifier, que l'idéal démocratique est désirable*, car alors chaque conscience individuelle est la conscience de soi d'un tout qui se personnifie en elle. Une telle conscience personnelle perd son autonomie ontologique face à la société, mais elle gagne à être la société tout entière, et elle est le genre humain si la société devient mondiale. Et chaque individu devenant son espèce, il devient comme une réalité angélique, mais un ange qui se fait raison de son essence puisque la société est manipulable par les hommes qui la font être ; par la démocratie universelle, chaque homme aspire à se vivre comme une conscience qui sera cause de l'essence qu'elle se donne, comme ayant ce qu'elle est, comme maîtresse de son identité ; or ce qui a ce qu'il est, c'est ce qui n'est pas ce qu'il est pour l'avoir, et qui est ce qu'il a pour être ce qu'il est ; c'est ce qui, paradoxalement, n'est pas pour être ; mais ce qui n'est pas pour être, c'est ce qui se donne son être, ce qui se fait exister, ce qui est *"causa sui"* ; si l'homme est cause de soi, point n'est besoin d'un Dieu créateur, l'homme est son propre Dieu. La mondialisation, c'est la démocratie consommée, et la démocratie consommée, c'est l'autodéification de l'homme. *La démocratie planétaire fait se consommer le rêve satanique de l'identité du moi et du tout*. Le tout possède ses parties, il a tout par définition, et l'unique manière de faire en sorte que chacun ait tout, c'est que la propriété soit collective ; au reste, si l'individu devient un épiphénomène de la société substantielle prenant conscience d'elle-même en lui, je suis substantiellement le même que toi, notre essence est l'ensemble des relations sociales, nous différons trop peu pour qu'il soit encore possible de distinguer entre un tien et un mien. Comme avènement historique de l'identité du Moi et du Tout, le mondialisme consomme les vœux de l'individualisme démocratique libertaire, *et* du communisme totalitaire, du libéralisme et du dirigisme socialiste.

Et le peuple, avec ses tripes faisandées et son cœur pourri, sent tout cela d'instinct : on peut être con et orgueilleux, malgré l'opinion commune sur la question. D'où son consentement résigné tacite, qui a valeur d'adhésion. La jeunesse d'une époque donnée a toujours été le résultat de toutes les conneries concoctées par ses aînés parce qu'elle est le creuset en lequel s'opère la synthèse de toutes les innovations sécrétées par ses géniteurs ; or elle applaudit des deux mains aux horizons mondialistes, en réconciliant, dans sa sève explosive, Che Guevara et George Soros. Et si les détenteurs de l'idéologie et des forces militaires résiduelles du communisme sont si peu réactifs aux pas de géant du mondialisme, c'est parce qu'ils savent que le mondialisme sera mis en demeure de consommer leurs vœux.

— J'suis pas sûr d'avoir tout compris, répondit Actéon, mais quand même, je trouve que tu prêtes beaucoup d'intelligence perverse au populo. Le populo veut la démocratie parce qu'il a peur de se faire entuber par des chefs et des riches qui lui arracheraient ses acquis sociaux et ses moyens de grailler et de baiser dans son coin ; ça va pas plus loin. De plus, je persiste à penser que la démocratie, c'est plein de défauts mais ça prévient des maux encore plus grands.

— Quand le populo s'exprime, c'est en effet ce qu'il dit en gros, c'est là ce qui parvient à sa conscience réfléchie. Mais ce n'est pas le fond de ce qui l'agite. Que veux-tu, frileux Actéon, la démocratie pollue ta race, ta culture, ta religion, ton passé et ton avenir. Ça ne te concerne pas ? Et ça ne concernerait pas le peuple ? C'est toujours pour toi le moins mauvais régime ? Un dictateur a-t-il jamais fait mieux dans le mal ? Ajoutons que les Géniaux de Génialie, l'espèce la plus stérile que le monde ait jamais portée, ont tout intérêt à pousser à la roue : ils n'affirment leur identité vide (celle d'une chrysalide empaillée) aux prétentions échevelées qu'en polluant celle des autres, en éradiquant en autrui tout souci d'identité.

Regarde le nombre de caméras qui t'observent, considère le nombre incalculable de fichiers qui t'épinglent. Tu es bien placé pour le savoir. On peut aujourd'hui presque tout savoir sur quelqu'un, à l'exception peut-être des très rares individus particulièrement soucieux de préserver leur anonymat. Ses goûts culinaires, ses frasques sexuelles, ses conversations privées, ses amours, ses affinités idéologiques, ses lectures, ses amitiés, ses projets, ses rêves, ses pensées latentes, ses regrets, ses voyages, ses réactions, son fric, ses sources de revenus, son courrier, son patrimoine biologique, les influences qu'il a subies. Combien sont ceux que tu as fait mettre sur écoute, filés ou fait filer, surveillés ou fait surveiller ? Le viol permanent de la vie privée est absolu dans un monde qui s'est proposé de sacraliser la vie privée, la *"privacy"*, le cocooning. La surveillance policière est d'autant plus minutieuse et vitale que l'autorité qui l'exerce se sait plus illégitime et inavouable, et ça m'emmerde, tu le sais bien, même si je suis du côté du manche : nul n'est à l'abri du regard d'autrui, pas même moi ; n'importe qui peut espionner son prochain, c'est une machine impersonnelle qui, telle la Révolution dévorant ses enfants comme le pleurait Vergniaud, se retourne contre ses initiateurs. Que tout ça soit supporté sans barguigner appelle quand même une explication.

Et ne va pas te dire que c'était pire en régime communiste avec la délation systématisée. La délation est aussi importante ici qu'elle fut jamais là-bas, parce qu'elle est spontanée et consentie. C'est devenu une seconde nature en Droits-de-l'Hommerie, on n'a même plus besoin des Organes pour ça. Si un naïf en venait à supprimer les R.G. et autres institutions aussi inquisitoriales quoique plus discrètes, ils renaîtraient d'eux-mêmes sous d'autres formes. Vois comme les jeunes gens sont déjà bien conditionnés pour dénoncer un prof déviant, un salaud de révisionniste, un oiseau qui n'a pas l'heur de plaire à ses supérieurs dont les initiatives, essentielles et structurelles, consistent à faire fliquer parents et professeurs par l'élève-roi. Vois comme le pékin moyen se laisse facilement emporter par une sainte et vengeresse colère quand il entend quelqu'un critiquer les Génies, dénigrer les Grands-Prêtres de l'Anti-Chose, évoquer en mauvaise part la démocratie, se gausser de la religion résistancialiste ou remettre en cause le mythe du Progrès.

Il y a à cela plusieurs raisons simples.

D'abord il y a l'aspiration incoercible à l'Absolu. Quelque effort qu'il fasse pour tuer sa référence à Dieu, l'homme n'arrive pas à ses fins, qui n'est humain que par cette référence même. Quelqu'un a dit que quand on ne croit plus à la Sainte Trinité, on se met à croire aux tables tournantes. C'est vrai qu'on fait beaucoup tourner les tables aujourd'hui. Le satanisme, l'ésotérisme, le sectarisme multiforme des timbrés les plus imprévisibles, ça fait fureur, et encore dans toutes les classes sociales. Y a pas plus vulnérable aux coquecigrues et à la superstition que les scientifiques, surtout les athées. Paris compte plus de marabouts, voyantes, magiciens, adeptes du pendule, tireuses de cartes — autant de prestations non remboursées par la Sécu… — que de vrais médecins. Des Noirs africains richissimes prétendent réveiller l'érotisme des vieillards mieux encore que le Viagra. Voilà l'effet libérateur de l'influence des "Lumières" et du recul du catholicisme. Mais maints esprits retors, moins naïfs, ne s'accommodent pas des formes religieuses, même les plus détraquées, de l'aspiration à l'Absolu. Alors ils adorent l'humanité dans la Démocratie, la Résistance, la Shoah. C'est encore pire que les salades des allumés ordinaires. Le sacré vomit le relativisme, toute tiédeur, toute critique. Le sacré est principe d'unité : ce qui fonde une communauté lui doit être transcendant comme le principe l'est au principié ; ce qui conjugue des libertés, et se les subordonne — ainsi semble-t-il les renier puisqu'elles sont autonomes — sans les réduire, ne peut être que le principe même d'où procède le pouvoir en chacun d'être libre, quelque chose d'absolu, quelque chose qui est la liberté qu'ils ont, quelque chose qui donne la liberté aux libertés qui s'y rendent pour y puiser leur être et s'y alimenter. De sorte que celui qui contrevient aux dogmes de la sacralité fondatrice est organiquement exclu de la

communauté même dont il menace l'existence en compromettant sa communion et son unité. Beaucoup comprennent ça
d'instinct, au vrai le plus grand nombre. Souviens-toi, Actéon,
des bons pères de famille devenus, en un clin d'œil, des épura-
teurs sanguinaires… Les délateurs théologiques des contreve-
nants au culte de l'homme sont légion.

Ensuite il y a l'amour-propre, forme édulcorée, avec la
vanité, de l'orgueil. Tout le monde, tout consommateur contemporain consentant, a la sourde conscience d'être le fossoyeur
microscopique d'un monde qui fut grand. Tout hédoniste sait
au fond de soi que le plaisir pris pour fin a quelque chose
d'ignoble. De même que les pédés voient des pédés partout, de
même que les ivrognes se plaisent à discerner l'ivrognerie dans
tout le monde, de même en général les âmes déchues brûlent
d'identifier à elles-mêmes leur entourage, afin de faire disparaître le spectacle — qui les offense — des élus dont la vertu
accuse leur déchéance et leur responsabilité. Devenues intrinsèquement mauvaises, les âmes mortes sont frustrées dans leur
désir non refoulable de s'aimer elles-mêmes, et elles cherchent
un substitut de l'amour de soi dans l'exercice de la haine des
autres qui ne sont pas tombés. Et derechef, un esprit non inféodé
au système fait figure, non cette fois de traître, mais d'ennemi
de la cause commune consistant à rendre son enfer supportable.
Les délateurs des rétifs au paradis sur Terre sont légion.

En troisième lieu, il y a tout simplement des impératifs techniques. Les idolâtres du progrès technique procèdent, comme
tous les piqués qui peuplent la modernité, d'une intumescence
de la liberté s'exprimant dans l'exigence de pulsions sensibles
à satisfaire sur-le-champ. Il faut donc dominer les forces du
monde, et pour cela se rendre maître de la prévisibilité des mouvements de ses rouages qu'on entend faire servir à des fins de
jouissance. Mais tout prévoir, c'est tout programmer ; tout programmer, c'est tendanciellement supprimer toute contingence,
toute condition matérielle d'exercice de la liberté. Et voilà pourquoi les idolâtres de la liberté d'action (se rendre "comme maître
et possesseur de la nature") se muent spontanément en esclaves
de la programmation. Les délateurs des rétifs à la tyrannie de la
machine sociale sont légion.

N'entends-tu pas souvent, bon Actéon, tes contemporains de bistrot se morigéner dans le registre suivant : "Ah !, tu paies pas tes impôts ?… Heureusement qu'il y en a d'autres pour le faire à ta place… Non mais où qu'on irait si on faisait tous comme toi, hein ?… T'es pas juste, tu profites pareil des mêmes avantages que les autres, faut participer toi aussi." L'indigné sait pourtant aussi bien que le fraudeur à quoi sont gaspillés ses propres deniers, et il en est tout autant chagriné, mais il trouve plus inconvenant encore, plus criminel même, que quelqu'un prétende s'émanciper d'un despotisme social destiné à avilir l'homme, à se soustraire au magistère de la volonté générale.

— Arrête tes paradoxes, Philoneikos. L'homme est faible et envieux, mais ne va pas dire que tout le populo serait communiste dans l'âme, ou que tout démocrate serait un mouchard. Là, tu déconnes à plein tube. Regarde le développement de la propriété privée… Ils supportent le socialisme de la social-démocratie comme un mal nécessaire.

— Parlons-en… La diffusion foudroyante de la propriété privée n'est qu'un leurre. Ça fait belle lurette que la propriété privée n'est qu'une coquille vide. On n'est déjà pas vraiment propriétaire puisqu'on n'est pas propriétaire du sous-sol, propriété de l'État. On peut être expulsé à tout bout de champ, au prétexte d'un quelconque passage de TGV ou d'une autre entreprise d'intérêt supposé public, fomentée par un conseil régional à la solde des décideurs des secteurs d'économie mixte dont tous les membres du conseil sont redevables de leur élection. Va essayer de faire construire une baraque en pleine cambrousse, énergétiquement autonome, loin des grandes gueules de l'actualité. Tu verras à quelles tracasseries administratives tu t'exposes… Si ça ne suffit pas pour te réduire, on changera la fiscalité. Le Code civil qui, selon le mot de Renan, fait de tout citoyen un orphelin et un célibataire, sape à la base toute gestion patrimoniale de la propriété. La propriété privée est aujourd'hui réduite à la garantie, concédée par l'État (lui-même instrument de la finance et des lobbies) mais révisable à tout moment, d'exercer en tant que pur individu — à ce titre éphémère et fragile — une certaine dose de puissance de jouir cristallisée dans un bien meuble ou immeuble. Une multitude d'organismes administratifs dont les prérogatives se chevauchent peuvent te visiter à tout moment, sous des prétextes aussi fallacieux que nombreux (mesures de prophylaxie, lutte contre les sectes, contre la criminalité, enquêtes de pédologie…), retourner tes terres, fouiller tes bâtiments, prohiber ou imposer l'usage de telle ou telle semence produite par le lobby agro-alimentaire, etc. Le collectivisme égalitaire, fruit de ce subjectivisme qui, précisément, inspire l'actuelle conception férocement individualiste de la propriété privée, s'accommode fort bien de la diffusion contemporaine de la propriété privée, parce que c'est une propriété sous caution, une propriété déléguée par un État qui se fait l'instrument — au point de prévoir son propre dépérissement au profit d'une administration tentaculaire — des convoitises privées.

— Là, tu te contredis, Philoneikos, tu t'emmêles les pinceaux. Tu es en train de me dire que la propriété devrait être soustraite à l'autorité de l'État parce qu'elle lui serait antérieure et qu'il aurait pour essentielle vocation de la protéger. C'est du Locke, c'est du libéralisme, c'est ce que réalise et parfait le tout-mondialisme capitaliste sur lequel tu es en train de baver depuis une heure…

— Ne crie pas victoire trop vite, Actéon. Tu ne t'en tireras pas comme ça. D'abord le collectivisme, c'est la collectivisation des moyens de production, non de ton slip ou de ta brosse à dents. L'homme générique, c'est l'homme qui au début n'est rien, qui s'identifie à une pure activité de transformation du monde, qui se crée par son travail, qui se donne son être en se donnant sa nature, qui se donne sa nature en se naturalisant, qui se naturalise en humanisant la nature, qui humanise la nature par son travail. Par la collectivisation des moyens de production, le coco pose qu'ils n'appartiennent à aucune personne privée, que par là ils appartiennent à toutes, ainsi qu'elles sont propriétaires ou maîtresses de l'opérateur privilégié de leur auto-engendrement. Elles se déifient en les collectivisant. Mais Dieu n'est soumis qu'à Lui-même, et de ce fait, ayant remplacé Dieu, les personnes privées n'entendent être soumises qu'à elles-mêmes ; c'est pourquoi elles ne sauraient être soumises, elles et les prolongements privés de leurs jouissances — dont la propriété individuelle —, à un État qui les ordonnerait à un bien commun qu'elles vomissent. Une conception classique de la propriété privée fait de cette dernière une valeur subordonnée au bien commun, par là à l'État qui le réalise et s'en fait la conscience de soi. Mais un tel État n'est pas une administration tentaculaire. En tant que forme et réalité actuelle d'une totalité organique, il respecte la matière — la propriété privée — qu'il informe et ordonne à lui-même, et il se respecte lui-même en elle.

— M'enfin tu semblais, Philoneikos, dénoncer la subordination de la propriété privée à l'État. Faut savoir ce que tu veux…

— Je ne dénonçais nullement cette subordination légitime, je dénonçais la subordination de la propriété privée à un État dégénéré qui, loin de viser un bien commun, se fait lui-même le factotum des intérêts privés : les intérêts de ceux qui le manipulent en douce — les lobbies oligarchiques — et de ceux qui en profitent en se reposant sur lui — la plèbe abrutie et socialiste. Il n'est donc nullement contradictoire de revendiquer à la fois la bagnole (deux ou trois bagnoles plutôt), le pavillon, le chien, la télé, le frigo plein, l'ordinateur à jeux cons, le congélateur, la batterie d'électroménager d'une part, et la toute-puissance tutélaire et flasque d'une administration qui rappelle à tout un chacun, à chaque instant, qu'il n'a le droit d'exister que par les autres dans la liturgie de leur commune divinité. Tu vois bien, bon Actéon, que l'instinct de possession de tes contemporains n'en fait pas des hommes libres… On pourrait encore faire remarquer que l'école libre des sociétés libéralo-démocratiques n'est pas plus libre que les machines à faire des citoyens haineux que constituent les lycées, les Grandes écoles et les facs publics : les écoles vraiment libres sont assimilées à des sectes.

Que reste-t-il, Actéon, de la liberté par laquelle tu justifies tous les avilissements qu'induit la démocratie ?

En ce qui concerne l'horreur des crimes fascistes et racistes, tu sais bien, Actéon — toi surtout —, ce qu'il faut penser de la Chose : combien à Auschwitz de naissances de bambins aujourd'hui vieux cons cacochymes ? Fallait vraiment que les Chleuhs soient des benêts pour faire naître en pleine guerre, soigner et nourrir, des lardons destinés à griller… Combien de Juifs ukrainiens protégés de l'ire slave par la mansuétude des SS ? Sou-viens-toi des véritables causes de la guerre de Sécession : on vou-lait rentabiliser les manufactures du Nord en supprimant la main-d'œuvre bon marché du Sud, constituée par un esclavage dont la plus grande partie finissait, par ailleurs, affranchie ; Lincoln, raciste, s'en foutait pas mal de la dignité des Nègres… Pense à Oradour-sur-Glane : Bouffon, qui a réussi à séduire le juge d'instruction limougeaud Josiane Foutrel, t'a fait courir ces derniers temps, n'est-ce pas ? Pense à la traite des Nègres : qui les vendait aux Occidentaux ? Quelle est l'ethnie majoritaire des armateurs qui l'organisèrent ? Pense encore aux vraies causes de la décolonisation : le Grand Capital ne trouvait pas les colonies rentables, les échanges Nord-Sud devaient faire place aux échanges Est-Ouest ; les manœuvres états-uniennes et sovié-tiques visaient, respectivement, à prendre la place stratégique des compagnies pétrolières françaises (la finance américaine soutient aujourd'hui les intégristes musulmans), et à conférer au tiers-monde la vocation que Marx attribuait aux prolétaires. Faut-il évoquer le concile de Mâcon (sur l'âme des femmes), l'inquisition, Pearl-Harbour et le Lusitania, les époux Rosen-berg et l'affaire Galilée ? Les arguments de ce dernier n'étaient pas scientifiques, les raisons — théologiques — de sa condam-nation n'avaient rien à voir avec la question de l'héliocen-trisme… On pourrait écrire des centaines de tomes sur le tissu de désinformation qui, sécrété par la démocratie, forme la cul-ture de l'honnête homme contemporain.

Vois-tu, Actéon, tu pourras toujours dire que la démocratie ne t'empêche pas, en dernier ressort, de te ménager un jardin spirituel secret pourvu qu'il n'empiète pas sur la vérité officielle qui maintient en vie la démocratie. Mais remarque que tu es un animal social. Tu l'es tellement par nature que tu es en train de crever de vivre en société comme un martien. Tout t'est devenu étranger, tu es un étranger dans ton propre monde. Tu as besoin d'une société ordonnée, non d'un supermarché hanté par des hystériques et des dérangés, pour t'épanouir. C'est la démocra-tie ou toi, et elle le sait : elle ne peut fonctionner qu'en écartant ses vrais opposants, fussent-ils amuïs, et tu es en train de t'aper-cevoir, en freinant des quatre fers, que tu commences à en faire partie… Tu seras toujours un pauvre type, Actéon, tu n'ignores rien de tout cela.

— Je sais, Philoneikos, mais ça change déjà un peu. Ne m'abandonne pas. Je sens que je dois coïncider avec toi, redeviens moi-même. Mais sois patient un peu. Je ne conjure par toi mon aliénation intérieure qu'en plongeant dans la clandestinité sociale, et ce grand saut est quand même difficile, tu le comprendras. J'ai peur. »

CHAPITRE IX

TARTEMPION FAIT LE POINT AVEC SES INVITÉS.

Je ne sais trop ce qui se passe en ce moment entre Rachida-Blandine et la Conscience, mais la première semble subjuguée par la seconde. Elles me visitent de plus en plus souvent, m'adressent un brin de conversation polie, et vont vite se retirer dans un coin pour converser à l'abri de nos regards et de nos oreilles. Zinzin et moi nous demandons parfois ce qu'elles ourdissent. Elles ont beaucoup changé. Alors que Zinzin gardait la boutique en mon absence, elles ont tenu à m'accompagner à Saint-Nicolas-du-Chardonnet pour assister à la messe. Rachida-Blandine portait une robe longue, et la Conscience s'était déguisée en vieille mémère bourgeoise arborant un chapeau à cerises de dame patronnesse, avec un kilo de rimmel et deux kilos de poudre de riz sur le visage afin de s'enlaidir et de se vieillir ; elles n'avaient pas oublié leurs mantilles pour s'en couvrir pendant le saint sacrifice. Blandine est plus posée que naguère, moins agressive, presque bienveillante. La Conscience est devenue franchement belle, et ce n'est pas une chose que je dis souvent des femmes, quelque bien intentionné que je sois en général à l'endroit de la gent féminine pour laquelle j'ai beaucoup d'indulgence dans le fond de ma lucidité désabusée. Elle s'est affinée à tous égards, elle est élégante et impressionnante de simplicité, désarmante dans sa franchise. Il y a peu, une petite femme boulotte et peu amène, portant les cheveux courts et de grosses lunettes, était passée à la boutique et se répandait en observations désobligeantes sur les ouvrages que j'ai l'honneur de soumettre à l'intérêt de mon maigre public. Ne recevant aucune réponse de ma part, elle prit les deux femmes à partie qui lui opposèrent un silence las. Alors qu'elle se mettait à les accuser de manque de caractère et d'ignorance — « entre Bardèche et Rebatet, on est ici dans un antre de collabos, mais les oies blanches ne connaissent pas Bardèche et Rebatet... » —, la Conscience, sans agacement ostensible, lui répondit : « Madame, nous pouvons poursuivre notre visite studieuse sans votre commentaire. Vous êtes volubile et creuse ; votre tenue, vos propos, vos rictus confessent la présence d'une femelle socialiste insatisfaite à tous égards, très probablement "enseignante", complexée, couvant cependant une âme déçue de midinette. Vous êtes singulièrement commune et plutôt laide, peu intelligente, petite et grosse ; mais vous avez des prétentions ; alors votre infortune vous rend méchante et agressive, mais aussi ridicule. Vous avez besoin en permanence de rabaisser votre prochain pour vous sentir exister, et pour vous supporter. Mais cela est profondément injuste et difficilement supportable pour vos victimes, aussi suis-je en demeure, tant pour obtenir la tranquillité que pour votre édification, de vous froisser en vous confrontant à la vérité formulée sans euphémismes. » Le cageot sur le retour a ripé ses clous, non sans rougir, ce qui est bon signe : la conscience de mériter la honte était quand même plus forte que le désir de mordre. La Conscience est belle et simple, mais elle est aussi grave et triste. Elle sait qu'il lui faudra prendre bientôt une décision ; elle ne pourra pas rester la Conscience indéfiniment. Il n'y avait, en fait de clients, presque personne aujourd'hui dans la librairie. Il ne me paraît pas inopportun de reconstituer, de mémoire, le contenu du dialogue qui s'est instauré entre nous quatre.

Moi :

Comme vous y allez, Conscience ! Un directeur de conscience casuiste serait moins direct que vous. Vous révélez des aspects de votre personne auxquels, pour le moins, nous ne nous attendions pas. Mais il est vrai que vous avez beaucoup mué, mûri même si vous me permettez de le dire. Zinzin et moi ne savions pas que notre influence rencontrerait chez vous un tel écho. Franchement, la chose était à vue d'homme impossible, n'est-ce pas ? La Conscience ! La quintessence de ce que nous

haïssons ! L'hypostase de ce qui nous condamne, nous les condamnés inactuels tellement insignifiants qu'on nous laisse vivre
sans prendre la peine de nous amuïr sans retour, je veux dire
qu'on nous laisse nous éteindre tranquillement. Vous nous
intriguez, Mesdames, si différentes l'une de l'autre et si semblables dans votre conversion soudaine. Nos échanges jusqu'à
présent furent plutôt d'ordre cérébral et impersonnel, et en cela
ils furent fructueux. Je propose que nous commencions à
essayer de nous connaître de manière plus humaine. Veuillez
nous parler de vous, pour nous éclairer sur les raisons de votre
prodigieux progrès. Vos personnes nous intéressent, parce que
vous suscitez notre amitié naissante. Mais vos témoignages
nous intéressent tout autant, parce qu'ils peuvent nous renseigner sur les raisons et sur le degré de l'appétibilité pour le moins
problématique de nos propres certitudes. La vérité nous a toujours ravis, aux deux sens du terme : enchantés et raptés. Mais
cet amour de la vérité ne nous a apporté que des déboires. Il
nous a coupés du monde des hommes. Qui donc veut commencer ? Acceptes-tu, mon bon Zinzin, d'ouvrir le bal en donnant
l'exemple ?

Zinzin :
    J'ai pas grand-chose à raconter ; j'suis en fin de course, au
terme d'une vie ratée, j'suis pas un exemple à suivre.

Les femmes :
    Allez-y, Zinzin, ce sont vos excès qui nous ont réconciliées
avec le goût de la vérité ; nous étions confites dans le sucre cor-
rosif de l'illusion consentie ; le piment de vos outrances dans
l'amertume destinée à chasser le sucre a rendu cette amertume
moins douloureuse. Vous êtes tellement malheureux que c'en
devient caricatural, au point de contracter le goût du rigolo. Que
la tristesse ravageuse puisse faire rire, à tout le moins sourire, a
quelque chose de fascinant. La dérision a raison de tout, même
de la tristesse ; elle a même raison d'elle-même et jouit de la
vertu, en se radicalisant, de nous faire accéder à la gravité. Nous
savons que vous ne nous décevrez pas. Notre cœur de mère
enfoui dans nos vanités féminines voudrait se réveiller à votre

contact ; cela nous ennoblirait de retrouver un cœur de mère. Laissez-nous vous aimer et nous pencher sur vous, en étant rassuré : nous vous en prions par égoïsme et non par pitié.

Zinzin :

On va essayer. Je peux essayer de faire l'exposé de mon parcours cérébral, celui qui m'a mené à m'ouvrir à la séduction de l'Immonde ; après tout, c'est uniquement par ce bout-là que mézigue peut présenter un quelconque intérêt. Il sera toujours temps ensuite de s'épancher, si mes larmes ne vous écœurent pas.

J'ai réussi à concilier, dans ma caboche meublée de bric et de broc, en un condensé remarquable et prometteur, la quintessence de ce qui hérisse le monde moderne : le sens fasciste et révolutionnaire de l'État, et le sens germano-romain de l'Empire ; le sens français de la pérennité politique garantie par la royauté centralisatrice, et le sens germanique de la petite patrie « *völkisch* » ; le sens paganiste de l'immanence, et le sens chrétien de la transcendance ; le sens dogmatique du catholicisme, et l'exaltation romantique des passions ; le réalisme hitlérien des hordes septentrionales fécondes, et le sens méditerranéen de la mesure ; le principe nordique de la subjectivité cher aux blonds aux yeux bleus, spéculatifs et rêveurs, et le principe autoritaire de l'abominable « gueule de salaud latin » qui donnait des boutons à Jean-Paul Sartre. Avec, pour cerise sur le gâteau somptueux, l'attaque frontale du Grand Mensonge à coups redoublés de l'argumentaire de la Chose, de la Catastrophe, de la « Shoah de la Shoah », du seul séisme capable de foutre en l'air l'« ordre » mondial contemporain. Quand j'ai annoncé ça à tout le monde, quand j'ai déclaré que seul le combat au nom de la Croix pouvait justifier le svastika qui en retour constituait la seule réponse politiquement sensée aux adversaires du christianisme, ç'a été l'horreur pas possible, la déréliction, le scandale. Ils ont tous poussé des cris d'orfraie indignés : c'est pas sérieux, vous êtes fou à lier, c't'incohérent, grotesque — prononcer : « grautaî-aîsque » —, vous dénaturez notre effort réactionnaire de restauration nationale, vous déconsidérez notre cause en virant nazebroque, vous violentez le principe de non-contradiction. Et plus personne a pu me piffer. Les fachos cuir et breloques métal m'ont renvoyé à mes bénitiers, les cathos aux adorateurs d'Odin.

J'en ai entendu, des conneries... Les origines davidiques des rois de France selon le marquis de La Franque Chaude-Pisse (il paraît qu'il est marquis comme je suis archevêque : il s'appellerait Larue)... *Corruptio optimi pessima* : les Juifs seraient toujours le Peuple élu, appelés à diriger le monde après avoir consenti à se faire catholiques, daignant par là faire plaisir à Dieu en condescendant à se distinguer de Lui... La France, fille aînée de l'Église, aurait vocation à exercer comme lieutenant de l'Église une hégémonie sur l'Europe qui devrait s'en trouver reconnaissante... Le Palatinat se souvient des troupes de Louis XIV... La cause de la France et celle du catholicisme étant indissociables, il fallait, comme catholique et français toujours, aider les Barbaresques avec François Ier à faire pisser le sang impur des Habsbourg, financer avec Richelieu l'hérésie protestante chez les Teutons, contribuer sous l'injonction de Claire Ferchaud — et pour les plus grands intérêts de la République maçonnique — à couler le dernier empire catholique d'Europe... La France a été baptisée en 496 à Reims avec Clovis, qui comme chacun sait était un provençal qui haïssait les hennissements de la langue germanique... Un vrai Français doit se sentir plus proche d'un Nègre francophone que d'un Allemand, ennemi héréditaire qui n'a pas la tronche faite comme la nôtre... Ni fascisme ni communisme : le roi..., et attention ! Un roi français, le comte de Paris, un vrai Français anglophile comme Reynaud, pétainiste comme Mitterrand, modéré et gaullien, résistant et américanophile... L'Amérique est notre petite sœur turbulente, voyez comme elle est docile à se faire franciser... Faites de la cause de l'Amérique la cause de la France, et vous ferez de la cause de la France la cause de l'Amérique... Voyez comme ils nous ont gaillardement aidés en 41... Jeanne d'Arc était pétainiste, elle voulait comme jadis bouter l'Allemand hors de France ; la République française, c'est quand même la France républicaine, il faut chanter *La Marseillaise* et roter des merguez au soir de chaque 14 juillet, Dieu le veut ! L'immigration francophone est une chance pour la France, nous sommes grâce à elle soixante-dix millions de vrais Français, pour contrebalancer l'influence des Chleuhs qu'ont trahi la civilisation en réunissant les deux Allemagnes…

J'entends encore le comte de la Tringlardière pérorer rue des Renaudes ou à la sortie de Saint-Nicolas-du-Chardonnet : « La France d'Ancien Régime était un jardin, une communauté de familles aristocratiques représentée depuis 987 par des rois paternels, paissant le troupeau reconnaissant du bon peuple vertueux. Il n'appartient qu'à Dieu de faire des aristocrates, les dynasties sont le fruit béni de l'exclusive Providence, l'État moderne est un horrible Léviathan. » Sur le parvis de Saint-Nic (l'un des endroits de la planète qui rendent le genre humain intéressant par leur exceptionnelle densité de timbrés en général inoffensifs), ce rigolo distribuait, il y a peu encore, des manifestes invitant à prier « saint Louis XVI » pour le salut de la France, et à hâter le procès en canonisation de cette grosse loche… « Le Chosisme est une entreprise de déstabilisation de la Droite française, la preuve c'est qu'il a été lancé par des marxistes, il réhabilite Hitler — cet Antéchrist qui faisait sa prière au diable tous les matins — et les collabos ; Georges Marchais était un collabo, donc les communistes étaient des collabos, et l'URSS aussi (c'est pour ça qu'elle était épouvantable), donc Hitler-Staline même combat, même haine antichrétienne, même paganisme, même démagogie… Israël est un courageux petit État nationaliste qui devrait nous servir d'exemple, il est le gendarme du Moyen-Orient, il est le fer de lance de l'Occident chrétien en terre d'islam ; mais si mais si, saint Paul a prévu — et Maritain l'a confirmé (si Jacques et Raïssa l'ont dit, alors…) — qu'ils devraient se réunir à nouveau en Terre promise à la fin des temps et que leur conversion serait alors imminente… Et puis d'abord ils nous ont vengés de la perte de l'Algérie. Tout de même, ils se sont contentés de virer des pouilleux, des nazis — souvenez-vous du Grand Mufti ! — pour faire de cette terre ingrate un jardin… » Autre faribole : « Je ne suis pas prétendant au trône, je *suis* ! Je suis roi de France. » Celui-là, certains maurrassiens dégoûtés par la tête de nœud gaulliste voudraient bien le récupérer, faire du nationalisme à la sauce légitimiste. Autre registre : « Paul VI était un bon pape mais les francs-maçons l'ont enfermé dans les caves du Vatican et lui ont substitué un sosie ; suffit de voir les photos des différentes époques de son pontificat, c't'évident... » Ah !, les grands cons à l'air loyal, les cervelles de colibri aux accents inspirés, les reconstitutions idylliques du passé... Les rejetons chimériques de familles rances... Les fils de bourgeois constipés, raides et dogmatiques, qu'avaient plus les moyens de mener grand train... Les vieux trognons conspirateurs à l'haleine douteuse, aux complets élimés, qui sentaient la pisse et le confessionnal... Les crétins solennels de tout acabit... Luce Quéquette et sa pédagogie « chrétienne » qui voulait que les petites filles ne se torchassent ni ne se lavassent jamais pour conjurer les « mauvaises pensées »...

Madame Crisson, pilier laïque de la Contre-Réforme catholique, havre des rescapés d'Algérie française, possédait des chapeaux de modiste arborant de grandes fleurs du meilleur effet, et portait des mitaines. Son mari endormi la plupart du temps s'attifait avec des guêtres. Elle me faisait bouffer dans sa cuisine alors qu'elle recevait du beau monde. C'est là que ça puait le moins dans son appartement parisien très cossu, très meublé et très sale. Son esprit de classe enivré par les relents de nourriture gâtée m'invitait régulièrement à la résignation. Elle fut généreuse à sa manière, en dépit de ses préjugés qui lui tenaient chaud, ou peut-être même grâce à eux qui l'aidaient à se tenir debout et à conserver ce qu'elle avait à transmettre contre vents et marées, en m'hébergeant dans sa petite chambre de bonne, quand le vide se fit autour de moi après que j'eus déclaré publiquement ma guerre à toutes les chapelles de ma maison idéologique d'emprunt. Faut pas se moquer des riches et des bourgeois, des vieux riches habitués à l'aisance, des sapajous bourgeois accrochés aux manières, aux responsabilités et au respect. Ils valent mieux que les nouveaux riches, et infiniment mieux que la nouvelle « hyper-classe ». C'est chez eux qu'on trouve, plus qu'ailleurs, des gens capables de vivre selon leurs principes. Et puis, il faut bien avouer qu'ils sont rares les oiseaux aujourd'hui à embrasser des principes contraignants, auxquels ils tentent de se conformer sans céder au désir d'en changer au gré de leurs appétits et des circonstances. Ils transmettent ce qu'ils ont reçu, le meilleur qu'ils sont presque seuls à pas avoir oublié, et aussi le plus éculé, le plus accidentel, le plus daté, le plus agaçant. Faut pas trop leur en demander. On est tous des héritiers. On reçoit tout en bloc d'abord, on pratique l'esprit critique ensuite.

Après la vague pied-noir des casseurs de bougnoules, les séducteurs levantins de l'OAS et tous les déçus bavards et aigris, « républicains-Jeanne d'Arc » de la décolonisation, il y a eu la nouvelle race des trous du cul arrogants sortis du GIDE et du Nouveau Parthénon. Les muscadins poudrés du Groupe d'intervention défensive, aujourd'hui recyclés pour la plupart dans les officines de la Grande Loge et les partis libéraux, se piquaient d'érudition hitlérologique, se levaient à midi, prenaient six à dix ans pour achever une licence de droit, se pâmaient dans des poses esthétiques inspirées par un fascisme hollywoodien repeint aux couleurs du nazisme de sex-shop. Le GIDE n'a souvent rien fait d'autre, dont il pût s'enorgueillir en plus des virées chez les putes et des beuveries interminables, que de se livrer aux exploits guerriers consistant, par exemple, à péter, à douze contre un et à coups de barre de fer, la gueule d'un Négro dans les pissotières d'un rade protégé. Quant aux cuistres — au demeurant stipendiés, à l'origine au moins, par les partis de gouvernement — du renouveau paganiste, ils se gargarisaient d'immanence, de holisme, de nominalisme, de mythes fondateurs, de critiques dirigées contre la morale « judéo »-chrétienne « incapacitante », de « *Sein zum Tode* », de « *Wille zur Macht* » et de « *Wille zum Leben* », de *Weltanschauung* « faustienne » et de littérature scientiste d'origine anglo-saxonne. Tonton vous aurait foutu tout ça vite fait, avec Nietzsche en prime et ses pâmoisons féminines, en camp de concentration… Un certain nombre d'antiphysiques futés, dotés chacun, par la contre-nature qui leur tenait lieu de nature, de trois fesses (mais d'un seul grand cul qui avait assez de place pour tout accueillir) respectivement posées chez les cathos de cour à dentelles, chez les reîtres de salon, et dans les boîtes à pédés du quartier de l'Opéra, tentèrent un temps de faire la liaison entre les Anciens et les Modernes. Ce qui évidemment ne donna aucun résultat.

Peu nombreux sont les membres de mes chapelles, dont la « divisionnite » vaut bien celle des trotskistes, à avoir compris que tout était consommé dès le jour de ma naissance. Peu d'entre eux ont saisi qu'ils seraient à jamais tenus aux couilles par les pinces à chantage du Tribunal de Nuremberg, à tout le moins aussi longtemps que la Chose ne serait pas traitée frontalement, avec du sang et des martyrs, sur la place publique ; que la Chose est le problème n° 1 de la Droite et qu'il serait temps de s'en rendre compte et de mettre tout le paquet sur elle avant toute autre chose. Non parce qu'elle serait en soi la plus importante, mais parce qu'elle est la première dans l'ordre de l'urgence, celle qui conditionne la réussite de tout le reste, comme un bouchon de liège rétif qui compromet l'accès au précieux liquide. Encore plus rares sont ceux à avoir entrevu que la réhabilitation de l'Immonde, dont le traitement serein de la Chose est l'instrument chronologiquement privilégié, demeure, nonobstant des incompatibilités de surface, la condition *sine qua non* de la victoire de leurs causes respectives. Je crois bien que je suis le seul, avec Bouffon et maintenant Tartempion. Au reste, c'est la raison pour laquelle les autres m'ont tous anathématisé, me réduisant à la loque qui vous parle. Ne pas réussir à me faire intégrer dans ce monde disparate dont j'étais le produit et l'incongrue synthèse, ç'a été mon dernier échec. Je ne m'en suis pas relevé.

Elle est bien contente à c't'heure, la Droite paternalo-capitaliste de l'ordre moral, elle est bien réjouie la Droite monarchiste effarouchée par les odeurs puissantes du « paganisme antichrétien », elles sont bien soulagées les deux cousines bousculées par les nouveaux Spartiates… En se faisant taper dans la lune, sans vergogne, par les dards mortifères de toutes les variantes judéo-maçonniques du libéralo-marxisme, elles ont préservé leurs vieilles croûtes vaginales du vit protubérant des fachos…

Et qui c'est qui pouvait refaire l'Empire, effacer 89, remettre l'Europe au centre du monde après la boucherie de 14 où elle s'est suicidée ? Tonton a fait mine d'être attentif aux revendications indépendantistes bretonnes ? Que fût-il resté de ces exigences régionalistes dans une Europe unifiée ayant à subir l'hostilité d'une Amérique repliée sur elle-même, ainsi dans un empire carolingien ayant tout intérêt à respecter l'intégrité des États dont il eût tiré sa force ? Il a soutenu l'Albanie et la Bosnie musulmanes contre les Serbes ? M'enfin qui donc soutenait les Serbes ? Étaient-ils autre chose, après l'éviction du prince Paul, qu'un vecteur du communisme international ? Soit dit en passant : ont-ils beaucoup changé ? Serbes orthodoxes et Bosniaques musulmans se sont bien alliés jadis contre les Vénitiens... Et puis Adolf n'avait pas mis tous ses œufs dans le même panier : le *Serbisches SS Freiwilligen Korps* n'était pas spécialement germanophobe... Une Europe ethniquement homogène aurait bien vite culturellement réintégré ses blonds islamisés en surface. Les franchouillards serbophiles d'aujourd'hui qui, la bouche en cul de poule, vous repoussent horrifiés la perspective d'un nouveau Saint-Empire, sont ceux-là mêmes qui vous auraient intégré sans vergogne quarante millions d'Algériens musulmans...

Dans un registre non moins conservateur et tout aussi bouché, quoique non catholique, j'ai même entendu naguère une vieille bique mal baisée soutenir elle aussi, de sa plume agitée de plumitif féministe, et du fond de sa petite culotte mouillée aux pâmoisons national-socialistes, que les causes catholique et hitlérienne s'opposent comme l'eau et le feu, et que le grand Reich aurait eu vocation à se convertir en « démocratie raciste »... Le Club Med où y aurait que des grands blonds... Dans le Landerneau de la Droite non parlementaire, cette garce vindicative et rancunière m'a proscrit avec aussi peu de charité que les autres... Elle voulait jouer sur les deux tableaux, être un chef dominateur et adulé, être aimée et protégée ; faut choisir. Ces fumelles n'aiment pas la force des hommes, ou plutôt elles l'aiment en tant qu'elles la convoitent pour elles-mêmes, par refus orgueilleux de leur sexe. Mais leur sexe se rebiffe, elles ont besoin de protection, elles peuvent pas s'empêcher d'admirer les hommes, et elles sont malheureuses. Malheureuses de se refuser à leur propre féminité qui tambourine en elles et veut faire d'elles des soumises ; malheureuses d'être incapables de s'en dépêtrer, ce qui fait d'elles des faux mâles desquels elles ne retiennent que les travers. Les gens pensent avec leurs glandes.

Y a peut-être encore plus d'esprit démocratique chez les suppo-sés antidémocrates de conviction qu'ailleurs. Preuve qu'à se refuser à la vérité catholique, le plus viscéral des fachos finit tou-jours dans la peau d'un libéral... C'est d'ailleurs pas étonnant : on dit « viscéral » pour dire « consubstantiel », « profond », « intime ». Mais les tripes et les passions et tout le bataclan du sentir qui remue, c'est pas l'intériorité vraiment humaine, c'est au mieux la transcription corporelle — qui souvent la trahit — de la raison qui, elle-même, erre aussi souvent en s'abandonnant en elles.

J'aurais bien aimé, quand j'étais encore tenu pour existant par quelques camarades, savoir dire tout ça dans un autre lan-gage, dans une forme un peu plus relevée et plus scientifique. Mais j'avais pas la formation pour. Et puis, de toute façon, per-sonne m'aurait mieux écouté. On m'aurait traité de jargon-neux... Les intellos sont quand même marrants : quand on parle simple, ils vous accusent de favoriser l'équivoque, de pas fonder vos prémisses, de vous noyer dans la contradiction, d'en rester à l'intuition arbitraire ; quand on met le paquet dans la préci-sion, la preuve et la nuance, ils vous traitent de cuistre et vous taxent de confusion masquée sous l'obscurité technique. Quel que soit leur niveau de culture, les gens n'écoutent jamais que ce qu'ils ont envie d'entendre. Ils n'aiment pas tant la vérité que le plaisir de se reposer dans la certitude, et comme la conviction leur fait le même effet que la certitude, ils s'en satisfont aisé-ment... C't'un préjugé tenace, chez les bien nés, et cultivés, et dégrossis et tout et tout, que ça serait mal poli de dire des choses difficiles avec des mots et des tournures compliqués. On sup-pose par là que la vérité vraie irait de soi, qu'elle serait évidente, qu'il y aurait aucun effort à faire pour la faire se dire dans le chemin des mots. On peut, c'est bien d'accord, dire les choses les plus profondes avec des mots simples : Dieu Lui-même ne s'y est pas pris autrement dans Sa révélation. Mais on n'aura jamais fini d'expliquer ce qu'Il a dit aussi longtemps qu'on ne L'aura pas vu, lui qui est Son Verbe. On peut bien dire simple-ment des choses sublimes, mais alors on prête le flanc à l'infinité du commentaire qui s'épuise tant à prévenir les équivoques qu'à actualiser les virtualités de son sens insondable. C'est pourquoi, quand on n'est pas Dieu et qu'on veut être compris, on est bien obligé de jargonner. Z'allez me dire que plus personne en a rien à foutre aujourd'hui de la croisade des fascismes, que tout ça c'est mort, qu'on refait pas l'histoire, que la guerre est finie, que la nostalgie est mauvaise conseillère, que les solutions qui pouvaient valoir — et encore en les maniant avec des pincettes — il y a soixante ans sont inapplicables parce que le monde a changé... Je réponds que tant qu'on aura pas compris ce qui s'est passé dans les années trente, ce qui s'y jouait, toute tentative de relève est vouée à l'échec. Y a quand même quelque chose qu'on a toujours pas pigé : l'histoire a révélé, là, non tant l'adultération de la Droite traditionnelle que le principe de sa régénération, et c'est pour n'avoir pas su en accoucher en 89 qu'elle a crevé comme une vieille bête pomponnée. Les contempteurs droitiers de la Bête vont après ça nous donner des leçons de réalisme... Leur incompréhension du sens du passé dont ils sourdent les fait se méconnaître eux-mêmes et leurs buts. Comment pourraient-ils agir sans refaire les mêmes conneries ?

Tartempion :

Merci Zinzin pour tes remèdes de cheval. Mais il me semble que ton public attendait une confession plus personnelle. Les idées n'intéressent les femmes que dans leur liaison avec la personnalité de ceux qui les promeuvent ; en tout homme, une femme aime une idée, elle idéalise son mâle ; mais elle n'aime une idée qu'incarnée dans un homme ; elle sentimentalise ses doctrines. Quel homme es-tu ? Quels sont tes regrets ?

Zinzin :

Avec ton air bonasse, tu sais être cruel. Tu sais bien ce qui me déchire au-dedans depuis presque toujours. J'ai pas été à la hauteur à propos de ma famille. Et c'est trop tard pour réparer.

Avant d'aborder ce chapitre, je voudrais dire une chose aux filles qui sont là, pour qu'elles me comprennent bien. Vous savez, j'en ai rien à foutre aujourd'hui du national-socialisme et du fascisme, même si j'ai bousillé ma vie pour eux, et sans regret. J'en ai rien à foutre au sens suivant : ils reviendront pas ;

c'est des régimes d'avenir, et c'est précisément pour ça que j'y crois plus, parce que je pense au fond qu'il y a plus d'avenir. On est entré dans la fin des temps. Tout ira de plus en plus mal, jusqu'à l'avènement du Grand Justicier, « roi des condamnés d'ici-bas », qui remettra tout en ordre, pour la vie de l'au-delà et pour elle seulement. La passion politique, d'une certaine façon, c'est du passé. Je pense qu'on doit faire, jusqu'au bout, comme si l'avenir dépendait de nous, et plus profondément comme s'il y avait un avenir humain, pour cette Terre et pour les générations qui pourraient nous suivre. C'est pourquoi je lutterai pour le fascisme catholique jusqu'à la fin. Mais au fond je crois pas qu'il y aura beaucoup de générations après nous. Alors je fais comme si je devais me passionner, comme si je me passionnais, comme si j'étais passionné. Faut pas se moquer, c'est sur l'art de « faire comme si » qu'on sera jugé. Mais j'y crois pas à l'avenir temporel. J'ai jamais cru au paradis sur Terre, c'est la philosophie de mes ennemis ; mais j'ai cru à la possibilité d'instaurer un ordre naturel pérenne, avec ses souffrances incompressibles et ses contingences immaîtrisables, mais quand même au mieux disposé, dans la mesure du possible, pour la fin éternelle du genre humain, qui n'est pas de ce monde. Eh bien !, même lui j'y crois plus, tout en sachant qu'il faut faire comme s'il était possible de le réaliser. Y a des gens chez nous que ça défrise d'entendre ça, mais tant pis.

Parlons de moi maintenant, puisque ça intéresse les gamines de savoir comment fonctionne un vieux cœur pourri de proscrit détesté. Mais j'ai quand même un truc à dire avant.

Le militantisme pour moi, c'est fini, j'y crois plus, j'en ai ma claque. Se faire crever la paillasse pour son pays, ses idées, c'est la fin la plus honorable, la plus désirable qui soit. Mais se faire dépecer par des connards qu'ont pas envie de la victoire, c'est de la confiture donnée aux cochons ; c'est même pire que du gaspillage, c'est du suicide complètement inutile. Les Français sont des cons, faudra qu'ils souffrent pour s'ouvrir au vrai. Le temps pour moi de crever pour eux viendra quand je serai mort de chagrin depuis belle lurette. Alors j'ai maintenant un peu envie de penser à ma gueule ; sont trop cons pour qu'on se fasse buter pour eux, c'est trop tôt : sont pas mûrs, ou bien c'est trop tard : l'avenir est une chose du passé ; faut se faire une raison. J'ai raté ma vie, je vais essayer de pas rater ma mort en évitant de la galvauder dans des futilités d'adolescent. J'ai été un adolescent toute ma vie. Serait temps de vieillir. Qu'on me laisse crever dans mon coin, j'suis déjà plus tout à fait du monde. Si la Providence en décide autrement, elle viendra me chercher et je serai là, elle aura pas de mal à me trouver s'il y a encore quelque chose à sauver, par le moyen de la politique, dans les nations de race blanche, mais franchement, à vue d'homme, il y aura pas une nouvelle Jeanne d'Arc. Ce n'est qu'une vue d'homme, évidemment, et une vue d'homme blessé.

Blandine :

« Il n'est pas nécessaire d'espérer pour entreprendre ni de réussir pour persévérer. » Vous me décevez, Zinzin, v'z'êtes trop vieux pour que je tombe amoureuse de vous, mais j'aurais aimé rêver d'un héros en vous écoutant. Vous tenez des propos de défaitiste ; bientôt vous serez plus bobo que moi... Ce sont les artères bouchées qui parlent en vous ; triste fin...

Zinzin :

Guillaume d'Orange... Vous êtes vraiment une romantique indécrottable. Avec ses manières d'inspiré solennel qui vous asticote la matrice, c'était un agent objectif des youpins. Menasseh ben Israël, kabbaliste et patron de la juiverie d'Amsterdam, lié aux millénaristes parpaillots, était copain comme cochon avec Cromwell. C'est lui qui a invité Francisco Lopez Suasso, autre youpin de la plus belle eau, à financer la Glorieuse Révolution de 1689. C'était là empêcher toute possibilité de retour de la couronne au catholicisme, et assujettir cette couronne à la Banque. Alors les apophtegmes de votre enjuivé, vous pouvez vous les carrer où je pense. Quand serez-vous capable d'approprier vos sentiments aux exigences de votre raison ? Je mourrai en héros si on me le demande, mais puisque vous m'avez demandé des confidences, je vous dirai qu'à mon avis on ne me le demandera pas ; et j'en sais trop aujourd'hui pour avoir envie de prendre des attitudes, singer le saut de Curtius au moment du grand bilan.

Tartempion :

Ça va, Zinzin, arrête de pontifier. Elle ne peut pas tout savoir. Parle-lui de toi, c'est ainsi que tu l'intéresseras à tes idées.

Zinzin :

J'y viens. Mon mariage était une erreur, mais c'était un mariage et dans ces cas-là on doit faire avec. En regardant ensemble vers le haut avec assez de constance et de détermination, deux corps et deux cœurs peuvent toujours se bonifier à un degré tel qu'ils en viennent à s'approprier l'un à l'autre, en se rejoignant par le moins mauvais d'eux-mêmes. C'est peut-être ce à quoi nous étions invités elle et moi. J'ai pas su, j'ai pas été capable, je suis coupable. Et j'ai embarqué mes gosses dans ce naufrage. Elle était bien gentille ma petite grosse, tellement gentille qu'elle en est venue à me tromper, à force d'être déçue de me voir toujours en colère, aspiré par le militantisme ; ensuite elle m'a enfoncé de manière infecte. C'était un acte de bonté, parce qu'elle m'a donné des raisons de la haïr et de l'oublier sans regret et sans trop de remords. Mes gosses, c'est pas pareil. J'ai pas donné les coups de pied au cul qu'il aurait fallu dans certains cas ; j'ai pas toujours flanqué des baffes quand c'était vraiment nécessaire ; ils ont subi mes angoisses, mes craintes, mes rancœurs, mes humeurs changeantes. Mais j'ai essayé de les élever au-dessus des centres d'intérêt de leur temps décadent. J'ai fait beaucoup d'heures supplémentaires pour les nourrir, je me suis échiné à essayer de leur payer tout ce qu'il fallait pour en faire des héritiers armés pour affronter la vie. Même si j'avais été un père parfait, j'aurais eu mauvaise conscience, on n'est jamais sûr d'en avoir assez fait pour eux, on s'attribue la responsabilité de leurs échecs et de leurs déviations ; ils en jouent, d'ailleurs, pour se défausser sur leurs géniteurs de leurs trahisons. On leur en veut alors à cause de leur ingratitude et de leurs injustices, de leurs dénigrements et de leurs calomnies. En même temps, on peut pas s'appuyer sur la conviction fondée de la légitimité de tels reproches pour s'essayer à les oublier. Les gosses, ça s'oublie pas, ça vous hante en permanence. Mes gosses, c'est la société, avec ses tentations chatoyantes, qui me les a pris. Alors j'ai un compte à régler avec la société. S'ils étaient morts dans un accident de voiture, je pourrais me livrer aux joies de la peine franche et consommée, je pourrais les pleurer, me vider un bon coup du trop-plein d'affection en attente de sa manifestation, et les laisser entrer dans le souvenir qu'on maîtrise, qu'on peut ranger sans qu'il s'impose à vous en permanence, un peu comme l'amour porté à des parents défunts : on les aime, on est triste qu'ils soient plus là, mais la souffrance n'est plus cruelle, ils savent se faire oublier pour nous laisser vivre. Avec nos mômes, c'est pas possible. On donnerait sa vie pour qu'ils ne meurent pas, et en même temps on sait que la souffrance s'apaisera seulement avec la mort, soit du père soit des rejetons. Mes gosses me déçoivent, et ils le savent, ils m'en veulent de me décevoir. Je crois qu'ils m'en veulent non du mal que je leur aurais fait, mais du mal qu'ils m'ont fait. J'en viens, pour cesser de souffrir, à espérer d'avoir pour eux plus de mépris que d'amour, afin que l'indignation l'emporte sur la tristesse. L'indignation, ça relève de la colère ; la colère n'a pas de contraire, sauf le fait de s'apaiser, mais précisément elle s'apaise avec le temps. La tristesse paternelle, c'est différent, elle est souffrance, elle vous convoque en permanence, on a comme un compte personnel à régler avec elle, elle fascine. Moi qui suis un vrai bâton merdeux, l'insulte aux lèvres en permanence, ça vous faire doucement rigoler de m'entendre dire que je crève d'amour. On peut oublier une femme quand on le veut vraiment, même une femme dont on est très épris. On ne peut pas oublier ses enfants quand ils vous quittent en vous désavouant. Il reste qu'à souffrir, en essayant de trouver un sens à sa souffrance.

Blandine :

Je ne comprends pas. Pour moi, et pendant longtemps, l'amour pour un homme, c'est ce qu'il y a eu de plus fort. Depuis quelque temps mon horizon s'élargit et se fait moins commun, mais je ne suis pas mère ; ces choses terribles que vous me dites, qui pourraient faire de vous un monstre aux yeux du commun des mortels, restent encore floues pour moi.

Zinzin :

Avec ma gueule ravagée et mon âme sanguinolente, ça doit vous étonner d'apprendre que j'ai pu, moi aussi, subir la maladie enivrante de l'amour. On change tellement… Et puis, il est vrai, il y a de cela longtemps. J'ai souvenir que Tartempion vous a parlé de sa théorie sur l'amour, il y voit un appétit d'unité dans la différence, avec production d'un fruit qui réalise l'unité tout en préservant la différence de ceux qui s'aiment. Je pense que c'est possible de définir l'amour comme ça, c'est une définition qui « marche », qui vaut pour toutes les formes d'amour. Quand on aime une femme — ça vaut aussi pour une femme qui aime un homme —, on aime son amour autant qu'on aime la femme. C'est normal parce que l'amour aspire à l'unité dans la différence, mais avec privilège de l'unité immédiate ou charnelle, affective, fusionnelle, de sorte que l'amour d'aimer est inséparable de l'amour. Il y a une conséquence curieuse mais très commune, et source de beaucoup d'ambiguïtés dans cette affaire. Quand une femme dont vous êtes toujours amoureux vous quitte, vous êtes triste et vous aimez votre tristesse, parce que c'est une manière d'aimer votre amour, et de continuer à entretenir votre amour pour l'aimée. C'est pour ça que les gens n'aiment pas vraiment, même s'ils protestent du contraire, être consolés d'un chagrin d'amour ; ils demandent qu'une chose, c'est qu'on les fasse souffrir en leur parlant de la femme perdue. Vous êtes encore toute jeunette, mais vous en savez assez sur la question pour avoir expérimenté ce que je vous raconte.

Dans l'amour paternel, c'est tout différent. On n'entend pas faire un avec ses rejetons, ou pas de la même manière. Dans l'amour entre hommes et femmes, on fait un dans la différence, mais avec privilège, tant que c'est de l'amour charnel, de l'identité ; on commence par être différents, et puis on aspire à devenir un, et enfin on essaie de retrouver la différence à partir de l'unité, mais sans la compromettre. Bien plutôt, quand ça marche, l'unité en est confirmée et perfectionnée. Elle est devenue moins fusionnelle et plus consciente, parce que la fusion c'est comme le nirvana, ça fait s'éclipser la pensée. On projette l'unité fusionnelle dans l'enfant, qui devient autre que nous, et les amants, qui sont des époux, dépassent l'unité fusionnelle dans l'amitié, unité plus intellectuelle. Avec ses petits, on commence par être un avec eux, ils ne se distinguent pas de nous, puis ils se différencient de nous, et enfin on essaie de retrouver l'unité du début, mais dans la préservation d'une différence acquise qui sera d'autant plus heureusement accusée que sera plus réussie la tendance à l'unité, plus réfléchie, plus spirituelle. Ses rejetons, on les aime comme soi-même parce qu'ils procèdent de nous, et plus que soi-même parce qu'on se réjouit de s'excéder en eux, de prolonger en eux ce qu'on est, ou plutôt ce qui en chacun de nous est plus moi que je ne le suis, notre nature commune. On veut faire un avec eux, un dans la différence, mais avec privilège de la différence. Tout ça pour dire qu'on n'aime pas sa tristesse quand ils nous quittent, ce qui la rend d'autant plus pleinement tristesse. C'est la vraie tristesse, sans les charmes du romantisme, sans l'effusion des pleurs. Elle est sèche, vraiment antipathique, c'est un enfer. Ma grande croix, mon immense regret, c'est ma famille détruite et mes rejetons perdus, et même ma pauvre femme que j'ai pas su aimer ; l'amour, vous savez, c'est affaire de volonté plus que de sentiments ; s'il y a pas la volonté, l'amour est une flammèche qui brûle vite en faisant beaucoup de lumière et de crépitements, et qui s'éteint encore plus vite avec beaucoup de fumée qui pue. On est responsable de ses amours. Pour le reste, j'ai pas trop à me plaindre. J'ai passé ma vie à me faire traîner dans la boue, à me faire insulter et ridiculiser, j'ai pas eu la sagesse de ne pas rendre les coups, mais j'ai eu des délectations, celle d'avoir raison et de voir la réalité se conformer à mes tragiques prévisions. Maintenant j'ai plus qu'à crever dans mon caniveau, me reste la prière.

La Conscience :

Vous parlez de l'amour humain de manière, ma foi, assez convaincante, à tout le moins de manière point trop surfaite. Mais cela ne me dit rien de vos amours plus personnelles, de vos dilections politiques et religieuses. Vous comprendrez, dans ma situation, que je sois plus intéressée par cet aspect de votre personne que par ceux qui suscitent la curiosité de Rachida.

Zinzin :

Oui Madame. Faut vraiment que vous ayez changé pour que je vous donne du « Madame ».

La Conscience :

C'est probable en effet, mais il se peut que vous ayez changé vous aussi, plus que vous ne le pensez. Et notez bien que, dans cette observation, je suis à cent lieues de vous chercher noise. Je néglige désormais tous les rapports de force, où chacun veut prouver qu'il est le meilleur. Je ne suis pas la meilleure, je suis repentante et me sais faible, je vis ma honte comme une bienveillante croix destinée à me rendre meilleure. J'ai incarné l'orgueil dans sa nudité ; heureusement que l'orgueil crétinise les plus intelligents au point de leur faire perdre tout sens du ridicule ; par là il se rend laid et aide à se séparer de lui. Et quand je parle des plus intelligents, je parle de mes maîtres, non de moi.

Zinzin :

Faudra m'expliquer tout ça, vous m'intriguez.

La Conscience :

Ces éclaircissements viendront en leur temps, mais je n'ai pas grand-chose à dire. Rien n'est plus commun que mon histoire ridicule. Ne vous faites pas prier, parlez-moi de vous.

Zinzin :

Il y a bien des raisons d'être catholique, des raisons bien rationnelles et imparables à la vérité, mais je suis pas tellement outillé pour vous les développer ; pour ça, demandez plutôt à Tartempion, c'est sa spécialité. Et puis je pense pas que ce soit ces raisons-là qui vous intéressent pour le moment. Vous attendez de moi des raisons plus « existentielles », plus personnelles, qui parlent de moi autant que de leur objet. Ce que vous voulez savoir, c'est pas pourquoi il faut, objectivement, être catholique ; ce que vous attendez, c'est que je vous explique pourquoi, moi, j'ai eu envie de l'être. En fait, je suis presque né dedans, avec le Père Ablain, un prêtre que j'ai connu dans ma

jeunesse et auquel ma pauvre famille, par un reliquat de scrupule, a eu la bonté de me confier. Il s'est rendu aimable, ce
rugueux et audacieux pêcheur d'âmes, et il m'a fait aimer ce
qu'il aimait parce que je l'aimais, lui. Je vous dis franchement
que l'idée qu'on se fait des catholiques me les rendrait plutôt
haïssables, avec leur égoïsme, leur hypocrisie, leur formalisme
et leurs grigris, et surtout leur inclination masochiste pour tout
ce qui est emmerdant dans la vie ; leur répulsion pour tout ce
qui est bon et qui fait jouir ; c'est comme si, par une inversion
morbide des valeurs naturelles, il fallait préférer la mort à la vie,
la puanteur des charognes décomposées aux fragrances eni-
vrantes, la mauvaise haleine à la bonne santé, la souffrance à la
joie, la défaite à la victoire, recevoir des beignes au lieu d'en
donner, préférer le laid au beau, la faiblesse à la force. Tout ça
ressemble, de l'extérieur, au nihilisme, à la fascination du néant.
Et puis je pouvais pas encaisser cette promotion de l'oubli de soi
pratiquée par des gens qui vous invitaient d'un air sévère au
renoncement, et qui en loupaient pas une pour vous doubler dès
que vous aviez baissé la garde en écoutant leurs boniments pour
vendre les mérites de la vertu d'humilité. Si j'avais été moins
moche et moins gringalet, j'aurais aimé les jolies femmes et les
conflits, les bons vins, la réussite dans tous les domaines. Avec
son bon regard, sa patience, son espérance, sa douceur, son
autorité, le Père Ablain me faisait tout accepter et tout comprendre ; c'est plus tard que j'ai décroché. On m'a mis entre les
mains des bouquins de spiritualité, comme celui de Dom Vital
Lehodey. Il y était question de « lutte entre la nature et la
grâce », du désir de mourir pour quitter cette vallée de larmes.
Lutter contre la nature déchue, oui, en prenant le taureau par
les cornes, par l'expiation, la souffrance réparatrice. Mais contre
la nature en tant que telle ? Je comprenais à l'époque qu'au fond
le catholique est un type qui a pour projet de se vider de sa
nature pour se faire remplir par la surnature, et je me disais tout
simplement : si la nature est le contenant de la grâce, en foutant
sa nature au crassier on n'a plus rien pour recevoir la grâce. Si
la grâce est contre nature, comment pourrait-elle être aimable ?
    J'en ai connu des gens qu'étaient bien dotés par la nature,
qui se posaient pas de questions, qui vivaient sans se demander

pourquoi, parce que jouir de ses talents naturels comme on fait vrombir une belle bagnole leur paraissait une raison amplement suffisante d'exister. On naît, on croît, on atteint son apogée, on redescend, on disparaît, et ça recommence avec les suivants, et ce serait beau et réjouissant de savoir que ça sera toujours comme ça, qu'il faut savoir retenir les bons moments, et jubiler de toutes les pulsations de la vitalité, dans les combats, les victoires, les repos, les excès. Je les enviais, ces heureux, dans leur insouciance. Puis j'ai compris que le cours du monde avec tout ce qu'il contient, ça pouvait pas tourner pour rien, tous ces élans incapables de se fixer dans une perfection pérenne, ces oscillations impuissantes à se stabiliser, tous ces individus condamnés à redescendre et à finir en poussière. Quand on aime la vie, disent les bavards, on ne s'interroge pas sur les raisons de vivre. Mais c'est des paroles de faiseur ; il faut bien s'interroger sur elle quand elle vous quitte ; nous sommes tous embarqués dans le grand flot du devenir, la vie est comme ce fluide qui nous élit et qui nous jette ; mais cette vie immanente ne serait pas sans les choses qu'elle vivifie, elle se fait exister en faisant exister ce qu'elle finit par sacrifier ; elle est dépendante de ce qui dépend d'elle, et c'est pourquoi elle fait l'aveu de sa faiblesse, plus que d'un aristocratique et souverain caprice, en abandonnant ceux qu'elle habite ; quand la vie se résout, pour chaque individu, dans la mort, et que l'individu se demande pourquoi la vie lui fait faux bond, c'est la vie même qui s'interroge à travers nos questions et nos douloureux étonnements : il faut bien convenir qu'elle ressemble à un effort avorté, la vie du monde, à une tendance impuissante à parvenir à ses fins.

J'ai voulu croire alors que les pulsations de la vie, qui passe d'une génération à une autre et se reproduit sans cesse, ce serait ça l'absolu, le sacré, le fond du fond, et que sous ce rapport la mort de l'individu ferait partie de la vie du tout, et donc qu'il n'y a pas de remise en cause à murmurer : il suffirait d'épouser le mouvement, d'apparaître et de disparaître et de s'en réjouir en sachant que de toute façon tout est devenir et que le devenir est tout, que donc rien ne se perd au fond, aussi longtemps qu'il y a du devenir. M'enfin que voulez-vous, j'ai jamais pu me faire aux séductions de la mystique panthéiste, j'ai jamais pu prendre ça au sérieux plus de cinq minutes : si l'absolu est le tout, il prend conscience de lui-même en moi, et il n'y parvient — puisqu'il me fait mourir un jour — que pour s'éclipser bientôt, comme s'il reculait d'effroi devant le dévoilement de sa propre bêtise et absurdité ; de sorte que, que voulez-vous, un absolu qui se fuit, qui se ment, c'est pas un absolu pour moi, et je chie dedans. Le bouquet dans cette affaire, c'est que si l'absolu accède au savoir de lui-même en moi, alors c'est en moi, en toi et en n'importe quel insecte humanoïde, qu'il accède à la maîtrise de lui-même, car il faut être conscient de soi, se représenter ce qu'on est, pour s'emparer de soi-même comme d'une matière à façonner. On en arrive au résultat effarant que le dernier des cons peut se proclamer « *bündnisfrei* », « *unumschränkt* », « *göttlich* ». Et ça veut dire quoi, cette affaire ? Tout simplement que la majesté de façade d'un panthéisme supposé écraser la subjectivité de son mépris souverain se résout en dernier lieu en jactance droit-de-l'hommesque.

Un moment, fort court, j'ai cru au progrès linéaire version scientiste, et ça n'a pas duré longtemps : l'homme terrestre sera toujours un fils de pute ; c'est pas du côté de l'amélioration des moyens de vivre qu'on trouve le sens de la vie ; une telle amélioration déconnectée des fins, ça mutile l'homme plus que ça ne l'élève, en lui octroyant une force qu'il met au service de ce qui l'avilit. J'en revenais donc à ma question enfantine : tous ces élans individuels incapables de se fixer dans une perfection pérenne, tous ces destins inachevés me sont à nouveau apparus dérisoires. Si l'absolu est la vie qui les anime, elle est une sempiternelle tentative avortée de se libérer du cycle du même, c'est le rocher de Sisyphe. Pourquoi ça tourne ? Pourquoi faudrait-il s'échiner à remonter la grosse pierre pour la voir sans relâche et pour toujours redescendre avec fracas ? Du coup, je me suis dit que si la vie, l'existence mondaine, accuse en moi réception de sa propre vacuité, c'est-à-dire se remet en cause en et par moi, c'est qu'elle ne tourne pas toute seule. Sois sympa, Tartempion, précise la suite pour moi, ça devient technique et je sais pas dire.

Tartempion :

S'interroger sur le fait de sa propre existence, c'est attester qu'on cherche une raison à l'acte d'exister, et que cet acte n'enveloppe pas sa raison, ou sa cause, autrement il suffirait d'exister pour savoir pourquoi on existe. Se demander pourquoi on existe, c'est saisir sa contingence. Mais l'idée de contingence suppose la mémoire d'un absolu, et il ne serait pas possible d'avoir l'idée d'absolu si l'absolu n'existait pas : rien de fini ne peut représenter l'infini ; l'idée d'infini ou de parfait ou d'absolu, c'est la réalité (dont elle est l'idée) qui se fait l'idée d'elle-même, qui condescend à se rendre présente à nous sur le mode de l'idée d'elle-même, pour autant que l'infini sache se faire fini sans cesser d'être infini.

À partir de là, quand l'existence de Dieu est acquise, il est aisé de comprendre qu'une religion, c'est-à-dire quelque chose qui relie, est une religion vraie — une authentique Révélation et non un discours humain — si elle est d'abord une vraie religion : quelque chose qui relie effectivement l'absolu au relatif. Mais l'absolu verrait son absoluité compromise si cette relation entre lui et le relatif pouvait être instaurée par les hommes ; donc la Révélation doit être l'acte à raison duquel Dieu se fait religion, relation de Lui-même à l'homme. Et telle est l'Incarnation. Mais c'est là le christianisme, tout simplement. Le catholicisme est l'unique religion vraie parce qu'il est la vraie religion. Veux-tu continuer à présent, Zinzin ?

Zinzin :

Ouais, je vais essayer. Si rien n'était cassé congénitalement en l'homme, alors nous serions capables de tenir les deux bouts de la chaîne. Nous saurions épouser le rythme du monde, qui nous emporte et reconduit au même, indéfiniment ; nous saurions nous réjouir de l'indéfinie prorogation du temps, sans nous lasser, et nous saurions, dans le même moment, nous interroger sur les raisons de la succession des cycles, laquelle, comme répétition sempiternelle, semble n'avoir aucune raison ; nous saurions, sans déchirure, sans angoisse, sans l'épreuve de l'incoercible sentiment d'absurdité, plébisciter le magistère de ce qui nous invite à le remettre en cause. Et il est bien clair que ça n'est pas le cas. Tantôt l'homme aspire à fuir le monde, l'océan de la dissimilitude, le désert qui sépare de la Patrie, et il se recroqueville sur les miasmes de son intériorité. Tantôt il s'ouvre au monde et se perd en lui, tel un bouchon de liège qui épouse le mouvement des vagues et qui croit les dominer parce qu'il ne coule pas. Au fond, pour que la vie soit supportable, il faudrait parvenir à vivre et à aimer comme un absolu l'ordre répétitif qui régit le monde, sans oublier qu'il est l'image d'un autre monde avec lequel le premier fait écran autant qu'il le révèle. Il doit bien y avoir quelque chose de pourri dans notre substance. C'est pourquoi il faut un Réparateur. L'absolu doit être transcendant au monde pour conjurer la tendance de l'homme, cette vermine, à se vouloir être l'absolu ; l'absolu doit être immanent au monde pour être aimable, afin qu'on ait envie d'accepter la règle du jeu cyclique et de ne pas tout planter là en attendant la mort et en s'asphyxiant. De nouveau on aboutit, avec la conjugaison de l'immanence et de la transcendance, à l'idée de l'Incarnation. Je voudrais revenir sur une chose que tu as évoquée, Tartempion, qui concerne les rapports entre l'image et son modèle. Tu feras ça mieux que moi.

Tartempion :

Soit. L'homme est à l'image de Dieu, même si sa blessure le conforme plus à une vipère qu'à un homme. Il reste qu'il est un petit univers à lui tout seul ; chacun d'entre nous est même une intériorisation unique — qui les fait se sublimer en lui — de toutes les richesses de l'univers matériel. Une similitude ressemble à son modèle, et ce qui a pour vocation ou pour essence d'imiter veut imiter au mieux l'original, se rendre semblable à lui, au point de s'identifier à lui. Mais se rendre semblable à lui, ce serait coïncider avec lui : si une essence singulière est en tout point semblable à son modèle, elle s'identifie à lui, car l'essence singulière est nécessairement existante. Il ne se peut pas qu'une même essence singulière soit comme multipliée par deux actes d'exister, ce qui donnerait deux êtres absolument semblables, car l'acte d'exister, qui actualise l'essence, lui est strictement proportionné et ne vaut que pour elle ; si une essence singulière est strictement identique à une autre, c'est qu'elles n'ont qu'un acte d'exister, et qu'il n'y a qu'une seule essence singulière et non deux. Une démonstration rigoureuse de cette proposition requerrait de plus amples développements, mais je crois que tu t'accommoderas de ce que je viens de dire.

Donc, quand l'image devient strictement identique au modèle, satisfaisant à son vœu d'image, elle s'identifie à lui. En même temps, l'image veut se contre-diviser à son modèle pour demeurer image, pour ne pas se fondre en lui. Si l'homme désire connaître Dieu, l'image désire s'identifier à Dieu pour être pleinement image, ressemblante, et en même temps elle désire se distinguer de Dieu pour être ce sujet qui connaît Dieu. Il y a donc unité de l'attraction et de la répulsion : « *et inhorresco et inardesco* »... C'est à raison de ce double mouvement d'attraction et de répulsion que l'on est image, or l'image est reproduction du modèle, en ce sens que l'acte même d'être image est lui aussi une imitation du modèle, ou encore la cause exemplaire est aussi cause efficiente : c'est à l'Objet d'imitation que l'imitateur emprunte son pouvoir d'imiter, de sorte qu'un tel pouvoir est superlativement assumé par l'Objet. Donc il y a attraction et répulsion dans le modèle lui-même, et c'est si vrai que l'absolu engendre son Image dans son Verbe ; il y a réflexion, attraction et répulsion, et surmontement de cette contradiction ; son unité est le dépassement d'une dualité, son immobilité le dépassement d'une mobilité absolue, sa non-contradiction celui de la contradiction la plus intenable au regard de l'entendement. La tension existant entre l'image et le modèle est elle-même une image du modèle, qui est l'acte souverain de surmonter, éternellement, sa propre contradiction : un pur acte d'exister qui ne serait l'exister de rien se résoudrait en néant d'exister, de sorte que même en Dieu il faut bien que l'exister soit exercé par une essence qui, par là, *a* un exister ; et en même temps la simplicité absolue de l'absolu requiert que son essence *soit* d'exister ; il est ce qu'il a.

Dès lors, si l'Imité est réflexion éternelle, dépassement de sa contradiction qu'il assume, victoire sur sa propre aliénation intestine, alors, dans l'imitateur, l'invitation au dépassement de soi et au renoncement à soi est elle-même naturelle, et elle prend un sens : on aime le monde précisément pour apprendre à le quitter, on l'aime pour le crucifier, et, ce faisant, on ne fait qu'imiter le modèle en se rapprochant de lui à mesure qu'on l'imite plus fidèlement. Et se crucifier en renonçant au monde, et à soi-même en tant que mondain, est encore l'acte d'épouser le vœu du monde lui-même, qui ressemble à son Auteur. Tu évoquais à l'instant, Zinzin, la logique de l'affirmation de Dieu, en faisant mémoire de l'idée de Parfait. Si l'idée est imitation de l'objet dont elle est l'idée, l'idée de Dieu est imitation de Dieu. Or si cette idée est, à tous égards, extérieure à ce dont elle est l'idée, alors loin de le signifier ou d'en être l'idée, elle le trahit, puisque l'image tend à s'identifier à ce dont elle est l'image à proportion de son pouvoir de le représenter. Donc elle ne lui est extérieure que sous un certain rapport, mais sous un autre rapport elle est intérieure à lui ; elle est l'auto-affirmation, en nous, de Celui dont elle est l'idée. « Si l'on pense à Dieu, il faut qu'Il soit. »

Zinzin :

C'est bon, c'est bien ça. Ce que je retiens de cette affaire, c'est que les cathos brevetés sont chiants, parce qu'ils oublient que pour renoncer au monde et à ses grandeurs prestigieuses, il faut commencer par l'aimer ; on ne renonce qu'à ce qu'on possède. Dans cet ordre d'idée, le christianisme est l'achèvement, l'accomplissement et le dépassement du paganisme. Mais les néo-païens, les païens d'après le Christ, sont de mauvaise foi, c'est le cas de le dire, qui prétendent faire de l'univers un dieu pour s'adorer en lui, au point d'en venir à faire de l'univers enfin reconnu comme absurde la matière sacrificielle de leur autodéification ; ce sont eux qui prétendent donner sens au monde qui en serait dépourvu et qui sous ce rapport n'aurait rien de divin. Aucune différence, au résultat, avec l'humanisme. Je sais qu'il est difficile, dans la pratique, de concilier immanence et transcendance.

L'exigence d'immanence se célèbre dans le fascisme qui systématise au niveau politique cette exigence permanente et guerrière de dépassement de soi, de tension au-delà de soi. Mais sans l'exigence de transcendance le fascisme vire en subjectivisme existentialiste : ils veulent, les gars, créer des valeurs pour sauver le monde, surmonter l'absurde en inventant un sens au monde par un acte purement volontariste, par-delà toute raison. Et on bascule dans l'héroïsme subjectiviste, c'est-à-dire dans le romantisme.

L'exigence de transcendance est acquise par le catholicisme. Mais sans le fascisme, la mentalité catholique vire à l'esprit théocratico-démocratique. Je dis bien : théocratico-démocratique ; depuis l'avènement de l'État moderne, qui restitue au Politique sa légitimité naturelle et se dispense de la recevoir de l'Église, la gent ecclésiastique a donné sa préférence aux régimes démocratiques qui sont structurellement faibles, plus maniables que les monarchies robustes. Et les ressortissants laïques de la planète catholique sont désormais réduits à des résidus de fausses couches, à des fanatiques de la faiblesse et du ressentiment, à des sous-curés bien obéissants prêts pour l'abattoir. Parce que les gens d'Église, qui passent leur temps à nous remonter les bretelles en nous parlant de l'Au-delà, et que le monde serait méprisable, et qu'on est là pour souffrir, et qu'il faut pas composer avec le monde, et que la cité de Dieu exclut la cité terrestre, c'est les premiers à composer avec le monde, ils ont toujours été du côté du plus fort. Je leur en veux pas, mais je leur en veux de se permettre de nous dire d'avance lequel devrait être le plus fort, en calculant en fonction de ce qu'ils croient être les intérêts de l'Église, et au détriment de l'ordre naturel de la justice ; chaque fois qu'ils prétendent sortir de leur domaine, ils se plantent immanquablement. Leur boulot, c'est la foi et les mœurs, et le salut. Sont pas qualifiés pour diriger la politique internationale.

Je pense m'être acquitté de ma tâche d'exposer aux dames les raisons de mes horrifiques dilections. À vous, les filles, parlez-nous un peu de votre parcours.

Rachida :

Oh moi, vous savez, c'est vite fait, j'ai pas vécu aussi longtemps que vous. J'ai pas eu le temps de me poser toutes ces questions. Je suis une fille de mon temps passablement paumée, adulée, plutôt douée au regard des critères contemporains de la réussite. J'aime la vie et les plaisirs, mais on n'a pas besoin de vivre très longtemps pour souffrir de manière féconde ; j'ai déjà assez souffert pour comprendre que la quête du bonheur absolu ici-bas est vouée à l'échec. On m'a aussi assez manipulée pour que je m'interroge grave sur les intentions des flatteurs, et que je prenne conscience qu'on vit dans une société du mensonge. J'ai connu des succès scolaires, des échecs, j'ai déjà bénéficié de divers pistons dont je ne me vante pas trop, j'avais les dents longues ; mais depuis toujours je sens qu'il me faudra, si je veux rester lucide, réviser tout ça au moins dans ma tête sinon dans mes actions. Vous avez contribué, Messieurs, à me dessiller quelque peu, et ça me réjouit de comprendre, et ce que je comprends m'afflige, qui induit des comportements que je me sens incapable d'adopter si je conserve le souci de réussir dans la vie. Pour moi la France est un fromage, une terre de conquête, les Jeunes issus de l'immigration sont votre avenir, c'est ce qu'on me dit depuis que je suis toute petite, et j'ai envie d'y croire parce que ça flatte ma vanité et va dans le sens de mes intérêts. Mais j'y crois pas beaucoup dans le fond. Les immigrés, je les connais, c'est presque tous des petits sauvages avides, des petites bêtes à jouir, des chiens qu'ont toujours la bite à la main, toujours à récriminer, à jouer sur tous les tableaux ; c'est des destructeurs encore plus dégénérés que vous. La fierté arabe, l'honneur de l'islam, c'est du pipeau. Ils veulent bouffer dans votre gamelle et profiter de vous, vous faire bosser pour eux, et leur haine est tellement forte qu'ils en viendront un jour à vous égorger, inspirés par une colère conquérante supposée sainte, qui ne sera que l'expression de leur jalousie et de leur ressentiment de complexés. Quand ils vous auront saignés et réduits en esclavage, il n'y aura plus personne pour leur payer leurs allocations et ils travailleront pas pour autant. Mon souci de vérité et d'honnêteté, qui me fait mépriser en secret aussi bien mon milieu d'origine que les démagogues dont je profite, contredit mes ambitions, et je sais pas encore quelle voie je vais emprunter. Je suis à la croisée des chemins. Ça me fait souffrir, et j'ai horreur de ça.

Zinzin :

Tu ne m'apprends rien, jolie sauterelle, j'avais tout deviné, mais je salue ta franchise, t'es assez gonflée. Je suis pas du genre à être intimidé, mais j'ose à peine demander à Madame la Conscience de nous parler d'elle.

La Conscience :

Je m'y résous, Monsieur Zinzin, bien que ce soit inutile tant mon histoire est navrante. Vous serez déçu. Je suis née dans une famille plutôt traditionnelle mais fort conventionnelle, dans laquelle, en dépit de reliquat d'habitudes et de convictions « vieille France », on faisait servilement confiance aux institutions de la République. J'ai été une bonne élève, une très bonne élève même dans les établissements scolaires qu'il me fut donné de fréquenter. N'allez pas voir dans mon propos une pulsion de vanité. Je suis revenue de cette vanité qui m'a fait tant de mal, et par laquelle j'ai accompli tant de mauvaises actions. Il n'y a aucune vanité, parce que j'ai une assez triste idée des très bons élèves. Le très bon élève est une éponge malléable qui par là assimile les savoirs et techniques au nom desquels on le juge et lui attribue ses lauriers. Pour se maintenir dans son statut d'élève d'excellence, il choisit plus ou moins consciemment d'hypertrophier cette malléabilité au détriment de questionnements intérieurs féconds dont le souci l'empêcherait de réussir ses performances scolaires. Il exténue en lui tout esprit critique, tout affairé qu'il est à restituer ce qu'il reçoit. Et il en vient à exténuer aussi ces questionnements qui lui sont suggérés par l'expérience personnelle de son contact avec le réel extérieur ou intérieur à lui. N'ayant plus aucune question à se poser, il en devient intellectuellement parfaitement stérile. Il n'a strictement rien à dire. Il serait un excellent répétiteur et se cantonnerait dans ce rôle s'il n'avait des prétentions.

Ceux qui, en revanche, ayant su laisser les questions importantes éclore en eux, sont mobilisés par la pression du besoin d'extériorisation de ce qu'ils ont à dire, car on ne pense adéquatement que ce qu'on sait faire accéder au langage. Ils sont par là divertis du souci d'être de bons élèves qu'ils doivent être cependant, au moins jusqu'à un certain point, pour se donner les moyens et le droit de formuler ce qu'ils ont à penser. Ils sont ainsi de bons élèves sans être des premiers de classe. Et le problème est que les premiers de classe, qui n'ont rien à dire, croient que les succès leur donnent le droit de dire quelque chose, d'accéder aux postes de responsabilité et de décerner les titres habilitant leurs contemporains à se faire connaître. Si les choses étaient bien faites, les règles de la compétition sociale, légitime quand elle est loyalement organisée, seraient déconnectées des règles qui régissent la compétition scolaire. Mais le jacobinisme, qui abhorre tout enracinement, à toute distance du souci de transmettre un héritage national, assigne à son système éducatif par là érigé en matrice de la société tout entière la vocation de fabriquer *ex nihilo* des citoyens du monde. Comme le développait ce funeste Vincent Peillon, issu des entrailles de la juiverie strasbourgeoise dans une famille conjuguant activités bancaires et activisme communiste, l'Éducation nationale est l'opérateur universel d'autoreproduction de la société, le creuset qui fait se transfigurer et même se transsubstantier les cohortes d'enfants destinés à peupler la France. Il est donc inévitable que la société soit conformée aux structures de sa matrice intérieure, et que les critères de sélection scolaire soient identiques aux critères de sélection sociale. Ce qui au reste permet à l'idéologie jacobine d'exercer en douceur une tyrannie intellectuelle totale et de prévenir l'éclosion de quelque pensée originale ou non conformiste que ce soit, non sans persuader les victimes qu'on leur apprend à penser par elles-mêmes. Et sous couvert de les faire penser par elles-mêmes, on court-circuite toute possibilité de recevoir avec fruit l'héritage intellectuel, moral, religieux, professionnel, artistique de ce que fut leur pays avant 89. Ils n'ont accès à cet héritage que par le prisme déformant des Lumières.

J'ai donc été une excellente élève, pour mon plus grand malheur. Ma faiblesse de caractère, les stupides encouragements de ma famille et de mes maîtres, ma grotesque vanité, mes complexes de jeune fille sage peu sûre de ses charmes en attente de raisons compensatoires de s'estimer, me firent avoir, comme on dit, la « grosse tête ». Artificiellement sûre de moi, l'oie blanche pomponnée que j'étais commit des erreurs lamentables et honteuses. Je me fis d'abord admettre dans une loge maçonnique par un membre du jury du concours général, où j'avalai toute leur salade en croyant me grandir démesurément. J'eus aussi une aventure amoureuse avec une fille de mon âge, en me persuadant que la condition d'invertie me rendrait originale et me ferait appartenir à une espèce d'aristocratie ; puis je me laissai à séduire un professeur mâle de classe prépa qui m'abandonna en me laissant sur le flanc, amorphe, décomposée, après que je fus devenue amoureuse comme on peut l'être à cet âge. J'eus la faiblesse d'essayer de me suicider, et je commis la bassesse de tenter de détruire son foyer. Le vieux, qui n'était pas né de la dernière pluie, avait préparé ses arrières en constituant un dossier sur mon compte constitué de lettres et de photographies compromettantes. C'est alors que les Services me recrutèrent, qui usèrent d'un mélange savant de flatteries et de mesures d'intimidation. C'est ainsi que je devins la Conscience, comme d'autres deviennent Marianne. La République, depuis dix ans, diffuse mon effigie partout en France et dans le monde, on me consulte pour me faire débiter les sornettes du credo maçonnique, on me jettera quand je serai trop vieille pour exercer cette triste fonction. Mon vrai nom n'a aucune importance, mais je serais heureuse de m'appeler Marie-Madeleine. Messieurs Tartempion et Zinzin ont achevé de me déstabiliser, de me faire haïr mon rôle, en suscitant en moi un désir de rédemption qui inquiète les autorités. Il m'est arrivé déjà, dans l'exercice de mes fonctions officielles, de proférer un certain nombre d'incongruités hérétiques que je parvins à faire passer sur le compte du lapsus. Mais je n'ai pas trompé tout mon monde, d'aucuns savent de quoi il retourne. Actéon Philoneikos me suit partout. Tenez, il est là derrière la vitrine, il ne se cache même pas. Ils sont capables de tout. J'ai peur pour moi, mais aussi et surtout pour vous, mes chers amis inactuels, mes pauvres rebelles dérisoires.

Tartempion :

Votre témoignage est émouvant, Madame, vous êtes une victime.

Zinzin :

Ça, c'est sûr. Mais l'Actéon, je l'ai à l'œil. On se connaît déjà lui et moi. Je le fais entrer ?

CHAPITRE X
UNE CONTROVERSE THÉOLOGICO-POLITIQUE

Avant même que Tartempion répondît à la question de Zinzin, on entendit derrière l'auditoire de ce dernier un petit râle de stertoreux sortant de la poitrine étroite d'un ecclésiastique pincé qui s'était introduit à pas de voleur dans la boutique, non sans avoir salué courtoisement Actéon qui faisait le pied de grue sur le trottoir. Personne n'avait fait attention à lui, mais lui avait tout écouté. On crut un moment, à cause de sa soutane, que c'était un visiteur échappé de Saint-Nicolas, mais il n'en était rien, comme on s'en aperçut vite à sa manière de condamner les responsables d'Écône par lui réduits à d'affreux modernistes. L'oiseau, qui se voulait sévère, était en villégiature à Paris. Il écumait toutes les librairies réactionnaires afin de faire provision d'ouvrages théocratiques. Il ne tarda pas à révéler, sous ses dehors austères, une âme de méridional hâbleur, suffisant, toujours soucieux de montrer qu'à ses yeux les populations installées au-dessus de la Loire sont des métèques du Nord, des bougnoules qui n'ont pas « l'accent » chantant des seuls civilisés ; toujours attentif, aussi, à bien signifier que les laïcs sont les goyim de la gent cléricale. Mais Tartempion est un homme affable et, malgré les prétentions de l'ensoutané, il le convia à prendre un café. L'abbé Narcisse Bouloc accepta l'invitation et remercia d'un air empressé, non tant pour signifier sa gratitude que pour soulager son désir d'entrer en lice et de libérer une marée d'humeurs volubiles. Négligeant les dames auxquelles il jeta un regard niaisement narquois, il prit à partie Zinzin sur un ton comminatoire — il se piquait d'impressionner son prochain, rêvant de lui faire peur par sa froideur — qu'il accusa d'anticléricalisme et de paganisme et, s'assurant de notre bonne volonté, il se mit à exposer ses vues sans appel sur la question qui le pré-occupait.

« J'ai bien l'impression d'être tombé dans un nid de dange-reux fascistes, qui se trompent de combat. Quand on est catho-lique, on ne peut être fasciste. On peut encore moins être national-socialiste. Dois-je vous rappeler que, quand il fut ques-tion d'apaiser, par des négociations secrètes, les tensions entre fascistes et socialistes, ces échanges, organisés par Giacomo Acerbo, membre du Grand Conseil fasciste, furent encadrés par la Grande Loge maçonnique de Piazza del Gesù, à laquelle appartenait Acerbo, tout comme les quatre hiérarques qui avaient dirigé la marche sur Rome : Balbo, De Bono, De Vecci, Bianchi ? Il est vrai qu'en 1943 Dino Grandi, dans son entre-prise de destitution de Mussolini, sera appuyé par Acerbo. Mais je voudrais simplement rappeler que maints hiérarques fascistes furent francs-maçons. Ce ne sont là que des considérations anec-dotiques, mais elles sont porteuses d'une signification générale dont vous ne pouvez faire fi. Le Moyen Âge est l'apogée de la Chrétienté ; que tous les papes de ce temps aient été des théo-crates n'est pas un hasard. Vous devez vous faire une raison : quand on est catholique, qui plus est catholique français, on est monarchiste, et on reconnaît dans le sacre le principe de la légi-timité ; on refuse le totalitarisme fasciste qui déifie l'État en le faisant reposer sur lui-même. Hors du sceau de l'Église, tout pouvoir est au fond usurpé, et tous ces pouvoirs qui se disent forts et qui refusent la théocratie sont en fait des émanations méphitiques de la Révolution française.

Tout gouvernement qui n'est pas catholique, n'étant pas absolument bon, n'est pas bon du tout sinon par accident. C'est là une application de l'adage : "*bonum ex integra causa, malum ex quocumque defectu*". Et je le prouve :

La partie la plus précieuse du bien particulier est le salut sur-naturel. Or le bien commun est à la fois le bien du tout pris comme tout, *et* la part la plus précieuse du bien particulier, puisque, selon la philosophie thomiste qui est la philosophie du catholicisme, le bien commun a raison de cause finale du bien particulier. Donc le bien commun est inclusif du souci du salut surnaturel. Or seule l'Église est dispensatrice des moyens appropriés au salut. Donc l'Église est par soi assomptive du souci du bien commun politique. Or ce bien commun est l'objet immédiat du pouvoir politique. Donc l'Église est assomptive du Politique. Elle est dépositaire du pouvoir politique qu'elle délègue ; le roi a le pouvoir sans l'autorité qui lui vient de l'Église ; l'Église a l'autorité sans le pouvoir, ou plutôt elle confie un pouvoir qui lui appartient de droit mais dont elle se débarrasse en le confiant aux princes qui en usent sous la direction de l'Église. C'est là ce qui fut nommé l'augustinisme politique auquel l'Aquinate demeura fidèle, et qui fut ratifié par Boniface VIII dans sa bulle infaillible *Unam Sanctam*. Ce raisonnement est imparable.

Le monstrueux bicéphalisme qui prétend soustraire l'autorité des princes à la férule de l'Église est une invention infernale dont le monde moderne est le produit. Nous avons besoin d'un nouveau Grégoire VII, non d'un guignol emplumé tel que votre Mussolini. Selon le même raisonnement, depuis que Dieu s'est incarné pour nous sauver, la philosophie n'est que de l'eau à côté du vin de la théologie. Seule la théologie révélée contribue au salut, et d'ailleurs la philosophie a causé plus de maux que de biens, dans ses prétentions orgueilleuses. Dès lors, la philosophie, guidée par une sagesse non humaine et infiniment supérieure à la sagesse naturelle, n'est en droit et exclusivement que l'*"ancilla theologiae"* ; elle est servante, elle n'est que servante ; elle erre aussitôt qu'elle s'écarte de son rôle d'instrument ; tout son office légitime est de livrer des outils à la théologie pour lui permettre d'expliciter son contenu sacré. Et le chef de famille doit être soumis à son curé, il est en demeure d'appliquer dans sa famille les prescriptions du prêtre qui sait mieux que le chef de famille ce dont l'épouse et les enfants ont besoin. La laïcité est un abominable péché, elle est *le* péché, irrémissible. Tout le mal procède de l'oubli de l'éminente dignité du prêtre, du refus de son paternel magistère.

Que voulez-vous, c'est ainsi, inutile d'ergoter. Soumettez-vous, sans quoi vous irez en enfer. Vous ne pourrez pas dire que vous n'avez pas été avertis.

— Si je comprends bien, Monsieur l'Abbé, vous êtes mieux placé que l'époux, dans une famille, pour savoir à quel moment et comment il doit s'acquitter de son devoir conjugal ; il doit même vous demander la permission de baiser sa femme avant de s'exécuter ; et vous êtes un expert en matière de relations amoureuses ; vous savez même au coup d'œil infaillible quelle nana un type doit choisir, qui évidemment vous demandera la permission de la demander en mariage ; non mais, est-ce que vous vous rendez seulement compte des conneries que vous débitez là ?

— Espèce de grossier personnage. On voit bien d'où vous sortez. Le respect pour la soutane s'est envolé. Mais je vais par charité vous répondre, Môssieur l'insolent. Oui Môssieur, le prêtre est compétent en ces matières délicates si propices au péché, et j'ajouterai pour votre gouverne, même si ce n'est pas dans saint Thomas, que les relations charnelles pratiquées en dehors des périodes de fécondité de l'épouse constituent au moins la matière d'un gros péché véniel.

— Oh là là ! Alors faut pas s'étonner si, dans votre vision de la cité catholique, il est nécessaire de prévoir un grand nombre de boxons ouverts vingt-quatre heures sur vingt-quatre chaque jour de l'année pour calmer les ardeurs masculines et éviter les viols. Et vos vertus prudentielles de casuiste sauront pieusement tolérer un tel mal… Et puis faut pas s'étonner si les dames arrivent en avance à l'église pour confesse, afin de passer un moment thérapeutique avec le bedeau traditionnellement réputé pour être à la fois discret, furtif et monté comme un âne… Elles vont à "con-fesse" en maniant le goupillon, les dames vertueuses de la cité théocratique…

— Arrête, Zinzin, tu scandalises notre bon abbé, tu n'as pas le sens du surnaturel, tu ne respectes rien, déclara Tartempion. Veuillez, Monsieur l'Abbé, pardonner à mon brutal ami ses saillies intempestives. C'est sa manière de vous montrer qu'il est intéressé par votre propos. Continuez, saint homme, nous voulons être instruits et édifiés. Tenez, reprenez donc un café, accompagné de cet alcool de poire qui saura vous faire pardonner l'impertinence lamentable de vos paroissiens de passage. »

Après un silence assez long, au cours duquel l'abbé fit bien comprendre, excédé, qu'il poursuivrait par pure charité chrétienne, ce dernier reprit :

« La foi excède la nature et est gratuite, mais il est contre nature de refuser la foi, comme l'établit saint Thomas dans la *Somme théologique*, question 10 article 1 de la *Secunda Secundae*, et cela vaut pour la grâce en général ; il est donc impossible de tendre adéquatement vers la fin naturelle sans aspirer corrélativement à la fin surnaturelle ; il est impossible d'aspirer à un bien commun naturel sans en même temps tenir compte de la fin surnaturelle de l'homme, laquelle devient consubstantielle au bien commun considéré dans sa complétude, tel que Dieu l'a gratuitement défini. La fin de la santé physique est la santé morale, et la santé morale de l'âme n'est complète que par la réception de la foi et par l'acceptation du souci d'aller au Ciel ; or chaque fois qu'il existe une hiérarchie de fins, la fin intermédiaire a raison de moyen, elle perd son statut de fin au regard de la fin dernière, elle est enrôlée par la fin dernière qui se la subordonne et exclut qu'on se repose en elle. L'ébéniste opère à partir d'une planche qui a été travaillée, en vue de l'élaboration d'un meuble ouvragé, par un menuisier à partir d'une souche brute, de sorte qu'on ne peut adéquatement viser une fin intermédiaire qu'en visant la fin dernière, puisque la fin intermédiaire est déjà enrôlée par le mouvement qui mène à la fin dernière : si l'ébéniste n'est pas là pour diriger les travaux du menuisier, comment ce dernier saura-t-il produire une planche appropriée aux exigences du travail de l'ébéniste ? Se soustraire à la fin dernière, ou même seulement l'ignorer, ainsi pervertir le mouvement qui mène à elle, c'est déjà pervertir la fin intermédiaire ; sans la grâce, la nature n'est même plus naturelle ; donc, à titre d'exemple, seul le médecin *catholique* est vraiment habilité à soigner les corps. Dès lors, on n'obéit aux prescriptions rendues légalement obligatoires d'un médecin non catholique que parce qu'on ne peut faire autrement, et encore seulement s'il ne prescrit rien qui soit contraire à la foi ; mais on doit, autant que possible, substituer un médecin catholique à un médecin non catholique. De manière générale, l'exercice du savoir et la pratique d'arts profanes, déconnectés de la finalité surnaturelle qui relève du sacré dont l'Église a le dépôt et la charge, constituent une certaine forme d'usurpation. On est catholique par tout soi-même, et pour cette raison rien n'échappe à l'autorité de l'Église. Rien n'échappe donc à sa compétence. Tout ce qui se fait en dehors d'elle est satanique. »

L'abbé reprit son souffle et siffla son alcool de poire, montrant avec force mimiques dévotieuses que le flot de sa sainte colère commençait en lui à débâcler, charriant avec vigueur les résidus d'erreurs qui l'avaient étouffé mais dont il s'était pieusement rendu victorieux. Puis, sur un ton docte surmontant son dégoût, il poursuivit.

« Il y a des petits malins — je connais bien ces serpents — qui, pour donner l'impression qu'ils restent catholiques tout en cédant à leur esprit de révolte contre l'autorité de l'Église et des clercs, s'efforcent à développer l'argumentaire suivant :

L'Église, disent-ils, permet seule en effet, *in concreto*, l'accomplissement du volet religieux du bien commun politique, mais, pour éviter le théocratisme de l'augustinisme politique, il conviendrait de faire observer que le bien commun est une catégorie politique et relève de l'ordre naturel à ce titre, de sorte que l'Église n'aurait vocation à assurer, de fait et de droit, que le volet religieux de ce bien commun, sans être habilitée à accaparer le reste, proprement politique. Mais tout esprit un tant soit peu éclairé voit vite le sophisme caché.

Si le bien commun exclut un aspect constitutif de lui-même, qui se trouve être religieux, est-il encore le bien commun ?

Si le bien commun est le meilleur du bien particulier *et* le bien du tout pris comme tout, alors, le meilleur du bien particulier étant le salut surnaturel, le bien commun visé par le Politique et proportionné aux pouvoirs naturels du politique est nécessairement un bien commun tronqué, soit, selon l'adage scolastique *"bonum ex integra causa, malum ex quocumque defectu"*, comme je l'ai dit ; il est quelque chose qui n'est plus du tout le bien commun. Peut-on philosophiquement faire coïncider ces deux exigences, à savoir d'une part, contre l'augustinisme politique sottement détesté, que l'État serait, de fait et en droit, le seul responsable de la poursuite du bien commun, et d'autre part, en accord avec la Révélation, que seule l'Église peut lui permettre d'en réaliser le volet religieux ? Les deux exigences ne peuvent être tenues ensemble, selon le principe de contradiction. Au reste, le lien philosophique entre les deux exigences n'est pas opéré par saint Thomas et, s'il ne l'est pas, c'est qu'il ne peut l'être : toute la sagesse philosophique est contenue dans saint Thomas, tout ce qui n'est pas saint Thomas *stricto sensu* est entaché d'hérésie. C'est pourquoi les successeurs de saint Thomas, renouant avec les affirmations explicites de l'augustinisme politique dont notre saint Docteur, en dépit de son aristotélisme, ne s'est jamais écarté, ont tranché franchement en faveur de la théocratie. Mais je connais nos oiseaux, nos esprits retors. Ils ne se croient pas réduits à quia pour autant. Ils vont nous dire ceci, et je les attends au tournant :

Le bien commun serait, diront-ils, du ressort de l'État jusque dans son volet religieux, parce que César était pontifex, ainsi jusque dans son volet religieux naturel. Et, parce que la grâce a librement investi la nature, le bien commun serait "*per accidens*" du ressort de l'Église. Concrètement, le roi aurait l'entière responsabilité du bien commun politique, il ne tiendrait pas son pouvoir de l'Église, mais il déléguerait en quelque sorte ses prérogatives princières à l'Église quand la question de la foi et des mœurs serait en cause. Il s'agirait de réduire le pape et les prêtres au rôle de boy distributeur de sacrements, obéissant au doigt et à l'œil du chef politique. C'était bien là d'ailleurs le rêve des empereurs germaniques — funeste engeance orgueilleuse, c'est dans le sang des Germains, race maudite — qui entendaient faire de la papauté une fonction du pouvoir impérial, subordonnée à lui. Monstrueuse inversion ! Satanique hiérarchie, plus perverse que le judaïsme, l'islam et l'athéisme réunis ! La France, fille aînée de l'Église, a apporté son fidèle concours à l'Église pour lui permettre de se soustraire à une aussi inique sujétion, et elle tiendra pour toujours l'Allemagne maudite dans les limites requises pour la rendre inoffensive ; elle la divisera en autant de parties qu'il le faudra pour la tenir docile ; ce qui n'est nullement pécher contre l'ordre naturel, puisque les progrès de la grâce se font au détriment de l'ordre naturel. Eh oui ! L'accident tient son être de ce dont il est l'accident, alors que, ici, la grâce qui est supposée être accident de la nature est ce qui recrée la nature, ainsi ce qui lui donne un nouvel exister. Dit autrement : la béatitude surnaturelle n'est pas la béatitude naturelle enrichie d'un accident, parce que la vie surnaturelle n'est pas la vie naturelle ornée d'un accident gracieux ; la vie surnaturelle, c'est la recréation de la vie naturelle, laquelle ne subsiste plus dans sa nouvelle condition gracieuse que comme support de la grâce ; "ce n'est plus moi qui vis, c'est Dieu qui vit en moi". La vie naturelle qui subsiste dans la vie surnaturelle perd toute autonomie, elle perd en particulier la légitimité du souci de sa fin naturelle à laquelle s'est *substituée* une fin surnaturelle incommensurable à la première. Et il en résulte que toute recherche d'une excellence naturelle propre est au moins implicitement un refus de la vie gracieuse. C'est si vrai que tous les maîtres de spiritualité catholiques ont insisté sur le conflit obligé entre nature et grâce, non seulement entre nature blessée et grâce, mais entre nature purement nature et vie surnaturelle ; nous devons nous dépouiller de nous-mêmes, nous vider de nous-mêmes pour que la grâce nous emplisse ; nous devons chercher les destins obscurs, aimer la condition de petit, prendre le contre-pied de la nature en toute chose, aimer la faiblesse, le difforme, la maladie, la souffrance, les humiliations, la pauvreté, l'ignorance ; nous devons vivre pour hâter la mort. Quand la grâce investit la nature, elle la chasse, ou plutôt elle chasse ses aspirations et elle en fait un esclave, elle la fustige, elle l'exténue. Dieu prend le parti des petits contre les forts, les premiers seront les derniers.

Laissez donc, Messieurs, les clercs prendre à votre place le risque de la richesse, de la bonne santé, du savoir, du pouvoir et des honneurs. Eux seuls sont armés pour supporter d'aussi périlleux avantages. Et laissez-vous guider dans l'obscurité de la sainte ignorance et de l'obéissance aveugle. Nous pensons pour vous. C'est ainsi qu'on est bon chrétien et qu'on fait son salut ; le reste n'est que concupiscence. »

Les filles étaient attentives et essayaient de suivre, pressentant que quelque chose de crucial se jouait dans cette conversation en forme de joute. Zinzin, soucieux de laisser Tartempion répondre, se disait silencieusement que les simples en esprit ne sont pas les simples d'esprit, et qu'il est révoltant d'exiger qu'il faille être laid, scrofuleux, puant, con comme un balai et raté pour faire son salut. Tartempion, calmement, avec un sourire triste, décida de répondre au prédicateur que ses effets de voix ne parvenaient pas à rendre austère.

« Soyez remercié vivement, Monsieur l'Abbé, pour cet exposé passionnant, qui présente le mérite de poser les bonnes questions et de répondre avec franchise, sans celer les conséquences pour le moins dérangeantes de vos positions.

Tout d'abord, en ce qui concerne l'engagement maçonnique de maints fascistes, je ne pense pas qu'il faille y voir un signe de l'intrinsèque perversité du fascisme. Le Duce a condamné violemment la maçonnerie, et cet engagement maçonnique signifiait, pour la plupart des maçons de l'époque et du lieu, un attachement au *Risorgimento*, solidaire du nationalisme italien ; afin d'être partisan de la nation italienne, on était contraint d'être contre le pouvoir temporel du pape sur ses États pontificaux, en tant que le pape ne concevait pas que des États pontificaux pussent avoir une vocation naturelle ou politique distincte de leur vocation religieuse de support de la papauté. S'il est vrai — mais là, en fait, est toute la question ! — que *"gratia non tollit naturam sed perficit"*, il était pourtant dans l'ordre que l'identité italienne parvînt politiquement un jour à un mode historique national d'incarnation, et les choses se compliquaient à cause des États pontificaux. La Donation de Constantin, les Décrétales... Vous vous doutez bien de ce que j'en pense ; je ne reconnais pas de valeur historique à ces déclarations que je tiens pour des faux, et pourtant il me semble qu'il était dans l'intention de la Providence que l'Église eût des États temporels qui seuls garantissaient son indépendance souveraine et aidaient à conjurer la pression des rois et des empereurs sur elle ; aujourd'hui, l'État du Vatican est à la merci des banques et de la spéculation internationale. Si le pape avait su se faire Duce, il eût, avec la double casquette — l'une particulière, l'autre universelle — de chef d'État et de chef universel de l'Église, unifié l'Italie, fait coïncider ses États avec l'Italie entière, et c'est au reste ce qu'avait envisagé le néo-guelfisme de Gioberti, un temps tenu par Pie IX pour "père de la patrie", avant que Gioberti ne se ralliât à la

Maison de Savoie. Il est vrai que, pour qu'une telle disposition réussît, il eût fallu régler, théoriquement et pratiquement, la question — aujourd'hui toujours en attente de sa réponse adéquate — du rapport entre nature et surnature, et il eût fallu abandonner l'esprit théocratique, cette idée selon laquelle le Politique ne serait que l'instrument de la religion et ne poursuivrait aucune fin qui lui serait propre. C'est paradoxalement si la papauté n'avait pas été théocratique qu'elle eût été en mesure de conserver, augmentés, ses États pontificaux au service de sa vocation surnaturelle universelle, tout en assumant la fonction naturelle de principe d'unification de l'Italie qui eût été *"materialiter"*, mais sous des rapports formels différents, à la fois *et* le peuple italien à l'exclusion de tout autre, *et* l'assise du pontificat suprême à vocation internationale en tant que surnaturelle. Dans son *Journal politique*, à la date du 30 mars 1940, Galeazzo Ciano se faisait l'écho d'un mouvement d'humeur de Mussolini à l'égard du catholicisme qui aurait "rendu l'Italie universelle, l'empêchant ainsi d'être nationale. Quand un pays est universel, ajoutait le Duce, il appartient à tout le monde, sauf à lui-même." Il y a quelque chose de fort regrettable dans cette hostilité au catholicisme, mais il faut comprendre que c'est une hostilité à l'égard de l'esprit théocratique, lequel tend à faire s'indifférencier les fins naturelle et surnaturelle du genre humain.

Bon. Les choses ont pris une autre tournure, on peut le regretter, mais c'est ainsi ; on ne refait pas l'Histoire. Et il faudra se demander un jour, de manière impartiale, quelle est la responsabilité des gens d'Église dans l'échec d'une unification de l'Italie sous la houlette du pape. Et puis, nul ne peut prévoir ce que fût devenu l'État fasciste si l'Axe l'avait emporté.

Ce qui me paraît plus important, d'un point de vue spéculatif, c'est la question suivante : l'intromission de la grâce dans la vie naturelle exige-t-elle qu'il y ait *substitution* d'une fin surnaturelle à la fin naturelle ? Tel est le point de départ de votre démonstration. Et je suis au regret de vous dire qu'il est impossible de l'accepter. Quand vous repoussez l'idée selon laquelle le bien commun pourrait être du ressort de l'État jusque dans le volet religieux naturel de ce bien commun, je trouverais votre refus cohérent si, effectivement, ce bien religieux naturel n'existait plus, de sorte qu'un bien surnaturel aurait pris le relais. Mais déclarer que la finalité surnaturelle ultime s'est substituée à la fin naturelle, c'est confesser que *le Politique est frustré, par l'intromission de la grâce, dans sa vertu naturelle de poser son acte ultime propre.* On ne peut plus alors déclarer que *"natura non tollitur per gratiam, sed perficitur"* : la nature d'une chose est sa fin ; la fin d'une chose est donc sa nature, et lui ôter sa fin propre revient à l'amputer de sa nature, à tout le moins à amputer sa nature.

Il me semble qu'il y a, pour le moins, quelque chose d'abusif dans votre manière de voir les choses. Un médecin non catholique compétent dans son ordre propre sert mieux, objectivement, les intérêts de la religion, qu'un médecin catholique incompétent dans l'exercice de son art. Et l'autorité, dans ce domaine, du médecin compétent est légitime. Un mouvement *s'achève* dans son terme, il s'y accomplit en s'y supprimant ; parce qu'il s'y *supprime* (en tant qu'il s'y accomplit), il peut être le *"terminus a quo"* d'un mouvement postérieur, et à ce titre appartenir à ce mouvement, par là être déjà mobilisé par le terme de ce deuxième mouvement ; mais, parce qu'il ne s'y supprime qu'en s'y *accomplissant*, le premier mouvement peut accéder à une certaine perfection, ainsi à une finalité propre, qui donne autorité à celui qui l'exerce. Quand un régime démocrate-chrétien ou jacobin — entre nous, les résultats sont semblables, et j'entends ici désigner un gouvernement pervers dans sa fin — interdit aux voleurs de dérober le bien d'autrui, il est légitime qu'il soit obéi, même s'il n'exige, de fait, le respect de la propriété privée qu'en vue d'une fin dernière moderniste ou humaniste, c'est-à-dire peccamineuse ; il en est ainsi *parce que ce qu'il prescrit contre les voyous aurait pu être prescrit par un gouvernement monarchique et vraiment catholique, ainsi non moderniste ; le gouvernement démocrate-chrétien participe donc, sous le seul rapport de son acte coercitif à l'égard des voleurs, d'un gouvernement légitime dont il est l'adultération.* Quand le sultan coupe les têtes des pillards, il faut lui obéir en conscience, non parce que Dieu cautionnerait l'autorité du sultan en tant que sultan, mais parce que ce sultan qui devrait être roi très chrétien agit sur ce point précis tel un roi très chrétien.

Le bien commun naturel ne peut être exhaustivement atteint que s'il est conçu dans la perspective du service d'une fin surnaturelle ; l'ordre de la cité ne peut être réalisé que par un roi qui, en le visant, vise aussi et d'abord le salut de ses sujets ; ou encore il n'est roi dépositaire du service du bien commun naturel complet que s'il agit en tant que lieutenant du Christ-Roi : *concedo*.

Mais que ce bien commun naturel ne trouve son sens que dans le service du salut ne laisse pas, au moins en partie, de le conserver *comme naturel* dans le service du salut surnaturel, et en retour tout ce qui participe du bien commun naturel participe aussi de ce qui, naturel, eût été atteint avec des moyens surnaturels. Même si le sultan coupe avec efficacité la tête des pillards, il faut certes le renverser aussitôt qu'on peut lui substituer un roi chrétien qui coupera ces têtes avec autant de soin (on peut l'espérer…) ; cela dit, aussi longtemps qu'on ne peut pas lui en substituer un, il faut certes conspirer contre lui, il faut certes être conscient du fait qu'il ne peut réaliser le bien commun même naturel dans toutes ses exigences, mais il faut quand même tenir pour légitimes ses ordres d'exécuter les pillards aussi longtemps qu'on ne peut pas procéder à un coup d'État réussi. Quand notre État actuel libéral-socialiste et mondialiste donne l'ordre aux policiers de tuer les trafiquants de drogue, et supposé qu'on n'ait pas les moyens de renverser ce gouvernement, les policiers doivent tirer sur les trafiquants, en conscience, aussi longtemps qu'ils sont policiers. Ils doivent le faire en *conscience*, et non seulement parce qu'ils ne peuvent pas faire autrement. Un gouvernement mauvais peut faire du bien par accident, et cela, certes, ne suffit pas à le légitimer ; mais un gouvernement mauvais quant à sa fin ultime peut être tenu pour bon par essence et non par accident chaque fois qu'il agit selon les prescriptions de la loi naturelle ; comment se pourrait-il, autrement, que l'Évangile invitât les esclaves chrétiens à obéir à leurs maîtres païens ?

Le bien commun n'est tel que s'il ne se refuse à aucun de ses aspects essentiels, sans quoi il n'est plus du tout un bien commun, et il perd toute légitimité : *concedo* ; *mais en retour tout ce qui réalise un aspect du bien commun participe imparfaitement de ce dernier, et jouit, pour le service de cet aspect, de la légitimité attachée au bien commun complet.*

Quand les fins intermédiaires emboîtées l'une dans l'autre et leur fin ultime appartiennent toutes à une sphère homogène, ainsi quand elles sont toutes strictement naturelles, alors, quand la fin ultime est viciée, toutes les fins risquent de l'être aussi : *concedo* ; mais quand la fin ultime est d'un autre ordre que les fins intermédiaires — tel l'*"ultimus finis"* du salut par rapport au bien commun naturel, lequel est *stricto sensu* l'ordre de la cité ou la réalisation en acte de toutes les potentialités hiérarchisées de la nature humaine à l'intérieur d'une communauté de destin donnée —, alors la fin ultime naturelle jouit d'une certaine autonomie par rapport à la fin surnaturelle, ce qui oblige à appliquer l'adage *"bonum ex causa integra, malum ex quocumque defectu"* de manière relative et non absolue, en ce sens que la fin ultime naturelle, qui a raison de moyen par rapport à la fin surnaturelle vraiment ultime, jouit, en droit sinon en fait, d'une certaine autonomie par rapport au salut.

Aussi, quand, dans le *"terminus ad quem"* d'un mouvement, s'opère un changement d'ordre (tel le passage de l'ordre naturel à l'ordre surnaturel), ce *"terminus ad quem"* jouit d'une certaine autonomie par rapport à la fin ultime (surnaturelle) des mouvements qui s'originent en ce *"terminus ad quem"*, de telle sorte que ce dernier peut n'être pas intrinsèquement vicié, même s'il est défectueux au regard de la fin absolument ultime ; et alors on peut le tenir dans son ordre propre telle une *"integra causa"* ; il est *"ex integra causa"* par rapport à la cause efficiente, il est *"ex defectu"* par rapport à la fin surnaturelle. Un fils doit en conscience obéir à son père athée quand ce dernier lui prescrit de respecter le bien d'autrui et de ne pas s'enivrer.

Le citoyen de l'État national-socialiste était moralement en demeure d'obéir en conscience, et de surcroît avec joie et sans réserve, aux ordres du Führer, même si cet État n'était pas explicitement et exclusivement catholique, et le citoyen de l'État MRP avait le devoir, en revanche, de conspirer, de toutes ses forces, contre ses dirigeants bien-pensants. Que la surnature soit cause *finale* de la nature, ainsi fin de toutes les fins naturelles intermédiaires, ne fait pas de cette fin surnaturelle la cause *efficiente* de l'ordre naturel. Et si cette cause efficiente est elle-même habitée par des fins naturelles non viciées, elle peut jouir d'une certaine autorité qui, de soi, appelle moralement obéissance. Le père de famille jouit d'une autorité naturelle immédiate sur ses enfants ; son pouvoir procède de Dieu comme tous les pouvoirs humains, mais il en procède par la nature humaine et non par l'Église ; et ce pouvoir n'est pas aboli quand bien même le père est anticatholique ; or le pouvoir politique est aussi naturel que le pouvoir domestique ; donc le chef politique tient son pouvoir de la nature humaine et le conserve quand bien même un tel pouvoir n'aurait pas été cautionné par l'Église. L'Église est fondée à requérir la force militaire des États catholiques pour lutter contre l'hérésie ; elle est fondée à inviter ses fidèles à se soustraire à un pouvoir politique qui compromet leur salut. Elle n'est pas fondée pour autant à diriger les États catholiques, ou à les fonder. La théocratie est une déviation de la thèse du primat du surnaturel. Et *Unam Sanctam* est infaillible dans le contenu de sa conclusion : ceux qui refusent de se soumettre au pape en matière de foi et de mœurs sont anathématisés. Mais cette bulle n'est pas infaillible dans le contenu de tous ses articles, en particulier quand elle enseigne que l'Église serait par essence, ainsi de droit, propriétaire des deux pouvoirs temporel et spirituel, et qu'elle déléguerait son pouvoir temporel à qui bon lui semble. Si tel était le cas, tout pouvoir politique non juif antérieur à la constitution de l'Église eût été illégitime. Que signifierait alors l'ordre du divin Maître : "Rendez à César ce qui est César, et à Dieu ce qui est Dieu" ?

Plus généralement, on est confronté à l'équation suivante. Premièrement, la grâce est absolument gratuite et Dieu aurait pu créer l'homme sans la grâce. Deuxièmement, il est contre nature de refuser la foi, de sorte qu'il existe une convenance naturelle de la nature à l'égard de la grâce ; il en résulte que les fins naturelle et surnaturelle ne sont pas absolument étrangères ou indifférentes l'une à l'égard de l'autre ; il est contre "nature" de refuser la grâce, il n'est pas contre simple "puissance obédientielle" de la rejeter. Troisièmement, le surgissement de la fin surnaturelle ne se substitue pas à la fin naturelle, sans quoi la surnature est dessaisie de son pouvoir de restaurer la nature dans l'acte où elle la surélève : on ne voit pas, en retour, comment la nature pourrait être perfectionnée ou soignée dans son ordre si le fait de la surélever la frustrait de la position de son opération ultime propre, c'est-à-dire de la fin qui lui est proportionnée. Que la conjugaison de ces trois exigences constitue un problème qui n'est pas résolu par saint Thomas, je le concède. Mais que ce soit un faux problème, je le nie. Il doit y avoir un "point de suture" entre nature et grâce, tel que le "*terminus ad quem*" de l'ordre naturel soit le "*terminus a quo*" de l'ordre surnaturel, et c'est à la détermination du statut ontologique de ce point de suture qu'est suspendue la solution du rapport problématique entre l'Église et l'État. Si ce problème avait été réglé en temps opportun, on aurait fait l'économie de la Révolution française, de la suppression douloureuse des États pontificaux, et de Vatican II...

Faut-il conférer une importance démesurée à l'anneau de sainte Jeanne d'Arc, croire à la "triple donation" comme à un article de dogme, être un dévot de Claire Ferchaud, de Marie-Julie Jahenny et de Thérèse Neumann, souscrire aux thèses historiques du "marquis" de La Franquerie relativement aux origines davidiques des rois de France, interpréter toute l'histoire de France à la "lumière" du testament de saint Rémi, faire sienne la conception judéomorphe et vétéro-testamentaire de la nation française vue sous le prisme des "*Gesta Dei per Francos*" pour être authentiquement catholique ? La doctrine catholique du Christ-Roi est-elle par essence théocratique ? L'esprit surnaturaliste et théocratique de la Tradition catholique contemporaine est lié, quand il se pique de réflexion philosophique, à l'influence de l'ouvrage *La Royauté sociale de Notre Seigneur Jésus-Christ, d'après le cardinal Pie* du Père Théotime de Saint-Just, nourri de pieuses intentions contre-révolutionnaires, soucieux de condamner tout État qui ne serait pas catholique. Un tel travers est au fond inévitable aussi longtemps que le problème du rapport entre nature et grâce n'est pas posé et résolu. Les modernistes consentent à le poser mais lui apportent une réponse erronée ; les catholiques de Tradition, toutes chapelles confondues, s'obstinent à déclarer qu'il n'y a pas de problème.

Même un Salazar, dans sa constitution de 1933, maintint le principe de la séparation de l'Église et de l'État… Et je doute que vous fassiez de lui un suppôt du laïcisme et un produit du jacobinisme. Quant à moi qui suis franchement fasciste, je ne suis même pas partisan d'un tel principe, sinon par accident, quand tout le clergé du pays est moderniste et compromet non seulement l'intégrité du dogme, mais encore celle du bien commun naturel : un François tiers-mondiste et mondialiste à la remorque de la judéo-maçonnerie et du marxisme mériterait, s'il était jugé par un chef d'État digne de ce nom, d'être pendu haut et court pour haute trahison des identités nationales, avec toute sa troupe d'évêques pédérastes et de curaillons démocrates subversifs ; il mériterait aussi, évidemment, d'être brûlé vif pour hérésie. Mais si je reconnais dans la vie ecclésiale de mon peuple la cause finale ultime de l'art politique, je ne reconnais pas dans l'Église la cause efficiente de l'autorité de l'État ; et je reconnais au Politique une finalité immanente propre que le souci du salut n'oblitère pas, mais qu'il finalise sans s'y substituer. Pour vous scandaliser jusqu'au bout, je pense même que maints régimes politiques fascisants en délicatesse avec le Vatican sur le plan diplomatique ont fait plus pour l'Église que des régimes qui se voulaient complètement catholiques mais qui naturellement étaient déficients.

Mes critiques seraient difficilement recevables si je ne disposais d'un embryon de solution dont je vous tracerai dès à présent l'esquisse.

L'État demeure souverain dans son domaine propre, celui du bien commun naturel, lequel inclut la recherche de la béatitude naturelle et à ce titre est un bien complet, un vrai bien commun, non tronqué. Cette béatitude naturelle n'est plus appétible depuis l'avènement de Notre Seigneur Jésus-Christ, et au vrai elle n'a jamais historiquement existé puisque Dieu avait créé Adam en état de grâce. La béatitude naturelle n'existe pas de fait, en ce sens qu'il est impossible de la rechercher selon le mode d'existence qu'elle eût contracté si l'homme avait été créé "*in puris naturalibus*". Pourtant, c'est toujours par cet idéal que l'État demeure finalisé, même dans notre situation post-lapsaire de rachetés ; l'idéal normatif du Politique et de la morale naturelle demeure la béatitude naturelle, même si, concrètement, le Politique en la visant mène à quelque chose qui le dépasse et qui ne lui est pas proportionné, et qui est délivré par l'Église. Cela dit, cet idéal normatif naturel est plus qu'un idéal transcendantal (au sens kantien), il est plus qu'une "Idée régulatrice de la Raison pure", laquelle ne saurait avoir de véritable causalité (finale) si elle exclut par essence d'être jamais réelle. Un tel idéal normatif conserve quelque chose de réel nonobstant le fait que la béatitude surnaturelle est devenue la seule béatitude effective de l'homme, parce qu'il est définitionnel de cette dernière de contenir, comme son "*terminus a quo*", et selon un mode d'exister différent de celui qu'eût contracté le salut naturel "*in puris naturalibus*", ce salut naturel lui-même.

La condition de possibilité de l'aptitude de la béatitude surnaturelle à contenir comme son "*terminus a quo*" intrinsèque le salut naturel est qu'il existe un "*point de suture*" entre nature et surnature, lequel n'a été adéquatement défini ni par saint Thomas ni par ses successeurs. Et ma solution personnelle est inspirée du néo-platonisme et de Hegel, mais soustraite aux erreurs de ces courants, en particulier désolidarisée de toute forme de panthéisme. Et je me dispenserai de l'exposer de manière développée, afin de ne pas abuser de votre docte attention.

Je me contenterai quand même de ceci, qui est une exploitation de la formule canonique du Cusain : "*sphaera cujus centrum ubique et circumferentia nullibi*", qui, comme structure universelle de l'être en tant qu'être, définit à la fois, moyennant le recours à l'analogie, Dieu, l'univers et l'âme humaine.

Dieu *exerce* la toute-puissance qu'Il *est*. Dieu a ce qu'Il est. Ce qui a ce qu'il est, c'est ce qui a la forme d'un acte réflexif, d'une réflexion intemporelle ayant la forme d'un mouvement circulaire qui se fait positionnel de son départ, selon une avancée processuelle qui est régression en direction de l'origine du processus. Et toute créature est analogiquement semblable à son Auteur. C'est particulièrement évident dans le cas du vivant qui, ayant en lui-même le principe de sa genèse, se fait positionnel du "*terminus a quo*", en son propre sein, du mouvement dont il est le résultat, ainsi le *"terminus ad quem"*. Or toute réflexion, comme circulaire, est inclusive de son contraire, puisqu'en s'écartant de son origine elle fait retour à elle ; tout vivant a la forme d'une négation de négation ; le positif de l'être est en soi victoire sur le néant qu'il assume. Et c'est par ce néant que nature et surnature communiquent et s'identifient négativement ; c'est lui qui constitue leur "point de suture". Considérées dans leurs perfections respectives actuelles, elles sont radicalement distinctes ; la surnature demeure incommensurable à la nature, en ce sens que, quantitativement, elle est d'un degré infiniment supérieur à celui de toute nature, et que, qualitativement, la surnature est seule à être la raison suffisante de la réflexion qu'elle exerce et en laquelle elle se constitue. Notons que le propre du néant, c'est d'exclure de lui-même toute détermination différentielle qui le distinguerait d'un autre néant, car toute différence lui conférerait un contenu positif que par définition il repousse. Il n'existe qu'un seul néant. Et le concept de néant est univoque. L'être en tant qu'être est analogue s'il est considéré dans la dimension positive de son *identité* à soi réflexive. Mais, pris dans le moment de son identité négative avec lui-même, il est univoque, et c'est cette univocité enveloppée par lui qui rend possible une analogie effective non destinée à dégénérer en verbalisme ou en pétition de principe. Le néant est dans l'être à la manière dont l'instant est dans le temps. L'instant est terme du passé auquel il appartient de ce fait, et à ce titre il est négation du futur ; l'instant est principe du futur auquel il appartient de ce fait et à ce titre il est négation du passé. Comme négation concomitante du passé et du futur, il est négation du temps, il est la présence intemporelle du temps. Et pourtant il est dans le temps, et intrinsèque aux parties du temps qui pourtant s'excluent, et il est le temps présent ; le point de suture en nature et grâce est l'autre du surnaturel en tant qu'il appartient à la nature, et il est l'autre de la nature en tant qu'il appartient au surnaturel ; il n'est d'aucune des deux sphères et il est sans contradiction des deux à la fois.

Je pense voyez-vous, que notre échange fructueux sur cette question met en évidence le fait que le thomisme, en l'état où il se trouve, n'a pas les moyens de répondre aux théocrates ; il a certes les moyens de repousser leur solution, de dénoncer ce qui ne va pas en cette dernière, mais, n'étant pas capable d'en proposer une autre, ou faisant silence sur la nécessité de rendre raison des conditions à raison desquelles l'entéléchie de l'ordre naturel subsiste dans l'ordre surnaturel, il ne peut empêcher le tropisme théocratique.

Vous plairait-il de boire un autre verre de cet alcool de poire ?

— Non Monsieur, répondit l'abbé. J'en ai assez entendu. Vous manquez d'esprit surnaturel, votre "*libido sciendi*" vous perdra et vos arguties conceptuelles ne me convaincront pas. Vous êtes un effroyable gnostique. Votre refus de rester silencieux devant le mystère est solidaire de votre refus de courber le genou devant le pouvoir théocratique du pape. J'ai l'honneur, Monsieur, de vous saluer. »

« Enfin, il s'est barré, éructa Zinzin. Le mec commençait à me chauffer. Il a même pas salué ces dames, ce pied de porc effronté. Qu'il aille cuire dans ses chimères surnaturalistes et bien peu surnaturelles quand on gratte un peu… Ces mecs-là sont quand même tristement marrants. Ils se court-circuitent les méninges et en appellent au "mystère" à tout bout de champ pour s'éviter de penser tout court par crainte de penser de travers, mais aussi de prendre une déculottée devant les modernistes qui pensent mal, mais qui osent penser. Ah !, on est bien soutenus, mon Dieu… Et dire que c'est avec eux, et en leur nom, qu'il faut lutter… C'est peut-être ça notre plus lourde croix.

Bon, c'est pas tout. Alors, on le fait rentrer, l'Actéon ? »

CHAPITRE XI

UNE INTERVENTION D'ACTÉON DANS L'ARÉOPAGE DES OUBLIÉS

Rachida, invitée par Tartempion, fit entrer le flic. D'abord surpris qu'on lui manifestât de la bienveillance, il accepta lui aussi, avec reconnaissance, un verre d'alcool de poire et un bon café chaud. Zinzin le regardait d'un air mauvais parce qu'il savait les sombres desseins du personnage, ou plutôt ceux de ses maîtres. Mais il s'adoucit quand il vit Actéon verser quelques larmes, puis libérer avec abondance des sanglots déchirants qui lui secouaient la paillasse et qu'il s'efforçait vainement à réprimer. Quand un homme pleure, il est ridicule et repoussant de faiblesse, ou bien il est émouvant. Actéon fut émouvant.

Actéon :

Je vous connais tous ici, « ils » savent tout de vous depuis longtemps ; et pourtant ils ne vous comprennent pas ; aucun des détails de votre vie ne les aide à entrer dans l'intimité de vos motivations. Vous êtes socialement insignifiants mais « ils » persistent à vous suivre et à dépenser un budget non négligeable pour ne rien ignorer des gens de votre espèce, parce qu'ils ont peur de vous au fond. Que des résidus d'exclusion sociale puissent continuer d'exister sereinement sans aspirer à s'intégrer dans le projet sociétal de paradis sur Terre est une chose qui les interpelle et les invite à vous supposer de sombres desseins et une efficacité révolutionnaire que vous n'avez pas. Mais vos certitudes calmement exposées ont une espèce de cohérence dont ils s'étonnent et qui les ébranle. Et votre relative sérénité dans la marginalisation les inquiète, parce qu'ils la croient contagieuse. C'est qu'ils ne sont pas si sûrs que cela de la solidité de leur projet. Ils savent que ce dernier n'est réalisable que moyennant l'aval actif de l'immense majorité de la population ; que demeure un noyau d'irréductibles, si petit soit-il, cela constitue un foyer d'infection qu'ils ne peuvent supporter. Ils ont une sourde conscience de l'inversion métaphysique à laquelle ils ont procédé avec violence et constance depuis des siècles. Ils ne vous comprennent pas, ils vous observent comme des objets non identifiés ; mais moi je vous comprends, et cette compréhension m'impose une mue douloureuse, et je vous comprends parce que je suis presque devenu votre disciple malgré moi. Je suis chargé, comme vous le savez, de protéger la Conscience, porte-parole officiel de la République, et de lui faire entendre raison. Et je lui adresse des rapports pour la tancer et la reprogrammer, et elle les lit désabusée, mais mes discours glissent sur elle comme l'eau sur les plumes d'un canard. Et je ne sais plus quoi dire ni faire. Je n'ai aucun argument à vous rétorquer, je n'ai pas tout compris de vos idéaux, j'y pressens des délectations aux-quelles je n'ai pas accès ; je n'ai pas envie d'embrasser votre foi cependant que je suis comme dégoûté de la foi humaniste qui m'habitait, et je suis comme un prêtre qui aurait perdu la foi mais qui continuerait à faire les gestes sacrés opérant la trans-substantiation sans croire à leur pouvoir surnaturel. À la croisée des chemins, je me sens aussi perdu qu'un chien galeux cher-chant sa pitance dans les immondices d'une décharge.

Zinzin :

Faut plus l'appeler la Conscience, elle s'appelle Marie-Madeleine.

Actéon :

Je sais, Zinzin, et c'est ce qui m'inquiète. Pour mes patrons, elle n'a pas le droit d'être Marie-Madeleine. Puisque je suis ici, je la prierai de bien vouloir m'expliquer ce qui a bien pu se pro-duire en elle pour qu'elle change de cap au point d'en devenir méconnaissable. Et puis si vous le voulez bien, je voudrais reve-nir sur la dernière provocation de Zinzin ici présent. Je com-prends désormais ses fureurs, ayant été contaminé par lui, mais je ne saisis pas tout de son argumentaire. Cet animal m'a encore écrit…

Zinzin :

Vas-y, mon pote, pose tes questions. T'as qu'à nous lire ma bafouille, on fera les exégètes si nécessaire. Et puis ensuite on écoutera tous religieusement Marie-Madeleine. Je crois qu'elle a beaucoup à nous apprendre, comme tous les néophytes à l'égard des vieux briscards qui croient tous savoir.

Actéon :

Voici donc la prose de l'enragé, exposée sans caviardage. Elle ne contient rien que nous ne sachions déjà, pas même quelque chose à quoi le grand public n'aurait pas accès s'il le cherchait. Mais la multitude n'est pas intéressée, fort heureusement ; elle oublie ce sur quoi elle tombe ponctuellement, ou bien, se complaisant par vanité dans un tour d'esprit conspirationniste sans recul, elle procède à des synthèses délirantes qui la ridiculisent et décrédibilisent les vérités qu'elle a parfois découvertes ; et nous nous y entendons, vous vous en doutez bien, pour répandre les « *fake news* » les plus grotesques, afin de noyer le poisson. La multitude est consentante au fond d'elle-même à l'égard du projet mondialiste d'assujettissement et de disparition biologique des peuples historiques, même si elle a encore du mal à en convenir. Elle n'a donc aucune raison de retenir des révélations qui contrediraient le bien-fondé du Nouvel Ordre mondial.

Mais il y a deux choses auxquelles mes patrons ne cessent de penser. Je les connais bien, et je puis vous assurer que leur machiavélisme, leur connaissance des misères honteuses et ordinaires du pékin moyen, ne les disposent nullement à remettre en cause l'orthodoxie de la doxa contemporaine ; ils sont sincères quand ils plaident en faveur des Droits de l'Homme et de tout ce qui s'en suit ; ils sont comme des soldats endurcis et cyniques quant au choix des moyens utilisés, mais ils sont comme des pucelles effarouchées en ce qui concerne les fins à défendre, d'une pusillanimité sans bornes, d'une mièvrerie vraiment déconcertante. Parce qu'ils croient aux idéaux au nom desquels ils mentent à toute la population pour la mieux conditionner, le spectacle d'un carré d'irréductibles leur donne mauvaise conscience. Un consensus exige d'autant plus d'être total que les raisons sur lesquelles il se fonde sont plus fragiles, et qu'on a une sourde réminiscence de leur fragilité. Atteints dans leur foi par les marginaux de votre espèce, ils redoutent de la perdre, parce qu'ils subodorent qu'elle est irrationnelle. C'est la première chose qui les incite à vous consacrer du temps.

Il y a aussi que ces gens sont au fond pressés. Ils savent que le consentement du peuple à leurs manœuvres ne tient qu'à son degré d'anesthésie, laquelle n'est entretenue que par le subjectivisme et l'hédonisme en lequel le premier s'actualise ; mais ils n'ignorent pas que les conditions d'entretien de cet hédonisme sont fragiles elles aussi ; que les glandes soient sevrées pour une raison ou pour une autre, et la bêtise populaire risque, sous la pression de la frustration qui rend méchant, de s'effacer assez vite, trop vite pour qu'un dispositif de répression soit mis en place par les Maîtres du Nouvel Ordre. Voilà pourquoi, en dernier ressort, ils s'intéressent à vous, même si vous ne représentez rien et n'êtes nullement dans le secret des dieux. Bon, je me lance dans cette lecture :

Mon petit doigt décidément bavard m'a appris que vous étiez en pleine dépression. À la bonne heure ! J'ai l'honneur de vous exposer ici quelques citations de mon choix, parmi beaucoup d'autres, destinées à vous débriefer comme on dit chez vous. Viendra un temps où il vous faudra envisager de me buter en même temps que la Conscience, parce que j'essaierai de toutes les façons de vous empêcher de zigouiller cette pauvre femme si digne dans son choix d'embrasser la déchéance. Tu lui arrives pas à la cheville, grand garçon servile et bouché. Ce ne sont là que des compléments à ce que je raconte dans mon journal sur lequel tu as évidemment mis la main, espèce de fouille-merde aux grands yeux indiscrets transformés en glaviots à force de traîner dans l'ordure ; chez toi, on comprend rien mais on sait tout. Si tu consentais à te libérer de ton esprit conventionnel, s'il t'arrivait au moins une fois d'être un peu moins lâche, tu pourrais pourtant entraver un peu de ces éléments d'information. Quel bordel tu serais capable de foutre dans les Services ! Tu ferais trembler la République et l'Ordre mondial, tu laisserais ton nom dans l'Histoire, tu crèverais en héros. Ce serait quand même pas mal pour un mec aussi médiocre que toi. Ça serait une belle rédemption.

Dans *La Question juive*, Karl Marx, fils de Heinrich Herschel (alias Marx), arrière-petit-fils du rabbin de Trèves Marx-Lévy et époux de Jenny von Westphalen (sœur de Ferdinand du même nom, ministre de l'Intérieur de Prusse), accessoirement amant de sa bonniche Helene Demuth, enseigne : « Le ghetto n'est pas une conséquence : le ghetto, c'est le destin… Le Juif est lâche. Il est heureux quand le coup de pied n'arrive pas. C'est donc qu'il le considérait *a priori* comme ce qui lui revenait. »

Non mais tu te rends compte ?! Et dire que Legrand voulait faire de nous des marxistes… Remarque, il serait dérisoire d'attendre des marxistes qu'ils supplantent les Juifs. Non que les Juifs les dirigent ; les Occidentaux n'ont besoin de personne pour se livrer aux pires turpitudes et inventer les plus effarantes conneries… C'est même d'eux que les frénétiques à l'œil lascif tirent leur inspiration. Non, la difficulté — je veux dire le danger — est comme toujours d'ordre conceptuel. Les Juifs veulent être Dieu, le Verbe incarné, pour eux tout seuls. Les marxistes aussi, mais pour tous les hommes. C'est en ce sens seulement que les marxistes sont juifs. Ils suppriment le judaïsme en le maximisant, en l'universalisant ; ils sont « catholiques » à leur manière, les pauvres. Le marxisme, c'est le catholicisme sans Dieu. Et là, avec la vague mondialiste qui se dessine de plus en plus clairement depuis le début du millénaire, le marxisme est vraiment redevenu d'actualité.

Dans sa conférence de presse du 27 novembre 1967, Charles de Gaulle, condamnant après la « guerre des Six Jours » l'offensive israélienne, déclarait :

« On peut se demander si l'implantation de la communauté juive sur des terres acquises à des conditions plus ou moins justifiables, et au milieu des peuples arabes qui leur sont foncièrement hostiles, ne va pas entraîner d'incessants, d'interminables frictions et conflits. Et certains même redoutent que les Juifs, jusqu'alors dispersés, qui étaient restés ce qu'ils avaient été de tout temps, c'est-à-dire un peuple d'élite, sûr de lui et dominateur, n'en viennent pas, une fois rassemblés, à changer en ambition ardente et conquérante les souhaits très émouvants qu'ils forment depuis dix-neuf siècles (…). On a vu naître en effet un État d'Israël guerrier et résolu à s'agrandir. Ensuite l'action qu'il mène pour doubler sa population par l'immigration de nouveaux éléments donne à penser que le territoire qu'il a acquis ne lui suffira pas longtemps et qu'il sera porté à l'agrandir, à utiliser toute occasion qui se présentera (…). » S'il s'était contenté de ça… Après tout il ne dit rien là que les Juifs n'aient envie d'entendre ; ils ont fait, à l'époque, la moue pour la forme, et je trouve que le « nain interminable » est bien flatteur et vénal dans sa critique. Mais il déclara aussi :

« Il ne faut pas se payer de mots ! C'est très bien qu'il y ait des Français jaunes, des Français noirs, des Français bruns. Ils montrent que la France est ouverte à toutes les races et qu'elle a une vocation universelle. Mais à condition qu'ils restent une petite minorité. Sinon, la France ne serait plus la France. Nous sommes quand même avant tout un peuple européen de race blanche, de culture grecque et latine et de religion chrétienne. Qu'on ne se raconte pas d'histoires ! Les musulmans, vous êtes allés les voir ? Vous les avez regardés, avec leurs turbans et leurs djellabas ? Vous voyez bien que ce ne sont pas des Français ! Ceux qui prônent l'intégration ont une cervelle de colibri, même s'ils sont très savants ! Essayez d'intégrer de l'huile et du vinaigre. Agitez la bouteille. Au bout d'un moment, ils se sépareront de nouveau. Les Arabes sont des Arabes, les Français sont des Français. Vous croyez que le corps français peut absorber dix millions de musulmans, qui seront demain vingt millions et après-demain quarante ? Si nous faisions l'intégration, si tous les Arabes et les Berbères d'Algérie étaient considérés comme Français, comment les empêcherait-on de venir s'installer en métropole, alors que le niveau de vie y est tellement plus élevé ?

Mon village ne s'appellerait plus Colombey-les-Deux-Églises, mais Colombey-les-Deux-Mosquées ! »[3]

Alors là, tu vois, il faut que j'y aille de mon commentaire, grand garçon non déniaisé, vieil agent du mensonge, même si ça prend un certain temps.

L'Israélien contemporain Shlomo Sand a bien montré que 70 % des Juifs dans le monde n'ont pas une goutte de sang sémitique, qu'ils sont issus de convertis autochtones par des prosélytes juifs de la diaspora après 70 et l'œuvre de Titus, ou bien des Khazars, asiatiques brutalement convertis au judaïsme au VIᵉ siècle. Il n'y a ni race juive ni peuple ethnique juif, ce sont là des produits imaginaires de l'idéologie ; il y a une religion juive née avec la déchirure du voile du Temple, postérieure au christianisme dans les formes talmudique et kabbaliste qu'elle s'est données ; mais s'il est vrai que toute religion s'organise en Église, l'organisation ecclésiale du judaïsme prétend être politique et nationale, de sorte qu'elle doit s'inventer un peuple et une terre. Est juif, pour le Juif, un fils de Juive ; est juif, en vérité, quelqu'un qui veut l'être et qui, décidant de l'être, ou ratifiant l'enseignement synagogal qu'il a reçu (ce qui est une manière de décider de l'être), se déclare, en vertu de son credo, membre de la « nation » juive. Les Juifs de l'Ancien Testament sont eux-mêmes un peuple artificiel forgé par l'art divin : « Sortez de votre pays, *de votre parenté* et de la maison de votre père, et venez vers la terre que je vous montrerai » (Gen. 12, 1-3). Ce peuple avait vocation à préfigurer l'Église et à préparer l'avènement du Christ : « Le sceptre ne sera pas ôté de Juda, ni le prince de sa postérité, *jusqu'à ce que vienne Celui qui a été envoyé, et Lui-même sera l'attente des nations* » (Gen. 49, 10). Le judaïsme est au catholicisme comme la chrysalide l'est au papillon ; elle se consomme, s'achève en lui, elle se supprime dans ce qui l'accomplit. Fidèles à leur vocation, les Juifs eussent été les premiers chrétiens, les Pères de l'Église, ils se fussent fondus dans les nations et il n'y aurait pas eu de « problème juif » ; le constitutif formel de

---

[3] *C'était de Gaulle*, d'Alain Peyrefitte.

la judéité est théologique et surnaturel, il n'a aucune vocation naturelle, il ne reste rien de lui, en droit, après que sa vocation christique a été accomplie ; depuis l'avènement du Christ, il n'y a plus de peuple élu et il n'y en aura plus jamais, fors la « race élue de Jésus-Christ », le peuple des baptisés, quelle que soit la couleur de leur peau. Et l'Ancien Testament annonce bien le Christ, « Jésus-Christ le Nazaréen, celui que *vous* avez crucifié », comme l'enseigne saint Pierre dans les Actes des Apôtres (4, 10) : « (…) le Christ sera mis à mort ; le peuple qui l'aura renié ne sera pas son peuple. Et un peuple avec un chef qui doit venir détruira la cité et le sanctuaire ; et sa fin sera la dévastation et après la fin de la guerre la désolation décrétée » (Daniel 9, 26). Les fêtes juives seront répudiées (Isaïe 1, 13) ; Dieu ne voudra plus de leurs sacrifices « car vos mains sont pleines de sang (du Christ) » (Isaïe 1, 10-12 et 14-15). « Mais, à tous ceux qui L'ont reçu, Il a donné le pouvoir de devenir enfants de Dieu ; à ceux qui croient en Son nom, *qui ne sont pas nés du sang, ni de la volonté de la chair*, ni de la volonté de l'homme, mais de Dieu. Et le Verbe a été fait chair, et Il a habité parmi nous ; et nous avons vu Sa gloire, gloire comme celle du Fils unique venu du Père, plein de grâce et de vérité » (Jn 1, 12-14). « Il était dans le monde, et le monde a été fait par Lui, et le monde ne L'a pas connu. Il est venu chez Lui, et les Siens ne L'ont pas reçu… » (Jn 1, 10-11). Pharès, symbole des païens et ancêtre du Christ, était le premier en vérité, devant Zara, symbole des Juifs qui procèdent proleptiquement du Christ ; et tel est aussi le sens de l'épisode biblique de Caïn et d'Abel, de Jacob et d'Ésaü, des paraboles des ouvriers de la dernière heure et des invités au festin de noce ; c'est en ce sens que les premiers seront les derniers, et que les derniers seront les premiers. Faut pas voir là une apologie des minables, un renversement de l'ordre naturel au profit des faibles.

Un Juif qui examinerait l'Ancien Testament avec des yeux nettoyés serait bien étonné ; il est vrai que, s'il avait les yeux nettoyés, il aurait beaucoup de mal à rester juif. Je me sens loquace sur la question, mon bon Actéon, parce que je crois, tout compte fait, que la clé du sens de l'Histoire est ultimement théologique. Ça va prendre un certain temps et de la place de t'exposer ça mais, crois-moi, ça vaut le coup. Je vais procéder, avec la candeur formidable — tu m'as compris : je veux dire « terrible » — d'une âme de petit gosse, à une succession de parallèles entre les deux Testaments, afin de te rappeler qu'on ne tord pas les textes pour étayer une thèse antijuive ; y a pas plus antijuif que l'Ancien Testament, si on y regarde bien : il est toute l'annonce du Nouveau qui le consomme en l'abolissant ; c'est pourquoi, d'ailleurs, les Juifs lui préfèrent le Talmud. C'est aussi pourquoi les marcionites sont des cons : le papillon revendique la paternité de la chrysalide parce qu'il se fait procéder d'elle en laquelle il s'anticipe et qu'en vérité il engendre *pour s'en faire procéder en la supprimant* ; s'il se désolidarisait d'elle, il se couperait de ce qui atteste sa victoire, il la laisserait subsister à côté de lui sans l'abolir, alors qu'il est dans sa nature de la détruire sans reste ; et c'est pourquoi les marcionites sont toujours tôt ou tard, qu'ils le veuillent ou non, les alliés objectifs des Juifs. Si le papillon se libère de la mémoire de la chrysalide, en retour il la libère, il la laisse à son indépendance, il la libère de sa vocation à se sublimer en lui, il la laisse proliférer contre lui et il finit par subir son emprise. Faut pas cracher sur la dialectique, parce qu'elle aura toujours le dernier mot, non seulement dans les jeux de langage, mais dans la réalité…

Caïphe savait que l'avènement du Christ signifiait la mort du peuple juif : « Mieux vaut qu'un seul homme meure plutôt que la communauté »… Caïphe avait peur de Jésus, mais non de Rome. Lors de l'incendie de Notre-Dame, le rabbi Shlomo Aviner déclara que c'était là un châtiment de Dieu sanctionnant l'autodafé de 1242 pendant lequel mille deux cents exemplaires du Talmud avaient été brûlés devant la cathédrale ; il ajouta que *le christianisme « est notre ennemi numéro un à travers l'histoire*. On a tenté de nous convertir que ce soit par la parole ou par la force, nous avons été les victimes de l'Inquisition menée contre nous, on a brûlé des Talmuds, il y a eu des expulsions, des pogroms. L'antisémitisme occidental est né de la haine des ''assassins de Dieu''. Tout cela a aussi eu un rôle dans la Shoah. »

Il dit bien avec raison : « notre ennemi numéro 1 ». Les néo-païens ont les nerfs fragiles, ces gens-là sont des affectifs qui rentrent en transes avec des émois de vierges effarouchées quand ils lisent le mot « Israël » dans le missel ; mais à cet endroit, « Israël » c'est l'Église. Quant aux chrétiens marxistes, ils comprennent pas que la loi sans l'amour est un formalisme qui n'engage pas la conscience et la laisse conspirer contre l'ordre des choses ; que l'amour sans la loi est un romantisme qui convertit l'amour en égotisme et autorise toutes les licences en promouvant l'injuste égalité et le communisme au nom d'une conception dévoyée de la charité. La miséricorde est plénitude de la justice, non son abandon.

Zieute-moi ça, Actéon l'aveugle ; j'aurais pu t'en préparer trente autres pages de la même eau :

AT : « *Et Isaïe dit : Écoutez donc, maison de David. Ne vous suffit-il pas de lasser la patience des hommes, que vous lassiez encore celle de mon Dieu ? C'est pourquoi le Seigneur Lui-même vous donnera un signe : Une vierge concevra, et elle enfantera un fils, auquel on donnera le nom d'Emmanuel* » (Is. 7, 13-14).

NT : « *Or la naissance du Christ eut lieu ainsi. Marie, Sa Mère, étant fiancée à Joseph, avant qu'ils habitassent ensemble, il se trouva qu'elle avait conçu de l'Esprit-Saint. Mais Joseph, son époux, étant un homme juste, et ne voulant pas la diffamer, résolut de la renvoyer secrètement. Et comme il y pensait, voici qu'un Ange du Seigneur lui apparut en songe, disant : Joseph, fils de David, ne crains pas de prendre avec toi Marie, ton épouse ; car ce qui est né en elle vient du Saint-Esprit. Elle enfantera un fils, et tu lui donneras le nom de Jésus ; car Il sauvera Son peuple de ses péchés. Or tout cela arriva pour que s'accomplît ce que le Seigneur avait dit par le prophète, en ces termes : Voici, la Vierge concevra, et elle enfantera un Fils, et on Lui donnera le nom d'Emmanuel ; ce qui signifie : Dieu avec nous* » (Mt 1, 18-23).

AT : « *Leur postérité est maudite ; aussi, heureuse celle qui est stérile et sans tache, et dont la couche n'a pas connu le crime ; elle portera son fruit, lorsque Dieu regardera favorablement les âmes saintes* » (Sg 3, 13).

NT : « *Alors Marie dit à l'Ange : Comment cela se fera-t-il ? Car je ne connais point d'homme. L'Ange lui répondit : l'Esprit-Saint surviendra en vous, et la vertu du Très-Haut vous couvrira de Son ombre ; c'est pourquoi le fruit saint qui naîtra de vous sera appelé le Fils de Dieu. Et voici qu'Élisabeth, votre parente, a conçu, elle aussi, un fils dans sa vieillesse, et ce mois est le sixième de celle qui est appelée stérile ; car il n'y a rien d'impossible à Dieu* » (Lc 1, 34-37).

AT : « *Et toi, Bethléem Éphrata, tu es petite entre les mille de Juda ; de toi sortira pour Moi Celui qui dominera sur Israël, et dont l'origine est dès le commencement, dès les jours de l'éternité. C'est pourquoi Il les abandonnera jusqu'au temps où Celle qui doit enfanter enfantera, et les restes de ses frères reviendront auprès des enfants d'Israël. Il sera ferme, et Il paîtra son troupeau dans la force du Seigneur, dans la sublimité du nom du Seigneur Son Dieu ; et ils se convertiront, parce qu'Il va être exalté jusqu'aux extrémités de la Terre. C'est Lui qui sera la paix* » (Mi 5, 2-5).

NT : « *Jésus étant donc né à Bethléem de Juda, aux jours du roi Hérode, voici que des Mages d'Orient vinrent à Jérusalem, disant : Où est le Roi des Juifs, qui vient de naître ? Car nous avons vu Son étoile en Orient, et nous sommes venus L'adorer. Or le roi Hérode, l'apprenant, fut troublé, et tout Jérusalem avec lui. Et rassemblant tous les princes des prêtres et les scribes du peuple, il s'enquit auprès d'eux où devait naître le Christ. Et ils lui dirent : À Bethléem de Juda ; car il a été ainsi écrit par le prophète : Et toi, Bethléem, terre de Juda, tu n'es certainement pas le plus petit des chefs-lieux de Juda, car c'est de toi que sortira le chef qui régira Israël Mon peuple* » (Mt 2, 1-6).

AT : « *Il arrosera des nations nombreuses, devant lui les rois fermeront la bouche ; car ceux auxquels Il n'avait pas été annoncé Le verront, et ceux qui n'avaient pas entendu parler de Lui Le contempleront* » (Is 52, 15).

NT : « *Jésus étant donc né à Bethléem de Juda, aux jours du roi Hérode, voici que des Mages d'Orient vinrent à Jérusalem, disant : Où est le Roi des Juifs, qui vient de naître ? Car nous avons vu Son étoile en Orient, et nous sommes venus L'adorer* » (Mt 2, 1-2).

AT : « *Les bénédictions que te donne ton père surpassent celles qu'il a reçues de ses pères ; et elles dureront, jusqu'à ce que le désir des collines éternelles soit accompli. Que ces bénédictions se répandent sur la tête de Joseph, et sur le haut de la tête de celui qui est un Nazaréen entre ses frères* » (Gn 49, 26).

NT : « *Et il vint habiter dans une ville appelée Nazareth, afin que s'accomplît ce qui avait été dit par les prophètes : Il sera appelé Nazaréen* » (Mt 2, 23).

AT : « *Voici Mon serviteur, Je le soutiendrai ; Mon élu en qui Mon âme s'est complu : J'ai mis Mon Esprit sur Lui, Il apportera la justice aux nations* » (Is 42, 1).

NT : « *Voici Mon Serviteur, que J'ai choisi ; Mon Bien-aimé, en qui Mon âme a mis toutes ses complaisances. Je ferai reposer sur Lui Mon Esprit, et Il annoncera la justice aux nations* » (Mt 12, 18).

AT : « *Vous avez aimé la justice, et haï l'iniquité ; c'est pour-quoi, ô Dieu, Votre Dieu Vous a oints d'une huile d'allégresse d'une manière plus excellente que tous Vos compagnons* » (Ps 44, 8).

NT : « *Après avoir, à bien des reprises et de bien des manières, parlé autrefois à nos pères par les prophètes, Dieu, dans ces derniers temps, nous a parlé par le Fils, qu'Il a établi héritier de toutes choses, par lequel aussi Il a fait les mondes ; (…) mais, quant au Fils : Ton trône, ô Dieu, est dans les siècles des siècles ; le sceptre de Ton règne est un sceptre d'équité. Tu as aimé la justice, et Tu as haï l'injustice ; c'est pourquoi, ô Dieu, Ton Dieu T'a oint d'une huile d'allégresse, de préférence à Tes compagnons »* (Hébr. 1, 1-9).

AT : « *Dites aux pusillanimes : Prenez courage et ne craignez point ; voici votre Dieu qui apporte la vengeance et les représailles ; Dieu Lui-même viendra, et Il vous sauvera. Alors les yeux des aveugles verront, et les oreilles des sourds seront ouvertes. Alors le boiteux bondira comme un cerf, et la langue des muets sera déliée ; car des eaux jailliront dans le désert, et des torrents dans la solitude »* (Is 35, 4-6).

NT : « *Or Jean, ayant appris dans sa prison les œuvres du Christ, envoya deux de ses disciples Lui dire : Êtes-Vous Celui qui doit venir, ou devons-nous en attendre un autre ? Jésus leur répondit et dit : Allez raconter à Jean ce que vous avez entendu et ce que vous avez vu. Les aveugles voient, les boiteux marchent, les lépreux sont guéris, les sourds entendent, les morts ressuscitent, les pauvres sont évangélisés »* (Mt 11, 2-5).

AT : « *En ce jour-là les sourds entendront les paroles du Livre, et sortant des ténèbres et de l'obscurité, les yeux des aveugles verront »* (Is 29, 18).

NT : « *Alors des foules nombreuses s'approchèrent de Lui, ayant avec elles des muets, des aveugles, des boiteux, des estropiés et beaucoup d'autres malades ; et elles les jetèrent à Ses pieds, et Il les guérit ; de sorte que les foules étaient dans l'admiration, voyant les muets parler, les boiteux marcher, les aveugles voir ; et elles glorifiaient le Dieu d'Israël »* (Mt 15, 30-31).

AT : « *Lorsque tu traverseras les eaux, Je serai avec toi, et les fleuves ne te submergeront pas ; lorsque tu marcheras dans le feu, tu ne seras pas brûlé, et la flamme ne t'embrasera pas »* (Is 43, 2).

NT : « *Lorsqu'ils eurent ramé environ vingt-cinq ou trente stades, ils virent Jésus qui marchait sur la mer, et qui S'approchait de la barque ; et ils eurent peur. Mais Il leur dit : C'est Moi, ne craignez point »* (Jn 6, 19-20).

AT : « *De la bouche des enfants et de ceux qui sont à la mamelle Vous avez tiré une louange parfaite contre Vos adversaires, pour détruire l'ennemi, et celui qui veut se venger* » (Ps 8, 3).

NT : « *Les princes des prêtres et les scribes, voyant les merveilles qu'il avait faites, et les enfants qui criaient dans le temple, et qui disaient : Hosanna au Fils de David ! s'indignèrent, et ils Lui dirent : Entendez-vous ce qu'ils disent ? Jésus leur dit : Oui. N'avez-vous jamais lu cette parole : De la bouche des enfants, et de ceux qui sont à la mamelle, Vous avez tiré une louange parfaite ?* » (Mt 21, 15-16).

AT : « *Je vais ouvrir la bouche pour parler en paraboles ; je dirai ce qui s'est fait dès le commencement* » (Ps 77, 2).

NT : « *Jésus dit toutes ces choses au peuple en paraboles ; et Il ne leur parlait pas sans paraboles, afin que s'accomplît ce qui avait été dit par le prophète : J'ouvrirai Ma bouche en paraboles, Je publierai des choses cachées depuis la création du monde* » (Mt 13, 34-35).

AT : « *Et j'entendis la voix du Seigneur disant : Qui enverrai-Je ? Et qui ira pour Nous ? Je répondis : Me voici ; envoyez-moi. Et Il dit : Va, et dis à ce peuple : Écoutez ce que Je vous dis, et ne le comprenez pas ; voyez ce que Je vous fais voir, et ne le discernez pas* » (Is 6, 8-9).

NT : « *C'est pourquoi Je leur parle en paraboles, parce qu'en regardant ils ne voient point, et qu'en écoutant, ils n'entendent et ne comprennent pas. Et en eux s'accomplit la prophétie d'Isaïe, qui dit : Vous entendrez de vos oreilles, et vous ne comprendrez pas ; vous regarderez de vos yeux, et vous ne verrez pas* » (Mt 13, 13-14).

AT : « *Comme un pasteur Il fera paître Son troupeau ; Il réunira les agneaux dans Ses bras, et Il les prendra dans Son sein ; Il portera Lui-même les brebis pleines* » (Is 40, 11). « *Il sera ferme, et Il paîtra son troupeau dans la force du Seigneur, dans la sublimité du nom du Seigneur Son Dieu ; et ils se convertiront,* parce qu'il va être exalté jusqu'aux extrémités de la Terre, C'est Lui qui sera la paix » (Mi 5, 4-5).

NT : « *Je suis le bon pasteur. Le bon pasteur donne sa vie pour ses brebis. Je suis le bon pasteur, et Je connais Mes brebis, et Mes brebis Me connaissent, comme le Père Me connaît et que Je connais le Père ; et Je donne Ma vie pour Mes brebis* » (Jn 10, 11-15).

AT : « *C'est Lui qui est notre Dieu, et aucun autre ne Lui est comparable. C'est Lui qui a trouvé toutes les voies de la sagesse, et qui l'a donnée à Jacob, Son serviteur, et à Israël, Son bien-aimé. Après cela Il a été vu sur la Terre, et Il a conversé avec les hommes* » (Ba 3, 36-38).

NT : « *Et le Verbe a été fait chair, et Il a habité parmi nous ; et nous avons vu Sa gloire, gloire comme du Fils unique venu du Père, plein de grâce et de vérité* » (Jn 1, 14.).

AT : « *C'est Moi, c'est Moi qui suis le Seigneur, et hors de Moi il n'y a pas de sauveur* » (Is 43, 11).

NT : « *Les Juifs lui dirent : Vous n'avez pas encore cinquante ans, et Vous avez vu Abraham ? Jésus leur dit : En vérité, en vérité, Je vous le dis, avant qu'Abraham fût, Je suis* » (Jn 8, 57-58).

AT : « *Il deviendra votre sanctification ; et Il sera une pierre d'achoppement et une pierre de scandale pour les deux maisons d'Israël, un piège et un sujet de ruine pour les habitants de Jérusalem* » (Is 8, 14).

NT : « *Jésus leur dit : N'avez-vous jamais lu dans les Écritures : La pierre qu'ont rejetée ceux qui bâtissaient, celle-là même est devenue la tête de l'angle ; c'est le Seigneur qui a fait cela, et c'est une chose admirable à nos yeux ? C'est pourquoi Je vous dis que le royaume de Dieu vous sera enlevé, et qu'il sera donné à une nation qui en produira les fruits* » (Mt 21, 42-43).

AT : « *Mais ils n'ont pas écouté, et ils n'ont pas prêté l'oreille, mais ils ont raidi leur cou pour ne pas m'écouter, et pour ne pas recevoir d'instruction* » (Jr 17, 23).

NT : « *Celui qui est de Dieu écoute les paroles de Dieu. C'est pour cela que vous n'écoutez point, parce que vous n'êtes pas de Dieu* » (Jn 8, 47).

AT : « *Car j'ai entendu les propos injurieux de ceux qui demeurent alentour. Quand ils se réunissaient ensemble contre moi, ils ont tenu conseil pour m'ôter la vie* » (Ps 30, 14). « *Assaillons donc le juste, car il nous est inutile, et il est opposé à notre manière de vivre, et il nous reproche de violer la loi, et il nous déshonore en décriant les fautes de notre conduite* » (Sag 2, 12).

NT : « *Cependant les princes des prêtres et tout le conseil cherchaient un témoignage contre Jésus pour Le faire mourir ; et ils n'en trouvaient point* » (Mc 14, 55). « *Mais l'un d'eux, nommé Caïphe, qui était le grand prêtre de cette année-là, leur dit : Vous n'y entendez rien, et vous ne réfléchissez pas qu'il vaut mieux pour vous qu'un seul homme meure pour le peuple, et que la nation entière ne périsse point. (…) À partir de ce jour, ils pensaient donc à Le faire mourir* » (Jn 11, 49-53).

AT : « *Le bœuf connaît son possesseur, et l'âne l'étable de son maître ; mais Israël ne M'a point connu, et Mon peuple n'a pas eu d'intelligence* » (Is 1, 3).

NT : « *Il est venu chez Lui, et les Siens ne L'ont pas reçu* » (Jn 1, 11).

AT : « *Ils m'ont rendu le mal pour le bien ; c'était la stérilité pour mon âme* » (Ps 34, 12).

NT : « *Jésus leur dit : Je vous ai montré beaucoup de bonnes œuvres, venant de Mon Père ; pour laquelle de ces œuvres Me lapidez-vous ?* » (Jn 10, 32).

AT : « *Et, après soixante-deux semaines, le Christ sera mis à mort, et le peuple qui doit Le renier ne sera plus à Lui* » (Dn 9, 26).

NT : « *Pendant qu'il se trouvait en Galilée, Jésus leur dit : Le Fils de l'homme doit être livré entre les mains des hommes, et ils Le feront mourir, et le troisième jour Il ressuscitera. Et ils furent vivement attristés* » (Mt 17, 21-22). « *Je vous dis que le royaume de Dieu vous sera enlevé, et qu'il sera donné à une nation qui en produira les fruits* » (Mt 21, 43).

AT : « *Sois transportée d'allégresse, fille de Sion ; pousse des cris de joie, fille de Jérusalem. Voici que ton Roi vient à toi, juste et sauveur ; Il est pauvre, et monté sur une ânesse et sur le poulain d'une ânesse* » (Zach 9, 9).
NT : « *Ils amenèrent l'ânesse et l'ânon, mirent sur eux leurs vêtements et Le firent asseoir dessus. Or, une foule nombreuse étendit leurs vêtements sur le chemin ; d'autres coupaient des branches d'arbres, et en jonchaient le chemin* » (Mt 21, 7-8).

AT : « *Même l'homme de mon intimité, en qui je me suis confié, et qui mangeait mon pain, a fait éclater sa trahison contre moi* » (Ps 40, 10).
NT : « *Lorsqu'Il eut dit ces choses, Jésus fut troublé dans Son esprit, et Il fit cette déclaration, et Il dit : En vérité, en vérité, Je vous le dis, l'un de vous Me trahira. (…) C'est celui à qui Je présenterai du pain trempé. Et ayant trempé du pain, Il le donna à Judas Iscariote, fils de Simon* » (Jn 13, 21-26).

AT : « *Et moi j'étais comme un agneau plein de douceur, qu'on porte à la boucherie, et je ne connaissais pas les projets qu'ils avaient formés contre moi, en disant : Mettons du bois dans son pain, exterminons-le de la terre des vivants, et qu'on ne se souvienne plus de son nom* » (Jr 11, 19).
NT : « *Pilate leur dit : Que ferai-je donc de Jésus, qui est appelé Christ ? Ils répondirent tous : Qu'il soit crucifié ! Le gouverneur leur dit : Mais quel mal a-t-Il fait ? Et ils crièrent encore plus fort, en disant : Qu'Il soit crucifié ! Pilate, voyant qu'il ne gagnait rien, mais que le tumulte allait croissant, prit de l'eau, et se lava les mains devant le peuple, en disant : Je suis innocent du sang de ce juste ; c'est à vous de voir. Et tout le peuple répondit :*

Que Son sang retombe sur nous et sur nos enfants ! » (Mt 27, 22-25).

AT : « *Alors on lui dira : Que sont ces plaies au milieu de tes mains ? Et il répondra : J'ai été percé de ces plaies dans la maison de ceux qui m'aimaient* » (Za 13, 6). « *Car des chiens nombreux m'ont environné ; une bande de scélérats m'a assiégé. Ils ont percé mes mains et mes pieds* » (Ps 21, 17).

NT : « *Là ils Le crucifièrent, et deux autres avec Lui, un de chaque côté, et Jésus au milieu* » (Jn 19, 18).

AT : « *Mais moi, quand ils me tourmentaient, je me revêtais d'un cilice. J'humiliais mon âme par le jeûne, et ma prière retournait dans mon sein. J'avais pour eux la même compassion que pour un proche ou un frère ; je me courbais comme dans le deuil et la tristesse* » (Ps 34, 13-14).

NT : « *Et Jésus disait : Père, pardonnez-leur, car ils ne savent ce qu'ils font* » (Lc 23, 34).

AT : « *Ils se sont partagé mes vêtements, et ils ont jeté le sort sur ma tunique* » (Ps 21, 19).

NT : « *Après qu'ils L'eurent crucifié, ils partagèrent entre eux Ses vêtements, les tirant au sort, afin que s'accomplît ce qui avait été prédit par le prophète : Ils se sont partagé Mes vêtements, et ils ont tiré Ma tunique au sort. C'est là ce que firent les soldats* » (Mt 27, 35).

AT : « *Et ils m'ont donné du fiel pour nourriture, et dans ma soif ils m'ont abreuvé de vinaigre* » (Ps 68, 22).

NT : « *Et ils Lui donnèrent du vin mêlé de fiel ; mais, quand Il l'eut goûté, Il ne voulut pas boire* » (Mt 27, 34).

AT : « *En ce jour-là, dit le Seigneur Dieu, le soleil se couchera à midi, et Je couvrirai la Terre de ténèbres au moment de la pleine lumière* » (Am 8, 9). « *Ô Dieu, mon Dieu, regardez-moi ; pourquoi m'avez-Vous abandonné ? La voix de mes péchés éloigne de moi le salut* » (Ps 21, 2).

NT : « *Or, depuis la sixième heure jusqu'à la neuvième heure, il y eut des ténèbres sur toute la Terre. Et vers la neuvième heure, Jésus cria d'une voix forte : Eli, Eli, lamma sabacthani ? C'est-à-dire : Mon Dieu, Mon Dieu, pourquoi M'avez-vous abandonné ?* » (Mt 27, 45-46).

AT : « *Les douleurs de la mort m'ont environné. (…) La Terre a été ébranlée et a tremblé ; les fondements des montagnes ont été secoués et agités, parce qu'Il S'est irrité contre elles* » (Ps 17, 5, 8).

NT : « *Mais Jésus, poussant de nouveau un grand cri, rendit l'esprit. Et voici que le voile du Temple se déchira en deux, depuis le haut jusqu'en bas, et la Terre trembla, et les pierres se fendirent* » (Mt 27, 50-51).

AT : « *Et Il deviendra votre sanctification ; et Il sera une pierre d'achoppement et une pierre de scandale pour les deux maisons d'Israël, un piège et un sujet de ruine pour les habitants de Jérusalem. Et beaucoup d'entre eux trébucheront ; ils tomberont et se briseront, ils s'engageront dans le filet et seront pris* » (Is 8, 14-15).

NT : « *Et Siméon les bénit, et dit à Marie Sa Mère : Voici que cet Enfant est établi pour la ruine et pour la résurrection d'un grand nombre en Israël, et comme un signe qui excitera la contradiction* » (Lc 2, 34).

AT : « *Un peuple, avec un chef qui doit venir, détruira la ville et le sanctuaire ; et sa fin sera la ruine, et, après la fin de la guerre, viendra la désolation. Il confirmera l'alliance avec un grand nombre pendant une semaine, et, au milieu de la semaine, les victimes et le sacrifice cesseront, l'abomination de la désolation sera dans le Temple, et la désolation durera jusqu'à la consommation et jusqu'à la fin* » (Dn 9, 26-27).

NT : « *Lorsque vous verrez Jérusalem entourée par une armée, alors sachez que sa désolation est proche. (…) Car ce seront des jours de vengeance, afin que s'accomplisse tout ce qui est écrit (…). Ils tomberont sous le tranchant du glaive, et ils seront emmenés captifs dans toutes les nations, et Jérusalem sera foulée aux pieds par les Gentils, jusqu'à ce que le temps des nations soit accompli* » (Lc 21, 20-24).

AT : « *Vous me délivrerez des dissensions du peuple ; vous m'établirez chef des nations. Un peuple que je ne connaissais pas m'a été assujetti ; il m'a obéi au premier ordre* » (Ps 17, 44-45).

NT : « *Allez donc, enseignez toutes les nations, les baptisant au nom du Père, et du Fils, et du Saint-Esprit, et leur enseignant à observer tout ce que Je vous ai commandé* » (Mt 28, 19).

AT : « *Dieu viendra visiblement ; Lui, notre Dieu, et Il ne Se taira point. Le feu s'enflammera en Sa présence, et une tempête violente L'environnera. Il appellera d'en haut le Ciel et la Terre, pour faire le discernement de Son peuple. Rassemblez devant Lui Ses saints, qui scellent Son alliance par des sacrifices. Et les cieux annonceront Sa justice, car c'est Dieu qui est juge* » (Ps 49, 3-6).

NT : « *Et alors on verra le Fils de l'homme venant sur les nuées, avec une grande puissance et une grande gloire. Et alors Il enverra Ses Anges, et Il rassemblera Ses élus des quatre vents, de l'extrémité de la Terre à l'extrémité du ciel* » (Mc 13, 26-27).

Théologiquement, c'est-à-dire réellement, les Juifs sont des morts-vivants, la poubelle de l'histoire du Salut, et ils se comportent, pour cette raison, en vampires : ils ne plaisent point à Dieu, la colère de Dieu est tombée sur eux définitivement, *ils sont les ennemis de tous les hommes* ; tout cela est dans saint Paul (I Thess. 2), et cette inimitié foncière des Juifs à l'égard du genre humain vient de ce qu'ils tiennent les goyim pour des animaux, des individus non dotés de l'âme vraiment humaine, comme il l'est enseigné dans leur Talmud qui, entre autres gracieusetés, réduit la Vierge Marie à une prostituée, et promet à Notre Seigneur de bouillir pour l'éternité dans une cuve d'excréments. La Loi ancienne était le signe, sans efficacité intrinsèque, de Celui qui allait venir et en lequel seront bénis tous les peuples de la Terre ; il fut un peuple sanctifié et consacré à Dieu non en tant qu'il dérive biologiquement d'Abraham, mais à cause du Christ ; ayant rejeté le Christ, il est maudit, prévaricateur et criminel. Il est donc « peuple d'élite », en ce sens qu'il a toujours prétendu, en vertu d'une naturalisation mensongère de sa vocation surnaturelle, instaurer le paradis sur Terre en mettant la main sur toutes les richesses de l'univers et en réduisant le genre humain au statut d'esclave engraissé : le grand-rabbin sépharade d'Israël Ovadia Yossef, en 2010, enseignait tout simplement que « les Goyim ne sont nés que pour nous servir. En dehors de cela, ils n'ont aucune place dans ce monde, sauf celle de servir le peuple d'Israël. » Le « peuple » juif ne fut jamais qu'une communauté de pillards du talent des autres, dépourvu de toute excellence naturelle, fors celle, dans le mal, de corrompre et de favoriser partout la discorde et la décadence. Une élite, c'est une aristocratie. Je vois pas ce qu'il peut y avoir d'aristocratique dans la condition juive et dans les ressortissants fébriles de cette communauté qui croit être d'élite parce qu'elle aspire fanatiquement au pouvoir, et qui n'y parvient que par les procédés les plus avilissants. Des gueules à faire peur, des trombines à chier dessus, y en a vraiment partout, pas plus chez eux que chez les goyim. M'enfin faut dire quand même : des gueules arrogantes d'excités trémulants, déformées par la haine, y en a pas beaucoup d'aussi réussies que chez eux.

Tu comprendras, Actéon — et tes maîtres avec toi — que les vrais peuples historiques, naturels, aient toujours eu quelques raisons de se méfier d'une telle engeance et de la tenir à l'écart, parce qu'elle a une vocation de chambardeur universel, et, de son propre aveu, de despote illimité. Cela dit, quand on sait, par-delà leur propagande, la pauvreté intellectuelle native de ces gens-là, il est difficile de ne pas voir — aussi bien dans le moment de leur misère, quand l'Église était forte, que maintenant où ils pavoisent et nous préparent l'enfer sur Terre — une preuve de la vérité de notre sainte religion. Quand ils étaient tenus en ghettos, ils étaient les « porteurs de Livres », l'escabeau du chrétien ; et depuis qu'ils dominent, ils prouvent que la force qui les inspire n'est pas humaine ; elle était divine quand ils restaient fidèles à leur vocation christique ; elle est satanique, préternaturelle, depuis qu'ils ont trahi leur vocation. Les goyim sont intelligents et créateurs mais ils ne sont pas « malins ». Les oiseaux de malheur ne sont ni intelligents ni créateurs, mais ils sont « malins ». Le Christ a enseigné : « Moi je suis venu au nom de mon Père, et vous ne me recevez pas. Si un autre vient en son propre nom, vous le recevrez » (Jn 5, 43). Saint Thomas d'Aquin, dans son commentaire de la deuxième épître aux Thessaloniciens, annonce l'apostasie de la foi dans l'Église romaine, et suggère que ce texte signifie ceci : les Juifs reconnaîtront dans l'Antéchrist le Messie qu'ils attendent. Il suggère aussi que l'homme de perdition reconstruira le Temple. La création de l'État d'Israël annonce cette reconstruction. Quand on est catholique, on ne peut pas ne pas être radicalement opposé à l'existence même de l'entité sioniste. Saint Vincent Ferrier, dans son *Traité pour désaveugler les juifs* commandé par Benoît XIII, ou Pedro de Luna que reconnaissaient la France et l'Espagne, annonça dans le même esprit que les Juifs prendront l'Antéchrist pour leur messie, et qu'il faudra qu'il les déçoive et les maltraite pour qu'ils en viennent à confesser qu'ils s'étaient trompés depuis l'an 33.

Les nationalistes européens judéophiles par arabophobie sont des cons qui travaillent contre leur camp. Un peuple artificiel n'a pas de fondement naturel, il est tératologique par essence ; il est dans l'ordre qu'il vienne au jour s'il est fidèle à sa vocation de chenille qui s'accomplit en se reniant ; il est un monstre de désordre s'il se refuse à son destin, et il est divisé contre lui-même, comme l'Autre, le diviseur qui répand sa division. Il était rationnel que ce qui a vocation à passer fût artificiel ; il était dans l'ordre que le catholicisme s'anticipât dans le judaïsme.

Je vois vraiment pas ce qu'il pouvait y avoir d'« émouvant », comme le proférait Sa Grandeur en carton-pâte, dans la création de l'État d'Israël ; c'était plutôt quelque chose d'affligeant et de terrifiant, quand on sait ce que ça veut dire. Et vois-tu, au point où en étaient les choses, y avait qu'Hitler pour enrayer le processus. C'est comme ça. Il y a eu une frange des collaborateurs d'Adolf qu'était pour le sionisme, pour débarrasser les vrais peuples des talmudistes qui voulaient les réduire à l'état d'esclaves, mais c'était pour faire de l'entité sioniste un ghetto mondial auquel le statut d'État aurait été refusé. Il y a eu aussi, c'est vrai, des Juifs italiens pour contribuer à faire naître le fascisme et pour le soutenir ; Henri de Kérillis l'a rappelé ; et il y a eu des fascistes pour espérer reconnaître, dans le sionisme, une forme de nationalisme fasciste. Mais d'abord Mussolini a vite annoncé la couleur avec la promulgation des lois raciales et antijuives en 1938 ; ensuite ça veut dire que les fascistes ont pas été d'une parfaite lucidité dans tous les domaines. Tout courant politique historiquement réalisé comporte toujours une part d'ambiguïté ; on est condamné à choisir celui qui en comporte le moins. Mussolini a bien vu que le fascisme devait être du côté de l'Allemagne contre les démocraties et les forces anglo-saxonnes ; il aurait pu voir aussi que l'Empire, c'était plus l'affaire de l'Italie, mais de l'Allemagne, depuis Othon. De toute façon, pour l'avenir — je parle d'avenir par pur devoir —, c'est la doctrine fasciste qu'il faut retenir, non le fascisme historique.

La chose dite, les peuples naturels ne sont pas faits pour se mélanger ; ils ne sont pas une Église. Mélanger les corps systématiquement dans un peuple, c'est dénaturer l'esprit du peuple. De Gaulle pouvait bien jouer les réactionnaires freinant des quatre fers devant le mondialisme. Il a laissé passer la dernière chance pour s'offrir un destin historique, en allant hurler avec les loups, ou plutôt les chacals et les hyènes.

Passons à autre chose, mon bon Actéon, ou plutôt prolongeons, si tu veux, pour ton édification, au gré de ma fantaisie et de mes humeurs décousues.

« Bismarck disait autrefois que le libéralisme était l'avant-coureur de la social-démocratie. Je n'ai pas besoin de dire ici que la social-démocratie est l'avant-coureur du communisme » (Adolf Hitler, mai 1933). La social-démocratie est bien vivante aujourd'hui, plus ou moins conjuguée avec le libéralisme selon les lieux, mais le mélange constitue à n'en pas douter le régime planétaire de ce début de millénaire. Dimitri Manouilski, professeur à l'École politico-militaire Lénine, prophétisait en 1933 : « La guerre à outrance entre le communisme et le capitalisme est inévitable. Aujourd'hui, bien sûr, nous ne sommes pas assez forts pour attaquer ; notre heure viendra dans 20, 30 ou 40 ans. La bourgeoisie devra être endormie. Alors nous commencerons à lancer le plus spectaculaire mouvement de paix qui soit. Il y aura des ouvertures de paix étonnantes et des concessions inattendues. Les pays capitalistes stupides et décadents seront heureux de coopérer à leur propre destruction. Ils saisiront l'opportunité d'être nos amis. Dès que leur défense sera décomposée, nous les écraserons avec notre poing ferme. » Trente ou quarante ans, cela peut être soixante-dix ou quatre-vingts ans. Et le chemin pour y parvenir peut différer de celui qui était initialement prévu. M'est avis que c'est pas très astucieux d'opposer le mondialisme bancaire au communisme. Et quand ce dernier reviendra, il n'y aura pas de nouvel Hitler, parce qu'il n'y aura plus de peuple européen… Les idées de la cause de Manouilski auront pénétré la moelle des pays dits libres, dont les flancs individualistes produiront d'eux-mêmes l'égalitarisme planétaire et le grand collapsus des forces qui font les différences et la richesse du monde.

« Le livre de M. Rosenberg, *Le Mythe du vingtième siècle*, n'est pas une publication officielle du Parti. Au surplus, je vous affirme que l'Église catholique possède une force vitale qui se prolongera bien au-delà de notre vie à nous tous réunis ici » (Adolf Hitler à Munich, 1936). Il y a toujours eu des allumés partout, des coupeurs de gui en tout temps. C'est pourquoi le futur Pie XII prit soin d'inviter, par une encyclique rédigée en allemand (*Mit Brennender Sorge*) le chancelier à faire un peu de ménage chez lui.

« Le gouvernement national prendra fermement sous sa protection le christianisme, base de notre morale, la famille, cellule fondamentale dans le corps de notre peuple et de notre

État » (*ibid.*, février 1933). Hitler, tout le monde sait ça, était un païen sataniste qui mangeait tous les jours, bien qu'il fût végétarien, un chrétien tout cru…

Un million d'hommes, de toutes nationalités, ont porté l'uniforme de la Waffen SS. Les SS français furent les ultimes défenseurs de la Chancellerie à Berlin, où ils recueillirent les trois dernières croix de chevalier de la croix de fer de la guerre. Malgré Rousseau et Voltaire, malgré 1789, malgré La Mennais et Congar, la France produit comme ça des représentants qui sont comme des signes en forme de grâces laissant entendre qu'elle n'est pas encore complètement morte. Faut bien quand même qu'on ait quelques qualités, nous les râleurs bordéliques porteurs de tronches cartésiennes.

Madeleine Albright, ex-chef de la diplomatie néo-carthaginoise, déclarait encore en 1998 que son but essentiel était de « faire progresser l'enseignement, le culte du souvenir et la recherche relatifs à l'Holocauste. Il s'agit d'une tâche qui ne connaîtra jamais d'achèvement. Elle doit être renouvelée au fur et à mesure que l'espèce humaine se renouvelle, de génération en génération, de sorte que nous soyons sans arrêt confrontés à la réalité de l'Holocauste et que celle-ci ne cesse de nous troubler. » Elle nous trouble, Madame, elle nous trouble votre réalité… Elle nous trouble tellement que nous nous mettons à son écoute… Décrivez-nous une chambre à gaz.

La loi Cunctator-Godillot est très claire, exclusive de toute équivoque et approximation, tout comme la somme considérable d'informations historiques invoquées pour en étayer le bien-fondé : il y eut 9 millions de morts à Auschwitz selon le film *Nuit et Brouillard* d'Alain Resnais ; 4 millions selon la première plaque apposée en ce même endroit ; 1,5 million selon la plaque apposée en 1995 ; 150 000 pour les auteurs du *Quid* de 1999. La fourchette d'erreur très étroite, corrélative de la concordance des données, interdit par là toute interprétation tendancieuse. Dans les œuvres complètes de Churchill, de Gaulle, Eisenhower,

il n'est certes nulle part question de la Chose de manière explicite, mais on sent bien qu'ils y pensent, qu'ils ne pensent qu'à cela.
Au reste, et par définition, on ne parle pas de l'Indicible.

La Kabbale, ou tradition juive, est à la fois le support et le
résultat du développement de la mystique juive, c'est-à-dire des
courants théosophiques et gnostiques, d'origine païenne et
datant des premiers siècles de l'ère chrétienne, dont crut bon de
s'enrichir, par opposition au christianisme orthodoxe, ou catholicisme, la culture juive vétéro-testamentaire. La Kabbale réinter-
prète les données de la Révélation dans un sens ésotériste, en
vue d'une expérience vécue du divin, et exclusive de l'ordre de
la connaissance intellectuelle ; c'est là ce qui l'oppose à la mystique chrétienne. La spécificité de la mystique juive est l'affirmation du caractère en soi — et non seulement pour nous —
inconnaissable de l'essence divine du Dieu vivant, essence qui est
supposée se manifester par des attributs qui sont autant
d'étapes de la procession du monde entendu comme moment
d'effectuation du divin. Et le divin, comme pure énergie sans
forme, est tenu pour immanent à tout ce qui existe, tout en
transcendant l'ordre phénoménal. On retrouve l'idée chez
Spinoza, lequel avait emprunté à Giordano Bruno. Les instruments de la connaissance sont la Torah (la loi mosaïque contenue dans le Pentateuque) et la langue hébraïque dont les lettres
sont considérées comme les éléments de la Création. La connaissance de leurs lois internes est censée donner accès au
monde divin dont elles procèdent. Les principaux courants de la
mystique juive sont les suivants : l'ésotérisme de la période talmudique (du IIe au Ve siècle), la Merkaba (du IIIe au VIIe siècle),
l'école des hassidim (les hommes pieux d'Allemagne, du XIIe au
XIVe siècle), la Kabbale d'Espagne (théosophie spéculative et
Kabbale prophétique, contemporaine des hassidim), l'école
d'Isaac Luria (à partir de 1530) et la mystique populaire en
Pologne, ou hassidisme (à partir de 1570). Le cas de Sabbataï
Zevi (1616-1676) est bien connu : kabbaliste de Smyrne, il se présente comme le messie et, face à l'obligation du sultan de choisir
entre apostasie et mise à mort, il se convertit à l'islam. Certains

virent dans cette conversion le signe qu'il était véritablement le messie : c'est au moyen du péché que le messie doit sauver le monde. La conversion, à cette occasion, de nombreux Juifs, engendre la secte des Dönmeh (apostats). Kemal Pacha Atatürk (1881-1939, général turc né à Salonique, chef du parti nationaliste, opposé à l'exécution du traité de Sèvres qui réduisait l'Empire turc, élu en 1923 président de la République turque et fondateur de la Turquie moderne) aurait appartenu, déjà franc-maçon, à la secte des Dönmeh. On parle moins souvent de Jacob Frank, sabbatiste polonais du XVIIIe siècle, qui sera à l'origine de l'insurrection polonaise contre les Russes (1793-1795). Les frankistes (dont Jean-Paul II aurait été, au moins, un admirateur) donnèrent leur appui à maintes révolutions. Le cousin et héritier de Jacob (Moïse Dobrouschka pour les Juifs, Franz Thomas von Schönfeld pour les chrétiens, Isaac ben Joseph pour les maçons, Junius Brutus Frey pour les jacobins) arrive en France en 1792, est blessé lors de l'assaut des Tuileries le 10 août, et est guillotiné avec son jeune frère, son beau-frère (Chabot) et Danton à Paris (en 1794). Ses successeurs continueront à soutenir les révolutions. Georges Scholem, dans *Le Messianisme juif* (Calman-Lévy, 1974) résume comme suit le frankisme et la doctrine de Zévi :

Le dieu vivant et bon est le dieu caché de la Kabbale, il est impersonnel, il n'a pas créé l'univers, il s'accomplit en lui, se posant en lui-même en posant ce qu'il pose ; et il prend conscience de lui-même dans l'homme doté de la *neschama* (l'âme divine), le Juif qui rédempte Dieu et/ou la Nature, au rebours de l'homme inférieur doté de la *nephesch* impure, ou goy qui doit servir le premier, parce que le premier est au fond dieu : le peuple juif est son propre messie. Et de même que le Christ des chrétiens meurt et ressuscite pour le salut des hommes, de même le Juif meurt dans la chambre à gaz, le Golgotha de la religion nouvelle, pour ressusciter en 1945 et sauver l'humanité en faisant revivre Israël. Le péché primordial d'Adam a fait tomber les étincelles divines dans la matière mauvaise, particulièrement présente chez les Gentils. La mission du messie est de délivrer les *nitzotzot* (étincelles) des *kelipot* (matières), et doit pour cela descendre dans la matière impure des *kelipot* pour les détruire. Aussi doit-il assumer le mal, faire des « actes étranges » (*ma'asim zarim*). La rédemption cosmique (*tikhun*) se réalise par le moyen du péché, on n'accomplit la Thorah qu'en la violant. Telle est l'œuvre des « pneumatiques », avatar de l'idée cathare. Il faut violer la Torah de Beriah (loi de Moïse) et la remplacer par la Torah d'Atzilut (son contraire) : excès sexuels en tous genres, analogues à ceux qui ont lieu en dieu entre la partie masculine et la partie féminine. Il faut aussi apostasier ; le baptême chrétien est le plus bas degré, atteint par les marranes, de la nécessaire descente dans l'abîme. On retrouve là une resucée, adaptée aux besoins de Juifs refusant de se sublimer en chrétiens, du gnosticisme carpocratique. La frénésie eschatologique immanentiste, révolutionnaire par essence, de destruction et d'appétit pour le mal en tant que mal, prédispose celui qu'une certaine théologie inspire en ce sens, à se faire l'instrument de tous les chambardeurs de l'ordre chrétien, et au vrai de tout ordre naturel et surnaturel. Les Juifs ne sont pas l'origine première des doctrines, et même des initiatives destructrices, qu'ils favorisent et embrassent. Ils s'en font les instruments consentants, manipulateurs manipulés, toujours, à terme — comme l'illustre le destin du misérable Jacob Frank —, à leur propre détriment, mais après avoir fait beaucoup de dégâts. Mon bon Philoneikos, je pourrais illustrer ces dires par des centaines d'exemples, mais je ne voudrais pas avoir l'air d'abuser… Et puis il te suffit de te renseigner toi-même. Tes facilités d'accès à la connaissance des débauches de tes contemporains devraient te mettre la puce à l'oreille afin de mieux viser les milieux ethniquement marqués dans lesquels il te sera possible de voir s'illustrer ces indications sommaires.

« (…) J'ai défini les juifs comme frères aînés dans la foi. Ces mots résument ce qu'a dit le concile <Vatican II> et ce qui ne peut pas ne pas être une conviction profonde de l'Église (…). Ce peuple extraordinaire porte toujours en lui les signes de l'élection divine (…). Il est vrai qu'Israël a payé bien cher son élection. C'est peut-être à cause de cela qu'il est devenu plus semblable au Fils de l'Homme » (Jean-Paul II, lors de sa visite à la synagogue de Rome avec le grand-rabbin Toaf).

Qu'oseront enseigner François le Romain et ses successeurs sur cette question ? Que nous réserve Jean-Paul III ? La chrysalide en droit vouée à la poussière s'insurge, échevelée, contre le papillon…, qu'elle ne précède dans le temps que parce qu'il en est, en vérité, la raison et la véritable origine selon la causalité. Comment le bourreau pourrait-il être semblable à l'Agneau ?… Comment la chrysalide pourrait-elle subsister sans en venir à dévorer le papillon qui la menace, cette race élue de Jésus-Christ dont l'autre, tout instrumentale et momentanée, n'était que la préfiguration ? Les traîtres du camp catholique supplantent les bourreaux de l'Église en matière d'inversion accusatoire ; l'enseignement du Polonais est l'une des plus grandes et des plus perverses, par leur dangerosité, mystifications qu'on ait jamais essayé de faire avaler au vulgum pecus chrétien. Pendant longtemps, les Juifs ont dit que le Christ était un imposteur. Ils font mieux : ils affirment désormais qu'ils sont les vrais fidèles du Christ sur la doctrine duquel l'Église s'est trompée pendant deux mille ans ; c'est le papillon qui doit devenir chrysalide. L'Église catholique fut longtemps le rempart protecteur des peuples contre les entreprises subversives, corruptrices, conquérantes de sa propre chrysalide envenimée par son refus de se consommer en elle. Et puis les hommes d'Église, attachés à des habitudes et à des prétentions théocratiques n'ayant guère de rapports avec la doctrine du Christ invitant à rendre à César ce qui est à César, se sont vengés de la perte des États pontificaux en enjoignant aux États catholiques de se faire démocratiques en réduisant les laïques à des sous-curés subordonnant l'action politique à l'apostolat. Le résultat prévisible fut que l'argent et la pratique systématique du mensonge devinrent les vrais maîtres des nations, parce que la démocratie se nourrit de tels ingrédients. Et, dans les domaines de l'acquisition frauduleuse de l'argent et de la pratique du mensonge, les Juifs sont en effet des « frères aînés ». Les catholiques théocrates et surnaturalistes ont vendu malgré eux mais par ressentiment les nations chrétiennes au Baal juif qui les offre en holocauste dans la statue d'airain, chauffée à blanc, du souvenir controuvé d'Auschwitz. Les mêmes théocrates surnaturalistes, pompiers pyromanes, entendent rassembler aujourd'hui, sous leur houlette sévère et exigeante, les résidus des troupes catholiques, en les montant contre le souvenir du « national-socialisme antichrétien », la seule force politique s'étant vraiment donné les moyens d'éradiquer la démocratie de la chrétienté, et d'en finir avec les fourriers hallucinés de la démocratie. Si j'étais juif, je financerais le surnaturalisme, et les fidèles de Claire Ferchaud, et les disciples de La Franquerie, et tous les « cocoriquismes » antiallemands, même les plus passionnellement antisémites. On apprendra peut-être un jour que ce financement, au moins indirect, a eu lieu.

Formule dogmatique, professée « *ex cathedra* » — anticipant l'enseignement de Jean-Paul III, François II et Benoît XVII — par le journal « Le Monde » du 21 février 1979 : « Il ne faut pas se demander comment, *techniquement*, un tel meurtre de masse a été possible. Il a été possible techniquement parce qu'il a eu lieu. »

On trouve, pour qui est patient et attentif, une multitude d'indications, dans les tomes 21 et 42 des 42 volumes (édition anglaise) du procès de Nuremberg, relatives à des affidavits en nombre considérable qu'on peut aujourd'hui consulter à Washington, dans les archives nationales américaines : tel maire « *Volksdeutsch* » de Marlinka, en Ukraine, tue en 1943 une femme juive ; il est fusillé par les Allemands ; tel sous-lieutenant de la Wehrmacht en 1944 tue à Budapest une autre femme juive en lui dérobant ses biens ; il est aussi fusillé par ses compatriotes ; des militaires allemands d'un régiment de chasseurs alpins sont contraints, après avoir pénétré en Ukraine et chassé les membres — juifs pour la plupart — du NKVD local coupable d'exactions multiples sur la population ukrainienne, de protéger la communauté juive de l'ire vengeresse des autochtones goyim. C'est là bien sûr le comportement typique de troupes d'un pouvoir habité par des intentions « holocaustiques ». Elie Wiesel, dans les deux volumes de ses mémoires, évoque vraiment beaucoup de rescapés de l'Holocauste, nés, nourris, soignés, opérés, grandis à Auschwitz, aujourd'hui vivants et vociférant à Brooklyn, en Argentine, en France ou à Tel-Aviv. Tout cela ne colle guère avec la thèse d'une intention délibérée d'exterminer le peuple se disant élu. Ne faites pas du mauvais esprit… Vous insultez la mémoire des morts.

L'université de Lyon XXV a confisqué les titres de deux chercheurs, Archibald Perlin et Donald Pinpin, en prescrivant un autodafé de leurs travaux qu'elle avait pourtant honorés dix ans plus tôt en attribuant des mentions « Très honorable » à ces thèses. Cela se fit en dépit de la loi du 26 janvier 1984, article 8 : « Le service public de l'enseignement supérieur est laïc et indépendant de toute emprise politique, économique, religieuse ou idéologique. » À l'instar de la « *Lex Degrelliana* » dont s'honora l'État belge avec le Manneken-Pis, une « *Lex Perlimpinpina* » sera bientôt adoptée en Gaule à l'intention des déjantés de la Chose. Cette loi prévoira l'application de la peine de mort réhabilitée pour les historiens sacrilèges qui auront affirmé qu'il n'y avait pas de cendrier dans les fours à pain entre 1939 et 1945.

« Nous aurons un gouvernement mondial, que cela nous plaise ou non. La seule question est de savoir s'il sera créé par conquête ou par consensus » (James Warburg, au Sénat américain, le 17 février 1953).

Ce Génialeux (1896-1969) de la Haute Finance fut administrateur de la banque Kuhn & Loeb, grand financier de la révolution russe, membre du CFR (Institut américain pour les affaires internationales, véritable gouvernement des USA) et du groupe mondialiste Bilderberg (super-parlement mondial). Comme vous le savez, ce processus est en train de se réaliser, avec votre humble concours, sous nos yeux. Le trou de la couche d'ozone, le réchauffement climatique et plus généralement l'écologisme politique, les pandémies, y contribuent.

« À un moment donné le contenu et le style de la politique internationale sont influencés par ce que pense et dit un relativement petit nombre d'experts. Et cela dans le monde entier. Il s'agit d'une simple constatation qui n'est dictée par aucune doctrine élitiste. Pour donner un exemple, aux USA une centaine de personnes jouent un rôle prépondérant au sein des Instituts de recherche et dans les cercles journalistiques, et l'influence de ces personnes est considérable (…). À Moscou les Instituts d'études internationales, qui sont nos homologues et nos interlocuteurs, participent à l'élaboration de la politique soviétique » (Thierry de Montbrial, *Le Figaro* du 16 janvier 1981. Cet oiseau, comme vous le savez, est membre de la Trilatérale, président de l'IFRI [Institut français des relations internationales], et membre du club maçonnique « Le Siècle »). Le défunt Louis Pauwels, ancien maçon, ancien occultiste, jadis disciple du mage Gurdjieff, revenu, au moins pour un temps, de ses pitreries mercantiles de l'époque du *Matin des magiciens*, rappelé par Dieu en 1997 après s'être converti au catholicisme ou à ce qu'il croyait être tel, alla jusqu'à déclarer :

« Il y a un complot mondial des forces antichrétiennes qui visent à affaiblir (et si possible à dissoudre dans un humanisme de belles paroles, mais impuissant) la foi des catholiques, à diviser l'Église, à arriver à un schisme. »[4]

Il n'y a pas, en dépit des mots employés, de complot subversif positif et concerté, fors deux choses ; il y a d'une part toutes les variantes sophistiquées de la haine du catholicisme : elles ne sont unies entre elles que par ce qu'elles contestent, et les plus braillards dans le domaine sont les piétons de la mer Rouge. Il y a d'autre part le projet ancestral, polymorphe et indérivable d'une quelconque doctrine unitaire ou de quelque secte structurée que

---

[4] Voir : Vittorio Messori, *Inchiesta sul cristianesimo*, SEI Editrice, 1987, p. 151-152.

ce soit, de déification de l'homme ; à cela, le désir de Dieu corrompu par l'orgueil suffit. Il n'y a ni Supérieurs Inconnus ni maîtres régissant souverainement les forces du mal ; il y a des congruences objectives. Les Génialeux et les Frères-la-Gratouille ne sont que des causes instrumentales dont l'importance, fallacieusement hypertrophiée par la naïveté pusillanime de leurs détracteurs, à la fois flatte les premiers, à la fois oblitère les vraies causes premières et, par là, contribue à rendre service à ceux que ces détracteurs entendent dénoncer. Ne tombe pas, pauvre Actéon, dans le réductionnisme grotesque de la théorie *du* complot, qui, à force de prétendre soulever des voiles qui recouvriraient des secrets cachant d'autres secrets recouverts d'autres voiles qu'il faudrait indéfiniment soulever, en viennent à dénoncer comme membres *du* complot ceux-là mêmes qui pouvaient nous débarrasser des auteurs *des* complots. Ne sois pas naïf non plus, même si c'est beaucoup te demander. Il n'y a pas *un* complot éternel doté depuis la Chute de ses armées organisées, sinon une révolte de nature angélique. Mais il y a *des* complots, il faut avoir de la merde dans les yeux pour les ignorer. En dépit de l'outrance accrocheuse des formules, il y a quelque chose de vrai — tu devrais être bien placé pour le savoir —, dans les propos suivants d'Honoré de Balzac et de Benjamin Disraeli, Sir Beaconsfield :

« Il y a deux histoires : l'histoire officielle, mensongère, qui nous est enseignée, l'histoire "*ad usum delphini*", et l'histoire secrète, où se trouvent les vraies causes des événements, une histoire honteuse. »[5]

« Le monde est gouverné par de tout autres personnages que ne l'imaginent ceux dont l'œil ne parvient pas derrière les coulisses. »[6]

« Les gouvernements de ce siècle ne sont pas en relation seulement avec les gouvernements, empereurs, rois et ministres, mais aussi avec les sociétés secrètes, éléments dont on doit tenir

---

[5] *Les Illusions perdues*.
[6] Disraeli, dans son roman *Coningsby*, de 1844.

compte et qui au dernier moment peuvent annuler n'importe quel accord, qui possèdent des agents partout — agents sans scrupule qui poussent à l'assassinat, capables, si nécessaire, de provoquer un massacre. »[7]

Je veux seulement dire que la partie secrète de l'histoire, probablement considérable surtout à l'époque moderne (époque démocratique, ère du mensonge structurel et institutionnalisé), ne concerne que l'ordre des causes secondes, quelle que soit la complexité inflationniste, plus ou moins inaccessible et occulte de ces dernières, et ne peut concerner que lui. Elle ne peut concerner que lui parce qu'aucune intelligence créée n'est capable de maîtriser la contingence qui, tels les motifs d'une dentelle, creuse et convertit en discontinuités les flux de raisons nécessaires qui tissent la marche du monde. Les causes principales, ce sont les idées, avec leur logique interne que méconnaissent souvent ceux qui les embrassent, auxquelles souscrit le personnel politique agissant, qu'il soit occulte ou exotérique. L'artiste est cause efficiente qui, habitée par l'idée du tableau — véritable cause principale —, réalise son projet dans la matière des couleurs par la médiation, instrumentale, du pinceau qui a lui aussi ses caractéristiques propres. On ne pourrait connaître, *a priori*, les effets ultimes d'une action posée, on ne pourrait prévoir la manière dont elle se combine avec son environnement causal, que si l'on maîtrisait concomitamment l'exacte part de contingence qui travaille à l'intérieur de chacune des causes qu'on se subordonne. La décision de l'artiste, volontaire, d'incarner une idée, ne serait capable de prévoir tous ses effets que si l'artiste maîtrisait, en la posant, en la créant, en la faisant exister, la matière du pinceau et des couleurs. Et l'artiste n'est dit créateur que par analogie… Les plus peaufinées de tes sordides manipulations politico-judiciaires, mon pauvre Actéon, sont foireuses une fois sur deux ! Imagine ce qu'il peut en être de la maîtrise des événements par les conspirateurs d'une révolution… Il existe

---

[7] Disraeli, dans un discours du 20 novembre 1876, prononcé à Aylesbury.

toujours un climat général dont ils ne sont pas les auteurs, propice à la réussite de leurs entreprises, et des circonstances qu'ils savent — ou ne savent pas — prendre au vol.

Le projet luciférien consiste dans le vœu de la créature de se faire trinitaire. Il invite les hommes à se promouvoir collectivement comme son verbe à lui consubstantiel et égal en dignité et en puissance, de telle sorte que chaque homme se veut Dieu, nullement subordonné à une monarchie satanique qui offenserait sa prétention à la déification. Dieu, pour les vrais lucifériens qui l'identifient à Lucifer, n'existe pas vraiment par soi, ainsi Lucifer n'est-il pas non plus lui-même subsistant par soi ; il se fait en eux, ils se font en lui, il obtient d'eux les hommages qu'il entend ravir au vrai Dieu en les invitant à se déifier. Le projet kabbaliste, inspiré par un orgueil réduit à une communauté ethnique déterminée, limite le verbe du plérôme à cette ethnie. On peut prévoir qu'un projet gnostique inspiré par un orgueil absolutisé, par là universalisé, étendra à la communauté humaine tout entière la prétention à se constituer tel le verbe actualisant la déité du divin qu'elle prétend être. Et ce projet, dont le judaïsme n'est que l'instrument inconscient et halluciné en même temps que la future victime, a pour nom « communisme ». Voilà pourquoi Marx, bien peu juif en esprit parce qu'éminemment universaliste, n'aimait guère ses ancêtres… « J'ai maintenant acquis la certitude, comme le prouvent la conformation de son crâne et la pousse de ses cheveux, qu'il descend des Nègres qui se joignirent à Moïse lors de la traversée de l'Égypte (à moins que sa mère ou sa grand-mère ne se soient croisées avec un *Nigger*…). Il est certain que ce mélange de juif avec la substance de base du Nègre devait donner un curieux résultat », écrivait-il à Engels le 30 juillet 1862, à propos de Ferdinand Lassalle.

Depuis la publication du journal de Goebbels, aucun historien sérieux n'ignore plus que Van der Lubbe mit seul le feu au Reichstag. Il n'y eut là aucun montage.

C'est tout pour aujourd'hui. Bonne nuit, Actéon… J'espère bien que tu vas faire une grosse crise de rage, soit pour en crever, soit pour te convertir !

Voilà, Messieurs, ce que Zinzin ici présent m'a fait ingurgiter, sans vergogne. Eh bien ! Tu vois, Zinzin, je ne suis pas mort, et je ne suis toujours pas converti à ta cause, et je suis arraché à moi-même, dans un état de prostration. Je relis souvent les fiches qui vous concernent tous les deux, toi et Tartempion, et ta prose, et je crois que j'ai compris votre vision des choses et des gens ; et j'ai l'impression, en vous donnant raison malgré moi, d'avoir travaillé pour rien ; j'ai vécu dans la fange des autres, j'ai supporté la mienne sans dégoût ; je me suis voué à une cause illégitime ; je pense que j'ai raté ma vie. Inutile de me donner des explications supplémentaires, j'ai tout compris, et j'ai compris que je m'étais trompé de voie depuis toujours. Et que vais-je devenir maintenant ? Il ne se peut pas que tant d'années de labeur et de compromissions soient vaines, que tant de couleuvres avalées l'aient été en pure perte ; et puis il n'est pas croyable à mes yeux que vous, et désormais moi avec vous, puissions avoir raison contre tout le monde. Mon intelligence me dit timidement ce que vous me dites, mais ma volonté me dit autre chose et m'incite à demeurer fidèle à ce que ma vie a servi. Pourquoi, après tout, faudrait-il croire à ce que dit la raison ? Et pourquoi la raison aurait-elle toujours raison ?

CHAPITRE XII

LA CONFESSION DE MARIE-MADELEINE

Zinzin :

Tu manques d'espérance, Actéon, tout simplement. C'est peut-être ce qu'il y a de plus dur à conquérir. Moi aussi j'ai tout raté, socialement ou humainement parlant. J'ai beaucoup de raisons de me haïr, beaucoup de remords à convertir en contrition. T'en sais assez pour t'écarter des idoles et pour te tourner vers Lui, et ça, y a que toi qui puisses le faire. Il est temps d'écouter Marie-Madeleine. Parle, femme, c'est nous qui avons besoin de ton témoignage.

Marie-Madeleine :

Il me semble que je me suis trompée sur l'amour, tout simplement. J'ai été amoureuse, je me suis enivrée du plaisir d'aimer, j'ai aimé mon amour plus que l'objet de cet amour. Quand ce dernier s'est révélé non aimable, je me suis retrouvée toute seule avec cet amour d'aimer sur les bras, et j'étais prête pour toutes les compromissions. Je vous l'ai dit ; j'ai commis des bassesses au nom de cet amour encombrant, je veux dire de cet amour d'aimer qui n'était que l'amour de moi-même mais qui se cachait sous les apparences d'un détachement de soi généreux. Je croyais être portée par lui au-delà de moi, j'étais précipitée dans le fond obscur de moi-même où je suis restée longtemps embourbée. La duplicité atteint son maximum d'efficacité quand elle coïncide avec le sentiment de sincérité. Il faut s'oublier pour aimer les autres, et il faut s'aimer pour s'oublier, sans quoi, en croyant aimer les autres pour eux-mêmes, on se cherche en eux, on les dévore, on en fait des instruments de l'effort de se réconcilier avec soi, on aboutit à des catastrophes. Il faut donc s'aimer pour aimer les autres. Mais l'amour de soi est dévorant, et la puissance d'aimer finit par s'exténuer en lui, et il ne reste rien pour les autres. C'est alors que, quand l'âme obscure, tiraillée entre l'amour d'autrui sans l'amour de soi et l'amour de soi sans l'amour d'autrui, aspire sans discernement à se libérer de ce piège dont chaque mâchoire renvoie à l'autre, elle se jette dans l'amour de l'humanité, laquelle n'existe pas : il y a des hommes de chair, des individus avec leurs grandeurs discrètes et leurs vices, leurs petitesses exaspérantes, leurs bassesses, leur misère, leurs secrets et leurs hontes. Dans quels troubles nos frères seraient-ils jetés si la Conscience — non moi, dérisoire caricature, mais la vraie — se penchait un jour vers eux de côté en leur susurrant dans l'oreille, sans effet de voix particulier : « je sais tout » ? Aimer l'humanité dispense — on l'a souvent dit — d'aimer son prochain. L'humanité est aussi vide que le Moi pur qui, en l'aimant, se donne l'illusion de se détacher de lui-même sans cesser d'être obnubilé par soi, parce qu'il se reconnaît en la vacuité de l'autre. Les Services, en me forçant la main, mais en usant aussi de flatteries diverses, m'ont recrutée pour incarner l'amour de l'humanité, et j'ai été toute contente, idiote vaniteuse que j'étais, dans ce rôle que je croyais gratifiant. J'ai été une vedette, j'ai été photographiée, filmée, adulée, mise en avant en toutes circonstances, j'ai rencontré des savants et des chefs d'État, j'ai brisé des cœurs et me suis rengorgée. J'ai fini par croire à mon rôle. Ma condition de privilégiée m'a aussi fait voir maintes choses que je ne voulais pas voir, dans des cercles d'initiés où se concocte l'avenir du monde. Elle m'a fait comprendre ce que je ne voulais pas connaître. Ces révélations indésirables se pensaient en moi sans que je voulusse les ratifier consciemment. Mais elles y laissaient le poids de leurs exigences, et je portais ces dernières sans le savoir, bien que ce fût fatigant : je m'épuisais à réprimer leur désir de manifestation. J'ai été l'égérie — plus trivialement la maîtresse, et même la paire de fesses — de plusieurs Grands de ce monde : deux chefs d'État, un Grand Maître d'obédience maçonnique, un cardinal moderniste médiatique, un financier qui se voulait chef d'État sans État ; ce dernier était particulièrement vicelard, mais je voulais croire à l'échange des cœurs alors qu'il n'était question que de frottements de couennes, et de bizarreries pour pervers à moitié hongré. J'ai ouï parler des séances satanistes criminelles de hauts initiés pédomanes et sadomasochistes, mais on me laissa dans le doute, parce qu'on ne me tint jamais pour vraiment gagnée à leur cause ; je ne puis attester l'existence de ces pratiques, mais il serait dans la logique des idéaux passionnels de ces gens qu'elles existassent. J'en suis restée quant à moi au niveau du commun des mortels que j'étais censée guider et représenter tout à la fois, c'est-à-dire à l'idéal des Lumières, le projet radieux de fraternité universelle, le culte de la science et l'espoir éperdu dans le progrès. Les prouesses de la technique contemporaine ont quelque chose de vertigineux, il est vrai.

Je me sentais bonne, pénétrée de bonté lucide et calme, sûre d'elle-même et communicative. Il m'arriva cependant, à plusieurs reprises, d'être « mouchée » méchamment par tel ou tel interlocuteur conscient de sa valeur, incomparablement plus intelligent que moi, ainsi soucieux de me faire comprendre qu'il ne seyait pas que je fisse copain-copain avec lui en dépit de ma notoriété surfaite et de mon autorité de carton-pâte. Bref, je fus traitée, dans les formes mais sans ambiguïté, comme une grosse fifille à frange avide de compliments, et qui se trompait sur elle-même et se rendait ridicule. Or moi qui me sentais si bonne, bonne à aimer l'humanité sans réserve, j'éprouvai dans ces circonstances, chaque fois, un pincement fort désagréable, une espèce de douleur exquise prompte à se réveiller à la moindre occasion. C'en fut au point que j'éprouvai des envies de meurtre ; je me complus à imaginer des scènes dans lesquelles mes détracteurs hautains étaient non seulement ridiculisés, mais encore torturés selon tous les raffinements dont est capable une femme tourmentée par l'instinct de vengeance. Quand la flamme du ressentiment se faisait moins vive, je me disais alors : est-ce cela, ta bonté si admirable, ta sainteté laïque si éclairée ? Tu es bien comme les autres, susceptible, petite, méchante et mesquine.

Par un acte d'assez subtile mauvaise foi consistant à jouer la carte de la sincérité mais en court-circuitant son élan, ainsi en n'allant pas jusqu'au bout de la lucidité, j'ai voulu mettre sur le compte de ma vanité les pulsions criminelles — qui me faisaient honte — de mes blessures d'amour-propre. C'était là, croyant identifier la racine de mon mal, tenter de se soustraire à la vanité sans toucher à l'orgueil qui l'inspire, mais qui peut s'exercer dans sa hideur en se passant d'elle. Et j'ai pris mon orgueil pour de la dignité, j'y ai vu ma force, ma grandeur d'âme, ma fierté et mon honneur, la source de mon indomptable caractère. Mais les choses sont bien faites : l'orgueil, racine de tout mal moral, est tel qu'il enveloppe sa propre sanction, en offrant malgré lui, à celui qu'il afflige, les conditions de sa propre libération. Sur ce point, il me paraît nécessaire de m'attarder quelque peu, afin de dissiper le paradoxe, et dans le but de rendre intelligible la suite de ma confession. J'ai connu, je vous l'ai dit, des personnes assez remarquables dans ma carrière de Conscience en titre. Elles ne l'étaient pas du point de vue moral, mais elles jouissaient d'indéniables talents naturels. Il me fut ainsi donné de rencontrer une femme fort belle, élégante, distinguée, cultivée, que sa condition de femme destinait naturellement à être désirée et prise par les hommes, à tout le moins par un homme qui l'aurait méritée et séduite. Mais cette dépendance congénitale était incompatible avec son orgueil, cet amour démesuré de soi-même, vicié par là que démesuré, gravide de haine de soi en tant que vicié. Une femme a vocation à être prise, et toutes les femmes demeurées femmes le savent et agissent conformément à leur nature. Notre grandeur est de savoir nous donner à celui qui nous prend, après que nous avons su le juger digne de nous. Ainsi cette femme, insurgée contre elle-même, en est-elle progressivement venue à détruire sa féminité. Raidie, elle devint cassante, sèche, crispée, perdit sa grâce, détruisit son élégance. Cet orgueil, tenu dans certaines limites, inspire en général aux femmes un surcroît de désir de séduire en s'investissant dans ce dernier pour le convertir en moyen de volonté de puissance, et cela produit les femmes vénales, les courtisanes, les intrigantes, les putains de haut vol. Les hommes sensibles aux charmes féminins ont toutes les indulgences pour cette forme d'orgueil féminin, et ils ont raison jusqu'à un certain point, parce qu'un tel orgueil est aussi l'aveu opéré par les femmes du fait qu'elles reconnaissent leur condition de femme, même si elles en font un mauvais usage. Cela dit, radicalisé, l'orgueil en vient à faire s'insurger la femme contre sa féminité, au point de la transformer en homme manqué, en bas-bleu, en laideron agressif et amer, en femelle constipée et dyspeptique, dissipant ses talents à être en permanence sur le qui-vive, pathologiquement susceptible et insupportable à tout le monde. Et sous ce rapport elle perd sur tous les tableaux. Elle gaspille la forme naturelle de sa volonté de domination, elle se prive du plaisir de séduire et d'être aimée, elle renonce à la joie de se donner, elle devient stérile à tous égards, en vient à excéder tout le monde et se retrouve seule, oubliée, rongeant sa déception avec rage. C'est précisément ce qui se produisit avec la personne dont je vous parle. Du fond de sa déréliction, elle eut la grâce de lâcher l'os de son Moi desséché qu'elle rongeait, elle pleura beaucoup en consentant à la perspective panique du désespoir sans le filet des mensonges rassurants, elle en vint à se laisser aller aux regrets, jusqu'à ce que, du tréfonds de son délaissement, elle laissât naître en elle un imperceptible désir d'être heureuse, tout frais, timide et fragile, un désir de vivre et d'être ce qu'elle était. Elle redevint coquette, sensible aux égards masculins, mais délivrée de cet amour de soi qu'elle n'avait pas su cantonner dans sa vocation de moment subordonné de l'amour pour les êtres aimables. Elle en rabattit de ses exigences, épousa un homme attentionné et loyal qu'elle aida considérablement à accéder à sa propre maturité en lui faisant donner le meilleur de lui-même. La radicalisation de l'orgueil fragilise et rend vulnérable, par là elle dispose à l'humilité, mais évidemment sans la communiquer. L'orgueil, à un certain point d'incandescence, contraint l'homme à se placer à la croisée de deux chemins : celui de la rédemption par l'acceptation de soi, qui passe par la modestie que transfigure l'humilité ; et celui de la fascination du néant.

J'ai connu aussi un homme politique doté de tous les talents requis pour faire une brillante carrière : ambitieux, conscient de sa valeur, ne traînant aucune de ces casseroles par lesquelles les médiocres écartent leurs rivaux, amoureux du pouvoir, non paralysé par les scrupules, intelligent, cultivé et compétent. Il était aussi plutôt bel homme et jouissait d'une aisance pécuniaire d'homme bien né. Cet orgueil des carriéristes qui l'aiment parce qu'ils ont l'impression qu'il leur donne des ailes, est aussi

ce qui les paralyse : son amour de lui-même lui rendait insupportables toute vexation et tout échec. Quand on fait de la politique, on est confronté à maints ennemis, on sait prendre des
coups et en rendre, on risque d'être confronté aux médisances,
aux calomnies, aux coups bas, aux chausse-trapes, aux humiliations, aux provocations. Quand on aime la victoire, on doit
aimer la lutte, et la lutte est gravide du risque de la défaite. Mais
l'ivresse de la lutte doit l'emporter sur la crainte de perdre, à
peine d'éviter toute confrontation pour se soustraire aux occasions de défaite. L'orgueil est ainsi ambigu, divisé contre lui-
même, qui charrie les conditions d'une propension à fuir le danger, génératrice de couardise et de lâcheté, en même temps que
celles de la passion pour le plaisir de dominer et de vaincre. Cet
homme était si imbu de lui-même qu'il en vint à limiter ses
ambitions à des projets qui le dispensaient d'avoir des ennemis.
Ce n'est pas des ennemis qu'il avait peur, c'est de la perspective
d'avoir à encaisser des coups, à avaler des couleuvres, à opérer
des retraits stratégiques ajournant les réactions vengeresses porteuses de victoire. Sa carrière fut celle d'un second couteau sans
ambition, par excès d'orgueil. Il devint alcoolique et mourut
prématurément, réfugié dans le rêve nauséeux de revanches
impossibles.

Quelque chose d'analogue à celui des deux profils que je
viens d'esquisser se produisit en moi. De vaniteuse, on s'en souvient, j'étais devenue franchement orgueilleuse. Parce que la
vanité est une forme de l'orgueil, quelque dérisoire et presque
innocente qu'elle paraisse à cause du ridicule qui s'y attache
comme sa sanction immanente, je m'étais contentée de radicaliser mon orgueil, ainsi de reposer en moi-même comme sur le
roc inébranlable de ma dignité, sans plus jamais tenir compte du
jugement d'autrui. J'étais bonne, je voulais être la bonté même
sûre d'elle-même en sa générosité invincible. C'est ainsi que j'en
vins à me piquer de communiquer aux indigents de l'âme mon
optimisme et ma confiance en l'avenir : tout être humain, me
persuadais-je en tentant de persuader les autres, contient, en son
ineffabilité, une part de divin dont il n'a pas toujours conscience
et qu'il lui appartient de manifester. Et, dans ma richesse spirituelle infinie, je me faisais fort de quitter mon trône d'icône pour

me mettre à la portée des obscurs, en dehors de mes prestations publiques et des caméras, afin de me bien persuader qu'il ne s'agissait pas de vanité. Je fus bientôt débordée par les sollicitations. C'était toute la cohorte des aigris, des ratés, des laids, des envieux, des jaloux, des faibles non dénués de prétentions délirantes, qui prétendit accaparer mon temps. Au début, quoique fatiguée, j'étais heureuse de mon succès qui me permettait, par la conscience de cette fatigue même, d'enrichir l'image flatteuse que je me forgeais de moi-même.

Je réussis à en congédier plusieurs sans trop de peine avec quelques conseils passe-partout et quelques slogans bien démagogiques. Ces personnes avaient tellement envie d'entendre ce que je leur disais… Que ces lieux communs sans aucune valeur, et même mensongers, pussent les rasséréner venait de l'autorité apparente liée à ma notoriété, mais aussi et surtout de leur désir éperdu de croire à mes sornettes. Il en était de ceux qui s'adressaient à moi comme des amateurs de cures psychanalytiques. Ils croient aux vertus de la psychanalyse, cette fausse science, cette facette du mensonge qu'est l'esprit du monde contemporain, parce qu'ils ont rencontré un « thérapeute » qu'ils trouvaient sympathique, sans s'apercevoir que les soulagements consécutifs à leurs visites étaient dus à l'acte même de leur confession et à leur désir de croire à leur innocence. On retrouve le même processus chez les visiteurs de tireuses de cartes ; ils interprètent les propos fumeux des escrocs en fonction de ce qu'ils ont envie d'entendre, s'empressent de discerner dans ces propos des révélations encourageantes et la confirmation de l'authenticité du pouvoir de vaticiner de ces imposteurs, et ainsi, rassérénés, ils s'en trouvent mieux en attribuant à ceux qui leur vident les poches le mérite de les avoir guéris. Il y avait une différence cependant : je me voulais désintéressée, et je me mentais à moi-même autant que je leur mentais en toute sincérité ; j'attendais de mes prestations autant qu'en pouvaient attendre ceux qui s'adressaient à moi. Je leur expliquais qu'un trésor est caché en chaque homme, des qualités extraordinaires. Je leur persuadais que les échecs sociaux n'étaient qu'apparents, et qu'il en était de même pour les échecs sentimentaux et la conscience subjective de leurs limites, qui les affligeaient.

« Vous avez raté tous vos examens ? Mais cela ne veut rien dire ; il y a tellement de formes d'intelligence ! Vous valez autant que les forts en thème et les bêtes à concours, les critères sociaux sont conventionnels et pragmatiques, finalisés par un type de réussite très ciblé, très étroit, qui laisse dans l'ombre la prodigieuse richesse de votre créativité et vos pouvoirs d'adaptation peu communs. Vous verrez, quand les circonstances adéquates se présenteront, la merveille d'originalité dont vous êtes capable se dévoilera à vos propres yeux et aux yeux de tous ceux qui vous méprisent aujourd'hui. »

« Vous vous trouvez grosse et laide ? Vous avez des odeurs corporelles puissantes qui éloignent les potentiels valentins ? Allons ! Vous êtes trop sensible aux modes. Émancipez-vous du qu'en-dira-t-on et des slogans, affichez vos formes sans complexe, ne soyez pas dépendante du regard d'autrui ; et puis vous n'êtes pas si grosse que cela. En vérité vous avez beaucoup de caractère et vos prétendants pusillanimes ont peur de vous ; vous les impressionnez, vous comprenez, vous court-circuitez leurs élans. Et puis, savez-vous, il fut un temps, il exista des lieux où vous eussiez été tenue pour le modèle de la séductrice. Les Arabes aimaient les femmes grasses avant d'aligner leurs goûts sur ceux des Occidentaux, ils faisaient boire jusqu'à quinze litres de lait par jour à leurs hétaïres pour qu'elles correspondissent à leurs canons de beauté ; on dit aussi que le Vert-galant, qui choyait une maîtresse dans chaque garnison, se faisait précéder par un émissaire afin de lui faire savoir qu'il arrivait pour l'honorer, et qu'il lui demandait de ne pas se laver jusqu'à sa venue, parce qu'il aimait les femmes qui sentent la femme… Alors n'ayez pas honte de vos odeurs ! Ce peut être pour certains un motif supplémentaire de séduction. Il n'y a pas de beauté en soi, tout cela est subjectif ; il n'existe pas de paradigme objectif, toute norme est construite et choisie, toute prétention à l'universel est fasciste ; soyez votre propre norme, imposez-vous à ce titre. Votre visage est vultueux et boutonneux ? Mais c'est l'expression de votre sensibilité qui somatise, de votre excès de vitalité qui ne trouve pas à s'exprimer ! Tout ira mieux dès que vous gagnerez confiance en vous ; il suffit de le vouloir ; la réalité se conforme à nos désirs quand nous le décidons vraiment, parce que le désir qui fait palpiter le monde et lui confère sa subsistance est ce même désir qui prend conscience de lui-même en vous, vous qui êtes le Tout mais qui ne savez pas votre puissance infinie… »

J'usais, comme vous le constatez, de la méthode Coué conjuguée à un gnosticisme de bazar. Et cela réussissait, j'avais le sentiment de rendre les gens meilleurs en même temps qu'ils me donnaient l'impression fallacieuse d'aller mieux.

Pendant longtemps, j'entretins des relations suivies avec une femme coriace particulièrement affligée de cette haine de soi qui fait haïr tout le monde en rendant haïssable à tous celui qu'elle afflige, compromettant de manière dirimante la pitié que son authentique souffrance pourrait inspirer. Je tiens au passage à faire observer que, depuis que je suis Marie-Madeleine, je n'ai jamais entrevu la moindre connotation de mépris dans l'idée de pitié. Seuls les faiseurs « ont pitié » de la pitié, frêles petits coqs jouant au surhomme impassible. Cette femme, donc, vint à moi un temps pour écouter mes boniments qu'elle reconnut assez vite être tels, s'intéressant plus à moi et à mes autres « patients » qu'à elle-même. Ma condescendance à son égard me rendit aveugle et je me dévoilai beaucoup sans y prendre garde. Nous l'intéressions, manifestement ; elle faisait de silencieuses comparaisons, mesurant les défenses immunitaires des uns et des autres face à la tentation du désespoir et de la révolte, étant bien entendu que le désespoir est toujours, en son fond, une forme de révolte, l'une des plus insidieuses parce qu'elle masque l'instance de volonté qui s'investit en elle. La « nolonté » est encore un vouloir, un « vouloir ne pas vouloir » qui se donne les airs d'un « ne pas vouloir vouloir ». Il y a toujours des raisons d'espérer, qui ne nous échappent que parce que nous refusons de nous réconcilier avec nous-mêmes et de consentir au prix de cette réconciliation. Puis un beau jour — triste jour s'il en est —, je reçus la lettre suivante que je m'autorise à vous lire *in extenso*.

« *Madame la Conscience,*

Quand vous prendrez connaissance de cette lettre, je ne serai plus de ce monde. Je serai même en enfer, où j'ai décidé d'aller. Sans vouloir vous en faire porter la responsabilité, je puis dire que vous n'avez rien fait pour m'en dissuader. Si vous aviez poursuivi le dessein de me changer en me secouant avec violence, sans égard pour mon orgueil, et même en le fouillant avec la dernière énergie, j'eusse peut-être nourri quelque estime à votre endroit. Mais il vous manquait l'humilité pour en avoir envie, et seulement pour savoir que telle eût été la manière la moins malhonnête de concevoir mon salut.

On ne saurait réclamer le droit de choisir entre exister et ne pas exister, puisqu'il faut exister pour choisir. On ne saurait réclamer le droit d'exister comme ceci plutôt que comme cela, puisqu'il faut exister comme on existe pour avoir la faculté de réclamer. Vous m'avez pourtant enseigné, comme à tant d'autres, que tous les hommes sont égaux parce qu'ils sont également hommes, que l'humanité dans l'homme est sa liberté, que la liberté est infinie ou n'est pas, que la liberté est le pouvoir de se choisir, que se choisir est se créer, qu'il faut être Dieu pour créer, et que l'homme est Dieu. Vous avez soutenu l'idée selon laquelle les inégalités résiduelles entre les hommes seront comblées progressivement par la science et par les réformes sociales, par la maîtrise totale de la génétique et de l'éducation, et que les différences actuelles ne sont pas des différences de nature indépassables, mais des différences, imputables à l'injustice des hommes, entre les degrés de déploiement de talents également distribués ; qu'un jour tous les humains seront également beaux, également responsables, également intelligents, également doués, également sages ; que tous nos désirs sont légitimes et que le seul vrai péché est l'idée même de péché. Ceux que vous avez "soignés" sont dans un état encore plus lamentable qu'avant de vous rencontrer, parce que la dure réalité s'impose à eux sans indulgence. Les crétins et les ignorants souffrent toujours parce qu'ils sont juste assez intelligents et savants pour savoir qu'ils sont crétins et ignorants. Les laides ne sont pas choisies par les beaux, la merde pue, les chairs se fripent et les corps se réduisent à des charognes. La rage envieuse des médiocres en peine de reconnaissance ne parvient pas à se rendre supportable à ceux qu'elle tétanise. Et je fais partie des médiocres, juste assez douée pour avoir des prétentions et oser me comparer, toujours dominée et battue avant de parvenir à mes fins glorieuses. Il est faux de soutenir qu'une femme pourrait n'être pas excédée par meilleure que soi, plus belle, plus intelligente, plus séduisante ; on ne saurait dépasser l'envie en se jetant dans l'admiration — je m'y suis essayée — parce que c'est l'admiration, éprouvée malgré soi, qui suscite et exacerbe l'envie : on s'en veut d'admirer celles qu'on ne peut supplanter. Et les déboires d'autrui, surtout de mes rivales, m'ont toujours emplie d'un ignoble soulagement dont j'ai honte, en même temps que je me morigène vainement d'en avoir honte parce que la loi du monde est que les perdants souffrent, implacablement, sans même nourrir l'espoir de discerner une injustice dans cet état de choses. Car notez bien : on ne peut se mentir indéfiniment, on sait qu'on se ment quand bien même on accède à une espèce de sincérité dans l'exercice du mensonge à soi. Tout ce que l'on souhaite dans ces circonstances, c'est ou bien de se venger, ou bien de ne pas être. Comment pourrais-je me supporter si je n'étais la meilleure ? Or je ne suis pas la meilleure, donc je me tue. Je ne consens à exister qu'en étant parfaite. J'ai dit pourquoi cette exigence est absurde, mais il est impossible de ne pas l'embrasser, parce que c'est notre constitution qui est absurde : une essence finie plante en nous des désirs d'absolu qui mettent la personne au rouet ; elle ne peut que ratifier son essence puisqu'elle tient d'elle toutes ses puissances d'opérer ; et elle ne peut que repousser cette essence puisque ses désirs l'outrepassent sans mesure.

La vie est un combat sans répit et sans limite pour supplanter les autres. C'est l'ivresse de la victoire ou l'amertume ; il n'y a pas de troisième voie. Vous n'apprenez à vos confidents qu'à se bercer d'illusions : "les raisins sont trop mûrs…" ; sous le couvert de les faire advenir à eux-mêmes, vous les invitez subrepticement à oublier ce qu'ils sont, à vivre dans un rêve cotonneux. Faire de soi-même, "orgueilleusement", la mesure de ce qui est, afin de se soustraire au désir de se comparer, et tout cela en vue d'accéder à l'indifférence, n'est autre qu'une mise entre parenthèses de soi-même : on apprend à vivre moins pour que la vie cesse de faire souffrir, telle une anesthésie qui conjugue l'agueusie, la cécité et la surdité, avec l'idiotie clinique par-dessus le marché. Et votre "orgueil" rédempteur n'est que fuite et suicide lent. Je préfère quant à moi en finir tout de suite. Je n'aime pas perdre mon temps et, quand on n'est pas la meilleure, vivre est une perte de temps puisque tout se consommera en regrets, en jalousie mal digérée, en varices, en bouches gâtées, en mauvaises odeurs et en hémorroïdes. L'orgueil inspire le désir d'être ce que l'on n'est pas ; l'orgueil radicalisé rend conne et, parce qu'il ne rend jamais assez conne pour devenir complètement ignorante de soi-même, il ôte à celle qui y a recours toute raison résiduelle de s'estimer, renvoyant ainsi à cet orgueil non absolument consommé qui engendre l'envie et tous les sentiments bas, la médisance, la calomnie et tous les comportements honteux.

Ce que vous auriez pu essayer de dire à vos "patients", aussi vainement mais peut-être plus honnêtement que vos boniments, à tous ces gens que vous avez fait se fourvoyer, c'est que l'inégalité est un bien, et que le bonheur est, pour un humain, l'acceptation de ses limites qui ne font être ceux qu'elles définissent qu'en leur imposant d'être ceci, de n'être que ceci, déterminé et fini ; qu'il faut de tout pour faire un monde et que tous sont également ordonnés à un bien commun qui vit de ces inégalités mêmes et dont le service suffit à combler celui qui l'embrasse. Mais vous n'avez rien dit de tout cela, vous avez enfermé vos contemporains dans le mensonge. Je sais, moi, que vous avez tort, je l'ai toujours su. Je sais les voies de la rédemption chrétienne qui est la seule à ne pas se payer de mots, celles qu'obstrue le monde moderne, les voies de l'humilité. Et je sais à quoi je m'engage en refusant de les choisir.

Cela dit, je pense ultimement que le christianisme est un échec. Il est moins malhonnête que vous, parce qu'il invite à la chose la plus difficile qui soit, à savoir l'oubli de soi dans l'humilité. Mais c'est un échec parce qu'il est impossible à pratiquer. Le vrai rocher de Sisyphe, c'est l'aspiration à la sainteté qu'est le choix de l'humilité. Et Sisyphe peut très bien décider de se faire écraser, une bonne fois, par son rocher, plutôt que d'avoir à subir sa domination sempiternelle. C'est précisément ce que j'ai décidé de faire.

Il y a en effet quelque chose de pourri dans le fait même de la liberté, il y a donc quelque chose de pourri dans la condition humaine en tant que telle, puisque l'homme est sa liberté. Par mon choix, je m'autodétermine, je me crois souveraine, mais en même temps j'atteste ma dépendance, ma non-liberté, puisque je choisis toujours un bien, quelque chose dont je confesse avoir besoin et dont, par là, je dépends. Désirer, aimer en général, c'est manquer. Mon bien, c'est moi, mais je ne suis pas vraiment moi, et tout ce que je convoite est l'instrument d'une conquête de moi-même. Quelque libre qu'il soit, l'être d'esprit ne peut aimer que lui-même, puisque tout amour est l'expression presque physique d'un manque de soi. Les pieuses gens ont bien tenté de me faire voir que l'artiste préfère son tableau à sa propre santé, que le soldat vertueux désire mourir pour sa patrie, qu'une mère préfère la vie de ses enfants à la sienne propre, bref, qu'il est des biens que l'on aime en leur étant rapporté, qu'on se voue au bien commun comme au meilleur de son bien propre, et qu'il n'est pas de vie réussie en dehors de l'aptitude à s'ordonner à une cause, en plébiscitant l'abnégation que cette ordination suppose. Ah !, les pensées vertueuses… Sans cynisme surfait, je pense que le héros ne cherche que sa gloire et n'est fidèle à sa patrie que pour être fidèle à l'image qu'il s'est faite de lui-même ; que la mère trouve sa béatitude en torchant sa marmaille parce qu'elle s'aime dans son rôle désintéressé de génitrice féconde et généreuse. Quant aux pères… Outre le fait que bien souvent les enfants ne valent guère plus que le coup de pine qui les a vus naître, le plaisir en moins, les pères s'aiment dans leur progéniture et là encore n'aiment qu'eux-mêmes ; et c'est pourquoi les enfants haïssent leur père et ne se mettent à respirer que quand il est mort. Il n'y a pas d'amour heureux parce qu'il n'y a pas d'amour d'autrui. Rien n'est plus théâtral et plus subtilement égotiste que l'abnégation. Il n'y a que l'amour de soi, sans limite. Or l'orgueil est l'amour démesuré de soi-même. Donc on ne peut qu'être orgueilleux.

Et l'orgueil est sommé de jouer avec lui-même puisqu'il oscille entre la présomption qui rend ridicule et dérisoire, et la solitude qui rend idiot. Et puis, que voulez-vous, le bien commun est "commun", au sens où l'on parle de choses vulgaires, ordinaires, décevantes, de mauvais goût, triviales, prosaïques, inesthétiques. Il n'y a pas de bien commun, sauf pour la plèbe, qui croit au bonheur et ne devient intelligente qu'au moment de mourir, et encore.

L'orgueil est une fatalité, il définit la condition humaine et plus généralement la condition de créature. Les orgueilleux déclarés se contentent d'être plus lucides que les autres, ce qui les rend d'autant plus malheureux puisque l'orgueil, en se radicalisant, diminue l'homme et le prive de tout ce qui n'est pas lui, tout en lui donnant de jouir de sa lucidité. Lucifer l'avait compris ; il était, il est, il sera le grand perdant, mais il jouira pour l'éternité d'avoir échappé à la ruse cruelle de l'oubli de soi. Et je lui donne raison, tout en sachant qu'en le rejoignant je ne bénéficierai pas de son amour, puisqu'il est, comme moi — comme nous tous au fond —, incapable d'aimer autre chose que soi-même. Je serai malheureuse pour l'éternité, mais je jouirai éternellement d'avoir fait le seul choix décent pour une conscience qui refuse d'être bernée : aimer sa haine et s'en faire une fierté, ne jamais renoncer à être Dieu quand bien même on sait la chose impossible, exercer la toute-puissance de la liberté dans le refus de toute dépendance, jusques et y compris celle qui est solidaire de l'apaisement du désir, du comblement des manques.

L'amour rend malheureux, mais porte avec lui son baume en rendant imbécile. La haine rend malheureux et n'apporte aucun baume, mais elle porte avec elle la lucidité.

J'ai l'honneur, Madame, de vous saluer en vous criant ma haine.

Ève d'Ésespérée, femme déchue, femme. »

On a retrouvé Ève pendue dans sa cave, la nuque brisée.

Zinzin :

J'suis vraiment pas un sentimental, mais elle me fait pitié. Je trouve qu'elle se fatigue beaucoup pour montrer qu'il y a rien à faire ni à dire. Elle est de mauvaise foi. Si elle avait été sincère, elle aurait rien dit. Elle se serait butée sans chichis, avec un peu plus de discrétion. Si la vie est insupportable parce que tout est absurde, pourquoi chercher à justifier ses actes, à les expliquer, à leur trouver un sens ? Toute révolte se consomme en futilités, tout orgueil se résout, au fond, en vanité ; l'orgueil, c'est la vanité qui veut se donner l'air sérieux ; c'est la vanité qui, par vanité, se fait grandiloquente. Ève était une faiseuse. Paix à son âme, quand même.

Marie-Madeleine :

Peut-être, en effet. Il reste que ce drame, postérieur d'assez peu à ma rencontre avec vous, me bouleversa assez pour me faire faire un retour sur moi-même en prenant la mesure de mon iniquité. Cela me disposa à m'ouvrir à vos leçons, peut-être sous la pulsation d'un instinct de survie, tout simplement ; si je ne m'étais rendue à vos raisons, j'aurais ou bien continué à être une marionnette, ou bien embrassé le destin d'Ève. Cela dit, je ne renonçai pas pour autant à mon rêve d'amour à la guimauve, pensant concilier le christianisme et l'humanisme. Vos mises en garde charitablement brutales ont achevé, depuis, de me déniaiser.

Je savais que Gustave Thibon, issu de votre camp des « réprouvés », avait fini assez éloigné de ses engagements politico-religieux premiers. Mais je ne savais pas — n'ayant pas lu ses *Parodies et Mirages ou La Décadence d'un monde chrétien, notes inédites* — qu'il avait pu en arriver là : l'homme du passé, disait-il, « recevait plus de lumière que nous, mais cette lumière tombait sur lui par les voies de la pesanteur sociale... Derrière l'Apôtre, porte-voix de Dieu, se cachaient le César, porte-glaive du même Dieu, et l'Inquisiteur, gardien de l'intégrité d'une foi garantie par la violence. »

Je ne puis que déplorer que Thibon en soit venu à dénoncer la « violence » de l'Inquisition, et à ne discerner dans les sociétés d'ordre que « pesanteur sociale » supposée dénaturer le message chrétien. Autant dire qu'un monde sans foi et insurgé contre Dieu vaudrait mieux qu'un monde conformé à l'ordre naturel et éclairé par la foi, sous le prétexte que l'absence d'ordre et de foi nous dispense de subir les pesanteurs humaines toujours mêlées aux efforts les plus louables. Autant dire qu'il serait préférable de n'être pas chrétien du tout plutôt que d'être un chrétien pécheur ; c'est l'argument des modernistes qui se réjouissent de ce que les églises sont aujourd'hui vides, parce que les masses chrétiennes d'antan charriaient en elles quelques tartuffes, grenouilles de bénitier superstitieuses, ivrognes bienpensants et pieuses mauvaises langues. En vérité, les Anciens recevaient plus que nous, mais ils étaient aussi, dans l'ensemble, meilleurs que nous. Dieu nous donne probablement des grâces exceptionnelles proportionnées à notre situation nous enjoignant d'affronter la décadence, mais cela ne rend pas la décadence aimable. Tout finira bien, Dieu et l'amour seront les plus forts, mais il faudra lutter jusqu'au bout, la réconciliation n'aura lieu qu'après. Nous avons le devoir, et aussi le désir de discerner toujours, dans le visage des méchants — je veux dire de ceux qui se complaisent dans l'erreur —, l'expression de cette image aimable et admirable de Dieu qu'ils ne parviennent jamais à défigurer complètement, et ainsi nous devons les aimer mais en les combattant, en haïssant d'une sainte haine, en affrontant d'une sainte colère cette haine du vrai et du bien, et de l'ordre, qui les fait méchants et injustes : la haine relève du concupiscible ; la colère, de l'irascible, deux appétits sensibles *naturels*. C'est un grand réconfort que d'être doté de la capacité d'entrevoir dans l'être imparfait la perfection dont il fait mémoire et ainsi de pouvoir l'aimer malgré ses imperfections, parce que nous sommes faits pour aimer ; la haine emprunte à la puissance d'aimer sa force réactive, elle est l'aveu de notre vocation à aimer. Mais l'amour sans la mémoire de la haine dont il est la sublimation confine à la fadeur ; il y a en cet amour ne prônant que l'« émerveillement » quelque chose de forcé et de mièvre, et bientôt de faux, telle une haine — du bien et du vrai, et de l'effort et de la lutte — qui voudrait se faire passer pour de l'amour, telle une révolte qui voudrait faire croire qu'elle est paix et réconciliation.

Aujourd'hui je rends les armes, je sais qu'il faut trancher sans compromis ; je suis gagnée à votre cause, et je vis cette reddition dans l'effroi. M'échoit le devoir d'user de ma notoriété pour diffuser la vérité, dénoncer les menteurs et les manipulations, libérer les hommes de la servitude des Droits de l'Homme.

J'ai commencé ma confession en évoquant le caractère problématique du rapport entre amour et amour d'aimer, amour d'autrui et amour de soi, qui se présupposent réciproquement, ce qui revient à dire qu'ils s'excluent, au moins en apparence. Je voudrais l'achever en vous exposant ma manière de les harmoniser.

Si nous aimons notre amour, c'est qu'il est potentiellement infini, car il est d'autant plus aimable qu'il est plus actualisé, et d'autant plus aimé qu'il est plus aimable, par là d'autant plus convoqué pour aimer qu'il est plus aimant : il s'enfle du fait même de s'exercer. Il ne peut donc se satisfaire que de Dieu. Si je désire, je manque ; si je manque je suis imparfaite et relative, en manque de cet absolu qui, pour combler tout désir, doit ne manquer de rien ; si je l'aime en le rapportant à moi, c'est moi qui suis l'absolu auquel il est relatif, et c'est contradictoire, de sorte que je ne puis l'aimer qu'en lui étant rapportée. Ce que ne comprenait pas Ève, et que je ne comprenais pas non plus, c'est qu'un bien puisse être mien tout en exigeant que je le serve, et que je sois comblée du fait même de le servir ; et cela est en effet problématique, parce que servir consiste à se donner, alors que le bien qui est mien est par définition ce bien que je possède : comment puis-je posséder ce à quoi je dois me donner, et m'atteindre en ma plénitude du fait même de renoncer à moi-même ? Je n'avais même pas compris, en ma superficialité suffisante, que tel était le problème à résoudre. Ève avait vu le problème, mais elle ne l'a pas résolu, et elle en est morte.

Un bien auquel je me rapporte est un bien qui se veut en moi, qui m'enjoint d'exercer mon amour pour lui sur le mode de l'amour qu'il se porte à lui-même. Mais s'il se veut en moi, n'a-t-il pas besoin de moi pour s'aimer, au point de me rendre consubstantielle à lui, moi, fétu dérisoire qui compromettrait son absoluité ? S'il en est ainsi, mon désir de Dieu est désir de soi de Dieu en moi, qui prend la forme obligée du désir d'être Dieu. Mais alors on retombe dans l'orgueil qui veut que je sois pour moi-même ma propre fin. Et Ève a éprouvé dans sa chair, dans la chair de son âme déchirée, la corruption qu'est l'orgueil et son échec. Comment me tirer du dilemme ?

Tartempion :

Si vous m'y autorisez, je risquerai à formuler la réponse suivante : toutes les réalités finies qui forment notre monde, et toutes les réalités possibles qui auraient pu en former d'autres, préexistent idéalement — j'oserai dire « idéellement » — en Dieu, selon un mode qui nous échappe mais qui est réel, avant la création du monde et d'un quelconque esprit fini, de sorte qu'en étant relatif à la finitude intestine qu'il assume et dont il se rend éternellement victorieux, l'absolu n'est relatif qu'à lui-même. Dieu peut se vouloir en nous sans dépendre de nous, sans que nous Lui soyons consubstantiels, parce qu'Il se veut en nous en tant que nous préexistons en Lui, non comme créatures mais comme Idées créatrices qui, en retour imposent aux créatures que nous sommes la loi de leur constitution. Et notre désir de Dieu n'est pas désir d'être Dieu. Ainsi se dissipe l'aporie dont vous étiez partie : nous revenons sur nous-mêmes pour aimer l'amour que nous portons aux biens aimables, mais cet amour de soi nous arrache à nous-mêmes aussitôt qu'il s'actualise, en tant qu'il correspond, positionnellement, à un moment de l'amour que Dieu, en nous, se porte à Lui-même. Pour autant que nous sachions aimer les biens finis tels autant de moyens d'entretenir un désir qui se réserve pour Dieu, alors jamais ces biens finis ne jouissent du pouvoir de nous faire nous embourber en eux.

Marie-Madeleine :

Il suffit donc de réciter un acte de charité, qui résume tout cela, n'est-ce pas ?

Tartempion :

Oui, d'une certaine façon.

Marie-Madeleine :

Telle est la bonne nouvelle que je répandrai désormais.

Zinzin :

J'ai envie de pleurer en vous écoutant, Madame, parce que c'est la chose qu'ils vous pardonneront le moins facilement.

Marie-Madeleine :

Je proclamerai aussi d'autres petites choses moins importantes mais plus dérangeantes à court terme, en me faisant l'écho de ces courageux compatriotes qui ne peuvent annoncer la vérité qu'en s'expatriant.

Le trou dans la couche d'ozone, le réchauffement climatique, c'était de pieux mensonges destinés à accoutumer les nations à l'idée de gouvernement mondial. Les Rothschild, en 1815, un jour avant la diffusion de la vérité sur la victoire anglaise de Waterloo, ont répandu à Londres le bobard d'une défaite anglaise qui fit chuter brutalement la Bourse, les habilitant à racheter aux cours les plus bas les actions de sociétés commerciales et industrielles mises à l'encan sur la plus grande place financière de l'époque. Eux et leurs homologues ont renouvelé l'entreprise, en s'adaptant aux circonstances, en 1929. Ils ont fait la même chose avec l'affaire des virus tueurs. On a quelques raisons de penser que, conçues pour être dotées d'une dangerosité savamment dosée, ces petites bêtes ont été libérées de laboratoires militaires, et grevées d'un pouvoir juste assez inquiétant pour faire accepter sans barguigner le confinement de la planète industrialisée : les banques centrales que manipulent les mondialistes ont produit de la monnaie *ex nihilo* afin de racheter les industries américaines et européennes mises à mal par une crise économique artificiellement provoquée, et ce sont évidemment les goyim qui paieront, par le biais de la fiscalité, de telles chutes de tension économique induites par la mise en chômage de la moitié de la planète ; dans le même temps, des mesures de conditionnement et de limitation des libertés ont doucement été mises en place par les États devenus les vassaux de la Banque : sous le couvert de protéger les industries nationales par des nationalisations en apparence patriotiques, on a vendu les patrimoines nationaux aux banques, tout en invitant les foules à plébisciter leur propre servitude. Nous courons vers un gouvernement mondial organisé par des puissances privées historiquement constituées par le déchaînement du capitalisme, mais qui décideront, dans un proche avenir, de se convertir en État planétaire collectiviste. Après tout, le communisme régionalement incarné n'a jamais été qu'un capitalisme d'État ; le communisme vraiment communiste, le communisme planétaire, sera le capitalisme de l'État des capitalistes, le communisme des capitalistes constitués en État communiste.

Mais nous n'assisterons à la victoire des corrupteurs que parce que la masse, dans son immense majorité, les aura tacitement autorisés à prendre le pouvoir ; faire leur procès reviendrait à faire son propre procès, à remettre en cause son hédonisme et son subjectivisme, ce qu'elle ne lâchera à aucun prix. La sidération par les médiats manipulés par la Banque procède elle aussi de ce subjectivisme des masses, selon un processus psychologique abondamment utilisé déjà depuis soixante-dix ans par les promoteurs de la Chose : « J'ai vu des images qui m'ont bouleversé, j'ai entendu des propos qui m'ont ému ; j'aime être ému parce que je me sens bon dans l'épreuve de cette émotion, et ainsi je projette sur mon émotion la valeur de bonté que je m'attribue en l'éprouvant, de sorte que mon émotion ne peut pas me mentir, elle qui me bonifie. Donc cette fallacieuse représentation savamment élaborée du réel ne peut pas ne pas être la réalité même ; je serai sourd aux arguments rationnels qui seront susceptibles de la contester. »

Mais j'ai su émouvoir les foules avec mes balivernes ; puissé-je savoir les éduquer avec la vérité qui libère.

ÉPILOGUE
(rédigé par Tartempion)

Quand il fut devenu évident, aux yeux des autorités, que Marie-Madeleine ne redeviendrait jamais la Conscience et devenait décidément trop bavarde, téméraire et dangereusement libre, Actéon fit sauter, sur ordre, la librairie alors que j'étais parti me confesser avec Blandine. On a retrouvé les corps déchiquetés de la Conscience et de Zinzin qu'on sortait dans des sacs de plastique au moment où nous rentrâmes. Seuls leurs scapulaires et leurs chapelets étaient intacts, quoique maculés de sang. Tout le reste avait brûlé. Actéon, déchiré entre le souci de donner sens à sa vie passée, à laquelle il tenait trop et qui lui faisait craindre plus que tout de désobéir à ses supérieurs, et celui de céder aux injonctions de la vérité, avait au dernier moment, alors que la bombe à retardement était déjà placée, tenté de rejoindre ses victimes pour les sauver en les tirant hors de la boutique. Mais il n'en eut pas le temps. Il mourut avec elles, avec l'idée de réciter un acte de charité pour eux trois. Ce n'est pas par désespoir, mais sous l'impulsion du Saint-Esprit qu'il s'est fait sauter avec eux. Les Services ont ensuite raconté dans les journaux que la Conscience avait été kidnappée et torturée par un enragé d'extrême droite nommé Zinzin, et qu'Actéon Philoneikos avait tenté de la libérer mais qu'il avait péri, assassiné par l'énergumène, en faisant son devoir, soldat héroïque de la République, des gens honnêtes et raisonnables.

Blandine et moi errons en ce moment sur le Pont-Neuf. Il pleut dans notre cœur comme il pleut sur la ville. Et vous, cher lecteur qui nous supportez depuis longtemps, il nous reste à nous demander, en votre compagnie, ce que nous devons faire. Évidemment, nous n'étions pas nés du rêve de la Conscience. C'est au contraire Marie-Madeleine qui est née de notre lucidité.

Mais après tout, qui sait ? Peut-être êtes-vous vous-même, avec nous, un personnage de son rêve.

Zinzin disait tout haut, avec le vocabulaire qu'il avait à sa disposition, des choses que beaucoup de gens savent et qu'ils ne disent pas, que même ils n'osent pas penser mais qui se pensent en eux, qui accéderont malgré eux au langage et se feront un jour action. Il ne fait pas bon garder sa lucidité dans un monde devenu si laid qu'il n'est supportable qu'à proportion du pouvoir de se mentir chez ceux qui l'habitent. Il faudrait pour cela être un saint. Zinzin n'était pas un saint, et il s'est beaucoup abîmé dans son effort de s'attacher à la vérité ; le monde lui était insupportable et ne l'a pas supporté. Il en a beaucoup souffert, et pourtant il n'est pas parvenu à se rendre aussi haïssable qu'il l'eût espéré. Puisse Rachida demeurer Blandine à jamais, et rester fidèle à la mémoire de Zinzin qu'elle aimait bien, Zinzin l'affreux, Zinzin la gargouille des vérités indésirables, Zinzin le Diogène des HLM et des caniveaux.

Quel que soit mon avenir, je salue la mémoire de Zinzin l'infréquentable, mon compagnon de combat, mon ami et mon frère.

Zinzin l'enragé, Zinzin mon copain.

TABLE DES MATIÈRES

www.ingramcontent.com/pod-product-compliance
Lightning Source LLC
Chambersburg PA
CBHW060309030426
42336CB00011B/980